北京市科学技术委员会
科普专项资助
北京科普创作出版专项资金资助

藏绿斋札记

情系科研

周立伟 著

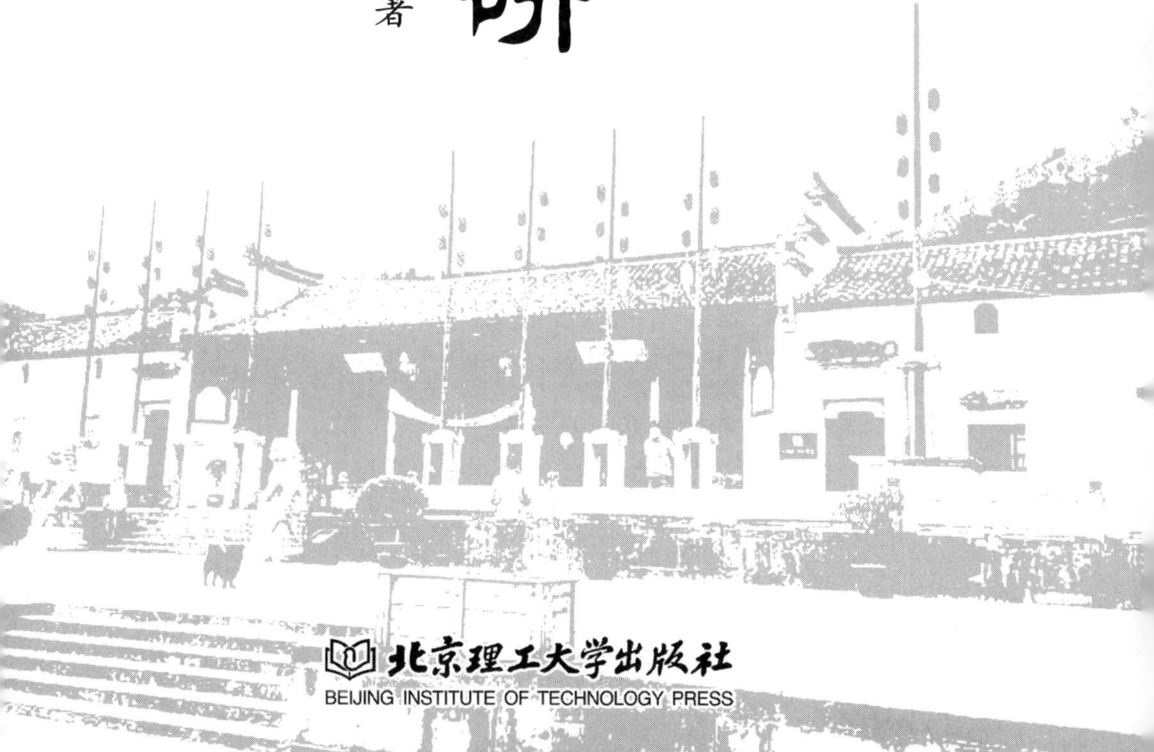

北京理工大学出版社
BEIJING INSTITUTE OF TECHNOLOGY PRESS

内 容 简 介

一个青年研究生，如何开始自己的研究生阶段的学习呢？如何选择课题进行科学研究呢？从什么地方着手自己的课题研究呢？什么是科学研究的途径？科学研究要遵循的规范和道德是什么？如何进行科技学术论文的写作？如何宣读科学论文和进行学位论文答辩？等等；而对一个指导教师，如何指导研究生的学习和科学研究呢？指导教师的指导作用和职责是什么？什么是衡量博士学位论文创造性的尺度？如何申请科学基金？等等；这些都是指导教师和研究生教与学经常遇到的问题。

本书著者一直试图回答这些问题，他作为一个指导教师在近半个世纪的教学生涯中写下了这本有关研究生学习和科学方法的札记——《藏绿斋札记·情系科研》。内容有“科学研究：途径与方法”、“学习方法”、“治学与为人”和“科技学术论文写作与基金申请”。诸凡青年学人特别是研究生在学习与科学研究过程中的科学探索、为人与治学以及论文写作方法等，著者都以亲身的经历阐述自己的认识和体会。本书可以作为理工科大学生、研究生、青年教师和青年科技人员从事“研究、完成、发表”的科学研究全过程的一本参考书，将对青年学人成长为学者起到辅助作用。本书实际也是一本论述科学方法的科普读物。

图书在版编目（CIP）数据

情系科研 / 周立伟著 . —北京：北京理工大学出版社，2016.6
（藏绿斋札记）
ISBN 978 – 7 – 5682 – 2077 – 4

Ⅰ. ①情…　Ⅱ. ①周…　Ⅲ. ①研究生教育 – 研究　Ⅳ. ①G643

中国版本图书馆 CIP 数据核字（2016）第 066801 号

出版发行 / 北京理工大学出版社有限责任公司
社　　址 / 北京市海淀区中关村南大街 5 号
邮　　编 / 100081
电　　话 / （010）68914775（总编室）
（010）82562903（教材售后服务热线）
（010）68948351（其他图书服务热线）
网　　址 / http：//www.bitpress.com.cn
经　　销 / 全国各地新华书店
印　　刷 / 保定市中画美凯印刷有限公司
开　　本 / 710 毫米 × 1000 毫米　1/16
印　　张 / 25.25
字　　数 / 384 千字
版　　次 / 2016 年 6 月第 1 版　2016 年 6 月第 1 次印刷
定　　价 / 62.00 元

责任编辑 / 梁铜华
王佳蕾
文案编辑 / 梁铜华
责任校对 / 周瑞红
责任印制 / 王美丽

献给已故的双亲

——智慧、勇气和力量的源泉

总序

藏绿斋札记

2007 年，当我的《科学研究的途径—— 一个指导教师的札记》问世时，无论是出版社，或是我个人，都没有想到它会在两年间加印到 10 000 册，而且不到 3 年，书库里的这本书都被售罄了，一本也找不到了。出版社一直催着我加印，但我总是不愿意，因为回过头来看自己的作品，总是觉得这也没有写透，那也令我不满意。我答应出版社和读者们尽快修订后出版，哪知我一拖再拖，直到今天。对此，我要向读者诚恳道歉。

在我着手修改增订时，友人和学生们都希望我把一些文稿补充进去，于是，我着手收集整理自己的讲话和笔记，以及发表的稿件等，没想到材料还不少。于是我把它们分了类，挑选了一些尚有发表价值的材料，便有了今天的三册书，它们分别为：《情系科研》《感悟人文》《心驰科普》，总名为《藏绿斋札记》。

"藏绿斋"是我给自己家中读书、写作的斗室所起的名字。之所以取名藏绿斋，乃是为纪念故乡的村落——诸暨藏绿。

据会稽外史王思任（1572—1646）撰写之传赞中云：明正德年间（1505—1521）宋周敦颐（濂溪）第 24 世孙周廷琮（号景胡，世称清三公）偕友人游浙江诸暨五泄、苎萝，行至五泄某地，发现了一处美丽的村落，后全家遂由余姚迁居于此，乃名为藏绿。居数年，家人欲迁回原地，廷琮公乃口吟止之曰："何处来春色？烟霞此地多；相携入海去，孰与听樵歌？"于是，周氏家族世代繁衍于诸暨藏绿——这个"万绿藏一坞"的山村，至今已 500 年矣。

藏绿真是一个美丽的地方，位于五泄山之一侧，山林泉石，峰回势接。我曾数次徘徊于藏绿的村落，为它美丽的景色而流连神往。藏绿的地势是周围高而中央凹，故亦称藏绿坞。村落的民居虽经数百年的变迁，却依然保留明、清两代戗角飞檐的建筑及风俗。漫步藏绿，远望高耸的山峰，近见清澈的小溪，一条石板路，小桥流水人家，沿着村落与山溪并行，贴着草木的气息，向深处蜿蜒，耕牛在悠闲吃草，村民在躬身插秧，鸟儿在飞翔歌唱，鱼儿在嬉水觅食，呈现出一片田园牧歌的景象。

我爱藏绿这个诗意的名字，我真佩服先人丰富的想象力。绿，不但是景色之绿，更是心田之绿，它代表美好、淡泊和宁静。藏绿，就是把美好希望的梦想、淡泊坚毅的努力、宁静致远的志向深深地埋藏在心田中，永远不放弃梦想，不放弃努力，不放弃志向。这正是我毕生所追求的，也是先祖廷琮公对他的子孙们的期望。

我从小喜欢阅读，无论是哲学、历史（包括野史），还是武侠小说、诗歌和杂文，都喜欢，读得也很杂。青年时，俄罗斯及苏联的文学书读得很多。年少的时候也曾妄想写作，但后来发现自己形象思维能力实在太差，确实不是学文的材料，就放弃了当作家的幻想。及年长时，见到文化人在我国动辄得咎的狼狈困境和以言获罪的悲剧，特别庆幸自己当年选择学习理工之正确，因为科学的世界任我驰骋，天马行空，不会有碍于政治。1957 年的教训，让我彻底断了写日记、随笔和评论的念头，专心致志于科学研究与教学。这样的境况一直持续到 1988 年。

促进我写作科普的有两位先生，我要说一下。一是关于写作随笔和札记的事，那是受诗人、作家邵燕祥先生启发的。1988 年，中央组织部组织国内 31 位专家学者去烟台芝罘休养，我有幸是其中之一。在芝罘，我很高兴与邵燕祥先生相识。20 世纪 50 年代初，当我读到他的诗作《歌唱北京城》时，心潮澎湃，激动不已。大概是因为我们俩是同龄人，经历有些相似的缘故，他的诗作对新社会的歌颂，对人民的热爱，对未来的向往，正是代表我们那一代青年共同的心声。读他的诗作，我一下子就成为他的崇拜者了。后来，我又读了他写的杂文，他对事物的分析，鞭辟入里，丝丝入扣，极有说服力；鞭挞社会的丑恶现象，毫不留情，颇有鲁迅的风范。最主要的是，他的文字充满了对祖国和人民的热爱。他的文章写得多么透彻啊！我为什么不能学一学啊！我向他请教写作的真谛，他建议我顺着自己的思路，写一些熟悉的事物。是啊！在那时，我从事教学科研已 30 年，完全可以把自己教学和科学研究的心得体会写出来，告诉青年学人们，让他们少走弯路。于是，从芝罘归来后，我学习写作，试着写一些自己熟悉的东西，给学生讲，甚至在报刊上发表出来，好像还受到欢迎。于是有了1998年《一个指导教师的札记》的问世。

二是关于参与青少年俱乐部及科学普及事，是听了王大珩先生劝告的。1997年我协助他起草建议设立光学工程一级学科时，他要我不要每天在书房里推导公式了，要我开阔视野，投身到社会，关心青少年成长，热心科学普及等。他认为这是年长一辈科技工作者的神圣责任。于是，我参加了北京青少年俱乐部、中国光学学会和北京光学学会的科普活动，给大、中、小学学生讲课。有时，还应报刊要求写一些文章，当然写的都是自己熟悉的东西。

自21世纪以来，我自问对于这些活动是积极的。尽管有人传言：周教授科学上不行了，“江郎才尽了”，只能搞搞科普，哄哄孩子了，我也无动于衷，依然我行我素！我的看法是，一个科学人，在科技上作出一些贡献——在某一领域有一些发现和创造，做一个科学专门家并不是很难的。但他的为人必须有两条：一是科学良心；二是人文情怀。前者当然是在科学研究中必须坚守科学道德与操守，后者关系到对青年学人的培养、对少年儿童的关爱、对弱势群体的关怀。作为一个科学人，他绝不应该是一个自私自利，只考虑自己的人，而应是一个有崇高价值观的人。而且，科学人也应该具有科学普及的心怀和能力。因之，我觉得我做的都是一个科学人应该做的，而且做得很不够，也就没有什么遗憾或后悔的。

读者千万不要认为，写科普著作比写学术专著容易。对我来说，两者都是挺难的，我有时甚至觉得写通俗的科普文章和著作更难些。因为，撰写研究型的学术论文或著作，只需要把自己的研究过程、前人的研究、自己的假说、推导的公式、实验的结果、得到的结论按部就班写出来就可以了。学术论文最主要是要合乎逻辑、推理清楚、条理清晰、结论明确，不需要太考虑读者接受的程度。我曾尝试写一些科普文章和科学随笔，但有时写着写着就写不下去了。我的思维来得特别慢，人文修养和底蕴不够；长期从事科学研究工作，抽象思维有一定能力，形象思维就差多了。尽管我对自己从事的科学领域的来龙去脉和科学概念还是清楚的，但有时再怎么苦思冥想，也找不到合适的语言、生动的比喻，以及通俗的例子来表达和描述。这时，我真是佩服那些写科学随笔和科学散文的科普大家，能把一个复杂的科学问题写得那样透彻清晰、通俗明白，语言又那么丰富、优美。小时候，读白居易，不太明白他何以要把自己的诗读给普通老妪听，看她的反应。现在我才感悟到，一个真正懂得科学问题的人，是自己明白又能通俗地说得让别人明白的人。我希望自己向这个方向努力。

《藏绿斋札记》的一些材料，大都是给学生们讲话的内容，或发表于报刊上的文章。《情系科研》主要讲科学研究方法，虽然这类书籍很多，但我是从讲科学研究的途径入手，来讲述科学研究方法上的一些特点和自己的体会。《感悟人文》主要是谈自己对人生的一些心得体会，包括与记者的访谈以及一些怀念前辈老师们的文章。《心驰科普》汇集了自己这些年写的有关光电成像领域的科普报告与评论，其中也有关于科技创新的探讨等。

我承认，我是科学某一个很狭窄的领域的一个专门家，但我并不是作家，也不是科普作家，更不是科学哲学家。这三本书仅是我把自己熟悉的东西、心得和体会、爱憎和感情、思考和认识真实地写出来，如果读者从我的几本小书中能有所体会和收获，我就非常高兴了。

回想自己的一生，除了父母亲给了我许多的爱，很多学术前辈、老师、友人、领导和同志们，包括外国朋友们，也给了我许多爱护、鼓励、关怀和帮助；在《藏绿斋札记》成文和出版过程中，他们给我提出了不少宝贵的意见和建议，我谨在此一并向他们表示衷心的感谢。我还要特别感谢北京市科学技术协会科普部，北京理工大学出版社，以及策划编辑王佳蕾，执行编辑靳媛，责任编辑梁铜华、李慧智、施胜娟等同志，是他们的支持和帮助，才使《藏绿斋札记》得以顺利出版。

是为序。

藏锦斋札记

情系科研

目录

① 第一篇 科学研究：途径与方法

② 第二篇 学习方法

③ 第三篇 治学与为人

④ 第四篇 科技学术论文写作与基金申请

前言

所谓科学研究，广义地说，就是创造知识和综合整理知识，在现有的科学技术水平上前进一步。科学研究必须有一个新的结果来衡量成功与否。这是一种创造性的劳动。新的结果可能是新的发现、新的理论或新的方法，也可能是新的工艺、新的器件或新的材料等。总之，科学研究要求我们在前人基础上有所创造，有所发现，有所前进。因此，科学研究实质上就是对新知识的探求，对于具有创新精神的人特别具有吸引力。

翻开科学史，我们可以看到无数这样的例子：有的人埋头于实验，通过细心观察，发现了新的现象。如伦琴发现X射线，为新时代的物理学奠立了第一块基石；琴纳通过接种牛痘防治天花，开创了免疫学的先河。有的人按预定的概念与计划去实验，取得了预期的结果。如居里夫人从大量的沥青铀矿中提炼出放射性元素钋和镭。有的人通过广泛的观察、体会，“悟”出新概念，从而提出新理论，如达尔文的进化论。亦有人概括前人的实验和现象，由纯粹的数理演绎，提出新概念，预见新现象的存在，如麦克斯韦的电磁场理论。还有人修正旧的理论，提出新的假说。这些假说在当时似乎都违反常识，如爱因斯坦创立的相对论。也有人将不同学科联系、组织起来，建立起新的理论而取得了成功，如维纳建立控制论。

所有这一切都说明，获得创造性成果的途径是多种多样的，显然不存在什么一成不变的方法，但这并不等于没有一些共同的规律和特点。科学发展的历史同样表明，许多科学问题的提出和解决，常常是科学方法上获得一定突破的结果。

“科学研究方法”中的“方法”一词源于希腊文“methodos”，意为“遵循某一道路”，即为了实现某一目标，必须按一定顺序采取的步骤。因此，科学研究方法或科学方法（scientific method）本来是指获得科学知识应该遵循的程序。但是，现代科学哲学达到的成就之一，就是认为不存在发现和发明的机械程序和万无一失的方法，正如不存在包治百病的灵丹妙药一样。尽管如此，许多著名科学家仍十分重视科学方法在科学发现中的作用，一再强调科学研究方法的重要性。

天文学家拉普拉斯在评价牛顿的工作时说过：“认识一位天才的研究方法，对于科学的进步……并不比发现本身更少用处。科学研究方法经常是极富兴趣的部分。”

生理学家巴甫洛夫说：“初期研究的障碍乃在于缺乏研究方法。无怪乎人们常说，科学是随着研究方法所获得的成就而前进的。研究方法每前进一步，我们就提高一步。随之在我们面前也就开拓了一个充满种种新鲜事物更辽阔的远景。”

生理学家贝尔纳说：“良好的方法使我们更好地发挥运用天赋的才能，而拙劣的方法则可能阻碍才能的发挥。因此，科学中难能可贵的创造性才华，由于方法拙劣可能被削弱，甚至被扼杀；而良好的方法则会增长、促进这种才华。”

中国今天的青年一代，比起前辈来，是很幸运、幸福的，能在宽松的学术环境中研究学问，钻研科学，能学到不断涌现的新知识；但是，对其要求也很多，如专业精通、知识广博、“软”“硬”都行、全面发展等。21世纪的科学技术是智力、知识和信息的革命，但智力的发挥、知识的创造，以及信息的传播都离不开思维。因此，对于新一代的大学生和研究生，单纯进行知识和技术的灌输，而不加以正确的思维方法的指导，是难以使之成为“四化”建设的高级科技人才的，只能将其培养成头脑僵化、缺乏应变能力的人。因此，希望我国的青年学人，不仅具有广博精深的科学知识，而且能灵活应用科学方法，还要具有正确的思维方法。

通常，人们往往重视具体知识的学习，因为它能收到立竿见影的效果。科学方法比具体知识抽象。学习科学方法往往不能像学习具体知识那样能见到实际的效果。科学方法的学习有时只能意会，而难以言传，是只有“悟”才能体会的。人们往往认为，只要下苦功，就能出成果。这是一种误解。对于科学研究，如果缺乏正确的思维和良好的方法，那么苦功并不总是有效果的。

科学方法的训练着眼于锻炼人们有活的学问、知识。书本知识很重要，但科学研究并不能直接从书本中找到答案，而要把它变成活的学问和活的知识。这就要靠有意识的思想活动，思考假说（假设、方案）和解决问题的途径。这种有意识的思考活动，正是一个研究生在求学期间最需要培养的。

我深深地感到，青年学人，如果完全靠他（她）自己慢慢摸索，那么到他（她）学会使用科学研究方法时，最富创造力的年华或许已经逝去。因此，如果我们这些过来人能对我国未来新一代的科学研究工作者给予科学方法（包括学习方法、治学方法和思想方法）的指点，使他们尽快掌握科学研究方法与学习方法，学会正确的科学思维方法，而不是听任他们凭借个人经验事倍功半地去摸索，将有助于他们增长才干，提高科学的鉴识力，创造性地开展工作，早出成果，早日成才。我衷心希望青年学人重视科学方法的学习，锻炼和培养自己独立工作与学习的能力。

在这本《藏绿斋札记·情系科研》中，主要是总结自 1978 年以来自己作为一个指导教师在大学生和研究生培养中所看到、想到、认识到的问题，特别是指导研究生总结学习和学位论文工作中的得失，以及自己在科学研究上走过的路。本书实际上是我这些年来指导研究生过程中断断续续写的随笔，大多是为会议发言或报告而准备的，或是随感而发的想法与意见。其中很大一部分是和自己的研究生谈及的科学研究方法、学习方法、思想方法、写作方法等，谈不上全面和系统。我的愿望是本书提出的问题能引起大家的兴趣，抛砖引玉，得到老师和专家们的指教，共同讨论，将大学生和研究生的培养工作做得更好。

本书有很大一部分是对科学研究方法的探讨。科学研究方法归根结底是思维方法问题，是一个哲学问题。我的哲学知识是贫乏的，我只粗浅地读过一些哲学著作。因此，有关方法论的叙述必定不如那些专门从事方法论研究的人，但我想我从亲身参与科学研究和教学的角度去感悟、发掘其中的内在联系，叙述自己的一些体会，也许正是某些方法论研究者难以做到的。读者可以看出，关于科学研究方法的叙述我有一些自己的想法和理解。我想尽可能地挖掘得更深入些，希望能找到一些在指导研究生的研究与学习上具有普遍意义的东西，但确实为我的学识水平所限制，可能流于表面和肤浅。此外，本书中尚有一部分专门谈及治学与为人的问题。我从事教学科研几十年的体会是，为人比为学更重要：首先是做一个堂堂正正的、大写的人；其次才谈得上什么专门家。

本书的部分内容曾在校内外讲演，并在内部刊物上发表和结集出版，引起了一些老师和学生的兴趣。在他们的鼓励下，我做了一些整理，先后以《一个指导教师的札记》《科学研究的途径—— 一个指导教师的札记》为书名，于1998年和2007年由北京理工大学出版社出版，但很快就被卖完了。将书出版后，我得到了不少鼓励和建议。这次以题名《藏绿斋札记·情系科研》出版，除了对原有的文稿进行修订外，还增补了《谈中西方治学的途径》以及《斯文有传，学者有师——献给指导教师的10个建议》两篇文章。因为《立志、勤奋、创造、成才》一文与后面一本文集的《立志高远，笃学诚行》一文的内容有重复，故把该文删去了。此外，还在每篇文章的前面加上一句作者题记，概括我的认识和感悟。我希望这本书能受到读者的喜欢，也期望得到大家的指正。

当将本书第一版《科学研究的途径——一个指导教师的札记》交付印刷时，我用了“涓涓细流”4个字。这是我国著名的老作家冰心女士为现代文学纪念馆题的字，把她几十年的文章比作大海中的涓涓细流。我觉得用这4个字来形容我的这本小书非常贴切。它是科学海洋中的一小股潺潺细流。如果它能引起青年学人对于科学方法的重视并觉得有所帮助的话，我的目的和愿望也就达到了。

第一版写于2006年11月
改于2015年7月

藏绿斋札记

情系科研

第一篇

科学研究：途径与方法

治学三境界与科学创造四阶段*

科学是讲求实证的。

国学大师王国维先生是我国近、现代之交时期的大学者，也是将中西美学思想沟通融合，并形成自己独特美学体系的近代美学开拓者。《人间词话》是王国维先生美学理论的一部力作。读之不禁令人赞叹其学问之广博专深，见识之晶莹透彻，方法之严谨周密，文词之精美简洁。我特别喜欢他在《人间词话》中提出的三种境界之说，现抄录如下：

三种境界①

王国维

古今之成大事业、大学问者，必经过三种之境界：“**昨夜西风凋碧树。独上高楼，望尽天涯路。**”此第一境也。“**衣带渐宽终不悔，为伊消得人憔悴。**”此第二境也。“**众里寻他千百度，蓦然回首，那人却在，灯火阑珊处。**”此第三境也。此等语皆非大词人不能道。然遽以此意解释诸词，恐为晏、欧诸公所不许也。①

---

* 本文原载于《中国工程院通讯》，2000，**8**，23－24，及以“中国的科技，从科学创造四阶段说起”为题，载于《自然辩证法研究》，2002，**18**（8）：12－15。这次发表时做了修改和补充。

① 王国维先生的上述三种境界，取自晏殊之《蝶恋花》，柳永之《蝶恋花》（亦称《凤栖梧》）与辛弃疾之《青玉案——元夕》。胡云翼选注的《宋词选》载有这三首词。兹抄录于下，以供欣赏。

蝶恋花

晏　殊

槛菊愁烟兰泣露，罗幕轻寒，燕子双飞去。明月不谙离恨苦，斜光到晓穿朱户。
昨夜西风凋碧树。独上高楼，望尽天涯路。欲寄彩笺兼尺素，山长水阔知何处！

蝶恋花（凤栖梧）

柳　永

伫倚危楼风细细，望极春愁，黯黯生天际。草色烟光残照里，无言谁会凭阑意。
拟把疏狂图一醉，对酒当歌，强乐还无味。衣带渐宽终不悔，为伊消得人憔悴。

青玉案——元夕

辛弃疾

东风夜放花千树。更吹落，星如雨。宝马雕车香满路。凤箫声动，玉壶光转，一夜鱼龙舞。蛾儿雪柳黄金缕，笑语盈盈暗香去。众里寻他千百度，蓦然回首，那人却在，灯火阑珊处。

从宋词晏、柳、辛的三首词句可以看出，其本意都是描写男女之间相思之情、追慕之情，以及热恋之情。王国维独具匠心，将它用来形容古今成大事业、大学问者所必经的三种境界。我认为，每一个搞科学研究的人，和搞文学艺术创作的人一样，都会深切地感受到这三种境界。迎着困难，勇于攀登，高瞻远望，苦苦思索。**“独上高楼，望尽天涯路”**。这是处于创造开始、构想沉思中的情景。这是第一种境界，正是科学研究中的准备期。追求真理，百折不挠，无论多大挫折，终不后退。**“衣带渐宽终不悔，为伊消得人憔悴”**。这是科学研究中覃思苦虑、孜孜以求的情景。这是第二种境界，正是科学研究中的酝酿期或探索期。几经艰苦奋斗，突然受到启发，顿时恍然大悟。**“蓦然回首，那人却在”**，原来事物的奥秘，正隐藏在**“灯火阑珊处”**。这是茅塞顿开、灵感突现的情景。这是第三种境界，正是科学研究中的豁朗期。

我们试把这三首词中的相思之情、追慕之情、热恋之情的对象变换为你对她——科学问题——的执着的追求。你朝夕思念她，望断天涯，也不知她今在何处。你苦苦追求她，而她若即若离，使你百思不得其解。思念的痛苦使你也消瘦了。“山重水尽疑无路”，但你无怨无悔，百折不挠，追慕之情不变。最后在你的不懈追求下，“柳暗花明又一村”。她终于“垂青”于你。你终于成功了。你多么快乐啊！不经历追求（相思）之艰难痛苦，探索（追慕）之曲折漫长，便不会体会成功（爱情）之欢欣快乐。“一个人只要一生中体验过一次科学创造的欢乐，就会终生难忘。”（克鲁特泡金语）

王国维先生“三种境界”之说正说明了在科学探索和艺术创作中存在三个阶段：高瞻远瞩、构想沉思的准备阶段，覃思苦虑、孜孜以求的探索阶段，以及不断追求、迈向成功的收获阶段。这说明古往今来，学问高、事业大的人都会经历这三种境界。先要站得高，看得远；要学会忍受孤独；还要善于发现和寻找。只有这样，才能找到理想中的目标。“三种境界”中蕴含着深邃的哲理，为我国学者所称道。

作为一名科学工作者，我想对王国维先生的“三种境界”之说做一点补充。据我的理解，对从事文学艺术创作者来说，作品主要表达的是作者个人内心主观的感受。当我第一次读到“云想衣裳花想容”“白发三千丈”等诗句的时候，不禁为诗人丰富的想象惊愕了。原来可以这样形容美女的美貌和漂亮的衣着，也可以这样夸张表达一个人的愁思的。诗人天马行空的想象是用不着验证的，也不会受到人们质疑的。

文学艺术的创造与科学探索求知的过程，是很复杂的。客观的观察和分析、深入的思考，以及创造的想象力，对于文学艺术与科学研究的创造，自然有类似的地方，但二者截然有别。科学实验自然，故科学家必离我与自然；文学描写自然，故文学家必融我于自然。文学艺术追求个性，多行“偏锋”。诗人浪漫，思想自由驰骋，天马行空。科学探究共性，更倾向于追寻研究结论的普适性。科学要遵循规律，符合逻辑与事实。文学艺术重灵感，重形象思维，重“情、善、美”，重在意会和体验；而科学，重实证，重抽象思维，重“理、真、美”，重在验证和完善，从逻辑方法以及已有之经验寻求问题的解答。只有经过验证的事物，证明了它的正确性，才算完成一个科学研究的全过程。

文学艺术主要关注内在精神世界，属于情感、虚构和精神层面的内容，是相对主观的。再谈李白诗：“白发三千丈。”众人感觉诗人的浪漫、夸张，明知不符合现实，并不指责诗人，反而赞美他无边无际的想象。又如李清照的诗《乌江》：“生当作人杰，死亦为鬼雄。至今思项羽，不肯过江东。”悲壮之情，溢于言表，至今犹感染着读者。她抒发的是对一名悲剧英雄的怀念和追思，期盼有项羽这样宁死不逃避责任的英雄，以重振大宋王朝的雄风。但是，科学研究中，科学家连白发三丈都不能讲，因为没有事实根据，拿不出证明来；科学家也很少在自己的科学论文中掺杂自己的情感，除非是科普创作。当然，合理的“假想”和“描写”是允许的。

科学是讲究实证的。科学，例如物理学，关注的是运动、力、物体以及光、热和电的客观世界。科学家讲究严谨、扎实和一丝不苟。当然，科学家也需要丰富的想象力，如爱因斯坦少年时代之想象“追光”，而在发表狭义相对论后，他并不满意，想象“人从高楼落下是不会感到自己的重量的”，从而发现了广义相对论。但这是科学的想象和抽象。而且，物理学家在灵感勃发以后，需要不可缺少的数学证明。展现出来的物理学框架是序列的、抽象的数学方程搭建起来的。

因之，对于从事科学研究的人似乎还需要一种境界。这就是：**“行到水穷处，坐看云起时。”**[①] 它形象地表达了科学研究进一步深化与探索的过

① 见唐王维诗“终南别业”：“中岁颇好道，晚家南山陲。兴来每独往，胜事空自知。行到水穷处，坐看云起时。偶然值林叟，谈笑无还期。”这是著名作家、诗人邵燕祥先生建议的。燕祥先生曰：“前句正可状实践检验，后句则是理论升华；既有一步步穷根究底的孜孜矻矻，又有终得会心的悠然自适。”

程。试遐想，溪流到了尽头，仿佛临到绝地，忽然云霭从水源处升起，云水一色，时隐时现。一幅多么美妙的图像！这是实践检验、理论升华的情景。所谓第四种境界，正是科学研究中的验证期。这是因为，创造性思维豁然贯通仅仅是创造的端倪初露，而茅塞顿开、灵感突现并不是完整的创造，如果不加以完善验证、发展或加工扬弃，那么尽管这些思想火花十分可贵，可是浅尝辄止，仍有可能功亏一篑，丧失了创造中本应得到的最佳成果的机会。因此，我认为，文学家和艺术家极为需要的是顿悟，是灵感的勃发；而自然科学的专家追求的是客观的真理，且其灵感或顿悟是需要严密求证的。这大概是两者最主要的差别。

一个最浅显的例子是我们从小就知道的传说“曹冲称象”的故事。三国时代，我国南方进贡了一头大象给曹操。曹操问大臣们：你们能不能把这头大象的重量称出来？大臣们面面相觑，束手无策。这时，曹操9岁的儿子曹冲建议，把象引到一只大船上，在船体上刻下吃水深浅的记号，再把大象换成石块，也使船沉到同一条吃水线上。这样，只要称一下石块的重量，就知道大象的体重了。

这件事说明曹冲是一个非常聪明的孩子：第一，他有联想的能力。他一定见过他父亲曹操海上练兵的情景。当舰船装上兵员与武器后就往下沉。“舰船”可以起到“秤”的作用。曹冲具有举一反三的能力。第二，他有逻辑判断的能力。大象是有重量的。石头即便再小，也是有重量的。多块石头代替大象是可能的。第三，他有抽象的能力。他一定与小朋友们一起玩过弹弓打鸟，以石计数的游戏。曹冲有以石代象，以石称重的抽象能力。这件事反映了我们中国孩子非凡的直觉能力。

类似的有阿基米德称王冠的故事：希伦国王要工匠做一顶金王冠。王冠虽被做好了，国王却疑心工匠偷梁换柱，用其他金属来代替黄金。于是，他就找了阿基米德来辨别。阿基米德苦苦思索，也想不出一个好办法。有一天洗澡时，浴缸装满了水，当阿基米德一脚伸进浴缸中时，水就溢了出来。他惊喜万分，光着身子就往大街上跑，并大呼：“尤里卡，尤里卡。”（我找到了，我找到了）他找到了什么呢？原来，阿基米德受到水溢出浴缸的启发，顿生灵感：如果将王冠浸入盛满水的容器中，溢出水的体积正好等于王冠的体积，然后将王冠的重量除以溢出水的重量，就可算出王冠的比重，再与纯金的比重相比较，不就可以检验王冠是否为纯金了吗？而且这样做对王冠丝毫无损。后来，阿基米德进行了试验，把王冠和同样重量的金子放进水里，结果发现王冠排出的水量比金子的大，这表明金王冠是掺了假的。

我们从上面的两个例子可以看出，这两位先人都把问题解决了。一位把大象的体重称出来了，而另一位则把金王冠中是否掺入了其他金属的问题解决了。后者并不满足于问题的解决，而是由“现象”（物体浸入水中而水溢出的现象）到提出“假说”（重量相同，比重不同的金属溢出的水是不同的），解决了实际问题，再进入验证期，将现象升华，归纳为“定理”，即阿基米德定理：“液体对物体的浮力的大小等于被该物体排开的液体的重力。”因此，可以这样说，阿基米德若不把检验金冠的构想发展到更广阔的天地，则充其量只是一个小有聪明的智者，就像我们觉得小小曹冲真聪明一样，而不是阿基米德浮力定律的创始人，在科学史上留下了自己的足迹。

从上面的叙述可以看出，阿基米德不但有联想能力、逻辑判断能力和抽象能力，还有理论升华能力——提高到理论高度来认识的能力。这是作为一个科学家必须具备的能力。于是，阿基米德被公认为科学家、浮力定律的创始人。实际上，对于前三种能力，我们的小曹冲也有，但他缺乏第四种能力，故我们只能称他为聪明的孩子。

“曹冲称象”这件事以及我们的先人在众多的技术发明上，都表现为停留在直接经验或顿悟上的认识，停留在某一实际问题的解决上。我们（包括祖先和现时的我们）往往是把一个实际问题解决了，把任务完成了，就万事大吉了，而没有像阿基米德那样“打破砂锅问到底”的探索精神，从理论上升华，并总结出一套规律或定理来。我们至今尚未发现我们的先人对“曹冲称象”的现象有进一步阐述的记录。

实际，“曹冲称象”乃是今人总结的共轭控制方法的先祖。我们知道，直接称出大象是人们办不到的事，但一块块石头的重量是可以被称出来的。曹冲用大船的沉浮先把象的重量变换成石头的重量，我们把这一变换过程用 L 表示。再称出石头的重量，这一步用 A 表示。最后又将石头的重量变换成大象的重量。这一步跟 L 变换恰好相反，我们用 L^{-1} 表示。把这三步连起来，可以写成 $L^{-1}AL$。它表示先施行 L，再施行 A，最后施行 L^{-1}。这样就把大象的体重称出来了。

现代数学上一般把 $L^{-1}AL$ 称为 A 过程的共轭过程。我们将 $L^{-1}AL$ 称为与 A 共轭的控制方法。它通过 L 变换和 L^{-1} 变换，把我们原来不能控制的事变为我们可以控制的 A 过程去完成。A 的控制范围在施行了 L 和 L^{-1}变换后扩大了。

共轭控制方法的应用例子比比皆是。人类使用共轭控制的方法可以追溯到数字和语言的起源。处于原始社会的人类，想到可以用小石头来计算动物。从动物变换为小石头，又从小石头变换为数的概念，人类用抽象思维来代替形象思维。曹冲的过人之处是把这种抽象思维应用到称象上。现代科学把这种现象进一步抽象化，并将其应用到生产实践中。如在自动控制设备中，L 和 L^{-1}分别有自己的专有名称。L 通常被称为感受器，而 L^{-1}通常被称为效应器。A 是某一事物（生产）的选择过程，通过上述的 $L^{-1}AL$ 过程便控制了现代化生产。

在科学研究中，验证期是不可缺少的。“科学”之所以被称为科学，是因为它得到了验证，得到了升华。1913 年，爱因斯坦经过近 8 年的探索，将狭义相对论发展为广义相对论。这是科学史上的一项伟大创造和发现。当导出广义协变的引力场方程时，他非常激动，因为引力场的问题由他解决了。但是，他内心十分明白，如果这一理论不经过验证，那么它最多只能被称为假说。只有得到实际的检验，并且经得起多次实践的考验，这个理论才能真正成立。爱因斯坦在给他的一位忠实朋友、德国天文学家弗罗因特里希（Erwin Freundlich）的信中说：“为了进一步证实这个理论的正确性，我们需要得到一个可靠的证据，否则，我们这个理论就会夭折。”经过一番挫折，直到 1919 年，通过“光线在引力场中的偏折”“水星近日点进动”和“引力红移”等三大实验验证，广义相对论才被世人承认。

当然，科学研究中有许多验证和理论升华，并不都是由发现者本人来完成。但只有经过验证的事物，证明了它的正确性，才能算是完成了一个科学研究的全过程。科学史上有不少的例子说明了这一点。例如，爱因斯坦的受激辐射概念和高锟的光纤传输通信概念，成为现代激光技术和光纤通信的基础。概念由他们提出，而激光器和光纤通信是经过若干年后才实现的。

我之所以提出这一问题，是鉴于我国有不少科学研究工作者，特别是青年学人，他们的思想敏锐，有自己的创见，但对“验证期”不重视，往往是就事论事地解决问题，而不愿做更深入的思考、总结，并从理论上提高、实践上考验，使自己在科学上有所突破和贡献，就像伟大的阿基米德和爱因斯坦一样。

如上所述，科学研究是一个创造的过程，由开始到结束，大致可以分为4个阶段，即：问题之彷徨——准备期；求索之炼狱——探索期；直觉之欢欣——豁朗期；实证之煎熬——验证期。现仿王国维先生《人间词话》的“三种境界”，集唐诗宋词等名句，创作《科学创造四阶段》，并将其作为本文的结束。

科学创造四阶段

“昨夜西风凋碧树。独上高楼，望尽天涯路。”

玉韫珠藏，秋水欲穿，不知伊人何处寻？

“衣带渐宽终不悔，为伊消得人憔悴。”

抱朴唯恒，欣戚两忘，触物皆有会心处。

“众里寻他千百度，蓦然回首，那人却在，灯火阑珊处。”

心有灵犀，意所偶会，皇天不负苦心人。

“行到水穷处，坐看云起时。”

格物致知，究极穷理，悟乾坤真机真境。

漫谈科学研究的途径

科学研究既没有一成不变的方法，也没有万无一失的共同模式，但它是讲究方法的。

引　言

在讲正题以前，先讲一个我读到的侦破故事《京城劫钞案》（发表于《蓝盾》1997年第8期）。1996年6月3日，北京市海淀区知春里发生一起持枪抢劫银行运钞车的案件。罪犯抢到装有67万元巨款的两只铁皮提款箱后，中途抛弃了偷来的公爵王轿车，换乘另一辆汽车逃逸了。侦查人员赶到后，运用一般的侦查手段，如勘测现场、询问当事人和目击者，直到找到这辆被丢弃的黑色公爵王轿车。知道蒙面劫匪操北京口音、30岁上下、身高1.70米左右、体态中等、逃跑时戴深色头套。但是罪犯消失了，线索断了。茫茫人海中，该从何处查找罪犯呢?

实际上，1996年2月8日，在距亚运村不远的北京工商银行甘水桥分理处，也发生过一起骇人听闻的抢劫大案。罪犯打死两人，打伤一人，116.74万元巨款被歹徒劫走。3月9日，在朝阳区发现了被劫匪抛弃的深蓝色大宇轿车。该车是2月6日在二七剧场附近楼区被盗的。

8月27日又发生了抢劫运钞车案件：北京市城市合作银行滨河路支行的运钞车行至宣武区（现西城区）南线阁中街时，发现前方50米处的胡同里驶出一辆深蓝色的本田轿车，车速很慢。行驶到离支行大门80米处时，两个手持双枪的蒙面歹徒跳下车，一左一右封住了运钞车的车门，威逼司机和接款员交出运钞车和款箱的钥匙。但这次抢劫遭到了车上押运人员激烈的反抗。威逼不成，歹徒凶相毕露，向他们射出了罪恶的子弹。枪声一响，支行人员用手中的木棍和警棍与持枪歹徒展开了殊死的搏斗。最后歹徒不得不撤离现场。

这就是1996年发生在京城的“2·8”“6·3”“8·27”3起劫钞案。

公安人员对3起案件的作案手段、规律进行研究和分析，得出的结论是：3起案件的主犯应当是同一个人，身高1.70米左右，年龄30岁上下，具有射击、驾车技能；每次作案前必偷一辆高档轿车，然后抛弃；作案手法均为：盗车——抢劫——弃车——换车——逃逸。这是一条值得重视的规律。案犯对北京城区道路熟悉，不像是外地人员流窜作案；从“8·27”迫不及待抢劫未遂来看，案犯急需钱用，继续作案的可能性极大。

9月3日，有人报案，海淀区普慧北里一辆米黄色尼桑轿车（车号是“京A08786”）被盗。市公安局分析，这很可能是又一次抢劫案的前兆。于是下令，在全市展开“以车找人”的清查、搜寻工作。9月8日凌晨，市公安局涉外饭店管理处接到紧急通报后，立即在全市宾馆、饭店布置清查。晚10时，长城饭店一位保卫干部根据民警的部署，在饭店停车场认真地一辆车一辆车地查寻。查完了所有的车辆，没有发现什么异常，可是在对面亮马河大厦停车场，隐约可见有一辆米黄色的进口车停在那儿。保卫干部走过去，细看车号，正是“京A08786”。他立刻通知市公安局。公安局布控后，到零时10分，有一个男子刚想开走这辆车，警察便冲了上去。那人企图夺路逃跑，在鸣枪示警无效的情况下，警察开火了，把罪犯打伤并抓住。这个人就是连作4次劫钞大案的罪犯（最早的一次是在1995年12月13日，抢了15万元）。

结论是：突破口找对了，正确的思维导致正确的结果。

搞科学研究颇像搞侦破，都是运用自己的思维去分析、推论。一个科学工作者最重要的一点是要有“创造性智能”（Creative intelligence），要有“思想（创见、点子）”，即“idea”。

科学研究中必须有自己的idea，否则就是复制，就是模仿，而不是创新，更不是创造。创造性智能的焦点集中在思维方式以及希望得到新的或者与众不同的东西的强烈愿望上。科学研究中的创造性智能，就是表现在出思想，出点子，出idea上。

什么是idea呢？简单来说，就是用已知的事物做根据，由此推测到另一种事物。也就是说，idea具有推论的作用。

推论的作用是从已知的事物推及未知的事物。有前者做根据、做基础，而对后者发生作用，是有条理的思想作用。因之，idea的特点是：

（1）须先有一种疑惑困难的情境做起点；

（2）须有寻思搜索的作用，要寻出新事物、新方法、新手段来解决这种疑惑困难，即寻找突破口。

接连3次运钞车抢劫案的发生（这相当于科研问题的提出），就是一种疑惑困难的情境。

寻思搜索：寻找破案的途径（这相当于科研中的技术路线、技术途径），分析作案的手法，确定办案的方向，寻找怀疑的对象，摸索出案件的规律，即盗车——抢劫——弃车——换车——逃逸，进而把找被盗车作为突破口。

因此，科研中的寻思搜索，就是因为有一个疑难的问题。疑难的境地就是寻思搜索必不可少的条件。也就是说，解决疑难的问题，便是我们寻思搜索的目的。这就是寻思搜索的方向性，是有目的的，而不是胡思乱想。因之，idea的基本条件是：严格合乎逻辑，概念清楚，切合实际。

下面我讲一下科学研究最基本的途径、程序和步骤。

研究课题从提出到具体化，直到课题任务的完成，必须建立合乎逻辑的程序（步骤）和思考方法。这如同一棵“树”。树的根基处是研究课题，由此伸展出如“树枝”的单元。我们要由研究课题这棵“树”从混淆在一起的问题中分离出“树枝”所要解决的任务，明确为主要目标服务的主攻方向及研究路线，并制订计划。因此，科学研究人员必须对研究的途径、程序以及方法，即科学研究的全过程有明确的认识。

科学研究的途径既是科学工作者在科学研究中提出、思考问题的方式和过程，也是认识事物客观规律的思维发展的过程。科学研究，由问题的开始，到问题的解决，这一全过程是怎样进行的呢？对于一般的科学问题，波普尔提出科学研究五步骤。其途径或程序可用下面的框图（见图1）表示，由此出发来讨论我们的问题。下面我详细解释一下。

一、疑难问题的提出

这里可分为两个问题：疑问和提出疑难问题。在科学研究和日常生活中，碰到一件事情或者一个问题，我们就会寻思：“这是一个什么问题呢？为什么会这样呢？”疑问是思想的起点。一切有用的思想，都起源于一个疑问；一切科学发明，实际上也都起源于思想上的疑惑。“学源于思，思起于疑”。“疑乃悟之父”。疑问是思想的第一步。科学的发展始于问题。

但是，有疑问并不等于能提出问题。特别是有些看法似乎已经是常识，是传统的见解，是书本上写的，是权威的结论，虽有疑问，却不敢提出问题。如牛顿提出的绝对时间和绝对空间的概念，从牛顿到20世纪初的300余年间，怕不会没有人提出疑问吧！但大都是虽有怀疑，却慑于牛顿的威望，不敢提出问题。只有爱因斯坦和马赫等少数人敢于向牛顿的权威挑战。

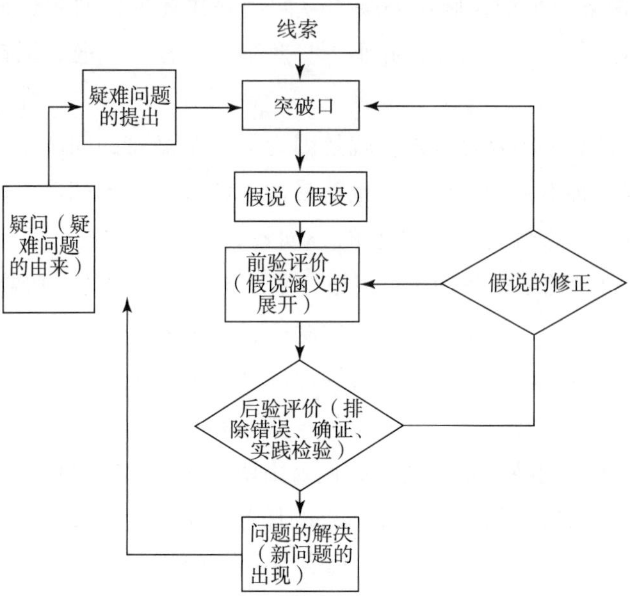

图1　科学研究的途径框图（自上而下法）

我们说，科学始于问题。这是因为：

（1）问题促使理论的产生。理论的任务在于试图解决问题。理论之所以是一种尝试或猜测，正是由于它是提出或解决问题的尝试或猜测。理论之所以是一种假设，也正因为它是试图解决问题的假设。科学家决不能等待自然界高兴起来显示自己的秘密。他必须质问自然界，必须根据他的怀疑、猜想、理论、想法和灵感去盘问自然界。如果没有问题，也就不会有对问题的解释，即理论。胡适曾断言：问题是知识学问的老祖宗。古往今来的一切知识的产生与积聚，都是要解答问题，要解答实用上的困难或理论上的疑难。

（2）问题推动科学的发展。问题是促进科学发展的动力，因为问题促使人们不能停留于理论的现状。问题促使人们进一步思索，从而发展理论，发展科学。只有通过问题我们才能自觉地掌握理论。正是问题迫使我们学习，以发展我们的知识，并进行观察和实验活动。理论对科学知识增长的最大贡献就在于提出新问题。问题导致我们科学知识的发展，并不断增进科学的深度和精确性。

（3）问题是认识活动的起点。科学家面前的自觉的任务，始终是通过构造一个解决问题的理论来回答问题。例如，通过解释出乎意料的未曾解释过的现象，以求得这个问题的解决。当然，笼统地说，科学研究以及一般的认识活动的任务是追求真理，但是我们并不是随便追求什么真理，而只是追求与所要解决的问题相关的真理。光是真理是不够的，我们所寻找的是对我们的问题的解答。因此，对于科学家的某一个研究过程来说，作为起点的总是问题。问题作为研究的起点，而能够发现问题，则是做学问的起点。若凡事不成问题，那便无学问可言了。所有发明创造，皆由发生问题得来。凡别人注意不到的地方，自己都怀疑研究，这是做学问的第一步。问题不在于大小，而在于真伪；不在于新旧，而在于其意义和价值。

总之，在科学研究中，我们心目中必须有一个确定的问题。对这个问题，我们是可以用观察、实验或理论来加以解决。问题是学术研究的对象，以至于波普尔直接将科学研究定为不断地提出问题：科学只能从问题开始。

成功的科学活动的第一要点是善于提出问题和抓住问题。爱因斯坦说得好："提出一个问题，往往比解决一个问题更重要，因为解决一个问题也许仅是一个数学上或实验上的技能而已，而提出新的问题，新的可能性，从新的角度去看旧的问题，却需要有创造性的想象力，而且标志着科学的真正进步。"

提出问题大概有两个方面：

一是发现新问题（即从无到有）。研究者通过思考观察"迄今"从来没有人提出过的科学问题（科学解释和理性认识）。例如，哥尼斯堡 7 桥问题。18 世纪哥尼斯堡在普莱格尔河上建有 7 座桥，将河中间的两个岛和河岸连接起来。一天有人提出能不能每座桥都只走一遍，最后又回到原来的位置。1736 年，有人去找大数学家欧拉。欧拉把两座小岛和河的两岸分别看作 4 个点，把 7 座桥看作这 4 个点之间的连线。这样，问题就被简化为能否用一笔把这个图形画出来的问题。经分析，欧拉得出结论：不可能每座桥都走一遍，最后回到原来的位置。他给出了所有能够一笔画出来的图形所应具有的条件。此乃拓扑学的"先声"。

二是由现有问题提出新问题（即从有到新）。例如，原子结构模型的提出就是不断提出新问题：从汤姆逊的葡萄干面包模型（虽能解释元素的周期性但不能解释光谱现象），到卢瑟福的行星模型（能解释原子结构和原子辐射光谱线的稳定性），再到波尔的原子能量的分立定态模型（可以解释氢原子光谱以及其他模型不能解释的现象）。后来，科学家又提出更好的原子结构模型。理论就是这样一步一步被推进的。

科学研究中，理论和事实之间的矛盾是经常发生的。科学中某种新的事实和现象被发现了，而原有的理论解释不了这种新事实、新现象。在这种情况下，原有的理论便面临着挑战和危机。究竟是用原有理论来克服危机，还是通过革新原有理论来克服危机？这常常引导人们开始新的研究并取得科学发现。举例：1824 年，法国天文学家布瓦尔德发现天王星轨道的理论计算同实际观测总是有出入。天文学家始终为这一矛盾操劳并困惑了 20 年之久。这曾使牛顿力学面临挑战：为了解决这个矛盾，法国的科学家提出了存在未知行星的科学假说。最后，德国天文学家发现了行星，解决了这一矛盾。后该行星被命名为海王星。

关于问题，我想从两方面来谈，即从什么地方发现问题和如何确定选题。

首先，科学研究需要有怀疑精神。怀疑是科学研究人员所应具备的最重要的精神素质之一。这是因为，最有意义的科学问题是随着对原有的知识（甚至是已为大众所接受的理论和观念）的怀疑而被提出的。怀疑的精神就是探索的精神。没有怀疑，就不可能有突破性、创造性的研究。科学研究人员要从前人的知识（文献和书刊），从实验和观察的实践中发现问题并提出新问题，即文献中无解的新问题，或另有新解的旧问题，即谁都不知其解的问题。只有提出了新问题，才能求得新结果。要大胆设想，想出解决问题的关键。

所谓提出问题，其途径大概有以下几个方面：

（1）由某个理论内部的逻辑矛盾而提出的疑问和问题。如果一个理论体系内部在逻辑上存在不一致性，那么就会使得人们对该理论的真理性和适用性产生怀疑，深入思考，考虑与问题有关的现象和理论以及解的可能方向，从而提出科学问题。

（2）由理论结构上不符合简单性与普遍性的要求而提出的疑问和问题。通常，科学理论的结构应具有一系列美学特征。其中，最重要的就是简单性和普遍性。前者是指要以尽可能简单的形式构造理论系统，而后者则要求理论能够说明尽可能多的自然现象。如果一个科学理论不能满足这种美学上的要求，即不能用尽可能少的公理来说明尽可能多的经验事实，就必须在理论结构表述方式上进行改进，使之更简明、更严谨。

（3）由现有理论与经验事实之间的矛盾而提出的疑问和问题。如果发现了一些新的或意外的现象，用现有的理论无法做出合理的说明，或者这些新现象与现有理论是抵触的，那么就会提出这样的疑问和问题：这些新现象的描述是正确无误的吗？是否有必要抛弃现有的理论而寻求新的理论说明呢？

（4）对经验事实未能做出统一的理论说明而提出的疑问和问题。一般来说，在开辟新的科学研究领域或一门学科缺乏基础理论时，由于理论尚不成熟，会有诸多经验事实得不到统一的理论说明。这大概是科学研究中最有发展前景的情况，因为有许多空白点需要深入的研究和填补。

（5）由理论的实际应用与现有技术条件的矛盾而提出的疑问和问题。如果在研究中出现了理论应用与现有技术条件的矛盾，就提出了一系列有关理论应用的技术性问题。思考这些问题，从而解决这些问题，具有实际意义和理论意义。

（6）由不同的理论体系之间的矛盾而提出的疑问和问题。不同的科学理论在各自的领域内都取得了成功，但它们之间存在矛盾和不一致，由此可提出疑问和科学问题。

提出问题要有科学精神。提倡多疑、多问、多想、多思考，但不是随心所欲、脱离实际地乱疑或离奇荒谬地乱想，而要以科学原则为指导提出有意义的问题。

从上面的叙述可以看出，我们把问题和矛盾——逻辑、体系、理论、观察和实验上的矛盾——直接联系起来，发现是矛盾产生了问题。问题产生于理论自身的矛盾和理论同实践之间的矛盾，而这种矛盾又意味着理论“出了毛病”。这就是说，问题出现在现有的理论使我们陷于困难和矛盾之中的时候，这就肯定了矛盾是科学和知识发展的“动力”。这些矛盾所产生的问题，在现有的、出了毛病的理论框架之中是无法得到解决的。只有提出新理论或修改旧理论，才能达到问题的解决。这就是说，问题的提出和解决需要有批判、怀疑的精神，需要有创造性的活动。而批判就是要指出矛盾，不论是被批判理论中的矛盾，或是这一理论与其他理论之间的矛盾，或是理论与确定事实之间的矛盾，或确切地说，是理论与一定事实陈述之间的矛盾。因此，没有矛盾，没有批判，就没有改变我们理论的理性动力，也就不会有理论的发展。

因之，科学研究工作可以概括为两句话：一是提出问题；二是解决问题。问题从何而来？从前人的实验、文献资料中的观点和认识以及自己的实验和经验中来。这就需要分析：第一，撰写文献的前人做了什么、解决了什么、推进了什么，前人的不同认识和经验、他们的理论和方法的异同，以及漏洞是什么；第二，自己和前人（他人）对这一问题在认识和经验上有什么不同；第三，自己在不同或相同的条件下得出的认识和经验是什么。

解决问题的关键在于抓准实质，分析和比较事物各个发展阶段的异同，总结出事物的发展规律。

因此，科学研究要求研究者，一是具有好奇心、创造性和想象力，即有创新能力。勤勤恳恳、只能严格照章办事的人就不一定适于基础研究工作；相反，思想活跃、往往异想天开并常出怪主意的人可能更为适合。二是对科学和科学研究有浓厚兴趣。科学研究或基础研究，是创造新的科学知识的工作，是从已知探究未知，获得新知。提出问题，思考问题，要从现有基础出发，用现有科学知识规律去解析、探究、论证，寻找新的结论。研究者必须对科学研究有兴趣，把科学研究取得成果作为最大的兴趣和报偿。

我想讲讲自己在宽束电子光学理论研究中的一点体会。当我在 20 世纪 60 年代开始从事宽束电子光学研究时，细束电子光学的理论虽已比较成熟，但宽束电子光学的研究还存在许多问题。例如：细束电子光学的理论能在何种程度上被推广到宽束上？用什么方法和模型来检验宽束电子光学成像与像差理论？以轴上电位分布展开的空间电位分布在多大程度上表达大物面、宽束成像电子光学的实际电位分布？应该如何计算与设计大物（曲）面的、宽电子束成像的电子光学系统？等等。对于这些问题，我提出了曲轴宽电子束聚焦及其像差理论来解决宽束电子光学成像及空间像差理论问题，并用静电和电磁聚焦同心球电子光学系统的解析解进行检验，使理论建立在坚实的基础上。20 世纪 90 年代，当着手研究宽束电子光学成像系统的时间像差理论时，我发现了空间像差与时间像差的表达式在形式上的不一致性和不对称性；而此二者本来是同一事物（即由阴极面逸出的光电子的发射初能量和初角度分散）在某一成像面上所显现的空间弥散特性，或是在空间某一位置（包括成像面位置）处所显现的时间弥散特性。能否用同一理论体系来解决成像电子光学的空间像差与时间像差理论？于是，我提出了时间像差的新定义以及求解时间像差系数的一种新的直接积分法，全面地解决了这一问题。

在科学研究中，问题是已知与未知的对立统一体。它既涉及已有知识，又“窥测”未知领域。问题表明，认识主体对客体的反映具有二重性。在提出问题时，主体对客体既有所知，又有所不知。虽然作为问题已知方面的仅是已有知识的一部分，但一个科学问题的指向是超出现有的全部认识，并力求变不知为知，变不定性为确定性。因而，它是“离开”现有知识而走向未知领域的“跳板”。认识过程中通过解决特定的问题，就完成了在某一水平上从无知向有知的过渡和旧知识向新知识的更新。这就是我们所谓“创造性”或“创新”。以后又出现了新的问题，也需要加以解决，如此循环下去。通过问题的不断由低到高的跃迁，科学就实现了自己由低级向高级的历史发展。

但是，在科学研究中，疑难问题与科研选题并不能画等号。从表面上看，无论是学科本身，或是四化建设，理论和实践都向我们提出了疑难问题和不少需要解决的新课题。看来，可以作为科学研究或学位论文的选题似乎是很多的；但是，实际上，并不能随心所欲选择研究课题。它受到主、客观条件的限制。不加分析，随手抓一个题目来搞，很难避免不吃苦头。

科研选题是科研工作的起点，关系到科研的成败和成果的大小，要给予足够的重视。选题既是一门科学，又是一种艺术。它也是科学研究人员的一项基本功。题目选得好、方向对头，就易取得事半功倍的效果，多出成果，出好成果。在确定科研选题的过程中，以下几项原则应予以重视。

（1）科研选题既要有先进性，又要有现实可能性。所谓先进性，就是研究的内容具有创造性。对于基础研究，要求选择处于学科前沿、对学科发展具有意义的课题；对于应用研究，则要求有实际应用的前景，又有一定的理论意义。

（2）要注意科学的“结合部”。现代科学日益显现出互相渗透、交叉、依存的趋势。许多课题内容涉及多门学科，具有综合性、“边缘”性和交叉性。研究科学的“结合部”，往往会异峰突起。

（3）要对计划外机动性课题保持敏感和警觉，相机捕捉。在研究中，对意料之外的新现象、新情况以及可能很有研究价值的课题，不能本能地抱着“排斥”反应，切忌粗心和僵化，应当根据新情况做出新决策。

（4）不要轻视一时用不上，甚至将来也难以应用的课题。研究固然是为了应用，但某些课题的全部价值不能以“用处大小”为标准。科学的发展是一条智慧的长河。有的课题可以较快地获得应用，而有的则不然。它只是表明人类的智慧又升到一个新的阶梯，同样也是人类的一笔精神财富。

（5）对已经选定的科研课题的变化要善于分析和追踪。随着研究的进展和深入，有时课题会转换形态，可能以新的面目出现。研究者要具备追踪变化的能力。这很可能是课题的新发展。

对于初涉科学的人，最好选择一个很有可能出成果的课题。无论是硕士生或是博士生，志向要大，但选题的目标要符合实际，难度要适当。如果在指导教师的研究领域内选题，可得益于他（她）的指导和关注；如果是自己选定课题（最好能请教老师），则课题的完成主要靠自己。只要课题是经过自己深思熟虑确定的，完成的可能性就会很大。

二、寻找突破口（切入点）

有的疑难之点是很容易确定的。比如迷了路，问题在于怎么寻找一条出路。但有些疑难，我们觉得是疑难，可一时不容易确定哪一点是疑难的真问题。科学研究中遇到的疑难问题通常不会是单因素的，有多种因素或多种矛盾。只有找出探索疑难问题的切入点或突破口，才能真正解决问题。因之，寻找突破口是科学研究中十分重要的第一步。

确定疑难之点，找准突破口非常重要。这一点如同医生看病一样。高明的大夫看病，会对症下药，手到病除。医生看病主要靠经验，靠知识的积累。科学研究就有点不一样，既然是科学问题，那或者就是前人没有解决的，是无先例可循的，或者是前人没有完全解决的。

从科研选题到突破口的选定，这大概既是科学研究中最关键的步骤之一，也是最富有创造性科学活动的过程。这是因为，在这一阶段，信息的搜集、获得、整理和加工，摸清问题的现状，准确判断所研究课题的切入点，从而形成自己的观念和观点，都是自己的任务。有些青年学人拿到题目就着急地做，缺乏深入的思考，实际是欲速则不达，甚至吃夹生饭。因此，在这一阶段，宁肯慢些，也要使自己的研究从一开始就走上正确的道路。

实际上，从研究课题的提出到“突破口”的选定，要经历一系列的步骤。如果我们把它进行细化，可以归纳成如下的框图（见图2）。

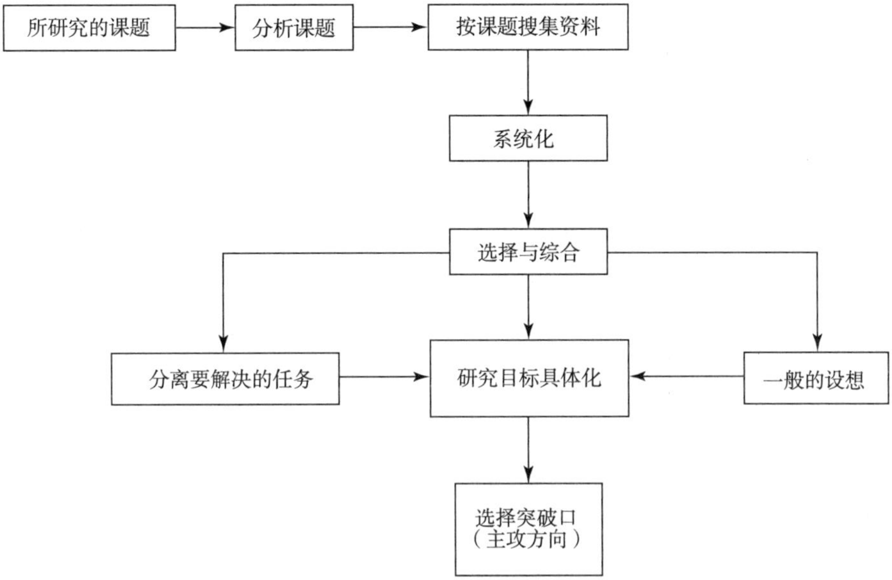

图2　由研究课题到突破口

科研选题中的疑难问题的突破口的选定，通常有两条途径：

一是以过去的研究作为自己的起点。这要求注意前人文献中不同作者报告的特点和差别，特别要注意前人研究中的“空白”和“不一致”的地方，寻找知识上的“空档”。对于平凡的、琐碎的、不起眼的“疑点”，要不放过探索。这实际是在原范畴之内寻找尚未开发的处女地。

二是广泛浏览各种资料，了解其他学科的进展，注意有无可利用的新原理、新技术，将它“移植”到自己的科学问题上。这实际是在原范畴中寻找一个出口，与别的范畴结合交融，从而开拓一个新的领域。这有时会形成一个新的边缘学科或交叉学科。

在科学研究中，许多科学问题的解决往往靠的是逻辑思维；但是，在寻找突破口或提出假说时，直觉和灵感（它们并非绝对正确）是确实存在的。在科学认识过程中，确实存在这种认识上的突发性的飞跃。科学工作者在直觉和灵感的状态下，往往茅塞顿开：“啊！我找到突破口了。”爱因斯坦曾说过：“我相信直觉和灵感。”他依据自己亲身的科学创造实践一再强调：在科学发明创造过程中，从科学观察和实验到一种新颖见解的提出之间，没有“逻辑”的桥梁，必须诉诸直觉和灵感。

三、假说（假设、试验性理论）

假说是指在已有知识和事实基础上，对事物的本质和规律所做出的一种推测性说明。假说产生于新发现的事实与已有的理论发生矛盾时，是推动人们认识发展的内部动力。为了解决这种事物的矛盾，需对新事物的原因、本质、规律性作出初步的假定。这就是假说。

问题一旦被提出，而且选定了“突破口”，研究人员自然会发挥自己所有的聪明才智，从自己所有的经验、知识和学问里，做出试探性的解释，提出种种假说。这里，假说的涵义包括了试验性理论、研究方案等。科学的发展是通过不断提出试探性的猜想（假说），并不断反驳，即排除猜想（假说）中的错误而实现的。通常有以下几条途径：一是在文献资料、观察、实验和理论的基础上，从现实出发，对所获得的材料进行加工制作，针对问题提出猜测性的假说。二是翔实记述数据，归纳各派学说，提出某种作为理论基本前提的猜测性假说。三是由逻辑推演出理论系统，抽象出概念，导出逻辑推论，提炼自己的假说。

由此可见，猜测性假说是奠定解决问题的基础。这是因为在攻突破口时，尽管目标明确，但问题远未得到解决，必须提出一些假说来解决所遇到的困难。这些假说的数量和质量，是衡量一个科学家创造性思维能力的标志。没有想象力，没有创造性思维，做出任何科学发现都是不可思议的。实际、科学的发展是通过不断提出试探性的猜想（假说、假设），并不断反驳，即排除猜想（假说、假设）中的错误而实现的。无怪乎，一些科学哲学家把科学研究工作概括为“提出假说，找寻证据”或“大胆假设，小心求证”。

科学史表明，假说存在于科学的各个领域，而且贯穿在科学发展进程的始终。它是科学发展的重要形式。假说是科学进步过程中不可缺少的重要环节，是建立科学理论的桥梁。恩格斯指出：“只要自然科学在思维着，它的发展形式就是假说。”

假说，通常是从经验、学问中生出来的。没有经验和学问，绝不可能有假说或假说的提出。一个科学工作者，若没有将书本上的知识转化为自己的学问，若不能提出解决疑难的假设以及由此假设去研究问题，我们就说他（她）尚缺乏科学研究工作的能力。提出假说是科研工作者最重要的能力之一。假说既是想象力的产物、认识上的飞跃，也是通向科学发现的桥梁。找到正确的假说，是科学研究中最困难的一步，需要付出巨大的劳动。

我要指出的是，假说虽然是对事物本质和规律的一种推测性说明，但它既不是纯粹的主观臆断，更不是随意的幻想和编造的神话。假说是一个作者对现实世界（科学领域）的观点或说法（科学理论）提出自己的想法："现实"应该是这样。

在本书中我还要详细介绍假说、假说的作用和提出、假说的途径、假说的判断，以及有关假说的一系列问题，这里就不细述了。

应该指出，从假说到构成理论或理论体系，不要期望一下子就成功。即使是很有名的科学家，也不知道经过多少次挫折才能成功。法拉第说："就是最有成就的科学家，他们得以实现的建议、希望、愿望以及初步结论，也不到十分之一。"达尔文说得更加清晰："我一贯要求思想不受拘束。这样，一旦某一假说为事实证明是错误时，不论我如何对假说有偏爱，我就放弃它。我想不起有哪一个最初形成的假说不是在一段时间过后就被放弃或被大为修改的。"

四、前验评价（假说涵义的展开）

在提出假说之后，首先要进行前验评价，即在观测、实验、生产中将这些假说应用于实践并检验以前的评价。前验评价必须应用演绎逻辑，推导出若干结论，然后把这些结论彼此加以比较，并与其他陈述加以比较，以发现它们之间的逻辑关系。这样做的目的是判定理论是否严谨，是否具有自相矛盾性。

通常，一个疑难的问题也许能引起好几个假说去解决。这样，应该把自己的假说的涵义一一演绎展开。考察每一种假说有什么结果，以及这个结果是否解决了所遇到的困难。如果比较起来，某一种假说最能解决困难，就可以认为这是最可检验的假说或理论，也就是所具有的信息内容和经验内容最为丰富的假说或理论。我们便可采用这种假说或理论做进一步考察。

因此，假说应该作为工具来揭示新的事实，而不应将其视为自身的终结。

我们把假说和前验评价（假说涵义的展开）合在一起，称之为尝试性理论（tentative theory），如英国科学哲学家波普尔（K. Popper）所建议的，其框图如图 3 所示。

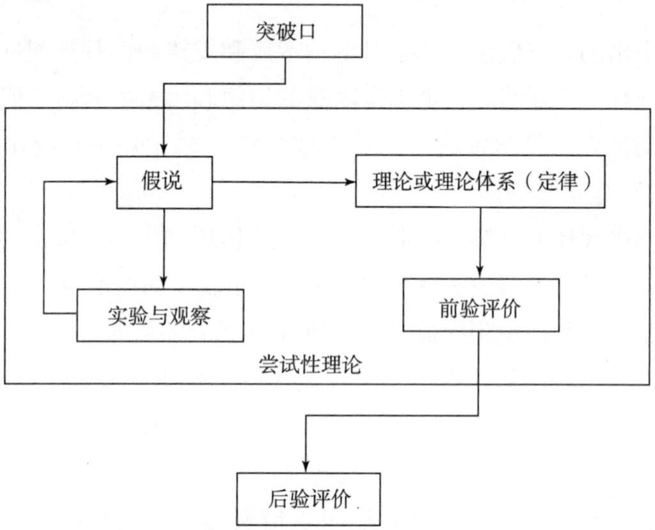

图 3　尝试性理论（假说与前验评价）

五、后验评价（实践检验、排除错误）

一个发现或一项研究是否具有创造性及其创造价值的大小，需要实践的检验和社会的承认，以做出评价。这是科学研究活动的最后一个环节。经过前验评价后，用演绎推理从最可检验的理论或假说（假设）推导出预见，同观测、实验、生产中的应用结果一一加以比较。这一步叫后验评价，即实践检验，也叫排除错误。

前验评价中所提出的解决方法还是假定的，究竟是否真实可靠，还不能十分肯定，只有经过实践的证明，才可以使人信服。因此，当一组实验或一组观测符合结果时，还需要进一步搜寻证明，方能确信自己的设想正确。即使假说为若干实验证实，也只能被看作只有在进行实验的特定条件下才是正确的。这里有两种情况：

一是研究人员所需要的就是这一假说被实验证实。这样，他（她）就有了一个解决眼前问题的办法，或有了一个为某种理论需要的假说，以便为进一步研究该问题进行部署。

二是推广自己的假说，把假说应用于各种具体的情况，看它的适用程度如何。一般来说，如果假说（假设、方案）在实验或实践中能经受一种关键性的考验（检验），而且符合一般科学理论，那么它就可以被接受。

如果观测或实验的结果不能证实假说，有时就用一种能起澄清作用的补充性假说来适应矛盾的事实，而不是一股脑地抛弃原来的假说。这种修正过程可一直进行下去，直到主要假说附加了一大堆特设条件。是否走到这一步，很大程度上还取决于个人的判断力和鉴赏力。到此，大厦（旧假说）开始倾倒，而代之以另一座大厦（新假说）。它更合理地综合了现今可以获得的一切事实。

排除错误既是科学研究的一个重要步骤，也是科学方法的特征；研究人员要批判和检验所提出的大胆猜想——试探性解决（理论、假说、设想和方案等）。批判是找毛病，检验是排除错误。如果检验的结果表明这个猜想（假说）是错误的，那就加以排除。通过批判和排除错误，可以确保猜想中的虚假内容减少或不增加。

简单地说，排除错误可被归纳为“大胆尝试，严格检验”。因此，后验评价最后确定假说是否真实可靠，并确定了理论的被“确证”的程度。基础研究的确证标准是看能否解释新的自然现象，而对于一时无法检验的假说或理论，需要经受自洽性、简单性等逻辑证明。

六、“自上而下”与“自下而上”的科学方法特点分析

可以将以上所谈的称为“自上而下”的科学方法。它是从某个假说或原则（这些假说与原则以其简单性、美妙性著称，且能以简练的数学形式表达）出发，得到对所考察事物的描述，从而得到对特殊事例的预言。爱因斯坦的大部分工作是致力于“自上而下”的研究的。狭义相对论是建立在同时性的相对性以及在惯性系内的相对性原理和光速不变原理上的，导出了洛伦兹（Lorentz）表达式和质能关系式；广义相对论是建立在引力和惯性力等价原则，以及物理是不依赖于描写事件的坐标系的原则上的，从而导出了引力场方程。这些表达式和方程以美妙性、简单性和紧凑性而闻名。其优美令人叹服，但在应用上颇具局限性。直到100年后的今天，这个理论蕴含的所有现象还没有被完全揭示。我在《爱因斯坦“狭义相对论”的科学方法试析》与《爱因斯坦“广义相对论”的科学方法试析》两文中就是以这种“自上而下”的思路来剖析爱因斯坦的科学思

想的。

另一个或许是更为普遍的科学方法，可被称为“自下而上”的方法。这一科学研究方法的过程如图4所示。这种方法从现象的实际出发，系统地整理实验的原始数据，并推导出某些规律。这些规律被提炼成假说（假设、假想），并被推广到更普遍的定律，根据定律在新的领域对现象做出预言，再用实验验证预言。通过一点点的积累，科学家们得出了比这些事实的总和更深刻的理论。由此可见，“自下而上”的方法总是伴随着实验的进展而发展的。对于大部分科学与技术问题，这种方法在确定突破口后，须拟定技术途径和方案，进行预备性实验。当预备性实验被证明是可行时，便可按此科研路线进行实验研究、理论推导、规律探索，即进行前验评价。然后在后验评价中，提炼假说（定理、原理），总结出一些规律性的东西，也就是提到理论高度来认识这一科学问题。

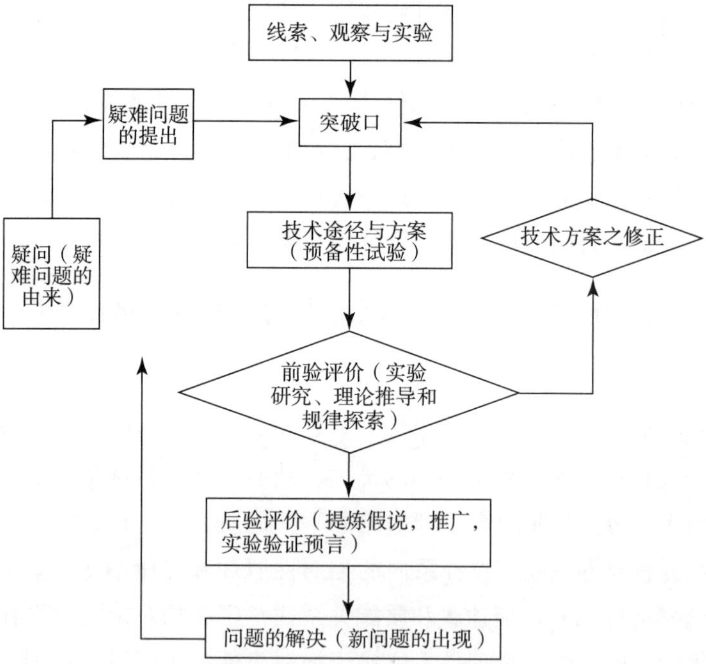

图4　科学研究的途径框图（自下而上法）

在我们分析“自上而下”和“自下而上”两种科学方法的过程中，便可发现有以下值得注意之点：

（1）idea始于问题，终于问题。所谓终于问题，实际上只是告一段落而已，因为旧问题的结束标志着新问题的开始。idea的产生既来自学问和经验，也来自对科学研究方法的掌握以及不懈的思考和探索。可以这样说，科学研究的过程，实际是不断产生 idea 的过程；或者说，idea 贯穿于科学研究的全过程。

（2）进一步考察上述两种科学方法所提出的科学研究五步骤，可以发现：前面 3 步：疑难问题、突破口、假说或技术方案——主要偏向于归纳法，是先考察眼前的特殊的事实和情形，然后做出一些假说或技术方案。后面 2 步：前验评价和后验评价——主要偏向于演绎法。对于“自上而下”的方法，是先提出假说，再把这个假说的涵义（所包含的意义）一一演绎出来，看有什么结果——前验评价。然后用直接或间接的方法，证明某种前提（假说）是否真能发生某种结果——后验评价。一般来说，形式逻辑的方法在这里是远远不够的。“自下而上”的方法，是先提出技术方案，进行实验与理论论证。在后验评价中，当被确证后，须提炼假说（理论）和一些规律性的东西。

（3）科学研究五步骤中最重要的是第三步：假说或技术方案。很明显，第一步、第二步是要引起第三步的种种假说，而第四步、第五步则是把第三步的假说或技术方案演绎出来，加上实践验证，以确定“假说或技术方案”是否符合实际。因此，第三步是承上启下的关键。从一般科学研究方法来看，它是归纳法的结果和演绎法的开始。在提出第三步假说或技术方案时，涉及许多问题，如对问题总体上的把握、前人成果的理解，甚至有灵感、机遇等问题。在做假说或技术方案时，一方面要思考问题的各个方面和各个环节；另一方面要拿当前的问题来限制我们假说的范围，不至于上天下地胡思乱想。此外，每提出一个假说，都要推想它所包含的意义和效果，并用这种推想出来的效果来评判所提出假说的价值。或者在每提出一个技术方案时，就要想到这个方案的方方面面，如方案的先进性、经济性与现实可能性等。

（4）科学研究的途径实际是猜想－反驳的过程。猜想（提出假说）是一个过程，它要经过艰难曲折的道路，要不断地消除错误。消除错误的过程，即反驳的过程，也是一个批判的、革命的过程。因此，科学在本质上是批判的、革命的。

我们提出的假说、猜想必须接受批评和检验。有的被淘汰，而有的则暂时被证明为成功。后者虽被看作确认度高的理论，但它必须接受更严格的批评和检验；当它最终被证伪时，一个与原来的问题截然不同的新问题便产生了。这个新问题要求创立新假说，接着又开始了新的批判和检验。

科学哲学家波普尔把科学发展描述为一个不断猜测和不断批判的永不止息的动态过程。他认为，科学家要站在科学发展的前列，就必须怀着批判和革命的精神，勇于冒险创新，敢于犯错误，直至取得成功。这些思想无疑是符合辩证法的，因为辩证法“对每一种既成形式都是从不断的运动中，因而也是从它的暂时性方面去理解。辩证法不崇拜任何东西。按其本质来说，它是批判的和革命的”。这些思想是符合科学发展的事实的。

因此，在科学的发展过程中，竞争和选择进行得越充分，科学的生命力就愈旺盛，科学就愈繁荣，进步就愈迅速。

科学研究在得出新的成果，并建立新的理论时，只有具备解释、相融和预见这 3 个条件才能成立：

（1）解释——能概括科学研究中出现的新现象，解释新发现的事实。

（2）相融——同旧理论相融，或使旧理论成为新理论的一个特例。

（3）预见——做出新的科学预见，并被实践证实。

任何新理论的建立，在逻辑上都要具备这 3 个条件。缺乏其中的任何一条，都会使提出的新理论失去应有的科学价值。上述第三步到第五步的进程正是为了严格遵循上述逻辑思维规则。

结束语

下面谈一下科学研究中创造性活动的特点：

（1）科学始于问题。一些著名科学家不但把问题的提出看作科学进步的真正标志，而且把是否能善于提出问题看作科学工作者的一种最重要的能力。科学家通过分析当时的科学背景知识所提出的问题，总是以否定的形式向当时的科学理论提出挑战。这种挑战往往是极其尖锐，以致被某些人称为科学的“灾难”或“危机”，但正是这些挑战所造成的“灾难和危机”推动了科学的进步。如果一门科学没有了问题，达到了尽善尽美的程度，那它也丧失了生命力，将要走向反面了。事实上，越是在人们认为一切都是完美无缺、可以高枕无忧的地方，往往越是孕育着更加尖锐、严重的问题，越是孕育着科学革命的风暴。

（2）科学技术的本质在于创造。创造性因素贯穿于科学活动的每个环节，但首先应该抓住最关键的步骤——找出突破口。提出前人所未能提出的全新问题，既是关键的也是最富创造性的步骤。

（3）提出假说（技术方案）是创造性最强的重要环节。创造性假说——新奇、大胆，然而又立足于对科学发展道路的深刻思考的假说，以及在此基础上形成的新颖的理论模型，既是科学研究的核心，也是获得重大科研成果的基础。

（4）修改理论模型和实验观察、设计中的反复决策也是创造性很强的环节。只有独具慧眼的科学家才能在理论模型与实验结果的复杂而矛盾的重重迷雾中找到前进的方向。由此可见，从事科学研究，应该首先抓住这些关键的也是最富创造性的环节。

（5）批判的态度应贯彻到方法论中。批判作为反驳的重要环节，乃是科学方法的表征。只有严格批判前人的理论或猜测，并通过批判总结的理论和猜测，才有希望发现错误并清除错误。批判就是理性的批判，而理性就是批判的理论。爱因斯坦的理论充满了批判精神。他告诉世人，尽管牛顿得到了如此压倒性的巨大成功，但他的理论也可能是错误的或不完善的。

应该指出，上述关于科学研究的途径或程序是我在学习了英国科学哲学家波普尔（K. Popper）的科学方法论之后提出的，也可以说是对波普尔方法的补充。本书将有一篇文章简要介绍波普尔的科学方法。

漫谈技术研究的途径

相对科学研究，技术研究是有基本途径可循的。

前文主要针对的是科学研究中的基础研究和应用基础研究。下面扼要地谈一下关于技术研究（应用研究）或技术开发的途径或程序。其过程如图 1 所示。

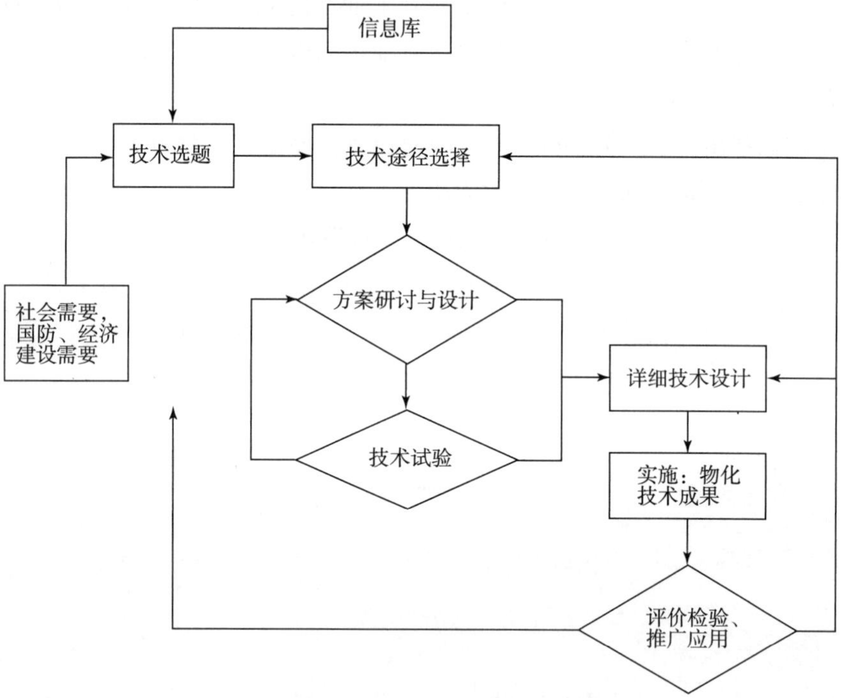

图 1　技术研究或技术开发的途径框图

关于技术研究或技术开发的途径，其步骤可概述如下：

（1）根据信息库的信息资料和社会需要（经济建设或国防建设的需要）进行预测，制定技术研究或技术开发的规划或确定选题。

（2）通过大量资料调研，分析对比并参考前人成果，按照选题要求确定技术途径，提出总体方案。

（3）进行方案研讨并根据总体设计技术指标进行总体设计。

（4）进行必要的技术试验和考核，以验证所选择方案的合理性与可行性。

（5）比较试验结果与设计结果。根据技术和经济两方面的要求修改方案或设计，或修改技术试验，在反复修改的过程中使方案合理化、具体化。在此基础上进行详细的技术设计，形成完整的设计。

（6）将设计付诸实施，成为物化技术成果。

（7）评价检验鉴定，或改进技术设计，或修改技术途径后再返回，或推广应用。

对于技术成果的确认标准，首先要求其具有新颖性、创造性，同时还要进行综合评价，即要考评成果性能上稳定可靠，技术上先进，经济上合理，以及制造上可能。

技术研究或技术开发，即将基本规律应用于国防和国民经济建设、国计民生的自然过程的研究。与科学研究中的假说这一步骤相对应的是设计合理的实施方案。所谓方案的合理性，一是指它的可行性；二是指它的优越性；能运用自己已经掌握的基础理论和专业知识，以及现有的技术、方法，通过周密的思考、巧妙的布局，以最优化的方式实现既定的科研目标。

由以上所述的技术研究（应用研究）或技术开发的过程或程序的模式可以看出，它与前面所述的科学研究的模式有不少相似之处，但也有以下一些差别：

（1）技术途径相当于科学研究中的突破口，而技术方案的选择则相当于假说的提出。技术方案的设计必须适应技术试验所体现的客观自然规律，同时又必须适应社会经济条件，并在不断的反馈中完善自身的结构。

（2）与科学实验的结果相似，技术试验的结果也可能有误，但技术试验的原理、方法和设备一般都相当成熟，已没有多少可怀疑的余地，通常是由试验中的一些疏失与误差而造成结果有误。故若试验结果与方案设计的要求不相符时，一般的反馈方式是修改技术方案和设计。这一点与科学研究的过程不同。

（3）科学研究要求提出假说，实质上要求理论上有所创造，或上升到理论高度来认识，总结出一些规律性的东西；技术研究或技术开发主要是考察如何在技术上集成实现这一原理，而且考虑到经济性以及实用性等多种因素。当然，它并不排斥对技术原理的改进、形成专利等。

（4）方案或设计在技术研究或技术开发的过程中所经历的是一个逐步具体化的过程。最后的详细技术设计是直到方案选择经历多次淘汰之后才形成的，而科学理论是在假说之后立即推演出来的。这是因为：

1）技术设计必须考虑成本等经济问题，故需慎重选择方案。

2）科学研究的假说只有在理论形成后才能实现，而技术方案对一些具体技术性能要求却可以在详细技术设计尚未进行时就与试验结果相比较并进行方案选择。

3）完成技术设计后还必须经过实施阶段（包括研制、试制、试生产或批量生产等），形成物化技术成果。

关于技术研究或技术开发中的创造性活动，可将其特点归结如下：

（1）首先是技术研究的选题。它是技术研究或技术开发的第一个步骤。它既要求人们超越前人的成果，又受到社会需要，特别是经济因素和试验条件的强烈制约。一般来说，虽然创造性思维受到了重大的限制，但技术上的创造性或突破给人类社会的发展同样会带来无可比拟的影响，例如，在 MOS 器件上发展起来的 CCD 器件等。

（2）技术课题中技术途径和最初方案的形成是技术研究或技术开发中最富创造性的环节。它决定了技术研究或技术开发成果的等级和扩散能力。一般来说，在从方案到具体设计的过程中，越往后，创造性所起的作用越小，影响面也越小。被称为“技术创新”的新技术开发，大都体现在最初方案形成的创造性上。对于已经确定了整体方案，只需做部分或细节构思和具体设计的技术课题，创造性的研究就必须针对非常具体的问题。也许只能把所创造的内容作为创新或技术革新，但这样的工作是大量的、经常的。

（3）有创造性并有统观全局能力的研究人员应有评价其总体方案优劣的能力。特别是方案失败时能指出问题所在，并能提出改进的途径。研究人员要十分关心技术途径和总体方案的质量，因为它限制后期设计所能达到的水平和物化成果的水平。

现在，让我们对科学研究和技术研究的创造性的特点做一简单的比较：

首先，不论是科学研究，还是技术研究或技术开发，最富创造性的环节是在初期看起来工作量不大的环节。所以，在科学技术工作中特别要重视前期工作。它制约着科学技术创造的基础结构和成果的整体质量。

其次，科学研究与技术研究或技术开发之间存在明显的区别。科学研究的分析性强，领域划分也比较清楚，要求有较强的理论修养和理论思维能力。技术研究或技术开发的综合性较强，各技术领域的手段和成果常常共用，因此要求有较广的知识面、较丰富的生产实践经验，以及较高的综合能力。当然，这些区别只是相对而言。把握这些不同的特点，有助于根据自己的特长选择合适的领域来发挥自己的创造性才能。

下面以电子测压蛋为例说明技术研究的途径与方法。

1. 研究背景与出发点

火炮膛压测试是检测火炮系统性能的重要手段。在 20 世纪 90 年代前，国内外火炮膛压测试通常采用两种测试方法：铜柱（或铜球）测压法和引线电测法。前者只获取膛内压力最大值，且精度难以保证；后者必须在被测物上钻孔，以安装传感器，且需要引线，只能被用于试验炮，而无法将其应用于火炮成品验收过程，从而限制了它的应用。

针对火炮膛压测试的特点以及测试系统存在的问题，华北工学院（现中北大学）祖静、张文栋教授研究开发了新一代的膛压测试装置，即电子测压蛋。电子测压蛋是一种放入式微小型火炮膛压曲线测试系统。它实现了我国火炮验收中膛压测试由单点峰值测量向高精度全过程测量的过渡。它兼有铜柱（或铜球）测压法和引线电测法的优点：一方面，具有铜柱（或铜球）测压蛋相当的体积，能够在高温、高压环境下工作；另一方面，采用电测原理，能够数字化，使用简便，且具有较高的测试精度。测试时既不需要在火炮身管上钻孔，也不需要任何引线，只需将电子测压蛋直接放入炮膛药室底部即可随发射过程自动完成全部膛压曲线数据的采集和存储，取出后与计算机连接，由软件读出并处理数据，可绘制压力—时间曲线并进行其他处理。作者的另一目的是，通过电子测压蛋的研究与开发，发展存储测试技术。

2. 总体设计思想与技术方案

总体设计思想：所提出的方案须兼有放入式电测法及引线电测法二者

之长处。将传感器、电路模块、电池等紧凑地装在壳体内，组成电子测压蛋。测量时将电子测压蛋整体放在被测环境中，记录所需的信号并输出。该电子测压蛋的抗高压“蛋”形结构设计及隔热、防震技术，需解决电子测压系统适应瞬态高温（3 000℃）、高压（800MPa）和强冲击振动等恶劣环境的放入式测试问题。

为实施上述总体设计思想，技术方案上要考虑的有：

（1）微型化问题：电子测压蛋将被安置在火炮膛内或油井钻孔内，其体积会受到药室容积和装填密度的限制。为不影响内弹道性能，无论是机械结构，或是电路，都必须考虑微型化问题。

（2）耐高温环境：须考虑采用散热及隔热措施。

（3）耐高压冲击：须考虑壳体材料的选择与强度设计问题。

（4）信号的记录与输出：须把包括信号适配放大器、瞬态波形记录仪中的触发电路、时钟控制器、预置计数、控制电路及地址发生器等缩微到一个厚膜电路上，再配以 A/D 变换器、存储器和接口电路。

（5）适应高温的专用大量程、宽频响应的小型化高压传感器设计。

（6）采用纽扣电池。

（7）研究计算机接口、软件与硬件。

3. 电子测压蛋的工作原理

电子测压蛋的结构如图 2 所示。它主要包括壳体、端盖、传感器、电路模块及电源等。其工作原理如图 3 所示。被安置在膛内的压电式压力传感器，把发射时所受到的火药气体的压力作用转换成电荷量信号，送给信号适配放大器转换成电压信号并放大。输出信号的一路被送到 A/D 变换器，进行模数转换，并在控制器的控制下写入存储器；而另一路则被送到触发电路。当信号达到触发电平时，该电路向控制器输出一个逻辑脉冲，指示膛压作用的到来。控制器按照事先设定的规律记录膛压信号，并在采集过程结束后，使测压蛋处于低功耗状态。最后，通过接口电路，计算机把蛋内数据读出，进行分析处理。

电子测压蛋由蛋内电源供电。一旦接通电源，它就处于待触发状态。负延时记录方式使它能完整地记录膛压信号。通过蛋内超声电源控制器，外部超声源可以非接触地控制蛋内电路电源的接通与断开。

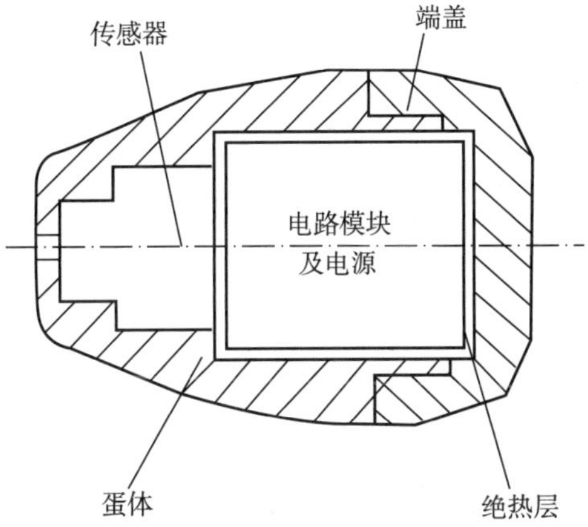

图 2　电子测压蛋的结构

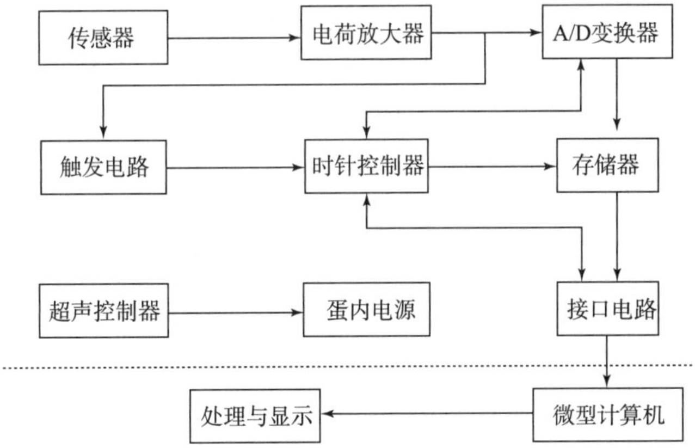

图 3　电子测压蛋的工作原理

4. 技术设计与试验

(1)“测压蛋”结构设计：选用高性能合金钢做壳体。为使壳体产生较小变形，蛋形结构须经有限元计算设计。整体结构尺寸须满足实际要求。蛋形结构经精细加工，并包以缓冲铜套后，进行强度试验。

(2) 传感器设计：采用一种特制的微型膜片式压电压力传感器。传感器与壳体之间留有足够的间隙，以保证高压下测压蛋壳体的变形不至于使传感器前端圆柱部承受压力。

(3) 电路模块设计：采用大规模集成技术、厚膜混合集成技术及特种工艺制作电路模块。此电路模块从功能上包括信号适配放大器、瞬态波形记录仪和接口电路3部分。整个电路的体积须小于4cm³，功耗为毫瓦级。

（4）隔热和降温措施：测压蛋的电子元器件和电源均不能承受上千摄氏度的高温，故需在测压蛋内设置隔热层。此外，在壳体外部涂以不影响火药燃烧性能的降温材料，防止在发射过程中过多的热量传入测压蛋内部。

（5）数据采集和存储，计算机读出与数据处理等。

（6）安装防护问题：要缜密地解决电路模块的强化封装与传感器的安装与防护，确保电子测压系统在火炮发射过程中的工作可靠性。

5. 标定

（1）静态标定：包括传感器静态标定和电路标定。

（2）动态标定：借助于特制的膛压模拟发生器，采用比对法进行动态标定。

对于动态标定，需要研究电子测压蛋的比对式动态标定方法和数据处理算法，并研制可控膛压模拟发生器。

6. 测试

（1）与铜柱测压器法做对比测试，并评述测试精度。

（2）与引线式电测法做对比测试，并评述测试精度。

（3）实际测试——新火炮验收的膛压测试。

7. 物化成果与技术推广

祖静、张文栋教授等已研制出被用于火炮膛压测试的电子测压蛋。其外壳体积为38cm³。电路模块（含电池）直径为21mm，长16mm。记录容量为4～8k字节。采样频率为50～100 kHz。字长为8～10 bit。压力范围为400～800MPa。

这一成果已被推广应用于石油井下电子测压器，引信发射、飞行、终点环境测试技术，航弹弹道加速度测试技术，导弹飞行数据记录装置（导弹黑匣子）等。

我们可以看出，“电子测压蛋”的研究与开发是一项各项技术的集成和综合应用，属于集成创新的范畴。它包括动态测试技术、现代电子技术、大规模集成技术、传感器技术、精密机械技术、微机技术，以及采用密封、灌封、隔热、降温技术和有限元设计等。这些技术的原理与方法都是相当成熟的。尽管如此，巧妙地应用这些技术，使在极有限的体积内实现工程上的严格要求，制作出体积小、操作简便、耐高压和瞬时高温、抗干扰能力强、能被直接放入被测环境中实时采集并以数字方式存储环境压力数据，并通过自带接口能直接与计算机通信的电子测压蛋，是很不容易的。

“电子测压蛋”研究成果的创造性首先表现在总体方案上。如上所述，总体设计方案的优劣关系到后期设计所能达到的水平和物化成果的水平，关系到最终成果的创造性和先进性。祖静、张文栋教授给研究课题提出了一个高的目标，即设计和制作一个集铜柱测压法和引线电测法的优点于一身的电子测压蛋。仅有一个好的想法是不够的，研究者还要全面考虑实施这一技术途径的总体方案及其实现可能性，并围绕这一目标进行各项技术设计和试验。这并不是轻而易举的。从表面上看，这似乎只是某些技术的简单应用，而实际上却要求创造性地把这些技术巧妙地集成到一个狭小的空间内。因为技术研究或开发还要考虑到物化成果的实用性和经济性，故需通过不断试验优选出最佳的技术方案。只有把所有上述的每一个技术问题都解决了，包括最后的性能试验都成功了，成果也推广应用了，才算实现了目标。此中的艰辛和困难，只有局内人才能体会到。由于这一成果的创造性和先进性及其经济效益和社会效益，“电子测压蛋”荣获 1991 年国家发明二等奖。祖静、张文栋教授等由此而发展了一种国内外被称为存储测试技术的新技术，并将这种技术从理论上进行了升华。这里就不细述了。

在这里，将科学研究（包括技术研究）的基本步骤概括如下：

（1）提出问题——科研选题。

（2）以已有的研究作为自己的起点（必要时做预备性/原理性实验）。

（3）找突破口，提出设想（假说、方案），或总体技术方案。

（4）逻辑推理，前验评价；或技术试验，详细设计。

（5）考察事实，理性加工；或技术实施，物化成果。

（6）后验评价，或推广应用。

我想补充的是，在上述每一个步骤中，作者都应该有自己的“idea”。实际上，突破口与假说或技术方案，观察实验与逻辑证明，技术试验与详细设计等经常交织在一起，都要通过自己的分析、对比、类比、推理、计算等进行一番考虑，在思想上产生一次飞跃，得出自己的结论；然后通过考察事实、物化成果、后验评价、推广应用等，进一步验证假说或技术方案的正确性。这样的过程可能直到反复多次，才能得到正确的结果。另外，把观察实验得到的事实，仅仅看作思维加工的感性经验材料是不够的。实际上，与感性材料有直接联系的逻辑推导也属于事实范畴。要在事实的基础上做进一步推论（逻辑的与非逻辑的），进行理性加工。此外，在技术开发上，要巧妙地、灵活地把各项成熟的技术为我所用也存在创造性或创新的问题。因此，创造性或创新贯穿于科学研究，包括技术研究全过程。

还要注意的是，要正确地观察和分析研究过程中发现的新现象。在科学研究中，出现事先没有预料的新现象是常有的，也是正常的。这就要求我们仔细观察，综合分析，由表及里，抓住内在的本质，并能根据新的现象的发生或发现，及时调整自己的研究路线。

最后我想重复说一下：科学研究方法不存在发现或发明的机械程序和万无一失的共同的模式，正如不存在包治百病的灵丹妙药一样。因此，我所介绍的科学研究和技术研究的途径或程序、过程或步骤不应被视为教条。它们只是为大家提供一些思路，告诉大家应该考虑的方方面面。我衷心希望青年学人重视科学方法在科学探索和发现中的作用，自觉地将科学方法运用于科学研究之中。

谈中西方治学的途径

科学研究的途径或治学的途径既是科学家在科学研究中提出问题和思考问题的方式和过程，也是认识事物客观规律的思维发展的过程。

在《治学三境界与科学创造四阶段》一文中我谈了科学研究中的四个阶段，即准备期、探索期、豁朗期和验证期。在《漫谈科学研究的途径》一文中介绍了波普尔的科学研究途径的五步骤，即疑难问题的提出—突破口—假说—前验评价—后验评价。尽管前一篇文章并不是谈方法的，但两篇文章谈的科学研究四阶段和科学研究途径五步骤实质上并无差异。其精神是完全一致的。

下面我进一步介绍中西方两种治学途径的理念，揭示它们之间的异同之处。

一、西方实用主义的治学

杜威（John Dewey，1859—1952）是美国著名的实用主义学派的哲学家。他是胡适先生的导师。1910 年，杜威在他的《我们怎样思维》一书中，将生活看作解决问题的过程。他认为，生活本身就表现为从问题到问题的一系列问题求解的过程。人的认识活动是从他们面临不令人满意的境况（困难、问题和疑惑）开始的。探索的目的是要获得某种摆脱困难（解决问题）的一个“解答式”，以使人能从不符合人意的境况向着符合人意的境况转变。因此，他强调任何对人的认识活动的研究，都不能脱离对认识发生于其中的背景情况或“境况”的考察。

杜威十分强调研究要从考察问题境况入手。为此，他提出关于认识过程的五步法。现简述如下：

（1）**疑难的情境**。杜威认为，人的认识受激而产生于“疑难的情境”或“不令人满意的困境”。“对差异或困难的感受”就会迫使人们去追求认识。“困难一旦产生”，认识活动就被激活了。

（2）**“界定问题”或“界说困境”**。“界定问题”或“界说困境”，即努力厘清问题之所在，对所面临的问题做出清晰的表达。这是因为“问题规定了思维的目的并控制思维过程的方向”。当然，认识的目的并不只是提出问题，更在于解决问题，使我们摆脱“疑难的境况”。胡适把这一步比喻为中医师的“号脉”。

（3）**“提出假说”**。“提出假说”即提出种种可供选择的解决问题的方案或思路。对科学研究而言，就是提出种种可供选择的科学假说或理论。杜威认为，从资料到假说或理论或解决问题的方案，其间并没有逻辑的通道。故假说（解决问题的方案）的提出，往往包含思维的跳跃。杜威强调，在提出假说这一步骤上，要放开思路，依赖于“既大胆，又谨慎的心灵”，设想出尽可能多样的方案或“解答”，以供选择。胡适曾把这一步骤概括为“大胆假设”。

（4）**“合理的加工”或推演**。当提出各种可供选择的方案以后，必须对每一种假说进行精心“合理的加工”或推演，尽量揭示出它们所蕴含的意义和结论。这是因为这些从假设推演出来的结论或推论，仍然是假说性的，是否能够应验，仍不得而知。所以，需要求证或证实。

（5）**求证或证实**。这一步骤就是对假说（或方案）所预期的结果进行检验。“人们根据检验某一观念或假说的需要，精心安排种种条件，以了解该观念在理论上所指明的结果是否实际发生”。

杜威实际上提出了如何检验和评价假说或方案，以便从中选择或接受一种最可置信的假说，或者对于解决问题来说是最佳的方案。胡适曾把杜威这五步法中的第四步、第五步合起来，概括为“小心求证”。

我们可以将杜威的认识过程的五步法与波普尔科学研究途径五步骤做一比较，如图1所示。

在杜威看来，该五步法是任何合理思维的普遍模式。不但在科学研究中，而且在工程技术中，以及在一切日常生活中，合理的思维都是以这种五步法所说明的程序来进行的。在这五步法中，正是“问题”起着无与伦比的巨大作用；“问题”不但是认识过程得以启动的动力和源泉，而且整个认识过程就表现为从问题到问题的一系列问题求解的过程；在人的思维活动中，正是“问题”规定了思维的目的并控制思维过程的方向。就科学研究而言，这也就是我们常说的“科学研究从问题开始，并且问题推动研究、指导研究”的意思。

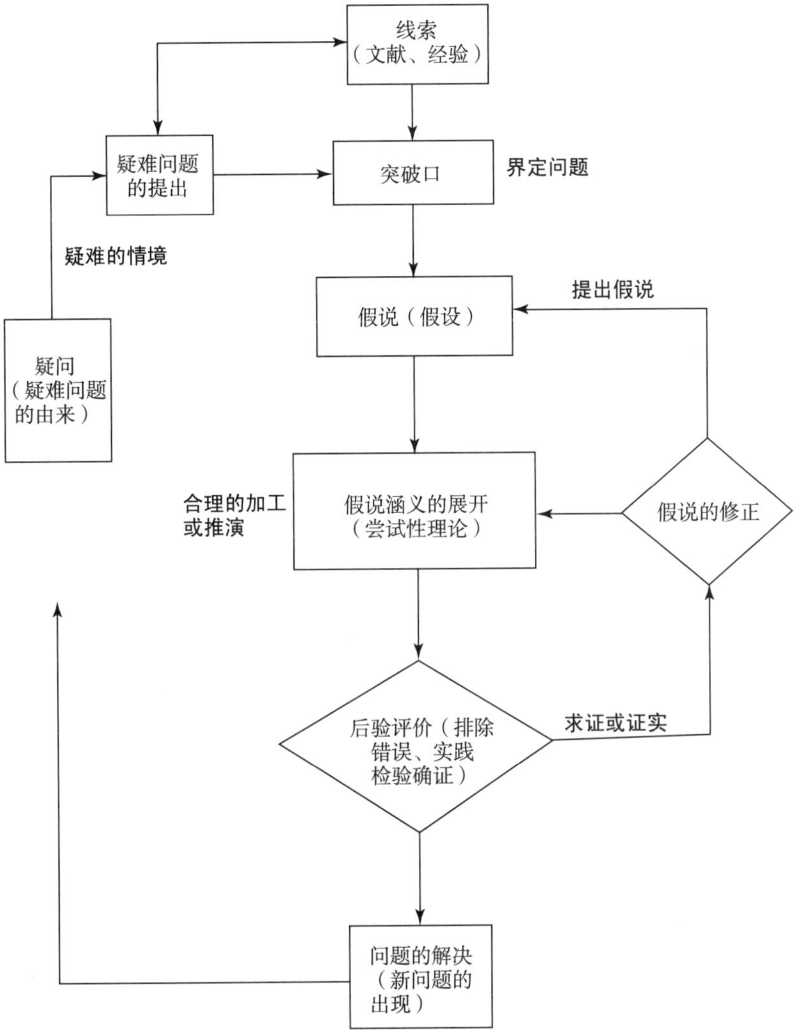

图 1　杜威认识过程的五步法与波普尔科学研究途径五步骤的比较

二、中国古人的治学（现代科学方法的始祖）

四书中的《中庸》，相传为子思（孔子的孙子）所作。其中一篇第二十章最后 3 段，系统论述了古人的治学，体现了中国传统文化的精华。读后，可以说是茅塞顿开，不得不佩服我国古代学者在治学方法上的严谨周密，表达文词之精美简洁。对这 3 段古文，我按着我的理解，试着翻译如下（黑体是原文，而宋体是我的译文）：

第一段　　**博学之，审问之，慎思之，明辨之，笃行之。**

博学知识，详问缘由，慎密思考，辨论明理，实践笃行。

第二段　**有弗学，学之弗能，弗措也。**

要么不学，学就要学能掌握，绝不半途而废。

有弗问，问之弗知，弗措也。

要么不问，问就要问个清楚，绝不轻易罢休。

有弗思，思之弗得，弗措也。

要么不思，思就要思有创意，绝不稀里糊涂。

有弗辨，辨之弗明，弗措也。

要么不辨，辨就要辨明道理，绝不模糊马虎。

有弗行，行之弗笃，弗措也。

要么不行，行就要行得彻底，绝不虎头蛇尾。

第三段　**人一能之，己百之；**

别人一遍能做好，我做它一百遍；

人十能之，己千之。

别人做十遍能做好，我做它一千遍。

果能此道矣，

果真是这样做了，

虽愚必明，虽柔必强。

愚蠢必会变得聪明，柔弱定会变得刚强。

这三段写得很通俗，意思都很清楚。下面我展开解释一下。

第一段，若我们将《中庸》中传授研究学问之道，即“**学、问、思、辨、行**”与波普尔的科学研究途径的五步骤，即“疑难问题—突破口—假说—前验评价—后验评价”做一比较（见图2），则可以看出：

“**学**”是观察自然现象，广泛地学习各种知识等，以获取信息，即框图上的“线索（文献、资料）”。

“**问**”是详尽细密地询问事物的缘由，发现并提出问题，即框图上的“疑难问题的提出”。

“**思**”是用各种逻辑方法进行推理，谨慎思考解决问题的方案和途径，即框图上的“突破口”和“假说（或假设）”。

“**辨**”是运用思辨方法进行推论，以证明自己方案和途径的正确，即框图上的“假说涵义的展开（尝试性理论）”等。

“**行**”是实践检验直到有确实的结果，坚决做下去，即框图上的“后验评价（排除错误、实践检验、确证）”。

把《中庸》中的“博学，审问，慎思，明辨，笃行”的治学与科学研究途径的框图（图2）相比较，可见中国古代的思想家把治学方法分为学习和思考问题，发现和提出问题，推理与提出方案，思辨与尝试解决，以及实践与验证结果等5个阶段。这样的思想是何等先进，与现代科学研究的途径不谋而合。2 300多年后的今天读来，依然具有强大的生命力。

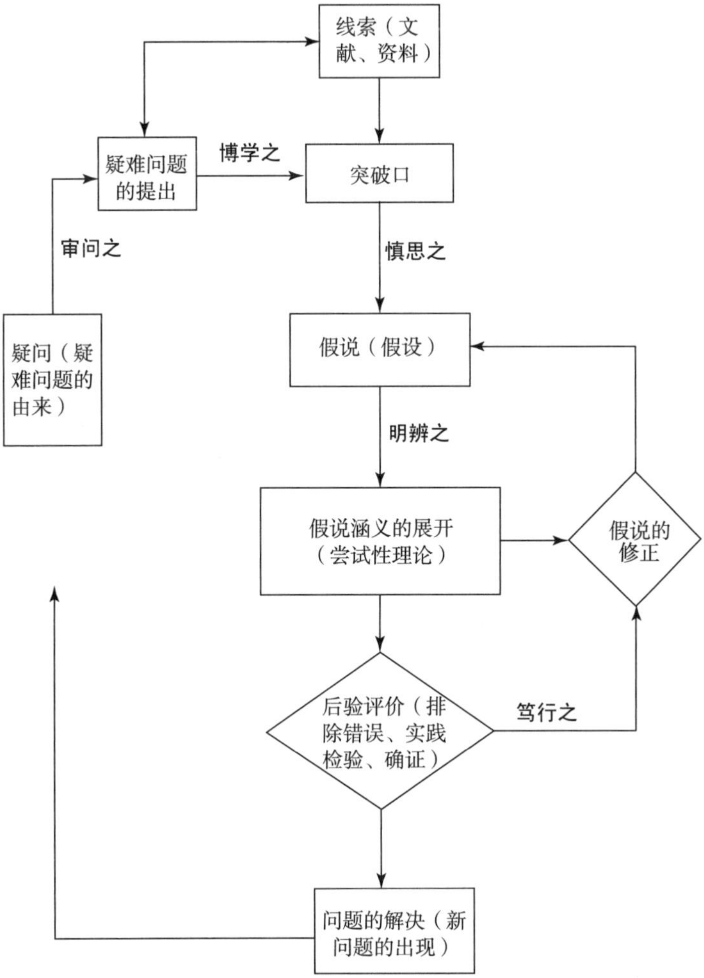

图2 《中庸》关于治学的“学、问、思、辨、行”与波普尔科学研究途径五步骤的比较

第二段中的“弗”即不，“措”有停止的意思。“学之弗能，弗措也”，言学不至于能，不措置休废也，即学就要学能掌握，绝不半途而废。

总的意思是：学—问—思—辨—行，这5步，每一步都马虎不得，都要严肃认真地进行。

第三段可以归纳成一个“勤”字。一个人不怕笨，就怕没有克服困难的毅力，只要勤勤恳恳，投入比别人更多的努力，就一定能有所作为，变愚蠢为聪明，变柔弱为刚强。

我描述的科学研究途径的框图是从波普尔科学方法的模式展开的，而杜威的西方实用主义的治学也采用同样的模式。它们都是以西方科学的形式逻辑体系和系统的实验找因果关系为基础的。《中庸》成文约在秦、汉之际（公元前300年）。按西方的说法，中国没有逻辑学、几何学（仅希腊有），更没有由实验找因果关系等。“现代科学”的方法、概念和思想是牛顿以后的事。无论中外，所谓“科学方法”无从谈起，但中国的先人有自己的一套完整的、有别于西方的思维方式。他们早在公元前300年的《中庸》中就总结了自己做学问的基本步骤和方法，竟然与18—20世纪形成的现代科学方法（杜威和波普尔）如此类似，真是了不起。因此，席泽宗先生说《中庸》的学、问、思、辨、行的治学方法实为现代科学方法的始祖，绝不是夸大之言。它是我国古代传统文化留给人类文明宝库的重要遗产。中西方学者认识事物、研究问题的途径如此一致，并不是偶然的。它反映了人类在探究新鲜事物、探索问题时的思维规律和必然遵循的途径。而这一点我国的先哲早在公元前300年就认识到了，并且系统地总结出来了。

当然，在现代科学方法中贯穿着一系列数学（几何学）、逻辑学以及实验验证等实证方法和手段。《中庸》提出的学—问—思—辨—行的方法只是告诉人们治学的途径和基本的原则。它们之间自然有差异。我们不能苛求于2 300年前的中国先哲们。

这里，我想起爱因斯坦于1953年给J. E. Switzer的信。他说：

> “西方科学的发展是以两个伟大的成就为基础。那就是：希腊哲学发明的形式逻辑体系（在欧几里得几何中），以及通过系统的实验发现有可能找出因果关系（在文艺复兴时期）。在我看来，中国的先哲没有走上这两步，那是用不着惊奇的。令人惊奇的倒是这些发现（在中国）都被做出来了。”

这段话说明了西方科学的两大基础：形式逻辑体系和系统的实验找因果关系。而中国的科学发明有自己的、与西方不同的基础；在自己的基础上，中国的先哲也做出了伟大的发现。

中国的先哲为什么把“全部都做出来了”呢？爱因斯坦非常惊讶，怎么也想不通，因为他不知道中国的先哲们在求知方面早已掌握探索问题的思维方法和规律，在认识事物、解决问题上有清晰的思维。中国人有自己的思维方式。中国的《周易》，实际是古代认识事物的思维方式和推算模型。其认识是远远超前于同时代西方的哲人们。在中国先人们如此博大精深的思维引导下，无怪乎爱因斯坦会惊奇地说：“这些发现（在中国）都被做出来了。”中国古代出现四大发明及成百上千伟大的发明绝不是偶然的。这正是中国古代文化蒸馏出来的智慧的结晶，而且，直到17世纪，中国的科技在世界上都是遥遥领先的。

我为中国先哲们的智慧骄傲和自豪。我相信，依中国人的聪明和智慧，只要用对了地方，没有人能超过我们。

爱因斯坦“狭义相对论”的科学方法试析

上帝只认逻辑，不认常识。

1905 年，当爱因斯坦发表他的狭义相对论的第一篇论文《论运动物体的电动力学》时，由于论文冲破了牛顿力学的时空观，在世界上引起了巨大的反响。在世纪末的今天（1998 年），重读他的论文，分析其创造狭义相对论和广义相对论的科学方法，考察他的科学发现的途径，我想是会有帮助的。

按照《漫谈科学研究的途径》一文中所提出的自上而下的研究过程框图，我们试着分析爱因斯坦“狭义相对论”的科学思想，看看他是如何一步步地解决狭义相对论问题的，如图 1 所示。

一、时代背景

1. 力学模型与以太的提出

在 19 世纪末，古典物理学家统一诸种物理现象的主要方式是：找出该类物理现象的一个力学模型。当时认为，“一切物理现象都能够从力学的角度来说明。这是一条公理。整个物理学就建造在这条公理之上”。

例如，当我们把声音统一在关于声源振动在物质媒介中的纵向传播时，就将声学统一在关于振动的力学之中；声音的媒介可以是空气、水、铁轨等。当我们把热看成细微分子的运动之后，就可以将热学统一在关于大量的分子运动的力学之中。

电磁学似乎与力学的距离较远，但也有统一它们的方式。比如，我们同样可以将电磁波看成某种电磁振荡在某种媒介中的传播。如果这种模型成立的话，就可以把电磁学与力学统一起来了。

用力学振荡模型来理解电磁现象面临的一个主要问题是，它是在什么物质媒介中振荡传播的。人们没有发现电磁振荡靠的是什么媒介。实验表明，它在真空中也能传播（而声波不能穿过真空）。这就表明，这种媒介不是我们能看得见、摸得着的物质。

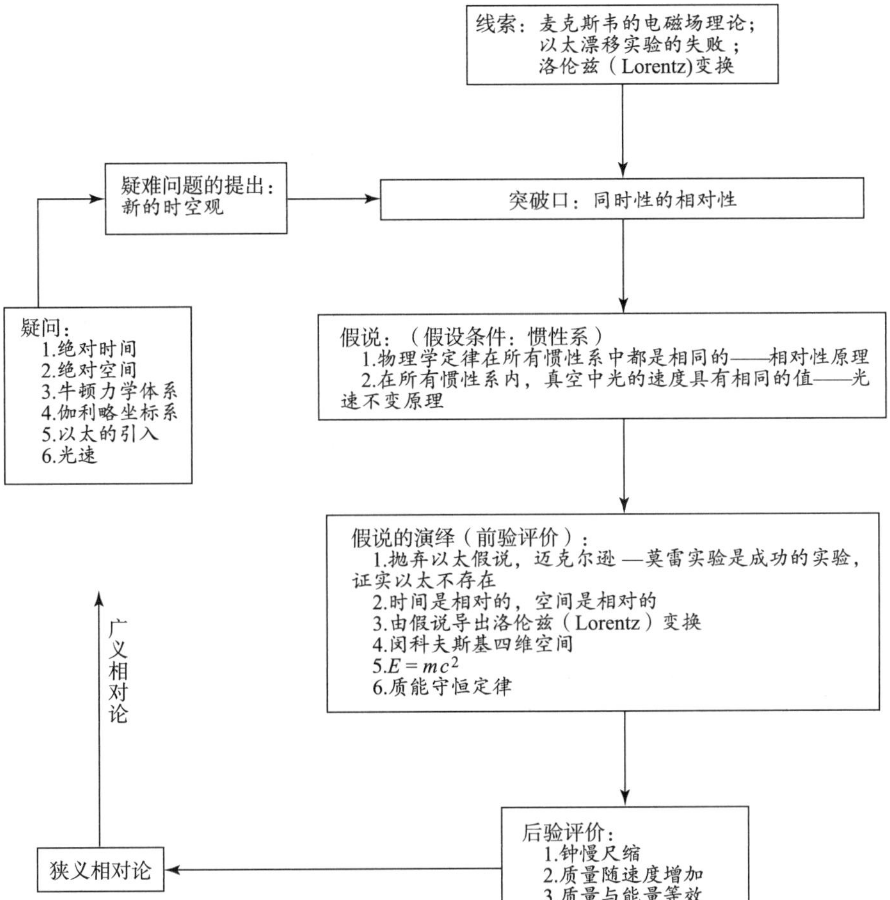

图1　狭义相对论研究框图

以太（ether）是一种从古希腊传承下来的概念。在亚里士多德的宇宙中，众星体就漂浮在以太的海洋中。以太被描述为一种看不见、摸不着的物质。笛卡儿也曾提出过一种处处充满以太的物理模型。19 世纪的物理学家认为，电磁传播的媒介是以太，而地球的真正运动也可以用“以太”为基准来测量。这是因为地球并不是绝对静止，而是以一定的速度相对于“以太”运动的。那么，以太具有什么样的物理性质呢？它有重量吗？它对物体运动会产生阻力吗？它的密度有多大？在当时的物理学家看来，以太有许多奇妙的性质。它无所不在，不但要充满宇宙空间，而且要渗入气体、水和玻璃之中。它还必须没有一点摩擦阻力，既不影响行星的运动，也不影响分子和原子的运动。以太不但是光波的媒介，而且是电磁场的承担者和传播者。

20 世纪前的物理学界一直被“以太”的概念引导着，但以太到底是什么，谁也说不清楚。

2. 麦克斯韦的经典电磁场理论

麦克斯韦（J. C. Maxwell）在总结前人关于电磁现象的实验研究成果的基础上，发展了法拉第首倡的“场”的概念及他本人提出的“位移电流”概念，于 1864 年给出了一套完整的经典电磁场基本方程。这就是麦克斯韦方程。其微分形式为：

$$
\begin{aligned}
&\nabla \cdot E = Q \\
&\nabla \cdot H = 0 \\
&\nabla \times E = -\frac{1}{c}\frac{\partial H}{\partial t} \\
&\nabla \times H = \frac{1}{c}\frac{\partial E}{\partial t} + \frac{1}{c}j
\end{aligned}
\qquad (1)
$$

第一个方程为电场 E 的散度方程，来源于电场的高斯定律。第二个方程为磁场 H 的散度方程，来源于磁通连续定律。第三个方程为电场 E 的旋度方程，来源于法拉第的电磁感应定律。上式中前两个方程是对称的；但是，在当时，第三个方程是单独的。若从理论的对称、优美、和谐考虑，则应有与它对应的方程。于是，麦克斯韦大胆地假设了第四个方程，即磁场 H 的旋度方程。这意味着磁场在空间的变化会引起相应的电场变化，并且这种变化会在空间中产生位移电流 j。

麦克斯韦方程中最重要的是后面两个旋度方程，特别是其中涉及时变的部分。它们表明了当电场及磁场随时间变化时两者之间的相互作用关系；正是在这两个方程中出现了比例常数 $1/c$。麦克斯韦的方程式最初是被用来解释新近发现的无线电波运动方式的，但后面两个方程让其自动地得出一个特定的速度 c。这个速度被认为是电磁波运动的速度。后来证明 c 原来就是光速。这样，他证明了电磁现象是以波动形式存在并以一固定的速度——光速 c 传播的。这样，麦克斯韦提出了光的电磁理论，预言存在电磁波，而且光必定是电磁波的一种形式，只是其波长较短而已。麦克斯韦由此揭示了场的涵义（他当时认为是以太的振动），并且把光和电磁波统一起来。麦克斯韦的这一预言于1888年被赫兹（H. R. Hertz）的著名实验证实。经后来的实验测定，光在真空中的传播速度为确定值（3×10^8m/s）。

麦克斯韦方程告诉我们，光总是以同一速度运动。这与我们根据日常生活经验对物体运动的设想不同。19世纪末之前的科学家都认为速度是一个相对概念，光的运动也是会加速和减速的。例如，一个人在运动的车上和在陆地上把球抛向另一个人时，其速度是不一样的；但后来的实验证明，你在运动时所测得的光速（光赶超你的速度）和你站着不动时测得的光速是一样的。

3. 迈克尔逊—莫雷的以太漂移实验

相对性原理是经典力学的一个最基本的原理。这个原理认为，绝对静止和绝对匀速的运动都是不存在的。一切可测量的、因而也是有物理意义的运动都是相对于某一参照物的相对运动。如果假定光速是以固定的速度传播，人们就必须说清这固定的速度是相对于何物测量的。在麦克斯韦的电磁场理论获得成功之后，科学家在解释麦克斯韦方程中光速“持久不变”时，认为该方程式适用于某个“绝对空间”。它是整个宇宙的基本参照系。根据这一观点，空间自身界定了参照系——绝对空间。事物应该对照它来测量。于是，电磁波的载体“以太”就成为物化的绝对空间，因为它是传导电磁波通过空间所必需的。静止宇宙中的以太就构成了一切物体的“绝对运动”的背景框架。正如声波在空气中传播一样，光波应该通过以太传播，而它对于以太的速度是不变的。所以，光速应是相对于以太而言。相对于以太运动的不同观察者，应看到光以不同的速度冲他们而来。

迈克尔逊（Albert Michelson）在莫雷（W. Morley）帮助下设计了一套巧妙的仪器（后人称之为迈克尔逊干涉仪）。它可被用来测量地球相对于以太的运动速度。他们利用这个干涉仪，将一束光线分解成两部分：一束光沿着地球运动的方向前进，然后用一面镜子把它反射回来；另一束光在与地球轨道成直角的方向上来回传播。期望发现这两个行程是不同的。他们设想：地球相对于静止的以太以速度 v 运动，也就是以太相对于地球以速度 v 运动；从同一光源发出两束光，且一束光与地球的运动方向一致，而另一束光与前者的运动方向垂直。两束光在相同的距离 D 之内来回传播，故实际上两束光都走了 $2D$ 的距离。前一束光由于与地球的运动方向一致，光线发出去时的速度为 $c+v$，反射回来时的速度为 $c-v$。这样，来回的时间为：

$$t_1 = \frac{D}{c+v} + \frac{D}{c-v} = \frac{2D}{c\left(1 - \frac{v^2}{c^2}\right)} \tag{2}$$

后一束光是垂直于地球运动方向的，所以它的实际速度为

$$\sqrt{c^2 - v^2} = c\sqrt{1 - \frac{v^2}{c^2}}$$

$2D$ 距离来回的时间为：

$$t_2 = \frac{2D}{c\sqrt{1 - \frac{v^2}{c^2}}} \tag{3}$$

比较 t_1 与 t_2，可以发现：

$$t_1 > t_2 \tag{4}$$

但是，实际的实验结果是：两束光同时到达同一点。无论光线向什么方向传播，光的速度永远等于 c。不管迈克尔逊和莫雷怎样改进仪器，反复测量，怎么也找不到“以太风”，即地球在以太中的漂移速度等于零。人们观察不到地面上的绝对运动。于是，迈克尔逊当时认为，以太漂移获得零结果表明自己的实验是“失败”的。这实际是科学史上最成功的一次“失败”。

“以太漂移”实验的零结果，在 19 世纪后半叶到 20 世纪初，引起了物理学界的重视。后来洛伦兹（H. A. Lorentz）和菲茨杰拉德（G. Fitzgerald）提出了物体“收缩”和钟“变慢”的机制来克服迈克尔逊—莫雷实验所带来的困难，但未能自圆其说。物理学家开尔文当时无可奈何地承认：“恐怕我们仍然必须把这一朵乌云看作非常浓密的。”

4. 光速不遵循速度相加定理

伽利略变换表明（牛顿也确认过）：在机械的宇宙中，速度是加起来计算的。光总是以同一速度运动，与我们根据日常生活经验对物体运动的设想不同，也与伽利略变换有矛盾。如果我站着不动，将一个球慢速抛给你，你就很容易接住球；如果我驾驶一辆以每小时 100 公里的速度行驶的汽车向你开来，并从车窗将球以同样的慢速抛给你，这球运动的速度就是每小时 100 公里加上抛球的速度。如果这时球从车窗抛出后，仅以抛球的慢速向你而来，并没有汽车的速度，那么你一定会惊呆的；但这种情况发生在光的运动上。再举一个例子，如果一辆汽车以每小时 90 公里的速度在一条笔直的路上行驶，而另一辆汽车以每小时 100 公里的速度在超车，第

二辆汽车相对于第一辆汽车的速度就是每小时10公里。换句话说，速度是一个相对的概念。但是，光就不同。如果你在运动，光在一旁赶超你，那么你在运动时所测得的光赶超你的速度和你站着不动时测得的光速是一样的。不管你运动得多快，是向着还是背着光源，光的速度看来永远是一样的，是一个常数，为每秒30万公里，与光源及观察者相对运动无关。

伽利略变换与麦克斯韦的电磁场理论所得出的真空中光速不变之间存在着明显的矛盾。爱因斯坦认为，光不服从伽利略—牛顿的速度加法定律——它永远以相同的速度传播。从伽利略变换中必然导出绝对静止的坐标系，要求有绝对空间和绝对时间，并且不存在极限速度。然而，光速不变意味着光速是不可超越的极限速度。洛伦兹在麦克斯韦建立经典电磁场理论之后，为了挽救以太理论，修修补补，做出了许多特殊的假设，导出了洛伦兹变换的公式。尽管前提似乎并不成立，但洛伦兹公式是正确的。我们在下面将要详细叙述。

二、爱因斯坦的疑问和提出的问题

1. 牛顿的时空观

绝对空间和绝对时间是牛顿力学的根基。根据人类的实践经验，牛顿提炼出绝对空间和绝对时间的时空观。可以将它表述如下：

> 绝对的、真正的和数学的时间自身在流逝着，并且由于它的本性而均匀地、同任何一种外界事物无关地流逝着。
>
> 绝对空间，就其本性而言，和外界任何事物都无关，处处均匀，又称广延。

牛顿的绝对时间承认同时性，即使穿过时区也没关系。绝对空间允许存在绝对运动。这种运动是绝大多数人从这里走到那里都能体验到的。时间和空间表明事情发生在什么时间和什么地点。

牛顿的宇宙好像是由上帝启动而让其自行运转的一座无比巨大的“机械钟”。它一旦运行起来就将永远按照完全可以预见的方式进行运作。牛顿把基础放在3个坚固而精确的“齿轮”上：绝对时间，它在宇宙中处处相同；绝对空间，每个物体在其中都有自己固定不变的大小和位置；质量，它不变化。

建立在绝对时间和绝对空间基础上的牛顿（经典）力学，200 多年来，在解决宏观低速现象的问题中取得了无比辉煌的成功。

2. 爱因斯坦对牛顿时空观的怀疑

对牛顿的时空观有怀疑并不是始自爱因斯坦。从牛顿时代直到爱因斯坦时代的某些物理学家也感觉到，牛顿的绝对时间和绝对空间有明显的毛病：既然绝对时间和绝对空间同任何外界事物没有联系，那么怎样才能知道它们存在呢？牛顿无法回答，只能说上帝创造。康德说是先验的，即先于经验，人一生下来就有的。在牛顿力学统治物理学的 200 多年间，绝对时间和绝对空间被捧上先验的天国，不许人们对它们有所怀疑。故在广大物理学家心目中，它们是神圣不可侵犯的。个别人虽有疑问，慑于牛顿的权威，也不敢提出来。

爱因斯坦不但怀疑牛顿的时空观，而且直接向它发起挑战。爱因斯坦证明，牛顿的这些“齿轮”是柔韧可变化的（flexible）。应该指出，爱因斯坦当时受到马赫的怀疑、批判精神的鼓舞。哲学家马赫在人们还普遍对牛顿力学顶礼膜拜的时候，就系统地批判牛顿力学，特别是批判牛顿的绝对时空观，表现了他的远见卓识，给爱因斯坦留下了深刻的印象和重要的启示。爱因斯坦用怀疑和批判的眼光去看待物理学的传统观念，大胆地冲破经典时空的束缚，并用探索性的演绎方法，即从一般到个别，从普遍到特殊的探求未知的方法，研究困扰已久的理论问题。爱因斯坦所困扰的是：间断的质点力学（牛顿力学）和连续的电磁场理论（麦克斯韦理论）的矛盾和不统一，伽利略的相对性原理和光速不变原理都有实验事实依据，两者为什么会产生矛盾？两者的矛盾是真实的还是虚假的？它们能否统一，如何统一？

迈克尔逊—莫雷的以太漂移实验似乎说明，地球带着地球表面的以太一起前进了，所以测不出以太相对于地球的漂流速度。这一实验实际是一个“判决实验”，即它能判定一种理论能否站得住脚。实验表明，“地球既要带着以太前进，又不能带着以太一起前进”。以太既摸不着，又测不出。零结果实际宣布以太的死刑。因此，以太的假设是多余的，要彻底抛弃以太的概念。

迈克尔逊—莫雷的实验的作用并不仅限于否定以太说，更为重要的是，它为狭义相对论的提出提供了难得的新线索。这是因为在此以前的牛顿力学中，认为时间本身和物体长度在参照系变换中是保持不变的、绝对的。因此，同一个质点的运动在两个相对做恒定速度平移运动的惯性系之间变换时，应该具有不同的速度。

迈克尔逊—莫雷的实验的否定结果是光速不变的实验证明，但这个实验结果的确没有在爱因斯坦创立的狭义相对论的思考中起重要作用。爱因斯坦是以自己的方式，从光速出现在麦克斯韦方程中因而它应当不变出发来考虑的。他的结论是：电磁波传导不需要任何传播介质。爱因斯坦后来认为，迈克尔逊—莫雷的以太漂移实验是一个非常成功的实验。

爱因斯坦的假设和迈克尔逊—莫雷的以太漂移实验表明，光在任何一个惯性系中在所有方向的传播速度都一样。于是，在上述两个惯性系中变换时，必须对时间和位置坐标进行变换。这就是著名的洛伦兹变换。它为狭义相对论的提出奠定了坚实的基础。

三、突破口——同时性的相对性

在创立相对论以前，在物理学中一直存在一个隐含的假定，即时间的陈述具有绝对的意义，亦即时间的陈述与参考物体的运动状态无关。19 世纪末的物理学家认为：时间是绝对的，同时性也是绝对的。

爱因斯坦在考察力学的速度合成与光速不变之间尖锐的矛盾时，忽然领悟到问题的症结所在。这就是关于时间的观念。他发现，不可能有绝对确定的时间，时间与信号速度之间有着不可分割的联系。爱因斯坦问：为什么同时性是绝对的？正是在大家认为不成问题的地方，爱因斯坦看出了大问题。爱因斯坦说：

> 两个地方发生的两件事情没有绝对的同时性。同时性是相对的。

同时性是相对的——这是革命的思想，是相对论的精髓，也正是爱因斯坦打开相对论大门的钥匙。创立这一思想，不但需要丰富的想象力和深刻的洞察力，而且需要与旧思想决裂的勇气。

关于同时性的相对性，爱因斯坦是这样进行描述的：

> 假设有一列很长的火车，以恒速 v 沿着图 2 所示的方向在轨道上

行驶。在这列火车上的人们可以很方便地把火车当作刚性参考物体（坐标系），参照火车来观察一切事件。因而，在铁路线上发生的每一个事件也在火车上某一特定的地点发生。而且，完全和相对于路基所做的同时性定义一样，我们也能够相对于火车做出同时性的定义。但是，作为一个自然的推论，下述问题就随之产生：

对于铁路路基来说是同时的两个事件（例如 A，B 两处雷击），而对于火车来说是否也是同时的呢？

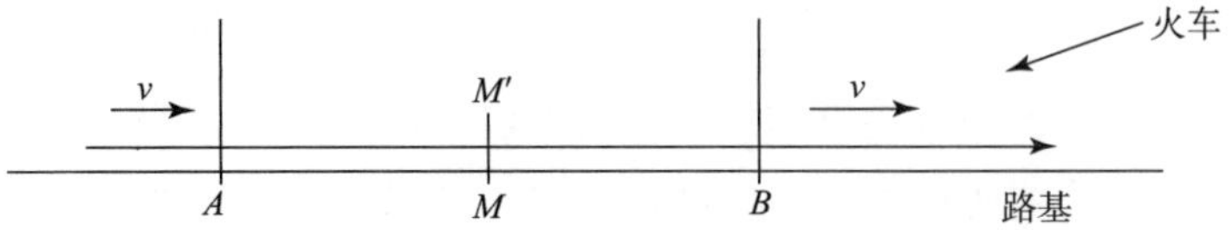

图 2 “爱因斯坦火车”论证同时性的相对性

爱因斯坦的回答是否定的。当我们说 A、B 两处雷击相对于路基而言是同时的时候，我们的意思是：在发生闪电的 A 处和 B 处所发出的光，在路基 AB 这段距离的中点 M 相遇，但是事件 A 和 B 也对应于火车上的 A 点和 B 点。令 M' 为在行驶中的火车上 AB 这段距离的中点。正当雷电闪光发生的时候（路基上判断），点 M' 自然与点 M 重合，但是点 M' 以火车的速度向图 2 中的右方移动。如果坐在火车上 M' 处的一个观察者并不具有这个速度，那么他总是停留在 M 点，雷电闪光 A 和 B 所发出的光就同时到达他这里，也就是说正好在他所在的地方相遇。可是实际上（相对于铁路路基来考虑）这个观察者正在朝着来自 B 的光线急速行进，同时又是在来自 A 的光线的前方向前行进。因此，这个观察者将先看见自 B 发出的光线，后看见自 A 发出的光线。所以，把列车当作参考物体的观察者就必然得出这样的结论，即雷电闪光 B 先于雷电闪光 A 发生。这样，爱因斯坦就得出以下重要结果：

> 对于路基是同时的若干事件，对于火车并不是同时的；反之亦然（同时性的相对性）。每一个参考物体（坐标系）都有它本身的特殊时间；除非我们讲出关于时间的陈述是相对于哪一个参考物体的，否则关于一个事件的时间的陈述就没有意义。

讲得直接一点：爱因斯坦认为，行驶中火车上的人会认为闪电并不是同时发的。

爱因斯坦的观点在当时的学术界引起了轩然大波，议论纷纷。

“既同时，又不同时，岂非咄咄怪事。”“既同时，又不同时，这是不可思议的。”“既同时，又不同时，这是违背常识的。”连当年的大科学家洛伦兹、彭加莱都觉得大惑不解，难以理解。不少物理学家认为：“事物总有一个客观真理。两件事情，哪能既同时发生，又不同时发生呢？怎么解释这种自相矛盾的事情呢？”

现在我们都能理解（因为我们都接受相对论的观点），两个地方遭受雷击这两件事，在地面上 M 点看是同时的，而在火车上 M'点看则是不同时的。道理很简单。如果相对于地面参考系是同时的，那么相对于火车参考系必然是不同时的；同样的道理，如果相对于火车参考系是同时的，那么相对于地面参考系就必然是不同时的。这根本不是自相矛盾、“咄咄怪事”，而是千真万确的真理。

为什么在20世纪初人们觉得这种说法不可思议，违背常识呢？那是因为千万年来，从来没有人认真地想过“什么叫同时”这个问题。

由这个命题推广，爱因斯坦认为，如果在车厢里的人在单位时间内走了一段距离 s（在火车上测量的），那么在路基上测量这段距离并不一定也等于 s。这就是距离概念的相对性。

同时性的相对性正说明了两种对立的时空观：如果光速是无限大的，信息传递无须时间，那么必须承认“同时性”是绝对的；如果光速是常量，而且不依赖于光源的运动状况，就得承认“同时性”是相对的。这样，在经典物理旧概念基础上发展起来的电磁场理论，就是否定经典物理自己的新因素，且为狭义相对论的建立开拓了道路。

四、两条假说（基本原理）

爱因斯坦的狭义相对论，是基于以下两条基本假设的。

1. 相对性原理

可以将爱因斯坦相对性原理表述为：

> 在两个相互做匀速直线运动的参考系中，一切自然定律都是相同的。

爱因斯坦由迈克尔逊—莫雷实验出发，将伽利略相对性原理（即“在两个相互做匀速直线运动的参照系中，力学定律是相同的”）进行上述推广后认为，任何自然定律对于一切匀速直线运动的观测系统都具有相同的形式。这样，不单是力学实验、光学实验，任何实验也都不能测出绝对运动。因之，这就否定了绝对运动、绝对空间和以太的存在。

2. 光速不变原理

爱因斯坦光速不变原理可以表述为：

> 对于所有惯性系，光在真空中的传播速度是一个确定不变的常数 c。

爱因斯坦的观点是：光在真空中的运动速度和光源的运动速度没有关系，和观察者的运动速度也没有关系。光的运动不服从速度合成定理。他所依据的实验事实是：1054 年（宋朝）发生了著名的超新星爆发现象。如果光像粒子一样服从速度合成定理，那么向着地球方向飞来物质 A 发出的光的速度为 $c+v$，其中 v 是物质的飞散速度；而背着地球方向飞去物质 B 发出的光的速度为 $c-v$。这样，我们将先看到 A 发来的光，经过几十年后才能看到 B 发来的光。如果这样，在几十年中我们都能看到这颗超新星爆发时所产生的强光。实际情况却像宋史记载的那样，“岁余稍殁”，即一年多，超新星爆发所产生的强光消失了。这说明，A 和 B 发出的光都是以 c 的速度向着地球传来的。

五、假说的演绎（前验评价）

1. 洛伦兹变换

由爱因斯坦上述两条假设，可以很容易地推导出洛伦兹变换的公式，根本不需要引入以太的概念。由于推导并不复杂，故我们写下证明的全过程。

设静止的坐标系为 $K(x, y, z)$，而运动的坐标系为 $K'(x', y', z')$，如图 3 所示。坐标系的 x 轴与 x' 轴永远重合。我们首先考虑 x 轴和 x' 轴上发生的事件。任何一个这样的事件，对于坐标系 K 都是由横坐标 x 和时间 t 来表示，而对于坐标系 K' 则都是由横坐标 x' 和时间 t' 来表示。当给定 x 和 t 时，我们要求出 x' 和 t'。

沿着正 x 轴前进的一个光信号按照方程

$$x = ct$$

或

$$x - ct = 0 \tag{5}$$

传播。由于同一光信号必须以速度 c 相对于 K' 传播，因此相对于坐标系 K' 的传播将由类似的公式

$$x' - ct' = 0 \tag{6}$$

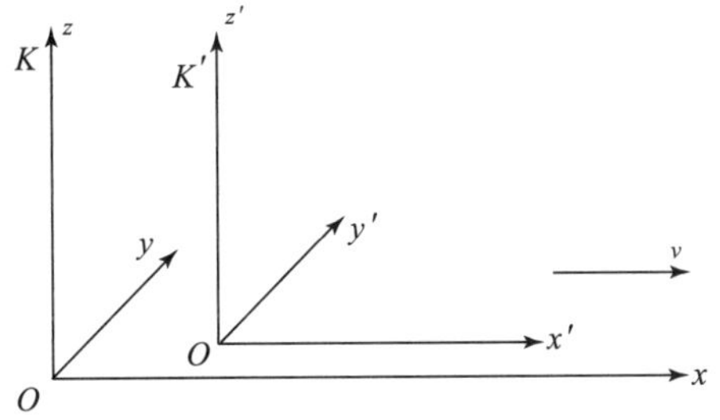

图 3　静止的参照系 $K(x, y, z)$ 和运动的参照系 $K'(x', y', z')$

表示。满足式（5）的那些空时点（事件）必须也满足式（6）。显然这一点是成立的，只要关系

$$x' - ct' = \lambda(x - ct) \tag{7}$$

被满足。其中，λ 表示一个常数；这是因为，按照式（7），（$x - ct$）等于零时，（$x' - ct'$）就必然等于零。

若我们沿着负 x 轴方向传播的光线应用完全相同的考虑，就得到条件

$$x' + ct' = \mu(x + ct) \tag{8}$$

将式（7）和式（8）相加或相减，且为方便起见，引入常数 a 和 b，代换常数 λ 和 μ，令

$$a = \frac{\lambda + \mu}{2}$$

$$b = \frac{\lambda - \mu}{2}$$

我们便得到方程

$$x' = ax - bct \tag{9a}$$

$$ct' = act - bx \tag{9b}$$

因此，若常数 a 和 b 为已知，我们就得到问题的解。a 和 b 可由下述讨论确定。对于 K'的原点，我们永远有 $x' = 0$。因此，按照式（9a），则有

$$x=\frac{bc}{a}t$$

如果我们将 K'的原点相对于 K 运动的速度称为 v，就有

$$v=\frac{bc}{a} \tag{10}$$

同一量值 v 可以从式（9）得出，只要我们计算 K'的另一点相对于 K 的速度，或者计算 K 的一点相对于 K'的速度（指向负 x 轴）。总之，我们可以指定 v 为两坐标系的相对速度。

相对性原理告诉我们，由 K 判断的相对于 K'保持静止的单位量杆的长度，必须恰好等于由 K'判断的相对于 K 保持静止的单位量杆的长度。为了看一看由 K 观察 x'轴上的诸点是什么样子，我们只需要从 x 轴对 K'拍个“快照”。这意味着我们必须引入 t（K 的时间）的一个特别的值。例如 $t=0$，对于这个 t 的值，我们从式（9a）就得到

$$x'=ax$$

因此，如果在 K'坐标系中测量，则 x'轴上两点相隔的距离为 $\Delta x'=1$。该两点在我们瞬时快照中间隔的距离就是

$$\Delta x=\frac{1}{a}\quad（即\ a\Delta x=1） \tag{11}$$

如果我们从 $K'(t'=0)$ 拍取快照，则由式（9b）可得

$$0=act-bx$$

即 $t=\frac{b}{ac}x$。将 t 值代入式（9a），并考虑到式（10），我们得到

$$x'=a\left(1-\frac{b^2}{a^2}\right)x=a\left(1-\frac{v^2}{c^2}\right)x$$

由此我们推断，在 x 轴相隔距离为 1（相对于 K）的两点，即 $\Delta x=1$，在我们的快照下，将由距离

$$\Delta x'=a\left(1-\frac{v^2}{c^2}\right) \tag{12}$$

表示。

根据以上所述，这两个快照必须是全等的。因此，式（11）中的 Δx 必须等于式（12）中的 $\Delta x'$。这样我们就得到

$$a^2=\frac{1}{1-\frac{v^2}{c^2}} \tag{13}$$

由式（10）和式（13）可决定常数 b：

$$b=\frac{av}{c}=\frac{v}{c}\frac{1}{\sqrt{1-\frac{v^2}{c^2}}}$$

若在式（9）中代入这两个常数的值，我们就得到

$$x'=a\left(x-\frac{bc}{a}t\right)=a(x-vt)$$

$$t'=a\left(t-\frac{b}{ac}x\right)=a\left(t-\frac{v}{c^2}x\right)$$

即

$$\left.\begin{aligned}x'&=\frac{x-vt}{\sqrt{1-\frac{v^2}{c^2}}}\\ t'&=\frac{t-\frac{v}{c^2}x}{\sqrt{1-\frac{v^2}{c^2}}}\end{aligned}\right.\tag{14}$$

这样，我们就得到了洛伦兹变换表达式。我们将在下面进一步讨论式（14）的物理意义。

2. 闵可夫斯基（Minkowski）四维空间

闵可夫斯基证明了式（14）满足以下条件：

$$x'^2-c^2t'^2=x^2-c^2t^2\tag{15}$$

再把这个结果加以推广，以便将发生在 x 轴外面的事件也包括进去。此项推广只要保留式（15）并补充关系式：

$$\begin{aligned}y'&=y\\ z'&=z\end{aligned}\tag{16}$$

就能得到：

$$x'^2+y'^2+z'^2-c^2t'^2=x^2+y^2+z^2-c^2t^2\tag{17}$$

这样，无论对于坐标系 K，或是对于坐标系 K'，我们都满足了任意方向的光线在真空中速度不变的公设。

式（17）表示的事件是由 4 个数来描述的。这 4 个数就是 3 个空间坐标 x，y，z 和一个时间量值 t。如果我们引用虚值 $\sqrt{-1}\cdot ct$ 代替 t 作为时间变量，我们就能够更加简单地表述洛伦兹变换的特性。据此，若我们引入

$$x_1 = x,\ x_2 = y,\ x_3 = z,\ x_4 = \sqrt{-1}\cdot ct$$

对带撇号的坐标系 K' 也采取同样的方式，那么为洛伦兹变换式所恒等地满足的必要条件可以表示为：

$$x'^2_1 + x'^2_2 + x'^2_3 + x'^2_4 = x^2_1 + x^2_2 + x^2_3 + x^2_4 \tag{18}$$

从式（18）可以看到，虚值时间坐标 x_4 与空间坐标 x_1，x_2，x_3 是以完全相同的方式进入这个变换条件中的。正是由于这个事实，所以按照相对论来说，“时间” x_4 应与空间坐标 x_1，x_2，x_3 以同等形式进入自然定律中去。

用“坐标” x_1，x_2，x_3，x_4 描述的四维连续区，闵可夫斯基（Minkowski）称之为“世界”。他还把代表某一事件的点称为“世界点”。我们还可以看出，这个四维“世界”与欧几里得解析几何学的三维“空间”很类似。

闵可夫斯基以优美的数学形式，揭示了三维空间和一维时间的内在联系。在他提供的四维空间中，不仅全部力学与电动力学的概念及重要规律得以进一步简化与统一，它们被自然而和谐地纳入到相对论的理论之中，而且牛顿力学与现代电动力学之间令人不安的不协调消失了。

实际上，“世界”即物理现象的世界。就时—空观而言，自然就是四维的。物理现象的世界就是由上述各个事件组成的。过去我们不习惯于把具有这个意义的世界看作一个四维连续区是由于在相对论创立前的物理学中，时间充当着不同于空间坐标的更为独立的角色。由于这个理由，我们一向习惯于把时间看作一个独立的连续区。事实上，按照经典力学，时间是绝对的，亦即时间与坐标系的位置和运动状态无关。这一点已在伽利略变换的方程式

$$\begin{aligned} x' &= x - vt \\ t' &= t \end{aligned} \tag{19}$$

中被明白地表示出来。

在相对论中，用四维方式考察这个“世界”是很自然的，因为按照相对论，时间已经失去了它的独立性。这已由洛伦兹变换的关于时间的方程表明：

$$t' = \frac{t - \dfrac{v}{c^2}x}{\sqrt{1 - \dfrac{v^2}{c^2}}}$$

按照这个方程，甚至在两事件相对于 K 的时间差 Δt 等于零的时候，该两事件相对于 K'的时间差 $\Delta t'$一般也不等于零。两事件相对于 K 的纯粹“空间距离”成为该两事件相对于 K'的“时间距离”。

3. 关于速度相加定理

经典力学中的合速度公式遵循加法定理：

$$u = u' + v \tag{20}$$

现证明相对论力学中的加法定理（简单情况）。

相对于参照系 K'的一个质点（速度为 u'），按照下列方程

$$x' = u't' \tag{21}$$

而匀速运动着（为简单起见，设 v 和 u'是同一方向）。

将洛伦兹变换表达式（14）代入式（21），则有

$$\frac{x - vt}{\sqrt{1 - \frac{v^2}{c^2}}} = u'\frac{t - \frac{v}{c^2}x}{\sqrt{1 - \frac{v^2}{c^2}}} \tag{22}$$

设质点相对于参照系 K 的速度为 u，则有

$$x = ut$$

代入上式，便可得到

$$u = \frac{u' + v}{1 + \frac{u'v}{c^2}} \tag{23}$$

从这个表达式可以得出，两个小于 c 的速度相加，合成的速度总是小于 c。这就是说，不论速度多快，两个速度合成最终也超不过一个 c。因为如果我们设

$$v = c - k, \quad u' = c - \lambda$$

其中 k，λ 为正数并小于 c，那么

$$u = \frac{2c - k - \lambda}{2c - k - \lambda + \frac{k\lambda}{c}}c < c \tag{24}$$

还可以进一步得知，光速 c 同一个小于或等于光速 c 的速度相加，得到的结果仍等于光速 c。

对于经典力学，自然界没有速度上限，物体持无穷大速度原则上是可能的，光速加光速等于两倍光速［见式（20）］；但对于相对论力学，光速

是自然界不可逾越的速度上限，物体持无穷大速度在原则上是不可能的，光速加光速仍等于光速。从式（24）还可以得出一个有意思的结论，即不可能有这样的相互作用：它可被用来做任意的信号传递，而其传递速度大于真空中的光速。由此可见，经典理论与相对论理论存在着实质性的差别。

4. 质能守恒定律

在相对论创立前，物理学确认两个具有基本重要性的守恒定律，即能量守恒定律和质量守恒定律。过去这两个基本定律看来好像是完全独立的。借助相对论，这两个定律已结合为一个定律。

按照相对论，具有质量 m 的质点的动能不能再由众所周知的公式

$$\frac{1}{2}m_0v^2$$

来表达，而是应由另一公式

$$\frac{m_0c^2}{\sqrt{1-\frac{v^2}{c^2}}}$$

来表达。若将动能的表示式以级数形式展开，即得

$$\frac{m_0c^2}{\sqrt{1-\frac{v^2}{c^2}}}=m_0c^2\left(1+\frac{1}{2}\frac{v^2}{c^2}+\frac{3}{8}\frac{v^4}{c^4}+\cdots\right)\approx m_0c^2+\frac{1}{2}m_0v^2+\frac{3}{8}m_0\frac{v^4}{c^2} \tag{25}$$

若 v^2/c^2 与 1 相比时相当微小，上式第三项与第二项相比也总是相当微小的，所以在经典力学中一般不予计入，而只考虑其中的第二项。第一项 m_0c^2 并不包含速度 v，若我们只讨论质点的能量如何依速度而变化的问题，这一项也就无须加以讨论了。

按照相对性原理的要求，能量守恒定律不仅对于坐标系 K 是成立的，而且对于每一个相对于 K 做匀速平移运动的坐标系 K' 也应当是成立的。或简言之，对于每一个“伽利略”坐标系都应能够成立。与经典力学不同，从一个这样的坐标系过渡到另一个这样的坐标系时，洛伦兹变换是决定性的因素。

爱因斯坦根据这些前提并结合麦克斯韦电动力学的基本方程得出以下结论：

若一物体以速度 v 运动，以吸收辐射的形式吸收了相当的能量 E_0，在

此过程中并不变更它的速度，则该物体因吸收而增加的能量将为

$$\frac{E_0}{\sqrt{1-\frac{v^2}{c^2}}} \tag{26}$$

考虑上述的物体动能表示式，就得到所求的物体的能量为

$$\frac{\left(m_0+\frac{E_0}{c^2}\right)c^2}{\sqrt{1-\frac{v^2}{c^2}}} \tag{27}$$

这样，该物体所具有的能量就与一个质量为 $\left(m_0+\frac{E_0}{c^2}\right)$，以速度 v 运动的物体所具有的能量一样。因此爱因斯坦得出结论："物体放出 E_0 的辐射能，相当于质量减少 $\frac{E_0}{c^2}$，因此物体所含质量是它们所含能量的量度。"由此可见，物体的惯性质量并不是一个恒量，而是随物体的能量改变而改变的。甚至可以认为一个物系的惯性质量就是它的能量的量度。于是一个物系的质量守恒定律与能量守恒定律就成为同一的了。而且这个质量守恒定律只有在该物系既不吸收也不放出能量的情况下才是正确的。

六、后验评价

爱因斯坦的狭义相对论是一场真正的革命。时间、长度和质量这 3 个基本量，在牛顿力学中是绝对的、不变化的量，可是在相对论中都成了与测量者所在的坐标系有关的量。还有，在牛顿力学中，质量是质量，能量是能量，质量守恒，能量守恒，互不相关；而在爱因斯坦的相对论中，空间和时间统一起来了，物质和运动统一起来了，质量和能量统一起来了……

由爱因斯坦的狭义相对论可以得出一系列重要推论。这些推论在当时很难被理解，但先后均为实验证实。

1. 钟慢尺缩

若沿着参照系 K' 的 x' 轴放置一物体（设一根米尺），它的两端参照于 K' 的坐标为 x'_1，y'_1，z'_1 和 x'_2，y'_2，z'_2，按洛伦兹变换的第一方程式，则有

$$x'_1 = \frac{x_1 - vt}{\sqrt{1 - \frac{v^2}{c^2}}}, \qquad x'_2 = \frac{x_2 - vt}{\sqrt{1 - \frac{v^2}{c^2}}}$$

于是

$$\begin{aligned} x_2 - x_1 &= \sqrt{1 - \frac{v^2}{c^2}}(x'_2 - x'_1) \\ y_2 - y_1 &= y'_2 - y'_1 \\ z_2 - z_1 &= z'_2 - z'_1 \end{aligned} \tag{28}$$

因此，一个做匀速平移运动物体的运动学形状取决于相对于参照系的速度，而且物体的运动学形状和它的几何学形状的区别只是在相对运动的方向上按 $1:\sqrt{1-\frac{v^2}{c^2}}$ 的比例缩短。这说明，物体在运动时比在静止时短，而且运动得越快，物体就越短。

现在我们考虑永久放在参照系 K' 的原点（$x'=0$）上的一个按秒报时的钟，它比参照系 K 和 K' 中被用来量度时间的钟快 v_0 倍，即这只钟在单位时间内走 v_0 个周期，而一只相对于这只钟为静止的在 K 和 K' 中被用来量度时间的那一类钟的读数正指着 1。现在问：从参照系 K 来看，放在参照系 K' 的原点上的钟走的快慢程度怎样？

所考察的钟在每当时间 $t'_n = n/v_0$（其中 n 为整数）时走完一个周期，并且钟总是在 $x'=0$ 的地方。由此出发，利用洛伦兹变换表达式（14），可以得到

$$\begin{aligned} x' &= \frac{x - vt}{\sqrt{1 - \frac{v^2}{c^2}}} = 0, \qquad x = vt \\ t' &= \frac{t - \frac{v}{c^2}vt}{\sqrt{1 - \frac{v^2}{c^2}}} = t\sqrt{1 - \frac{v^2}{c^2}} \end{aligned} \tag{29}$$

于是可得

$$t_n = \frac{t'_n}{\sqrt{1 - \frac{v^2}{c^2}}} = \frac{n}{v_0\sqrt{1 - \frac{v^2}{c^2}}} = \frac{n}{v} \tag{30}$$

于是，从参照系 K 来看，所考察的这只钟在单位时间内走完

$v = v_0 \sqrt{1 - v^2/c^2}$个周期，或者一个相对于参照系 K 以速度 v 运动的钟，由该参照系来评判，比这只钟相对于该参照系为静止时要走得慢一些，且其变慢的比例为 1∶$\sqrt{1 - v^2/c^2}$。

这就是狭义相对论中的与常识迥异的钟慢尺缩现象。于是出现了这样的推论：即一把高速运动的尺子，将看起来变短变重，而一个高速运动的时钟将变慢。举例来说：

1）一个重 50 公斤的人在高速运动（90% 光速）的飞船里，地球上的人测量发现是 115 公斤。重了。

2）两架 15 米长的火箭宇宙飞船，一架停在地面，另一架以 90% 光速飞过地面，地面上测它的长度，发现只有 6.6 米。运动的物体收缩了！

3）一架火箭宇宙飞船，以 90% 光速飞行，地面上的人测定出自己梳头的时间为 20 秒，而测上面的人为 46 秒。钟慢了。

4）一个人坐上了光子火箭，以接近光速的速度飞往太空。比如说，40 年后他回来了，发现住在地球上的孪生兄弟已经是白发苍苍的老人，而他自己还是那么年轻，这是因为对于火箭上的人来说时间走得慢。这就是所谓的“双生子佯谬”（twin paradox），即孪生兄弟的奇谈怪论。“山中方七日，世上已千年”的东方神话，却在相对论中找到了理论依据。

但是，飞船上的人若测地面的飞船，也是尺短钟慢。这就奇怪了。通常说，A 船比 B 船长，那么，B 船一定比 A 船短。

这里所说的一切，都是时间量度和空间量度的相对性。问题取决于观察它的参照系。这一观点使当时的科学家极度震惊，因为时间一向被认为是恒定不变的东西，它“川流不息”地通过宇宙，而且到处都是相同的。长度也一样，也是不会变化的。爱因斯坦的逻辑否定了绝对时间和绝对空间，证明了时间流逝的快慢和空间距离的大小不再是绝对不变的了，它们是相对于观察者的运动而变化着的。上帝只认逻辑，不认常识。现在我们大家都知道，每当要说明对于质量、时间、长度、速度或其他各种量的量度时，就必须细心地指出作这些量度的参照系。

2. 质量随运动速度增加

设 m_0 为静止质量，m 为运动质量，按相对论，质量依赖于对它进行测量的参照系。它们之间存在以下关系：

$$m = \frac{m_0}{\sqrt{1 - \frac{v^2}{c^2}}} \tag{31}$$

实际上，在相对论问世之前，就有人发现，高速电子的质量，比静止电子的质量大。

由式（31）可见，爱因斯坦指出，物体的质量并不是恒定不变的，而是随着运动速度的增加而增加，即“质增效应”：设想一个人在推一辆“理想”小板车，没有任何阻力，因此，只要持续推它，速度就会越来越快。但随着时间的推移，它的质量也越来越大，起初好像车上堆满了钢铁，然后好像是装着一座喜马拉雅山，再然后好像是装着一个地球、一个太阳系、一个银河系……当小板车接近光速时，整个宇宙好像都装在了它上面——它的质量达到无穷大。这时，无论施加多大力，它也不能运动得再快一些。

3. 爱因斯坦的质能相当论（the equivalence of matter and energy）

爱因斯坦相对论的一个重要结论是：一切质量都有能量，一切能量都有质量，能量和质量只是同一事物的两个不同的侧面。质量和能量的关系就是著名的爱因斯坦方程：

$$E = mc^2 \tag{32}$$

这里，E 是能量。由式（25）可知，

$$E = mc^2 \approx m_0c^2 + \frac{1}{2}m_0v^2$$

这里，mc^2 表示物体的总能量，m_0c^2 表示物体的静能，$\frac{1}{2}m_0v^2$ 即普通的动能。

由式（32）可见，光速 c 是一个很大的数，很小的质量中就蕴藏着极大的能量。譬如 1 千克煤完全燃烧，放出 8 000 千卡的热量，能把 80 千克的冷水烧到 100℃。如果把 1 千克煤中所蕴藏的全部能量都释放出来，便有 21.6 万千亿千卡！这相当于一个大城市几年所消耗的电力。原子能的利用，只是把原子核中一小部分质量所蕴藏的能量释放出来，就产生了无比巨大的威力。当高能物理学家研究核反应时，算一算反应前后的质量差，利用式（32），就知道它释放出多少能量了。

今天，当我们回顾在原子能利用上自爱因斯坦以来所发生的一切，不管对人类是有利还是有害，都来自这位年轻的专利局职员最初推导的关于

质能相当的关系式（32）。

七、总结——狭义相对论和经典物理学的时空观和质能观的比较

现在对两种不同的时空观和质能观做一比较。在时空观和质能观上，狭义相对论与经典物理学的不同点主要表现在以下几个方面：

（1）牛顿的绝对时空观，把时间和空间看作没有物质内容的、独立的本体，都具有绝对的意义。因此，物体的长度、两事件之间的时间间隔，以及两事件的同时性都与参照系的选择无关，是绝对的。狭义相对论表明时间、空间同物质运动有密切联系；指出时间间隔和空间间隔的量度并不具有不变性，而是随着物质运动状态的变化而变化，与参照系的选择有关。时空关系是具体的、相对的，脱离物质及其运动去考虑时空的特性是没有意义的。

（2）经典物理学认为时间和空间是互不相干的。时间本身是一个独立的连续体，同时性是绝对的；空间也可以脱离时间而存在。狭义相对论揭示了时间和空间存在内在的不可分割的联系。时间和空间既不能与物质运动相脱离，它们两者自身之间也不能相互割裂。自然界中不存在孤立的时间和孤立的空间；客观世界每一真实的物理过程，都总是在四维时空连续区中存在。它们的运动状态必须用时间坐标和空间坐标一起来做全面的描述。此外，同时性是相对的，而不同的参照系有不同的同时性。

（3）经典物理学认为一切物体无论是在运动中，还是在静止时，它的长度总是一样的；时钟在运动和静止状态都将保持同样的时间。狭义相对论认为，空间和时间是随着物体的运动而变化的。经典物理学的上述观点只有在低速运动时才能适用。当物体高速运动时，运动物体的时钟变慢，尺子变短，出现“钟慢尺缩”现象。

（4）经典物理学认为伽利略变换式有效，而狭义相对论则认为洛伦兹变换式有效。

（5）经典物理学认为自然界没有速度上限，而狭义相对论则认为光速是自然界速度的上限。狭义相对论的合速度不符合经典物理学所遵循的加法定理。

（6）经典物理学认为任何物体的质量是一定不变的，不管该物体是处于静止，还是处于运动状态，即遵循质量守恒定律；而狭义相对论则认

为，物体的质量随运动而变化。同一物体在不同速度下有不同的质量，但在低速时质量的变化是极其微小的。

（7）经典物理学把质量和能量看成两种截然不同的东西，即质量是质量，能量是能量。前者有惰性，是可捉摸的；后者是活泼的，不可见的。狭义相对论认为，质和能是同等的东西，质是能的集中。换言之，质就是能，而能就是质。它们的区别只在于临时的状态。质量和能量又是相互转化的。因为运动物体的质量随着运动速度增加，又因为运动就是能量的一种形式，所以运动物体质量的增加即由能量的增加而得来。

创立狭义相对论是爱因斯坦伟大的贡献之一。狭义相对论的许多公式，如洛伦兹变换、质量随速度的变化等，洛伦兹和彭加勒在爱因斯坦之前就已经得到了，但是为什么说狭义相对论是由爱因斯坦创立的呢？这是因为，他们的出发点和思路是完全不同的。尽管他们得到的公式形式一样，但是意义完全不同。爱因斯坦是从麦克斯韦方程应当满足相对性原理出发，把相对性原理和光速不变原理作为第一原理，突破了绝对时空的框架，推导出简洁的理论；而洛伦兹则是要在绝对时空的框架内解决以太漂移的问题，做出种种特定的假设，而运动的相对性只为满足一些特定假设的动力学所导出的运动学效应。相对论里的长度收缩是一种空间变换性质，与物体的具体结构无关，虚空也会出现收缩，而洛伦兹则假设长度收缩与分子力的变化有关。这里的关键是扬弃牛顿的绝对时间的观念。爱因斯坦曾这样回忆自己发现新观念的过程："忽然我领悟到这个问题（指相对性原理和光速不变原理的表观矛盾）的症结所在。这个问题的答案在于对时间概念的分析，不可能绝对地确定时间，在时间与信号速度之间有着不可分割的联系。利用这个新观念，我第一次彻底解决了这个难题。"他又说："只要时间的绝对性或同时性的绝对性这个公理不知不觉地留在潜意识里，任何想要令人满意地澄清这个悖论的尝试都是注定要失败的。"洛伦兹和彭加勒正是由于没有跳出绝对时空观的框架，所以虽然走到了相对论的边缘，却没能创立相对论。

爱因斯坦“广义相对论”的科学方法试析

上帝的方程，独步千古。

关于爱因斯坦“广义相对论”的科学研究方法，我们仍按上文同样的思路进行分析，如图1所示。

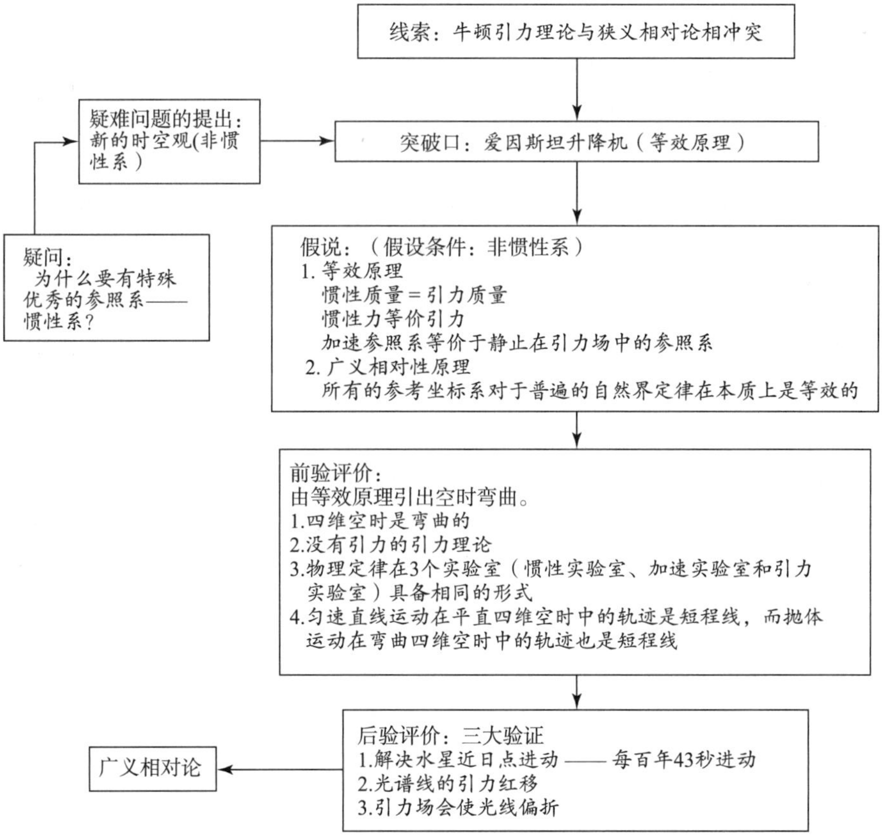

图1　广义相对论研究框图

一、研究的缘起：疑问和问题

我们知道，牛顿力学以牛顿的运动三定律和万有引力定律作为两大支柱。狭义相对论对牛顿三定律（主要是牛顿第二定律）做了改造，而牛顿的万有引力定律还是原封不动。可是，牛顿的万有引力定律与狭义相对论是有矛盾的。

牛顿力学的一个基本概念是超距作用，信息的传播不需要时间。按照牛顿的说法，宇宙万物彼此之间都有吸引力，不需要任何传递的媒介，不需要时间，万有引力具有超距即时作用。爱因斯坦对此有疑问：引力到底是怎样产生的？为什么一切物体之间都会互相吸引，具有引力呢？为什么引力具有超距即时（瞬时）作用，而其传递不需要任何时间呢？

在相对论中，光速是速度的极限。这就是说，对于任何物体的运动、任何信号的传递，其速度都不能超过光速。力的传递速度，当然也不能例外，同样不能比光速快。但是，按照万有引力定律，你若举起一个手指头，手指对于月球的引力也随之变化，信号的传递速度是无穷大。这表明引力效应的传播比光还快。这与相对论是有矛盾的。此外，根据相对论，同时性的概念是相对的。说引力作用是“即时”（即同时）的，究竟相对于哪个参照系“即时”呢？当他想把牛顿的引力理论纳入相对论之中时，却遇到了明显的矛盾。爱因斯坦深深地感到“这个问题不可能在狭义相对论的框架中得到解决”。

在狭义相对论中，爱因斯坦主要涉及的是匀速运动，而每个相对于地面惯性系做匀速直线运动的参照系都是惯性系。但是，在做加速运动的火车上进行试验时，小球没有受到外力作用，却不保持静止或匀速直线运动的状态，此时惯性定律不成立。因此，任何相对于惯性系做加速运动的参照系，都不是惯性系。

把狭义相对论拓展到加速运动是一个困难的问题，因为在加速运动方面好像用不上运动的相对性概念。在观察者所处的参照系内是觉察不到匀速运动的。加速运动被称为“绝对”的运动，人们不必相对于任何别的参照系就可以对它下判断。加速运动这种显而易见的非相对性（non－relativity）使爱因斯坦大伤脑筋。他希望把相对论扩大到包括一切运动在内。

从狭义相对论来看，其结论形成了这样的一种局面：否定了一个特殊优越的参照系（绝对空间），却肯定了一类特殊优越的参照系（惯性系）。

在“好”的参照系（如惯性系）中，一切物理定律都是相同的；而在“坏”的参照系（如非惯性系）中，则不成立。

爱因斯坦觉得这里有问题，他想知道：

> 自然界为什么要给匀速直线运动以一种特殊优越的地位呢？自然界为什么要给惯性系以一种特殊优越的地位呢？

由上可见，对狭义相对论提出上述两点基本质疑的，正是提出并建立狭义相对论的爱因斯坦本人。他以敏锐的洞察力及坚持不懈的探索精神，抓住了这两个致命的环节，一个更为深刻与普遍的广义相对论就由此诞生。

二、突破口——爱因斯坦升降机

1. 从两种质量相等得到的启示

由牛顿力学得知，物体的质量具有两重性质。它具有惯性，同时产生引力。我们分别把它们叫作惯性质量和引力质量。具体来说，在一个引力场的唯一影响下，运动着的物体得到了一个加速度。这个加速度与物体的材料和物理状态都毫无关系。例如，一块铅和一块木头在一个引力场中如果都是从静止状态或以同样的初速开始下落的，在真空中，它们下落的方式就完全相同。

按照牛顿第二定律，我们有

$$\text{惯性力}=\text{惯性质量}\times\text{加速度}$$

这里“惯性质量”是被加速物体的一个特征恒量。

如果引力是加速度的起因，则由牛顿万有引力定律，我们有

$$\text{引力}=\text{引力质量}\times\text{引力场强度}$$

这里“引力质量”同样是物体的一个特征恒量。从这两个关系式得出：

$$\text{加速度}=\frac{\text{引力质量}}{\text{惯性质量}}\times\text{引力场强度}$$

如果引力质量等于惯性质量，那么在均匀引力场中，各种不同的物体的加速度是相等的。在牛顿的时代，谁也不怀疑惯性质量和引力质量相等。好像这是理所当然，应该相等的。对惯性质量和引力质量不加区分，统称为质量。

对于这一问题，爱因斯坦认为，惯性质量和引力质量相等，绝不是偶然的。手中的一粒石子往下掉，做匀加速直线运动；但地球吸引石子，是在召唤石子的引力质量。石子的落体运动，却是以惯性质量来做回答。这里面一定包含某种极深刻的道理。它是否意味着惯性和引力有着某种深刻的内在联系呢？

2. 爱因斯坦的“思想实验”——爱因斯坦升降机

为了证明引力场和加速度的等价性，爱因斯坦举升降机（电梯）这个简单的例子。若用一枚多级火箭把这个密闭的升降机（它被称为爱因斯坦升降机）发射到遥远的宇宙空间去。假定它远离一切天体，故一切东西都没有受到引力的作用，处于失重状态。因为没有受到力的作用，故一切东西都保持静止状态。当然，在这样的升降机中，惯性定律是满足的。它是个惯性系，是个惯性实验室。

假定有一个调皮的妖精，拉着升降机向上做匀加速直线运动，加速度刚好等于地面上的重力加速度 9.8 m/s^2。升降机中的人觉得自己恢复了重量，一切和地面上一样；以为自己从远离一切天体的宇宙空间回到了具有引力的地面上，惯性实验室变成了引力实验室。故一个外层空间中加速运动的人会认为他是在引力场中。实际上这时的升降机是个加速实验室。

现在又假定妖精一松手，升降机下落，恢复了失重状态，人又在空中飘浮了。等到回到地面上，一切的感觉与前面相同，于是升降机中的人以为这又是加速实验室，但实际上这是引力实验室。

这个实验说明，密闭实验室里的人，根本不可能区分引力场的作用和加速运动，根本不可能搞清自己是在加速实验室中，还是在引力实验室中。

当升降机落下时，在升降机中的人会以与升降机同样的速度下降。他们似乎是自由地飘浮在空中，飘浮在升降机地板的上面。这在他们看来完全像他们的升降机是在地球引力达不到的外层空间之中。要是在升降机中投下什么东西，比如一只表或一支笔，那么这些东西也好像是在他们面前自由地飘浮，但是实际上这些东西与他们以及升降机一道在加速地向下坠落。这就说明了加速运动也是相对于观察者（升降机中的人）的参照系。这是因为，在密闭的实验室中，这些观察者无法知道他们是在地球引力场中沿着升降机往下降落，除非他们在飕飕掠过楼层指示牌，能向外瞧见它们。

爱因斯坦升降机的“思想实验”证明了参照系的加速度产生的效应与引力场产生的效应完全相同。如果一个人在升降机里面，他就说不出升降机是在加速运行，还是整个系统静止在某个外层空间上。这一“思想实验”为建立等效原理打下了基础。

爱因斯坦上述“引力场产生的效应与加速度产生的效应完全相当”的道理的悟出是在 1907 年 11 月。那是他在瑞士伯尔尼专利审查局工作时。有一次他回忆道：

> 我坐在伯尔尼专利审查局的椅子上，忽然间一个念头一闪而现：假若一个人自由地落下，他将不会感觉到自己的重量。这个念头使我大吃一惊，因为当一个人从屋顶落下时，他不会感觉万有引力的存在，即使他丢出一些东西。这些东西——不管是什么东西——都将随他一起落下。对他而言，这些东西是静止的。因此，他也有权利认为自己是静止的。

为什么有权利认为自己是静止的呢？因为他加速地下落。其效果相当于一个向上的引力，而这个向上的引力刚好抵消了原有的地心引力，所以他成为自由的落体。

这个思想实验导致他作出新的发现：引力场同样只是一种相对存在。加速度与引力之间的等价性可能是成立的想法使他发现了等效原理，即为了使引力引起的加速度和引力（使观察者处于一种自由下落的状态中）的作用相互抵消，加速度和引力必须严格等效。

今天，我们完全可以想象出它的涵义，因为我们从电影中看到了在围绕地球运行的宇宙飞船中宇航员的情形。做轨道运行的飞船并不是不受地球引力的作用；事实上，正是由于引力作用才把飞船约束在轨道上。因为飞船和其中的一切是以与引力相同的加速度在绕着地球下落，所以宇航员失去了重量而在航天舱内飘浮。对他们而言似乎引力并不存在，这是一种被称为自由落体的现象。爱因斯坦从没有看到过任何此类景象，他只能根据想象来描述作为自由落体的电梯内的情形。电梯下落的加速度在电梯下落的过程中每秒钟都在增加，直至其加速度恰好抵消了引力的影响，电梯就成了自由落体。如果这个想象成立，引力和加速度必定刚好相等。

三、两个假说——等效原理和广义相对性原理

由爱因斯坦升降机的思想实验，可以得出以下结论：

相对于惯性系做加速运动的参照系是非惯性系，它应和惯性系平权。在加速系中物体受到惯性力的作用：

惯性力 = 惯性质量 × 加速度

同一个物体，在引力场中受到引力的作用：

引力 = 引力质量 × 引力场强度

因为惯性质量等于引力质量，只要加速系的加速度等于引力场强度，惯性力就等于引力，所以加速系的惯性力场等效于引力场。这就是等效原理。

“等效原理”一般被表述为：

> 惯性力场与重力场的动力学效应（或任何物理学效应）是局部不可分辨的。

这就是说：“引力场同参照系相当的加速度在物理上完全等效。”

从哲学观点来看，爱因斯坦认为，大自然是统一、和谐和简单的。不应该优待某一类运动，而歧视另外的运动；不应该优待某一类参照系，而歧视另外的参照系。所有的运动都是相对的，所有的参照系也都有平等的权利。在每一个参照系中，物理定律都应该成立，而且应该具有相同的形式，不论它是惯性系，还是非惯性系。爱因斯坦把狭义相对论所考察的做匀速运动的参照系之间的相似性，推广到了做任意运动的参照系之间的相对性。其结论是：物理定律必然在任意参照系下都具有相同的形式。这就是说，它们必须在任意坐标系的变换下保持形式不变。这就是广义相对性原理，又叫广义协变原理。它是狭义相对论中相对性原理的推广。

“广义相对性原理”一般被表述为：

> 所有参考物体 K，K′等，不论它们的运动状态如何，对于描述自然现象（表述普遍的自然界定律）都是等效的。

四、前验评价

在等效原理和广义相对性原理的基础上，爱因斯坦便着手建立广义相

对论了。这和他建立狭义相对论的情况很相似。从经过实验验证的基本原理（假说）出发，大胆突破旧的物理概念的框框，引进全新的物理概念，经过复杂的数学推导和运算，最后得到结果。这就是爱因斯坦建立相对论的工作方法。

爱因斯坦利用等效原理与广义相对性原理通过纯理论方式考察了引力场的性质。他的思路是这样的：先假定已知惯性系 K 中一物理过程的时空进程，根据广义相对性原理，由于物理规律的不变性，即可推知相对 K 做加速运动的参照系 K' 中的物理过程的时空进程；再根据等效原理，K' 中必然存在一个引力场。因此，可以利用从理论上考察那些惯性系中的物理过程，获得关于引力场中物理过程的进程。此时，引力场对物理过程的影响就全部被弄清楚了。

1. 从等效原理到空时弯曲

根据等效原理，引力场的每一点附近等价于一个惯性力场，也就是等价于一个相对于惯性系做加速运动的非惯性系。但惯性系和非惯性系之间是可以通过坐标变换进行变换的。这样，在没有引力的惯性系和局部等价于引力场的非惯性系之间，只有空间和时间结构的某种不同。既然引力场的每一点附近都被归结为一个非惯性系，整个引力场也就十分自然地被归结为空间时间的某种内在结构了。

爱因斯坦从牛顿力学出发，承认牛顿的引力，得到等效原理。然后又根据等效原理，把引力场归结为空间时间的弯曲，从而取消牛顿的引力，改造了牛顿力学。这就是爱因斯坦以等效原理为突破口，建立广义相对论，把引力场当作空间时间内在结构来处理的基本思想。

且看从等效原理怎样引出空时弯曲。

假定有一束水平方向的光，射进一个惯性实验室。根据狭义相对论，光在惯性系中将以不变的光速 c 做直线运动。现在实验室向上加速，成了加速实验室。既然这束光在原来的惯性系中是水平地向前运动的，那么相对于加速系来说，它的运动必然要向下弯曲。根据等效原理，加速实验室等价于引力实验室。因此，这束光要是射进引力场，它也会向下弯曲。人们一向认为，光是沿直线传播的，故光线和直线简直成了同义词；但是现在，爱因斯坦向全世界宣布，在引力场中，光线是弯曲的！因为空间弯曲了，空中的光线也随着空间一起弯曲了。

我们可以设想有一个观察者在自由下落的电梯内打开手电筒，使光线水平地从一边照到另一边。在他看来，光是以直线运行的；但是，对地面上的另一个观察者而言，他看到的电梯下落的情形又是怎样的呢？光运行的轨迹似乎本应该是和电梯顶保持相同的距离，但是当光线横穿电梯时，电梯在加速下沉，光线必定加了速。为了使光线和电梯顶在电梯下落的全过程始终保持相同的距离，光线只好走一条弯曲的路径。这正是从电梯外看到的景象，即光束的运行轨迹是弯曲的。换句话说，必定是引力使光线弯曲了。

再看一个实验。假如有一个人在惯性实验室向斜上方抛出一个小球。被抛出以后不再受力，遵从惯性定律，它将做匀速直线运动。如果这个人在向上加速的加速实验室和引力实验室里向斜上方抛出一个小球，小球将怎样运动呢？显然，根据等效原理，在加速实验室和引力实验室里，小球的运动情况是相同的。它将做抛体（抛物线）运动。

对于上述现象，爱因斯坦是这样解释的。他认为，惯性定律应该适用于一切参照系，不论它是惯性系，还是非惯性系。因为引力场中每一点的附近都局部地等价于一个加速系，所以惯性定律在引力场中也应该适用。在3个实验室中，惯性定律都应该成立。这是广义相对性原理所要求的。在3种情况下，小球都没有受到外力的作用，惯性实验室中的匀速直线运动和加速实验室、引力实验室中的抛体运动，本质上是相同的，应该具有共同的特点，服从同一个惯性定律。

这便是爱因斯坦的思想。如何实现这一思想呢？爱因斯坦认为：

第一，四维空时是弯曲的，曲率由物质的分布决定。这样，牛顿所说的物质产生引力，变成了物质引起空间时间的弯曲，也就取消了引力这种力。

第二，在四维空时中，惯性定律应被表述为：

> “在不受外力作用时，质点的运动在四维空时中的轨迹是一条短程线。”

虽然这是从牛顿的惯性定律修改而来的，但经过爱因斯坦这样一改，惯性定律在三个实验室里都能成立了。

2. 没有引力的引力理论

用爱因斯坦上述的思想可对惯性实验室、加速实验室和引力实验室里小球的运动做统一的解释。在惯性实验室中，空时是平直的，所以小球做匀速直线运动；在加速实验室和引力实验室中，空时发生了弯曲，所以小球做抛体运动。匀速直线运动在平直的四维空时中的轨迹是短程线，而抛体运动在弯曲四维空时中的轨迹也是短程线。这样，在三个实验室中，小球都没有受到外力的作用，都服从惯性定律而做惯性运动。三个实验室平等了，物理定律在三个实验室中具备相同的形式，所不同的是空时的结构。空时结构的变化，在加速实验室中是由运动引起的，而在引力实验室中却是由物质引起的。空间、时间、物质和运动统一起来了。

在广义相对论中，爱因斯坦考察引力采用的是一种全新的方式。他认为，引力不像其他种类的力，而只不过是空间—时间不是平坦的这一事实的后果。更确切地说，应当把引力看作空时几何的弯曲或曲率（curvature）。空间—时间是由于在它中间的质量和能量的分布而变弯曲或“翘曲”的。在这一理论里，落体不再被认为是在引力作用下的下落，而是沿内在的弯曲空时的可能的最“直”路径（短程线、测地线）的运动。因此，在爱因斯坦广义相对论的引力理论中，确实只有空时的弯曲，而没有“引力”的作用。

1915 年 11 月，爱因斯坦在他的朋友格罗斯曼的帮助下导出了协变形式的引力场方程：

$$\boldsymbol{R}_{\mu\nu}-\frac{1}{2}\boldsymbol{g}_{\mu\nu}\boldsymbol{R}=\frac{8\pi G}{c^4}\boldsymbol{T}_{\mu\nu}$$

式中，$\boldsymbol{R}_{\mu\nu}$为里奇张量，$\boldsymbol{g}_{\mu\nu}$为时空度规张量，$\boldsymbol{R}$ 为标量曲率张量，G 为牛顿引力常量，$\boldsymbol{T}_{\mu\nu}$为能动张量。这个方程的左侧描述了引力场时空的弯曲性质，而右侧描述了引力源物质体系。

爱因斯坦新的引力理论使人们又重新提起牛顿著名的万有引力定律，但是广义相对论远远超过了牛顿的理论，因为它提供了一个包罗万象的全宇宙理论。由于广义相对论公式的推导非常复杂，是建立在张量分析的基础上的，还涉及黎曼几何和弯曲空间，故这里就不细述了。

当时的一些老派的物理学家对这一理论怎么也不理解，惊讶不已。其原因一方面是这一方程引入张量运算，难以理解；有些物理学家还认为，不管引力存在与否，牛顿力学多么直接、多么简单，它都能解决 99% 的问题。更为重要的是，自牛顿以来，物理书上讲的，我们能理解的，地球绕着太阳转动，是因为太阳对于地球的引力，迫使它偏离直线。在牛顿的体系中，引力被视为一个大质量物体吸引其他物体的力，行星由于引力作用围绕太阳沿椭圆轨道运动。但是，爱因斯坦的理论表明，地球绕太阳转动，并不是太阳对于地球有什么引力。不，引力这种神秘的东西是没有的（虽然在表达中将继续不精确地说“引力”）。地球绕太阳转动，是因为太阳的巨大质量，使太阳周围的空时发生了弯曲，地球便沿着弯曲空间中最接近于直线的被称为测地线的轨迹运动。太阳的质量引起空间—时间的弯曲，使四维空时中地球沿着“直线”的轨迹，却让我们在三维空间中看起来是沿着一个圆周运动。因此，在爱因斯坦的体系里，引力不是外力，而是时间、空间或者说是时空本身所具有的特征。空间和时间不再仅仅是物体运动的被动场所，而是物体运动的一部分。正如爱因斯坦所说，“物体告诉空间如何弯曲，空间告诉物体怎样运动”。

空间时间的弯曲，确实使人觉得“不可思议”，真有点把人“搞糊涂”了。实际上，把人“搞糊涂”的并不是相对论，而是旧框框、旧概念，是绝对时空、平直空间和欧氏几何（欧几里得几何，即平面几何）等。确实，绝对时空和欧氏几何，和我们的实践经验是那样吻合一致，以至于我们从来都不怀疑它们的真实性，也不去考虑它们的适用范围。我们把这些东西当成了永远正确的、先验的终极真理。只有剥去这种终极真理的美丽迷人的外衣，看清它们的相对真理的真实面貌，才有可能理解相对论。

古代的劳动人民开凿运河，建造金字塔、宫殿等，从这些实践活动中产生了古代文明的瑰宝——欧氏几何。实践证明，欧氏几何是成立的。于是，人们认为空间是平直的；但是，“欧氏几何的定理是真实地反映了客观世界的情况”和“空间是平直的”这两个结论是有前提的：第一，把光线当作直线；第二，实验是在地面上较小的范围里做的。人们把欧氏几何奉作天经地义，不知不觉地把欧氏几何变成了先验真理，它“不言自明，永远真实”。因此，当爱因斯坦的广义相对论宣布说：“我们所生活的空间是弯曲的，欧氏几何的定理不适用，应该采用黎曼几何的定理”时，大家就觉得无法理解了。即使天文观测确确实实证明了空间是弯曲的，欧氏几何的定理不成立，我们还是觉得难以接受。必须破除对于欧氏几何和平直空间的迷信，并且建立起这样的观念：欧氏几何和平直空间是合理的，黎曼几何和弯曲空间也是合理的；实在的客观空间究竟是平直的，还是弯曲的，究竟应该采用欧氏几何，还是黎曼几何，要由实践决定。只有这样，我们才能理解广义相对论。

科学的发展，实际就是建立在一系列破除迷信的基础上。每一个科学理论，包括狭义相对论和广义相对论在内，都是在一定条件下反映客观世界的相对真理。如果把它当成绝对正确的终极真理，把它视若神灵供奉起来，用这种虚妄的偶像禁锢我们的思想，科学就会停滞不前了。

五、后验评价——三大验证

爱因斯坦的相对论使我们不得不放弃一些关于空间、时间和运动的日常观念。它以抽象的弯曲时空这样很难想象的概念取代牛顿的直观物理学。爱因斯坦绝不是玩弄数学游戏，故弄玄虚，而是植根于实验物理学的土壤。一方面，爱因斯坦是用科学园地中的艺术家的眼光来看待科学理论的。在广义相对论中，他引进了空时的弯曲，从数学工具上看是复杂了，但是取消了引力，从原理上看反而简单了。物质的分布决定空时的弯曲，这多么和谐；物理学的定律对于所有的参照系都成立，并且形式不变，这多么合理。这就是爱因斯坦要给和谐、合理的自然界描绘一幅和谐、合理的图画的意愿。正是在广义相对论中，爱因斯坦的科学思想得到了最完美的表现。对于他来说，理论不仅应该解释事实；但只有原理上简单、逻辑上严格的理论，才是真正有生命力的、有价值的理论。这样的理论是只能用思维来构成的。等效原理、广义协变、时空弯曲等都是自然的写照，也是爱因斯坦思维的产物。另一方面，爱因斯坦绝不是躲在象牙塔里为理论而理论的人。他要改造牛顿的引力理论，也是因为有牛顿的万有引力定律无法解释的一些实验事实。广义相对论就像狭义相对论一样，也是从实验物理学的土壤里生长起来的。这就是它有生命力的原因。

广义相对论运用了大量的黎曼几何、张量计算、绝对微分等艰深的数学知识，充满了深邃的哲学思辨，包含着崭新的物理内容，对于爱因斯坦同时代的人来说，的确是很难弄懂的。爱因斯坦按广义相对论所预言的3个效应，都得到了实践有力的验证，所以还是引起了相当大的轰动。

1. 水星近日点进动

水星是离太阳最近、受到引力效应最强，并具有被拉得相当长的轨道的一颗行星。它每绕太阳公转一周，离太阳最近那一点的位置就有些改变。这就是所谓的水星近日点进动。人们观测的结果是每一百年进动5 600秒。考虑到金星对水星的吸引以及其他种种因素，可以解释5 557秒，余下的43秒没有办法解释。于是，有人预言还有一颗尚未发现的行星（起名为火神星），是它造成43秒的影响。可是，半个世纪以来的观测，并没有发现什么火神星。爱因斯坦的广义相对论的计算值（每世纪43.03秒），与实际观测数（今测值42.6秒）相当接近。广义相对论不仅得到了牛顿引力理论的结果，而且得到了牛顿理论中找不到的43秒。

2. 光谱线的引力红移

爱因斯坦预言，从大质量的星球射到地球上的光线，其谱线向光谱红端位移。根据广义相对论，引力场会使时钟变慢，即时间显得流逝得更慢一些。这是因为光能量和它的频率（每秒钟里光振动的次数）之间存在正比例关系：能量越大，则频率越高。当光从地球的引力场往上走时，它失去能量，因而其频率下降（这表明两个波峰之间的时间间隔变大）。所以，引力场很强的恒星发出的光谱线，应该向低频端，也就是红端移动。1925年美国天文学家亚当斯通过对天狼星的密度很大的伴星的观测，确认了光谱线的红移，证实了广义相对论的预言。另外一个重要推论是，地球上不同高度的钟的速度不同。这就是说，接近地球的钟会走得慢些（1962年被验证）；从在上面的某个人的角度看，下面发生的每一件事情都显得需要更长的时间。利用卫星发出的信号做精确的导航必须考虑这一广义相对论效应。

3. 引力场使光线偏转

空间是弯曲的，意味着在空间中光线看起来不是沿着直线走，而是必须沿着空间—时间的测地线走。这样，广义相对论预言光线必须被引力场折弯。爱因斯坦算出，从远处的恒星发出的光线，如果掠过太阳表面，由于太阳质量的缘故，太阳近处的点的光锥就会向内稍微偏折。光线偏转的角度是1.7秒。1919年5月英国的两个观测队分别在巴西和西非拍摄了日全食照片。其观测结果分别为：1.98 ± 0.12秒和1.61 ± 0.30秒。这证实了广义相对论的预言。

除了水星近日点的进动、光线在引力场的偏转，以及光谱线的引力红移这三大验证外，这几十年来，特别是20世纪60年代以来，广义相对论不仅实验验证如雨后春笋，而且已成为相对论天体物理学、高能物理学和宇宙学的理论基础。类星体、脉冲星、致密X射线源、3K宇宙微波背景辐射、黑洞、引力波等的发现和探测，以及大爆炸理论和各种宇宙模型的提出就是很好的例证。

结束语

在建立广义相对论之前，空间和时间被认为是事件在其中发生的固定舞台，而它们不受在其中发生的事件的影响。即便在狭义相对论中，这也是对的。物体运动，力相互吸引并排斥，但时间和空间完全不受影响地延伸着。空间和时间很自然地被认为无限地向前延伸。然而，在广义相对论中，情况则大不相同。这时，空间和时间变成了动力量：当一个物体运动时，或一个力起作用时，它影响了空间和时间的曲率；反过来，空间—时间的结构影响了物体运动和力作用的方式。空间和时间不仅去影响，而且被发生在宇宙中的每一事件影响。离开空间和时间的概念谈论宇宙的事件是没有意义的。爱因斯坦的广义相对论揭示了四维空时同物质的统一关系，指出空时不可能离开物质而独立存在，空间的结构和性质取决于物质的分布，它并不是平坦的欧几里得空间，而是弯曲的黎曼空间。从广义相对论开始，对空间和时间的新的理解是对我们的宇宙观的巨大变革。

广义相对论这一伟大理论的发现在科学发展史上树立起了一块新的里程碑。众多著名的物理学家在评论相对论时说，即使没有爱因斯坦，早晚也会有其他的人建立狭义相对论，而如果没有爱因斯坦建立广义相对论，今天我们仍然处在“黑暗”之中。物理学家玻恩指出：“对于广义相对论的提出，我过去和现在都认为是人类认识大自然的最伟大的成果。它把哲学的深奥、物理学的直观，以及数学的技艺令人惊叹地结合在一起。”

科学研究一刻也不能离开理论思维

——再谈爱因斯坦的科学方法

理论思维是科学家不可或缺的品质。

伟大的物理学家爱因斯坦（Albert Einstein，1879—1955）是人类历史上罕见的科学巨匠。他离开我们已经有半个多世纪了。学习他的理论思维的科学研究方法，回忆他在科学上无与伦比的成就，对我们，特别是青年学人，无疑是很有益处的。

通过对物理科学理论体系认真的思考和多方面的探索，爱因斯坦提出科学理论的建立可分为两步：一是创造概念，发现原理；二是逻辑推理，导出结论。

爱因斯坦认为，建立一种科学理论，必须把有关的知识按照一定的层次结构和逻辑结构组成一个体系。这个体系以由经验事实的引导而获得的少数几个基本概念和基本关系（或假定）作为逻辑的出发点，然后运用逻辑规则，演绎出可以用经验事实检验的推论。只有如此，才能做出恰当的科学预见。

所谓科学的“基本概念”，是一种以压缩形式表现大量知识的手段，是科学抽象的直接产品，反映了自然界各种丰富多彩的复杂现象中最基本的质的规定性。科学的“基本关系”是由基本概念构成的命题，反映了自然现象中最本质、最深刻的联系。这些基本概念和基本关系是构成科学理论体系的基本知识单元。

在欧几里得几何学中，没有大小的点，没有粗细的线，没有厚薄的面，构成了这一学科的基本概念，加上几个公理，就可以用逻辑方法推演出表征这些概念元素在空间的相对位置和数量关系。在牛顿力学中，运用互相独立的时间、空间以及质点、力、惯性等基本概念，通过牛顿运动定律和万有引力定律的演绎的推论，不仅成功地解释了地球上一切物体的机械运动，而且成功地解释了天体的运动。爱因斯坦认为，任何科学的概念和定律都已离开了个别自然现象的具体内容，都是在抽象的意义上再现自然界，反映它们的本质。

对于创造概念，发现原理，爱因斯坦认为："没有逻辑的道路，只有通过那种以对经验的共鸣的理解为依据的直觉。"显然，他所说的"直觉"就是"思维的自由创造"。爱因斯坦这里所主张的"自由"实质上是在思维中不受任何权威和偏见的束缚，不受人们日常思维方式和习惯的羁绊，只在客观科学事实的启示和制约下，高度发挥创造性的想象力，以达到认识上的飞跃。此外，他所主张的"思维自由"是要对经验事实做缜密的考察，受到经验事实的引导和检验的。

根据爱因斯坦的认识，可以将创造过程简洁地表述成这样一个模式：经验——直觉——创造性设想——逻辑推理——结论（包括理论和发明创造）。由此可见，爱因斯坦的科学认识过程就是这种思维创造和逻辑演绎的统一。因之，他对科学认识的途径提出了一个普遍的命题：从特殊到一般的道路是直觉性的，而从一般到特殊的道路是逻辑性的。这与过去的归纳—演绎等科学方法相比，已经发生了很大的变化。

在爱因斯坦的科学方法和科学活动中，有两个非常鲜明的特点，即寻求理论基础的统一和理论逻辑的简单性。

现代自然科学整体化趋势使不同的学科领域或理论体系互相渗透，揭示出不同的自然现象在更深层次上的互相联系与共同的本质。这就把原来是独立的基本概念与基本关系之中的新联系揭示出来，失去了"基本"的意义。它们的数目减少了，而概括的经验事实更普遍了，新的更深刻的科学理论由此建立起来。爱因斯坦把科学理论的这种进化趋向叫作理论的统一性。1905 年，爱因斯坦在量子论、狭义相对论和分子运动方面的重要贡献，都是在理论的统一性思想指导下取得的。他确信，科学认识不断深化，必将促进理论基础的统一。

关于理论逻辑的简单性，爱因斯坦说："我们在寻求一个能把观察到的事实联系在一起的思想体系。它将具有最大可能的简单性。我们所谓的简单性……是指这体系所包含的彼此独立的假设或公理最少。"大家知道，爱因斯坦的狭义相对论的公理（假说）只有两条：相对性原理（任何自然定律对于一切匀速直线运动的观测系统都有相同的形式）和光速不变原理（对于所有惯性系，光在真空里总是以确定的速度传播）。因此，在科学研究中，使理论的基础逻辑和基本方程尽可能地简单化和普遍化，即用尽可能少的假设概括尽可能多的现象，常常是科学家有意识或潜意识所遵循的方法。这种方法原则，在科学上被称为“简单性原理”。

爱因斯坦把哲学作为强有力的思想武器。他在科学研究中特别重视理论思维。他广泛涉猎各派哲学，博采众长，为我所用。他说：“物理学的当前困难，迫使物理学家比其前辈更深入地去掌握哲学问题。”可以说，运用哲学这个思想武器，是爱因斯坦做出重大成就的关键。他所创立的相对论是科学与哲学结合的典范。在研究相对论时，科学与哲学相互作用、渗透、结合的一个重要表现形式是思想实验。科学实验的兴起和发展，使古代的经验科学成为近代的实验科学，是近代科学发展的一个重要条件和标志。思想实验比实际实验更进一步。它在思想中运行，可以超越时间和空间的局限，不需要任何物质技术装备。设想在理想条件下或纯粹形态中可能出现的种种情况，是揭露矛盾、深入本质的一条有效途径。思想实验是科学实验的一种特殊形式。它也要“分解”自然过程，使其理想化、纯粹化。其目的是探索用实际实验难以或无法进行的科学问题。思想实验之所以重要在于，若无思想实验理想化的条件设置，一切隐藏在事物表象之后的本质属性都依赖于实验室中物质实验的揭示，人们有关世界真相的认识可能要艰难得多，甚至可能有许多情形永远无法为人类所知晓。而借助于理想化，思想实验就能自由地展示世界的不同面目。

在爱因斯坦相对论的创立过程中，理论思维始终起着主导作用。爱因斯坦说：“思维是什么呢？当接受感觉印象时出现记忆形象。这还不是‘思维’。而且，当这样一些形象形成一个系列时，其中每一形象引起另一个形象，这也还不是‘思维’。可是，若某一形象在许多这样的系列中反复出现，那么正是由于这种再现，它就成为这种系列的一个起支配作用的元素，因为它把那些本身没有联系的系列联系了起来。这种元素便成为一种工具、一种概念。”爱因斯坦这里所说的“思维”就是理论思维。这就是说，新的科学概念是在一系列形象思维的联系中形成的。在爱因斯坦的狭义相对论中，惯性运动的“相对性”无疑是一个起支配作用的新概念。尽管过去其他科学家，如伽利略、彭加勒、马赫都使用过这个概念，但是就其本质涵义来说，只有爱因斯坦的“相对性”概念是新的革命性的概念。爱因斯坦是无与伦比的思想实验和理论思维的大师。在创建相对论的过程中，他娴熟地运用思想实验的方法，天才地设计了一些著名的思想实验，进行了一系列理论思维。他运用了多种形象的比喻来说明相对性的涵义，如“以光追光”：一位能追得上光线的观察者，看到的光必定是在原地振荡不前的电磁场。“爱因斯坦火车”：在一列高速行进的火车上的乘客和站台上的送客看到的同一个闪电，不是同时发生的。正是这一列想象中的“爱因斯坦火车”提出了同时性的相对性，导致狭义相对论的诞生。“爱因斯坦升降机”：一个在引力场中自由降落的人，无论如何也不会感到那里存在任何场；反之，一个在外层空间中加速运动的人会认为他是在引力场中。它使爱因斯坦能心安理得地在他“自由落体运动”的“升降机”里做思想实验，把狭义相对论推广为广义相对论，等等。这些想象中的形象，以及爱因斯坦所感受到的其他现象，在其中起支配作用的元素正是时间、空间和运动的“相对性”这个概念。上述形象是他在形成相对性这一科学概念中一再使用过的。他所形成并深刻理解的这些“相对性”的概念，成为他建立狭义相对论和广义相对论的关键。

总之，爱因斯坦相对论的创立，说明了理论思维的极端重要性。尤其是现代科学，离经验的直观越来越远，抽象程度、综合分析程度都越来越高。在这种情况下，爱因斯坦关于科学与哲学需要互相结合的思想，特别是他把哲学思想成功地应用于解决科学问题的实践，对科学界和哲学界产生了巨大影响，也是我们学习的光辉榜样。爱因斯坦在科学上的成功，印证了恩格斯的一句至理名言：“一个民族想要站在科学的最高峰，就一刻也不能没有理论思维。”著名的诺贝尔奖获得者杨振宁教授说：“爱因斯坦自己就是追求科学所需要的力量和毅力的象征。他的研究工作是在他之后的科学家的灵感和勇气的源泉。”

量子理论的诞生和发展及其科学方法分析

上帝掷骰子吗？依然是一个谜。

自19世纪末到20世纪初，以牛顿力学为代表的经典物理学的平静而晴朗的天空出现了两朵乌云。这两朵乌云中一朵是与以太漂流实验有关，而另一朵是与黑体辐射实验有关。这两朵乌云引起的危机终于酿成了物理学空前的大革命。其研究结果导致了20世纪初最伟大的发现，迎来了构成20世纪现代科学的两大支柱——相对论和量子理论的诞生。如果说相对论创立的历史重任落在爱因斯坦的身上，那么他扮演着独角戏的角色；而量子理论则是20世纪初许多杰出科学家集体创造的成果，可以说是群星灿烂的名角大会串。

量子理论从量子概念的诞生到量子力学数学形式的基本完成，经历了20多年的时间。如此多的杰出科学家，在这一段时间里，以不同的风格、途径和方法，集中创造出如此重大的科学成就，这在科学史上也是十分罕见的。同样，他们在方法上的创造也是奥妙无穷，可以说不仅集物理学科学方法之大成，而且体现了当代科学方法中最新的思维方式。这里简要地分析量子理论的诞生、发展及其所采用的科学方法。

一、自然界是跳跃的——量子概念的提出

量子概念的提出与黑体辐射实验有关。所谓“黑体”，是一种理想物体，对于外界向它辐射的电磁波，只吸收，而不反射。一块烧红的铁近似于黑体。我们将铁块加热，到了一定的温度，铁块变成暗红色。温度继续升高，铁块发出耀眼的光来，由红到黄，由黄到白。我们知道，光是电磁波，有红、橙、黄、绿、蓝、靛、紫等颜色，频率由低变高。黑体的温度越高，它辐射出来的电磁波中的高频成分越多。黑体辐射的能量中，各种频率的电磁波所占的百分比，可以用实验来测定。长期以来，用经典物理

学无法解释这一实验结果。

对热辐射的真正研究是直到 19 世纪 60 年代之后才开始的，因为这时研究所需要的理论和实验的手段都已具备了。当时认为，从理论上确定热辐射中能量随频率的分布，只不过是热力学、分子运动论和电磁学的应用而已。于是，一大群学者在黑体辐射上进行研究。其主要的结果有：

斯忒藩—玻尔兹曼（Stefan - Boltzman）发现，黑体的热辐射的总能量与绝对温度的 4 次方成正比，即斯忒藩—玻尔兹曼定律。

维恩（Willheim Wien）发现，物体辐射时最强光的波长与绝对温度成正比，即维恩位移定律。但是，维恩并不满足于已取得的成就，他试图进一步找出黑体辐射的能量密度与辐射频率和绝对温度之间的关系。他根据斯忒藩—玻尔兹曼定律、维恩位移定律，并且假设黑体辐射是服从麦克斯韦速度分布的分子发射出来的，从而获得了被称为维恩辐射定律的公式。这一公式在 $\lambda T \to 0$ 时与实验结果是很吻合的；但芦默尔—普林塞姆（Lummer - Pringsheim）的实验肯定了维恩公式在长波部分，即光谱的红外部分与实验有差异。开尔文（Kelvin）把它看作笼罩在分子运动论基础上的又一朵“乌云”。

此后，物理学家金斯（James Jeans）沿着瑞利（John William Struff Rayleigh）的思路，进一步用电磁学理论和经典统计力学的能量均分定理，严格推导出一个辐射能量密度分布的公式，即瑞利—金斯（Rayleigh - Jeans）定律。

当时，就经典物理理论看，瑞利—金斯公式推导思路非常明确，其逻辑严密性也是无懈可击的，而且在维恩辐射定律所不适应的长波部分，即 $\lambda T \to \infty$ 时，与实验结果一致；但它有一个致命的缺点，就是在光谱的短波部分，即 $\lambda T \to 0$ 时，公式是发散的，能量密度为无限大，与实验有很大的分歧。这一点对当时的经典物理学是一个很大的打击。由于问题出现在短波（高频）段，即可见光的紫外一端，故被称为经典物理学的“紫外灾难”。

马克斯·普朗克（Max Plank）在研究此问题时，起初也推导出与维恩相类似的表达式。后来实验物理学家鲁本斯（Heinrich Rubeus）告诉他长波部分的实验结果（这一结果与瑞利—金斯所得到的公式是一致的）。他想，既然在 $\lambda T \to \infty$ 时鲁本斯得出了正确的结果，而在 $\lambda T \to 0$ 时维恩公式仍然是正确的，那么把两种临界情况下得出的结果结合在一起，是否可以得出一个新的公式来呢？于是，他把两种临界情况巧妙结合在一起，得出了一个新的辐射公式。这个被称为普朗克辐射定律的公式目前在教科书中表达如下：

$$M_\lambda(T)=\frac{c_1}{\lambda^5}\left(\frac{1}{e^{c_2/\lambda T}-1}\right)\qquad (\mathrm{W/m^2\cdot\mu m})\qquad (1)$$

式中，　$c_1=2\pi ch=3.741\,3\times10^8$　　$(\mathrm{W\cdot\mu m^4/m^2})$

　　　　$c_2=hc/k=1.438\,8\times10^4$　　$(\mathrm{\mu m\cdot K})$

这里 c 为光速，λ 为波长，T 为绝对温度，h 为普朗克常数，k 为玻尔兹曼常数。

1900 年 10 月 19 日普朗克向德国物理学协会报告了上述结果。鲁本斯当天夜里进行了实验，并用测量数据检验了普朗克的辐射公式。10 月 20 日清晨，他就通知普朗克说，处处都是令人满意的一致。以后又有许多人做了实验，证明普朗克公式确实在可能测量到的所有波长和所有温度下都是成立的。

普朗克公式不仅与实验结果是吻合的，而且它可以说是集前人工作之大成。由普朗克公式不难导出：

（1）维恩辐射定律（它在 $\lambda T\to0$ 时是成立的）。

当 $\lambda T\to0$ 时，若 $e^{c_2/\lambda T}$ 大于 100，则式（1）内的 $1/(e^{c_2/\lambda T}-1)$ 近似等于 $e^{-c_2/\lambda T}$，其误差在百分之一内，便得到维恩辐射定律：

$$M_\lambda(T)\approx\frac{c_1}{\lambda^5}e^{-c_2/\lambda T}\qquad (2)$$

（2）瑞利—金斯定律（它在 $\lambda T\to\infty$ 时是成立的）。

当 $\lambda T\to\infty$ 时，展开式（1），便有

$$M_\lambda(T)=c_1\lambda^{-5}\left[\left(\frac{c_2}{\lambda T}\right)+\frac{1}{2!}\left(\frac{c_2}{\lambda T}\right)^2+\cdots+\cdots\right]^{-1}$$

若 $c_2<\lambda T<1$，则方括弧内的二次项及其高次项为高阶小，可以略去，便得到瑞利—金斯定律：

$$M_\lambda(T)\approx c_1\lambda^{-5}\left[\left(\frac{c_2}{\lambda T}\right)\right]^{-1}=\frac{c_1T}{c_2\lambda^4}\qquad (3)$$

（3）维恩位移定律。

将式（1）对 λ 求导，求其极大值 $\lambda=\lambda_m$，则有

$$\left.\frac{dM_\lambda}{d\lambda}\right|_{\lambda=\lambda_m}=0=\frac{c_2}{\lambda_m T}\left(\frac{e^{c_2/\lambda_m T}}{e^{c_2/\lambda_m T}-1}\right)-5$$

对上式整理后可得

$$e^{c_2/\lambda_m T}\left(1-\frac{c_2}{\lambda_m T}\right)=1$$

求解上式，并把 c_2 值代入，便可得到维恩位移定律：

$$\lambda_m T = 2\ 897.8 \qquad (\mu\text{m}\cdot\text{K}) \tag{4}$$

（4）斯忒藩—玻尔兹曼定律。

对普朗克公式（1）的各个波长求积分，则可得到

$$M = \int_0^\infty M_\lambda \mathrm{d}\lambda = \int_0^\infty = \frac{c_1}{\lambda^5}\frac{1}{(e^{c_2/\lambda T}-1)}\mathrm{d}\lambda$$

现令 $c_2/\lambda T = u$，对上式进行置换，便有

$$M = \frac{c_1 T^4}{c_2^4}\int_\infty^0 u^3(e^u-1)^{-1}\mathrm{d}u$$

此积分式之值等于 $6\pi^4/90$，最后可得斯忒藩—玻尔兹曼定律：

$$M = \sigma T^4 \qquad (\text{W/m}^2) \tag{5}$$

式中 σ 为斯忒藩—玻尔兹曼常数。它等于

$$\sigma = \frac{6c_1\pi^4}{90c_2^4} = \frac{2\pi^5 k^4}{15h^3c^2} = 5.668\ 6\times 10^{-8} \qquad [\text{W/(m}^2\cdot\text{K}^4)]$$

实验结果与普朗克的辐射公式精确一致，而且前人的结果，如上所述，乃是普朗克公式的特例或推演，给普朗克以很大的鼓舞；但同时也给他留下了一个最关键的理论问题，就是要找出这个定律所蕴含的、深刻的物理意义。普朗克冷静地认识到，如果他不能从理论上把这个公式推演出来，即使能证明公式是绝对精确的，人们最多也只会把它看成一个侥幸揣测出来的内插公式，则它的价值是有限的。

普朗克研究黑体辐射已多年了，以牛顿力学和麦克斯韦电磁场理论为基础的经典物理学的所有方法他都试过了，也都失败了。他发现，在经典统计理论里，能量是无限可分的。因此，黑体辐射中能量的吸收和发射是一个连续的过程。瑞利公式就是由能均分定理、某些经典热力学定律，以及电动力学定律推导出的必然结果。但是，瑞利公式在波长很短时，如果不人为地加上一个收敛的负指数项，就会导致能量发散的结果，与实验很不相符。是继续维护经典理论的逻辑性，还是尊重实验，大胆提出与经典理论很不相同的新概念呢？普朗克毅然选择了后者。

普朗克发现，如做如下假定，则可以从理论上导出他的黑体辐射公式。这假定是：对于一定频率 v 的辐射，物体只能以 hv 为单位吸收或发射

它。h 是一个普适常数（后来 h 被称为普朗克常数），当时被称为作用量子。换言之，物体吸收或发射电磁辐射，只能以“量子”（quantum）的方式进行。每个“量子”的能量为

$$\varepsilon = h\upsilon \tag{6}$$

普朗克公式到处受到欢迎，但是他的假设太“没有道理”了，使科学家感到震惊。因为这一假设说的是，受热物体辐射出的能量，不是以不断流水的形式，而是像极微小的炮弹那样，以分离的股股疾风的形式，由原子释放出来或者被原子吸收。这些分离的股股疾风，每一股中的能量总和，被普朗克称为“能量子”。可是，无论在力学中，还是在电磁场理论中，能量从来都是连续的；而现在，在普朗克的假设里，能量发生了飞跃，由连续变成了不连续，变成了一份一份能量子（量子）了。按照这样的说法，经典物理学所表达的“自然界是非跳跃的，是连续的”的原理将不再成立，也彻底变革了经典物理学中一切因果关系都是以物理量的连续变化为基础的物理学思想方法。从经典力学来看，这种能量不连续的概念是完全不容许的，尽管从这个量子假设可以导出与观测极为符合的普朗克公式。当时，物理学家谁也不相信普朗克的能量子假设，连普朗克自己也有点不大相信，忧心忡忡。

从普朗克最后提出量子概念的过程来看，他是在有了一个现成的、符合实验的答案，即普朗克公式的情况下，反过来寻求公式的物理解释，即试图重新从理论上推导这个公式。这种从一个已知的正确推论出发，一步步寻求得出这个推论的最初理论根据的方法，一般被称为溯因法。

溯因推理是一种繁杂的逻辑推理方式，它要求把产生已知结论的可能原因列举得越详细越好。这就不仅要求研究者具有非常清醒而又逻辑性强的头脑，而且要求研究者对这一领域和相关领域有深入的了解。溯因法还必须和演绎法结合在一起，因为只有对各种可能得出已知结论的理论都进行演绎推理，才有可能对这些理论做出比较和判断，从而排除一切不可能得出正确结果的理论。只有这样，才能一步步得出正确的理论根据。

普朗克得出与实验符合的辐射公式后，首先考虑到过去单纯依靠热力学和电动力学不可能得出这个结论，而玻尔兹曼和维恩的工作使他想到了统计理论和熵的关系，得出了从统计理论可能得出这一正确公式的结论；但是在经典统计理论对能量分配的处理上，他面临是否放弃经典理论的能量连续性这一基本概念问题。如果把溯因法坚持到底，必然会推到建立整

个理论体系的理论基础上去。如果到这一步仍然找不到已知结论的理论根据，那么也许是推理的过程中逻辑上有错误。这可以回过头来再进行认真仔细的检查来解决。如果逻辑上没问题，这时就需要看研究者做出正确判断的能力和胆识了。普朗克认为，经典理论的能量连续性观念导致了与实验不符的能量发散的结果，只有突破经典理论的束缚，提出一种新的概念，即假定能量是不连续的，才能导出已知的正确结论。

普朗克这一推理过程的模式大致如图 1 所示。

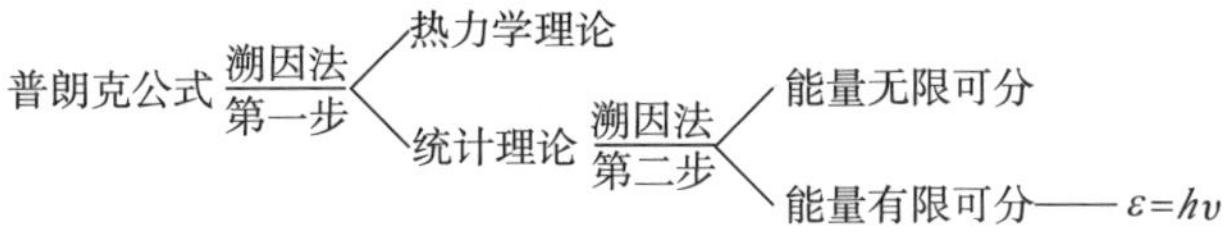

图 1　普朗克公式用溯因法推出量子论

二、波粒二象性——光既是粒子，也是波

普朗克破天荒地离开了经典物理学思维的传统轨道，提出了 $\varepsilon = h\nu$ 的量子概念，但是他只是把量子概念看成解决黑体辐射问题的一个形式上的假设，并没有意识到他的量子假设已经为新物理学奠下了第一块基石。在当时，这一革命性的步骤并没有作为科学思想的解放和摆脱传统的精神枷锁来实施和体验，而是作为务必勉强忍受的不可避免的结论来实施和体验。这反映了普朗克矛盾的心态。普朗克一直把科学大厦看成一幢自豪而威严的建筑物，人们最多只能按照原来的风格继续建造该建筑物。然而今天，正是他自己，不得不从该建筑物上拆除掉巨大部分，按照新的设计建造它。这使他心情沉重，而新一代人却兴奋地说，新建筑物“太好了，宽敞多了”。这新一代的第一个人就是爱因斯坦。对于他来说，没有任何理论是威严而神圣不可侵犯的教条；相反，它们始终只是一种由人创造的学说体系。

19 世纪末，赫兹（Hertz）、勒纳德（Philip Lenard）等人研究光电效应，即电子在光的作用下从金属表面出来的现象。结果发现，光电效应的 3 个主要性质是经典电磁理论难以给出圆满解释的。

（1）按照经典电磁理论，光强增大意味着入射光对电子的作用加大，这时释放出的光电子的动能也要增大；但实验表明，光强增加仅使光电流增加，而与电子的初动能无关。

（2）按照经典电磁理论，不管是什么频率的光，只要光强足够供应发射光电子所需的能量，都能激发出光电子；但实际上，每种物质的表面都存在一个截止频率 υ_0，而对于小于截止频率 υ_0 的入射光，不管光强多大，都不能产生光电效应。

（3）按照经典电磁理论，从光与金属表面开始碰撞到光电子发射之间，有一个可测的滞后时间；但实验中，根本测不出这个滞后时间。光的入射和光电子发射是同时发生的。

正当物理学家为光电效应所表现出这些奇怪的性质迷惑不解时，爱因斯坦在1905年的一篇论文中提出了光量子假说。他一针见血地指出，在现有的物理学理论中，物体是由一个一个原子组成的，是不连续的；而光是电磁波，是连续的。这里原子的不连续性与光波的连续性之间有深刻的矛盾。爱因斯坦作了一个大胆的假设：光和原子、电子一样，也是一个一个粒子。光是以一阵阵迸发出“光子”（photons，当时被称为光量子“light quantum”）的形式发射的。如此迸发出的那些光量子非常像普朗克那个吸收能量的能量子。每一个光量子的能量 E 与辐射的频率 υ 的关系是 $E=h\upsilon$。普朗克曾经认为，以一束束能量子的形式吸收能量同光是不相干的，把光依然看成是波；而爱因斯坦则主张光以量子形式被吸收，因为光的能量如同一束束粒子（光量子）那样传播。他还根据他同年提出的相对论中给出的光的动量和能量的关系 $p=E/c$，提出光量子的动量 p 与辐射的波长 $\lambda=(c/\upsilon)$ 有下列关系

$$p=h/\lambda \tag{7}$$

采用光量子概念之后，光电效应中出现的疑难立即迎刃而解。当光照射到金属表面时，一个光子把它的全部能量都给了单个电子，而每个电子在离开金属表面时，还必须为它脱离金属做一定量的功 P。这个功被称为逸出功，是这种金属的特征值。它对应着一定的频率 υ_0，且有 $P=h\upsilon_0$。υ_0 被称为这种金属的临界频率。电子由金属表面发射出来时，它的初动能为

$$\frac{1}{2}mv^2=eV=h\upsilon-P=h(\upsilon-\upsilon_0) \tag{8}$$

式中：v 为电子离开金属表面时的速度；m，e 分别为电子的质量和电荷；V 为电子逸出前必须克服的电位差。

爱因斯坦的上述假说圆满地解释了使经典物理学家困惑的光电效应的实验现象：

（1）光电子的动能只依赖于照射光的频率 υ，而不依赖于照射光的强度（它只影响光电流的强度，即光电子的流强）。增加光强而不提高光的频率，意味着增加了光子的数目，但并没有提高单个光子的能量，因而也就只能激发出一定数目的光电子，并不能加大单个光电子的动能。

（2）当入射光的频率 $\upsilon < \upsilon_0 = P/h$ 时，入射光的能量不够供给逸出功，电子的能量不足以克服金属表面的吸引力而逸出，因而没有光电子被释放出来。这时不管光照多么强，光子的数目多么大，但对每一光子而言它仍然没有足够的能量激发出光电子。

（3）微观过程中光子与电子的能量交换是一一对应、集中供给的，电子无须像经典理论所描述的那样要从散开的面积上收集能量。因此，没有能量积累过程，也就测不到滞后的时间。

上述现象都是光的经典电磁波理论所无法解释的。从理论上讲，不管多么弱的光，哪怕只有一个频率足够高的光子射入，也会立即产生光电效应。从爱因斯坦的上述假说看来，他似乎使已被光的“波动说”取代了近一个世纪的光的“微粒说”复活了，但他在其他论文中明确表示：用光的粒子性，即量子概念来解释光与实体粒子的相互作用是十分成功的；但在解释光在传播时的干涉和衍射现象时，波动理论是不可缺少的。

爱因斯坦的“波粒二象性”假说改变了我们对光的本质的全部观念。我们曾经认为动量与粒子的质量和速度有关。光子没有质量，你也许忽然以为这意味着光子不具有动量；但是，你必须记住爱因斯坦发现质量和能量是相互等同的。光当然具有能量——事实上，一束光就是一束纯粹的能量。所以，尽管光子没有质量，也不能改变其速度，但由于它有能量，故它有动量。改变光子的动量就意味着改变它的能量总和，而不是改变其速度，而光子能量的改变就意味着其波长的改变。

爱因斯坦的光量子假说，以及光既具有粒子性又具有波动性的言论，使当时的物理学家震惊不已。首先是光量子假说。因为当时有关光电效应的实验并不精确，式（8）的正确性尚未得到证明，实验物理学家对这一假说普遍抱怀疑态度。理论物理学家，包括普朗克在内也不赞成光量子论。虽然能量子的概念是普朗克提出来的，但是普朗克只把它严格限制在黑体辐射中构成辐射器壁的振子对于能量的吸收或发射。这只是假说了振子本身的性质，并没有把能量子看成一种能在空间传播的实体粒子。爱因斯坦则不同，他认为，辐射不仅在原子发射和吸收它的时候是一份一份的，在脱离原子进入真空运动时也是一份一份的。能量是以光量子的形式辐射的，辐射出去的能量在空中仍然以光量子的形式传播。打个比方说，装在桶里的啤酒，不但是在买卖时要论杯，就是在买进来以前或卖出去以后，也一直要以杯为单位。这就是说，你要喝啤酒，要么就是整杯一口吞下，要么就别喝，不准一杯酒分成几口慢慢呷。这样的想法实在太离奇了，实在是走得太远了。而且，爱因斯坦认为，只有当人们认识到光在一定情况下具有仿佛它是由微粒组成的这种特点时，整个辐射定律才是可以理解的。其次，物理学家认为，爱因斯坦的光量子假说说明他既主张光的微粒说，又承认光的波动性。他自己就在有关光的本质方面种下了“自相矛盾”的种子。因为对于当时的物理学家来说，对于光的本质的认识，只有“要么—要么”，而没有“既是—又是”。光怎么可以既是粒子，又是波呢？爱因斯坦回答说：“‘粒子’与‘波’，这些都仅仅是字眼，而重要的问题是发现大自然行为表现的方式。在某种情况下，光像粒子那样在发生作用，而在另一种情况下，它就像波那样。我能够接受这个事实，大自然有一种以上的状态。”

在科学上，评价一个理论是否可以被接受的标准中，其中有两条：一条是相容性，而另一条是还原性。相容性要求新提出的科学理论必须与其他得到充分确定的科学理论（简称“公认理论”）相容，即两个理论在同一问题的解释或推论上应当得出相同的结论。当然，新理论完全可以比旧理论概括性更高、综合面更广。还原性要求新理论至少要能解释旧理论所能解释的一切现象；或者能证明，在一定条件下，能够从新理论推导出旧理论。如果爱因斯坦的光量子假说，也能够很好地解释光的波动理论所能解释的那些光学现象，尤其是干涉、衍射等典型的波动现象，这个假说就符合上述可接受性标准。但是，爱因斯坦的光量子假说在这方面看不出有什么特别高明的地方，而且爱因斯坦根本就没有在论文中提到要用光量子假说来解释这些现象。他本人干脆承认光的波动理论在解释干涉和衍射现象是十分卓越的。无怪当时很少有人支持他。

当然，还原性并不是衡量一个新理论是否可接受的唯一标准。要接受一个新理论，还必须看它是否具有先进性和可验证性。这就要求新理论必须能解释旧理论所不能解释或解释不了的现象，并要能做出旧理论所不能做出的新预言，而这些预言必须能得到实验的验证。

爱因斯坦的光量子理论第一次将波粒二象性的困难展现了出来：一方

面电磁波理论取得了巨大的成功，另一方面又有许多用波动理论无法解释的现象。他在理论上指出了普朗克理论中的振子能量量子化与电磁辐射的连续性的矛盾，但他本人并不清楚摆脱这一困难的出路。他根据光子理论所得到的“爱因斯坦光电方程”，即公式（8）根本无法用实验证实。美国实验物理学家密立根（Robert Andrews Millikan）也指出：“那时候，实际上根本没有任何实验数据能够证明爱因斯坦的光电方程……甚至在爱因斯坦提出自己的（光子）假说之前，这些论点中连一个都没有被验证过。”他当时决心进行光电效应的精确实验。其目的是捍卫经典的波动理论，否定爱因斯坦关于能量为 $\varepsilon=h\upsilon$ 的光微粒假说，但实验结果和爱因斯坦的光电效应公式（8）非常吻合，无情地否定了他的怀疑。另一位美国物理学家康普顿（Auther Holly Compton）通过实验发现，当用 X 射线照射物体时，散射波的波长 λ'要大于入射波的波长 λ。他用光量子理论成功地解释了上述现象。他认为，要把入射的 X 射线看成每个能量为 $\varepsilon=h\upsilon$ 的光子集束，而不是频率为 υ 的波。光子与散射体中自由电子的碰撞就类似于弹子球之间的碰撞，从 X 射线经过靶射出的反冲光子就成为散射辐射。由于入射光子把它的部分能量传递给了碰撞电子，所以散射光子的能量降低，频率必然降低，从而有较长的波长 λ'。这样，密立根的实验证明了爱因斯坦的光量子概念说明光被吸收时产生的光电效应的正确性，而康普顿则用爱因斯坦的这个概念又说明了光被散射时的现象。这两位科学家后来因此荣获诺贝尔奖。与此同时，爱因斯坦又用量子理论成功地解决了固体比热问题，并得到了实验证明。至此，光量子理论才获得物理学界的公认。这大约是在提出这一理论的 11 年之后。

探讨一下奠定量子理论的两位科学巨人——普朗克和爱因斯坦——的思维方法是很有意义的。

普朗克无疑是量子理论建立的第一人。他的辐射定律、能量子假设，以及在黑体辐射公式中出现的两个普适常数，即普朗克常数 h 和玻尔兹曼常数 k，对于物理学的推动是无可估量的，是他开始了物理学的一个彻底革命的阶段。普朗克科学创造活动的最大特点是他对有效的自然规律进行不倦地探索和锲而不舍的追求，在于他在运用已有理论以铁一般的逻辑进行各种形式的逻辑推理和数学运算上出类拔萃的技巧；但普朗克却不愿把量子概念坚持下去。他是一个世家子弟，生性喜欢平静，不爱好干冒险的事；在学术上受过严格的经典物理学的训练，治学态度严谨，一丝不苟。

他和当时的整个物理学界都把人们为描述自然规律所构筑理论的有效性看成绝对的东西，认为永远有效的物理原理在本质上是不变的。可是为了解决黑体辐射问题，自1894年起，苦苦地挣扎了6年之后，他为形势所迫，迈出了物理学大革命的第一步，在经典物理学的宏大体系中，捅了一个“窟窿”。看到自己亲手造成的“破坏”，他心中有说不出的遗憾；但他认为，这不过是暂时出现的异端，将来总会重新归入已有理论的框架中去。当爱因斯坦的光量子假说问世后，普朗克持不赞成的态度。他在1913年推荐爱因斯坦为普鲁士国家科学院院士时，说了许多赞美的话，但最后有这么一句话：“他当然有时在他的思辨中做错误的猜测，例如在他的光量子假说中……”他觉得自己的能量子已经够麻烦了，而这位爱因斯坦先生，又沿着量子的道路向前迈了一步。到底要走多远呢？他没有意识到科学发展过程中会存在科学革命，当然也没有意识到他所提出的能量子概念恰恰是新物理学的开端，但普朗克一直怀有这样的信念，认定新的物理并没有取消旧的经典物理，而是把它作为自己的组成部分，作为自己的极限情况。这无疑是正确的。

爱因斯坦的思维方法是的确值得探讨的。他的思维方法的确很奇怪：他提出光量子概念仅仅是为了解释光电效应的实验事实吗？或者，他只是简单地推广普朗克的能量子概念吗？他为什么敢于把粒子性和波动性这两个完全不相容的概念统一在一起呢？

要猜测爱因斯坦当时的想法是困难的，但是我们看到，爱因斯坦并不回避量子论与经典物理理论之间矛盾。相反，他认为，“如果普朗克辐射理论接触到了事物核心，那么我们必须期望在其他热学领域中也可以发现现代分子运动论和经验之间的矛盾。这些矛盾可以用这里所采取的方法来消除。”他不像普朗克把能量子概念作为一个“形式上的假说”，而是把量子概念不断应用到各种与辐射有关的新领域。在解决了光的产生、转化与吸收的问题以后，他又解决了被称为“飘浮在热和光的动力学理论上空的乌云”之一的固体比热问题，为固体量子论的现代化奠定了基础。

爱因斯坦认为，光的波动说和微粒说这两种理论并不具有下述的从属关系，即一种理论是另一种理论的更准确表述。确切地说，波动理论和微粒理论两者都是真实的平等的形象。这两种见解中的一种不能被归之于另一种。光可能既不完全是粒子，也不完全是波，但它在传播过程中表现出波的特性，而在辐射、吸收等光的产生及转化现象中表现得像粒子。他认为，“在我看来，如果假定光的能量不连续分布于空间的话，那么，我们可以更好地理解黑体辐射，光致发光，紫外线产生阴极射线，以及其他涉及光的发射与转换的现象的各种观测结果”。因此，光可能“既是”波，“又是”粒子。光“要么”是波，“要么”是粒子，恰恰是一种“各执一端”的片面之见。爱因斯坦的观点是，对于统计的平均现象，光表现为波动；对于瞬间的涨落现象，光表现为粒子。这在人类历史上第一次揭示了微观客体的波动性和粒子性的统一。这种波粒二象性的统一，是整个微观世界的最根本的特征。这样，爱因斯坦就把光的“波动性”和它的对立面“粒子性”统一起来——光在同一时刻既有波动性，又有粒子性。这种从对立中把握统一的思维方法被称为“两面神思维”。爱因斯坦的思维方式，正是这种“两面神思维”的典范。

爱因斯坦清楚地知道，光量子假说与经典波动理论有明显的矛盾。他当时还不能消除这个矛盾，但他认为，与其让一些实验事实得不到解释，不如创立一种新假说，解释这些实验事实，哪怕这种假说只局限在一定范围内，比如局限在光的产生和转化现象的范围内。至于波动理论还能够很好地适应的那些领域，波动理论仍然可以用。两种理论不妨并存，其矛盾可留待以后解决。他正确地预言，未来的光理论可能是两者的融合。后来发展的量子力学正是把以前似乎对立的东西统一了起来。

同样，在狭义相对论的建立中，我们也可看见爱因斯坦从对立的事物寻求统一的思想。狭义相对论实质上是牛顿关于运动的方程式和麦克斯韦关于辐射的方程式的结合。爱因斯坦以自己富有特色的理论解决了“绝对空间（以太）”的存在以及麦克斯韦理论中“光速不变”和伽利略—牛顿体系中“速度相加定理”的矛盾。他认为，所有参照系都是同样可取的，没有什么绝对的参照系。任何以匀速在空间遇到的人都可以将自己设定为静止的；人们也会发现，在他们的参照系中运动着的物体是符合牛顿定律的，电磁辐射是符合麦克斯韦方程式的，而测得的光速的值就是从麦克斯韦方程式得到的值，用字母 c 表示。这样，他就把这两种理论统一了起来。

我们从爱因斯坦对相对论和量子论所进行的探索中可以看出，他有驾驭问题本质的能力，善于捕捉前辈科学家们所忽视的新奇线索。这是一种天才的素质。比如他透过洛伦兹变换的数学形式，看出问题的实质是物理上空间和时间的关系；他从光电效应的实验结果中看到了光的粒子性并对普朗克的能量子赋予新的物理解释，而光的粒子性在经典物理学中几乎是被光的波动说彻底否定了的观念。总之，他总是能在疑难和错综复杂的迷宫中发现意想不到的捷径，使原本被黑暗笼罩的领域展现出光明。

爱因斯坦敢于发现矛盾，正视矛盾，解决矛盾，摆脱传统的束缚，不懈探索的精神以及他善于从对立中把握统一的“两面神思维”，的确是值得我们学习和思考的。

三、原子结构与玻尔的量子论

19 世纪末到 20 世纪初，随着相对论、量子论的提出，不少科学家为揭示原子结构的奥秘设想了各种各样的模型。其中比较著名的如汤姆逊（J. J. Thomson）和卢瑟福（Ernest Rutherford）的原子模型。当时，绝大多数物理学家对这些原子模型持怀疑态度，因为它不能解释原子的稳定性问题：电子围绕原子核旋转的运动是加速运动，按照经典电动力学，电子将不断辐射能量而减速，轨道半径会不断缩小，最后将掉到原子核上去，原子随之塌缩。另外，线光谱是由多少电子形成的，原子中究竟应该有多少个电子，元素的放射性与化学性质之间究竟有什么关系等，也都是未解之谜。

1912 年，丹麦年轻物理学家尼尔斯·玻尔（Niels Bohr）来到卢瑟福的实验室，深深为此矛盾吸引。从上述矛盾的分析中他深刻地认识到，在原子世界中必须背离经典电动力学，采用新的观念。他一开始就深信作用量子 $\hbar$（quantum of action）是解决原子结构问题的关键。如把 $\hbar$ 引进卢瑟福模型中，按照量纲分析，可找到如下特征长度：

$$a = \hbar^2 / m_e e^2 \approx 0.53 \times 10^{-8} \quad \text{cm} \tag{9}$$

后来人们称之为玻尔半径。玻尔提出了以他命名的“玻尔模型”：认为电子只能在一定能量的轨道上运转；外层轨道比内层轨道可以容纳更多的电子；较外层轨道的电子数决定了元素的化学性质；如果外层轨道的电子落入电子的内层轨道，将释放出一个带固定能量的光子。

玻尔成功地用量子论创立了一个符合实际的原子结构理论。在解决原子的稳定性的过程中，玻尔有机会了解到原子线状光谱的规律［氢原子光谱的巴尔末（Balmer）线系，光谱的组合规则等］，找到了原子光谱与原子结构之间的本质联系，终于提出了他的原子的量子论。这个理论包含了下列两个极为重要的概念（假定），而它们是对大量实验事实的深刻概括：

（1）原子中电子的稳定轨道不是任意的。电子只能在一系列分立的轨道上运动，而且只能够稳定地存在于与分立的能量（E_1，E_2，…）值相应的一系列的状态中，或处于一定的能级。这些状态被称为定态（stationary state）。

（2）只有当电子在不同轨道之间发生跃迁时才会发生电磁辐射或吸收，而发射或吸收的电磁辐射只能在两个定态之间以跃迁（transition）的方式进行。当原子在两个定态（分别属于能级 E_n 和 E_m，设 $E_n > E_m$）跃迁时，发射或吸收的电磁辐射的频率 υ 由下式给出：

$$h\upsilon = E_n - E_m \qquad \text{（频率条件）} \qquad (10)$$

简言之，玻尔量子论的核心思想有两条：一条是原子的具有分立能量的定态的概念，而另一条是两个定态之间的量子跃迁概念和频率条件。

如果说原子能量量子化概念还可以从普朗克—爱因斯坦的光量子论中找到某种启示，定态和量子跃迁概念以及频率条件则是玻尔很了不起的创见，是他对原子稳定性和原子线光谱规律做深入分析后概括出来的。

玻尔的重要贡献在于把原子线状光谱与原子在两个定态之间的量子跃迁联系起来，即把原子辐射的频率与两个定态能量之差联系起来。这就抓住了原子光谱的组合规则的本质。

玻尔的假设解决了原子坍缩的问题。因为电子除了充满最小距离和最小能量的轨道外，不能进一步做螺旋运动向核靠近。但玻尔的想法太大胆了，他的假说与传统观点绝不相容。如果电子从一条向另外一条轨道过渡时要放射出一个统一的频率，那么电子甚至必定事先已经知道以后它将到达哪里。“这就是说，电子具有自己的意志和意识。”当时某些人斥之为奇谈怪论。

但是玻尔将上述假说运用于氢原子模型，成功地计算出了氢稳定态的电子轨道半径和能量，并用电子跃迁解释了氢原子光谱。理论计算与实验符合得很好。以后，德国物理学家索末菲（Arnold Sommerfeld）又进一步发展了玻尔的理论，被称为玻尔—索末菲原子结构理论。这是第一个描述原子层次上微观现象规律的理论，既能很好地解释元素放射性、化学和光谱学上的一些实验事实，也能用微观现象的规律说明一些宏观现象规律的实质，从而建立了微观现象与宏观现象之间的联系。

我们在上面说过，经典物理学认为“自然界是非跳跃的”。这条原理随着普朗克最初的量子论的出现而被突破了。爱因斯坦把量子论推广到光的产生、转化与吸收以及固体比热上，而玻尔—索末菲又把它用到解释原子的结构上。这样，量子概念已经从一个仅仅说明与辐射问题有关的形式上的假说，发展成为说明微观现象本质必不可少的概念。因此，玻尔—索末菲原子结构理论的建立在量子论的发展史上具有里程碑的重要意义。

玻尔原子模型的建立，是一项极为复杂和困难的工作，需要对当时物理学的最新理论和实验成果进行详细的分析及系统的综合。玻尔在其研究过程中，以广博的学识和深邃的洞察力系统地运用了分析、综合、模型、假说、演绎等一系列科学方法，并将这些方法有机结合，交叉运用得得心应手。他的科学研究方法也是很有特点的。这里仅讲两点：

首先，玻尔善于综合各家之长。他的模型实际是对卢瑟福模型的发展和修正，又从汤姆逊模型得到启发，成功地将它们的优点综合到自己新的原子模型之中。从客观上来说，当时已经出现的各种科学假说为玻尔提供了综合的坚实基础；从主观上来说，玻尔那种博采众长、兼容并蓄的综合方法，确实是科学发现的重要方法之一。

其次，玻尔大胆地运用假说，不囿于传统理论的束缚，敢于接受新的科学思想。他的两条量子假说，不是简单地照搬普朗克和爱因斯坦的概念，而是结合原子模型具体情况对这些概念进行创造性的运用和发展。直到建立了这两条假说，才使原子模型上升为原子结构理论，不仅能解释元素的放射性质、化学性质和光谱现象，而且能定量地计算并具有一定的理论预见能力。

对于玻尔的贡献，爱因斯坦在20世纪20年代时曾这样评论道："当后代人来写我们这个时代在物理学中所取得的进步的历史时，必然会把我们关于原子性质的知识已取得的一个最重要的进展同尼尔斯·玻尔的名字联系在一起……他的思辨所大胆选择的假说基础，很快地成了原子物理学的主要支柱。从玻尔做出最初发现以来，虽然还不到10年，但是这个由他提出主要轮廓及其大部分内容的体系，已经完全支配着物理学和化学，以致所有以前的体系在专家们看来都已经过时了。""作为一个科学思想家，玻尔之所以有那么惊人的吸引力，在于他具有大胆和谨慎这两种品质的难得的融合；很少有谁对隐秘的事物具有这样一种直觉的理解力，同时又兼有这样强有力的批判能力。他不但掌握了关于细节的全部知识，而且始终坚定地注视着基本原理。他无疑是我们时代科学领域中最伟大的发现者之一。"

四、矩阵力学与波动力学殊途同归——量子力学体系的形成

对于玻尔—索末菲原子结构理论，物理学家认为这是一种半经典的量子理论，因为在这一理论中除提出了一些量子假说外，仍然在原子结构的描述中保留着电子运行轨道等经典的概念，而描述微观客体运动的基本方程仍然是牛顿力学的基本方程。这一理论虽提出了某些能够反映微观现象的新概念，但又未能完全跳出经典理论的框架，故其应用范围是有限的。虽然对于氢原子来说，它在许多方面的应用比较成功，对于最外层电子只有一个碱金属原子也近似适用，但不能解释哪怕只有两个外层电子的氦原子的实验事实，更不用说更复杂的原子了。

20 世纪 20 年代，可以说是原子结构理论的研究最活跃的时期、物理学发展史上的黄金时代。量子力学沿着两条研究路线平行地发展了起来。

一条研究路线在哥本哈根和哥廷根进行。当时，在玻尔、索末菲和马克斯·玻恩（Max Born）的周围，聚集了“世界上最活跃、最有天赋和最有远见的物理学家”。他们被称为哥本哈根学派（以玻尔为首）以及哥廷根学派（以玻恩为首）。由于所持的观点接近，人们统称为哥本哈根学派。1925 年，泡利（Wolfgaug Pauli）发现了电子在轨道中运行时相互排斥的不相容原理，宣告了新量子论的开始。维纳·海森堡（Werner Heisenberg）提出“不确定性原理”（uncertainty principle）。这个原理说，粒子位置的不确定性乘上粒子质量，再乘以速度的不确定性不能小于一个确定量——普朗克常数。并且，这个极限既不依赖于测量粒子位置和速度的方法，也不依赖于粒子的种类。海森堡的“不确定性原理”是量子世界一个基本的不可回避的性质。这表明，人们永远不能确切地预测出粒子会在什么地方，或者它会多快地运动。人们只可以说，根据牛顿力学，它大概会在某个位置之中，并且，它或许会以某种速度在运动。这就是说，关于这些事物，人们只能说这样或那样的事大概是真的。运用深奥微妙的数学，人们对于物质与能量的波和粒子，能够说出某些可能性很大的事，但它们仍然不过是概率而已。曾经是科学基础的确定性，而今一去不复还了。

海森堡从爱因斯坦创立相对论的过程中得到启发：物体的绝对速度和两个不同地点所发生事件的绝对同时性等概念是没有意义的，因为这些概念在实际上是不可观察的。于是海森堡认为，既然玻尔原子中具有确定半径和转动周期的电子轨道是不可观察的，就同样没有意义。人们在实验中

能观察到的只是光谱线的频率和强度（即振幅）。海森堡从对应原理出发，“设法建立起一个理论的量子力学。它与经典力学相类似，而在这种量子力学中，只有可观察量之间的关系出现”。他得出了一个仅仅以可观察量为基础的量子力学方程。后来，玻恩把矩阵形式应用到海森堡的理论中；玻恩、乔丹（Pascual Jordan）和海森堡合作，使矩阵形式的量子力学形成一个完整的体系。它是以微观客体的粒子图像为基础而建立起来的新力学体系。由于它运用了矩阵的数学形式，故又被称为矩阵力学。在矩阵力学中，赋予每一个物理量（例如粒子的坐标、动量、能量等）以一个矩阵。它们的代数运算规则与经典物理量不同，两个量的乘积一般不满足交换律。量子体系中有经典对应的各力学量（矩阵，或算符）之间的关系（矩阵方程，或算符方程），形式上与经典力学相似，但运算规则不同。在这些不对应关系中出现了 Planck 的作用量子。从宏观的尺度来看，h 是微不足道的。可以证明，当 $h \to 0$ 时，矩阵力学中各力学量之间的关系将回到经典力学中相应的关系。不久，泡利首先将这种新力学应用于氢光谱，算出了氢原子的定态能值。其结果与玻尔的结果完全相符，从而证实了新理论的正确性。接着，物理学家们又用量子力学处理过去人们感到困惑的原子问题，也都获得了成功。海森堡等人的工作终于明确地找出了原子微观结构的那些长期寻求的自然规律。这使爱因斯坦大为高兴。他这样写道：“海森堡下了一个巨大的量子蛋。”

另一条研究路线在巴黎和苏黎世平行地进行。1924 年，路易斯·德布罗意（Louis de Broglie）在爱因斯坦的光量子论和玻尔的原子论的启发之下，仔细分析了光的微粒说与波动说的发展历史，并注意到几何光学与经典粒子力学的相似性。根据类比的方法，他设想实物（静质量 $m \neq 0$）的粒子也可能具有波动性，即和光一样，也具有波动—粒子两重性。这两方面必有类似的关系相联系，而普朗克常数必定出现在其中。他提出这个假定的动机，一方面是企图把作为物质存在的两种形式（$m \neq 0$ 实物粒子和光）的理论统一起来，另一方面是为了更深刻地去理解微观粒子能量的不连续性，以克服玻尔理论带有人为性质的缺陷。如果根据波长（就光而言）能计算相关粒子（光子）的动量，那么为什么不能根据粒子（如电子）的动量来计算相关波的波长呢？于是，他提出了物质波的概念。他认为，爱因斯坦提出的那种辐射既像波动又像粒子的二重性，同样适用于一般的物质实体。不仅光是由波引导的粒子构成的，而且所有物质也是如此构成的。电子、质子以及各种其他物体，全都是由能量波引导的物质粒子组成的。他提出了著名的德布罗意关系式：

$$\lambda = \frac{h}{m_0 v} \tag{11}$$

这里，λ 为粒子的波长，h 为普朗克常数，m_0 和 v 分别为粒子的质量和速度。德布罗意说："简言之，我提出了一些也许对促进必要的综合有贡献的思想。辐射物理学在今天被奇怪地分成两个领域，而且每个领域分别为两种对立的观念——粒子观念和波动观念——统治。我们要做的就是重新将它们统一起来。"实验也表明，在量子世界里（微观世界，在原子层次及其以下层次），粒子和波仅是所有物质的两个方面。波的行为像粒子，而粒子的行为像波。这样，德布罗意的工作为量子论的进一步发展开辟了一条崭新的道路。沿着这条道路，最终结束了玻尔理论中那种不得不依赖一些经典概念的状态，完全在一种波动的图景上建立起一个全新的量子力学体系。爱因斯坦热情地称赞德布罗意"已揭开了巨大帷幕的一角"。

物质波假设被提出之后，人们自然会问：物质粒子既然是波，那么为什么人们在过去长期的实践中把它们看成经典粒子，并没有犯什么错误？为说明这一点，追溯一下人类对于光的本性的认识的历史是有启发的。在 17 世纪，牛顿的光的微粒说占统治地位。直到 19 世纪，由于光的干涉和衍射实验成功，光的波动性才为人们确认。只有在光学仪器的特征长度与光波长可相比拟的情况下，干涉和衍射现象才会显示出来。对比一下光的针孔成像和圆孔衍射实验的关系是有趣的。针孔成像可以用光的直线传播来说明，即用几何光学来处理是恰当的。这是由于"针孔"的半径（例如 0.1 mm）比可见光波长（4 000 ~ 7 000 Å）仍然大得多的缘故。如把针孔半径 a 不断缩小，当 a 接近于光波长时，针孔成像将不复存在，而代之以圆孔衍射图像。此时用几何光学来处理就不恰当，而必须代之以波动光学。对于德布罗意的物质波，情况也类似。由于 h 是一个很小的量，从宏观的尺度来看，物质粒子的波长一般是非常短的，因而波动性未显示出来；但到了原子世界中，物质粒子的波动性就会表现出来。此时如仍用经典粒子力学去处理就不恰当，而必须代之以一种新的波动力学。这个任务最终由薛定谔（Erwin Schrodinger）完成。

薛定谔的工作大大地发展了德布罗意的思想，进一步揭示了微观物体波粒二象性的本性。波动力学就这样诞生了。薛定谔认为，一个微观粒子

的量子态用波函数 $\psi(\vec{r},\ t)$ 来描述。当 $\psi(\vec{r},\ t)$ 被确定后，粒子的任何一个力学量的平均值及其测量概率的分布就都完全确定了。因此，量子力学中最核心的问题就是要解决波函数 $\psi(\vec{r},\ t)$ 如何随时间演化以及在各种具体情况下找出描述体系状态的各种可能的波函数。薛定谔在 1926 年提出的波动方程可以圆满解决这个问题：

$$i\hbar\frac{\partial}{\partial t}\psi(\vec{r},\ t)=\left[-\frac{\hbar^2}{2m}\nabla^2+V(\vec{r})\right]\psi(\vec{r},\ t) \tag{12}$$

这里，$V(\vec{r})$ 是势场，$\psi(\vec{r},\ t)$ 为粒子的德布罗意波的波函数，而 $\hbar=h/2\pi$。这就是著名的薛定谔波动方程。方程（12）表明了对应于一个自由运动粒子的德布罗意波 $\psi(\vec{r},\ t)$，它在时间上的变化率与它在空间上变化之间的联系。薛定谔方程数学形式优美，在实际应用中也与实验结果能很好地符合。只要假定微观粒子具有波动性，就可以合乎逻辑地得出量子化的微观体系的状态，而不必像玻尔理论那样附加一些量子化假说，且所用的偏微分方程的方法比矩阵方法更简洁，更易于掌握。波动方程是量子力学最基本的方程。它揭示了微观世界中物质运动的基本规律。其地位与牛顿方程在经典力学中的地位相当。故人们一般采用薛定谔的波动力学。

薛定谔和泡利相互独立地证明了矩阵力学与波动力学等价的实质，在数学上表现为两种力学体系运动方程的解等价。其物理意义表现在这两种力学体系对相同实验现象所预测的定量结果是相同的。对于同一微观过程，却出现了波动力学和矩阵力学两种同样有效但形式迥异的物理理论。矩阵力学直接从观察到的光谱线的分立性入手。其基本概念仍然是粒子性。波动力学强调的是连续性的一面，给人一种形象化的图像。其基本概念是波动性。波动力学和矩阵力学讲的原来是同一回事，现在一般都叫作量子力学。这两种出发点、表述、方法，以及整个数学工具似乎都根本不同的理论居然殊途同归，都统一起来了。这好像要到一个目的地，一个往这面拐，另一个往那面拐，但围绕的都是同一个地方，最终走到一起了。

由此看来，同一事物的外在表现形式可以是多种多样的。人们既可以从不同的角度、用不同的方法来认识这一事物，也可以构筑起出发点和数学方法各不相同的理论体系。如果它们都比较完全地反映了这一客观事物的本质，那么它们自然会对这一事物所表现的各种经验事实得出相同的预测结果。矩阵力学和波动力学虽是分别从物质的粒子图像和波动图像出发的，但由于它们的等价性，说明了它们与历史上的微粒说与波动说在认识层次上的本质区别。

从方法论来看，无论是波动力学，还是矩阵力学，都是通过与经典理论进行综合类比的方法建立起来的。这种类比涉及各种物理现象之间的类比，如将微观粒子的性质与光的性质进行类比；各种学科理论之间的类比，如将质点力学与波动光学之间的关系进行类比；数学形式之间的类比，如狄拉克将经典泊松括号与海森堡的量子力学量乘积之差的形式进行类比等。综合类比的方法系统地反映了所研究对象的本质特征和定量的相互关系。因此，它既是类比推理中可靠性最大的一种推理形式，也是在科学方法中创造性比较大的一种推理形式，在科学发展过程中起着重要的作用。尽管如此，综合类比毕竟还只是一种从特殊到特殊的逻辑推理方法，在进行类比的两类事物之间并没有必然的形式逻辑通道。它需要直觉的预感和猜测，但这种猜测并不是漫无目的的，而是有一定方向的。那么，是什么指导了建立量子力学过程中的方向呢?

从人类认识自然的历史来看，人们的科学认识是一个不断发展的过程。人们只能在已有知识的基础上去认识未知的新事物。科学通过不断地创新而前进，而创新既必须建立在原有知识的基础上，又必须不受原有知识的束缚，敢于提出新概念，进入新领域，引入新方法，建立新体系。量子力学一方面是一个与经典力学的基本概念、研究领域完全不同的新理论；另一方面，它又是经典力学数学方法的直接继承和发展。量子力学的创始人，无论是玻尔、玻恩、海森堡、泡利、乔丹、狄拉克，还是薛定谔等人，都有一个共同的信念，就是认为可以把经典力学的数学形式移植到新的理论体系中来。尤其是分析力学中的哈密顿形式，更可被作为构成新理论数学形式的基础，而这种信念则是建立在对应原理基础之上的。对应原理的实质反映了新、旧理论之间的联系。新理论的定律以更精确的数学形式在更大的适用范围内反映了更多概念之间的关系，但在原有理论的同名定律仍然适用的范围内，新定律应当反映出与旧定律一样的规律性。因此，对应原理一方面表明了旧定律适用的范围，而另一方面则为构建新定律的数学形式指明了方向。量子力学的创始人直到在这种思维方法指导下，才到经典力学中表述得最完善、最精确的哈密顿形式中寻求类比的根据，建立起了新的理论体系。应该指出，20 世纪量子物理学所碰到的问题是如此复杂和困难，以致没有可能期望一位物理学家能单独把它发展成一个完整的理论体系。量子物理学的建立可被认为是物理学研究工作方式上的转变。“如果说它的建立标志着物理学研究工作第一次集体的胜利，那么这一批量子物理学家中公认的领袖就是尼尔斯·玻尔。”

量子力学被提出后，许多悬而未决的问题很快得以解决，令人心悦诚服；但完全弄清这个理论的物理涵义花了很长时间。量子理论的诠释及内部的自洽直到玻恩对波函数的统计诠释提出之后才得以解决。至此，量子力学还是属于非相对论性的。狄拉克（P. A. M. Dirac）的电磁场的量子理论对此做了补充。这样，涉及非相对论性的实物粒子与电磁场作用的问题，原则上都可以得到解决。

20 世纪物理学的突飞猛进，原子能、半导体、激光、大规模集成电路等新技术的出现和发展，要是没有量子力学，那是根本不可能发展的。量子力学的数学形式虽然被建立起来了，但是量子力学的物理解释引起了激烈争论。一派以玻尔为代表，即哥本哈根学派，被称为“正统派”；而另一派以爱因斯坦为代表，被称为“保守派”。在哥本哈根派看来，微观世界中，似牛顿力学的因果关系不复存在，微观粒子的位置和速度不可能同时确定。确定了它的位置，速度就不确定了；确定了它的速度，位置又不确定了。这就是量子力学中德国科学家维纳·海森堡著名的“不确定性原理”。“不确定性原理”告诉我们，为了预言一个粒子未来的位置和速度，人们必须能准确地测量它现在的位置和速度。显而易见的办法是将光照到这粒子上，一部分光波被此粒子散射开来，由此指明它的位置。然而，人们不可能将粒子的位置确定到比光的两个波峰之间更小的程度，所以必须用短波长的光来测量粒子的位置。但是，我们由普朗克的量子假设知道，人们不能用任意少的光的数量，至少要用一个光量子。这量子会扰动这粒子，并以一种不能预见的方式改变粒子的速度。而且，位置测量得越准确，所需的波长就越短，单独量子的能量就越大。这样，粒子就被扰动得越厉害。换言之，你对粒子的位置测量得越准确，你对速度的测量就越不准确；反之亦然。不确定性原理意味着我们永远也不能精确确定像电子之类物质的全部特征。我们所能做的只是给予电子一个概率。这一概率是根据量子力学方程式准确地确定的。例如，你可确定在一定时间电子在一定地方的概率有多大。更进一步说，量子世界的不确定性、或然性意味着如果我们以相同的方式对待两个相同的波粒（如分别与另一个波粒碰撞），那么它们的反应不一定相同。也就是说，实验的结果在量子的层次上也是不确定的，只能用概率来预言。量子力学服从的是统计性规律。它实质上是一个统计理论。海森堡的不确定性原理是量子世界的一个基本的不可回避的性质。这一原理将量子理论更向前推进一步。它把决定性的因果律也修正了。在某一时刻，我们并不能完全确定一个物理系统的情况，而且系统以后的情况也只能或然地推测，不能必然地决定。

这样，量子力学为科学引进了不可避免的非预见性或偶然性。一个完全确定的力学方程，而被确定的量却是一个概率幅。这真是匪夷所思！正是在这一点上爱因斯坦对量子力学不满意。尽管爱因斯坦在发展这些观念上起了很大的作用，但他强烈地反对以玻尔为代表的哥本哈根派的这种说法。他提出了一个又一个思想实验，企图证明量子论的不完备性和荒谬性，爱因斯坦说："我相信有可能建立一个理论。它能给出实在的完备描写。它的定律确立事物本身之间的关系，而不仅仅是它们的概率之间的关系……量子力学给人的印象是深刻的，但是一个内部的声音告诉我，这还不是真正的理论。这个理论给出了许多结果，但是并没有使我们离上帝的秘密更近一些。无论如何，我确信他不玩骰子。"爱因斯坦认为，量子学说是一个成功的但不完全的学说。量子力学的理论阐释就好像是"上帝"在掷骰子一样碰运气。把一颗骰子掷下去，是出幺，还是出二、三、四、五、六，完全碰运气。爱因斯坦相信，一切事物的运动，都是前有因，后有果。结果总是有原因的。电子这样的微观粒子也应该服从因果规律。量子力学说它服从统计规律，是因为量子力学还没有发展完备。他向未来的物理学家提出一项任务：要找出量子力学概率背后的严格定律。量子力学的信奉者把爱因斯坦的重要前提抛弃了，认为新物理学（量子力学）不需要原因和结果。他们证明物理世界自发地偶然发生的事件是统计倾向的结果；概率决定于事先已定的条件，从来没有偶然性不起作用的时候。对爱因斯坦的话，玻尔回应说："阿尔伯特，别吩咐上帝他该做什么。"

1935 年，爱因斯坦（Einstein）与波多斯基（Podolsky）、罗森（Rosen）合作写了一篇很著名的短文，提出了"EPR 悖论"。EPR 分别代表这三位作者。爱因斯坦指出，照目前的量子力学所言，两个粒子 A 和 B 在过去曾经互相作用过。即使后来不再互相作用，它们之间仍然有关联。因此，直接对 A 测量，与对 B 测量后再测量 A 的结果不同。这种现象违反直觉，所以爱因斯坦要求：如果接受量子力学的结论是错误的，或至少承认它不完整，那就必须把它补完整，使违反直觉的现象不会发生；若是接受量子力学的结论是正确的，我们就得承认曾经互相作用过的两物体，不管它们相隔多远，再也不会完全分离。也就是说，在光速都来不及跑完的时间内，它们互相知道对方的旋转状态。

EPR 悖论的作者们当然偏好第一种可能，但他们的选择错了。可是，他们的质疑指出了量子物理的重要特征。从那时起，物理学家努力地证明 EPR 悖论之正误。1982 年，科学实验设备终于达到可以做 EPR 实验的水平。实验结果出来后震惊全世界。被爱因斯坦称为荒谬的结果居然成了现实。不论在实验上或是理论上，量子力学没有错，也并非不完整。只有第二种可能性，即两粒子经过互相作用后，若测量两粒子中的一个，结果竟然会随另一粒子的测量结果而改变，不论它们离得多远。两个曾经互相作用过的粒子再也不会完全分离，这个现象违反直觉，结论也很诡异，但却是事实。

如果爱因斯坦等人没有提出量子世界的“不可分离性”，那么物理学界可能还得等好一阵子才会发现它。然而“不可分离”是量子理论最惊人的特征之一。这让我们对物体本质重新检讨。在所处的宏观世界中，我们已经很习惯物体互相分离，以致很难想象微观世界的长相厮守。爱因斯坦在量子力学方面的大部分遗产是提出新问题，强迫后继学者去思考、去深入探讨，发现量子世界更多“荒谬”的性质。

爱因斯坦与玻尔的争论达 30 年之久，谁也没有说服谁，但量子力学的哥本哈根学派解释已被大多数物理学家奉为正统的解释，因为它和实验符合得很完美，已成为一个极其成功的理论，并成为几乎所有现代科学技术的基础。物理科学未让量子力学进入的唯一领域是引力和宇宙的大尺度结构。爱因斯坦忠实于自己的信念。他坚信，物理学应该对客观实在状况做出和观察者无关的描述。这场争论不仅促进了现代物理学理论的进一步发展，而且对 20 世纪的科学和哲学的发展产生了巨大的影响。

简单的方程，古怪的结果

——简谈混沌动力学的科学方法

> 许多物理系统呈现对初条件的敏感依赖性；失之毫厘，差之千里。

设有一个一元函数

$$x_n = f(\lambda, x_{n-1}), \qquad n = 1, 2, 3, \cdots, \tag{1}$$

是区间［0，1］到［0，1］的一个迭代。式中 λ 是实参数。当 $f(\lambda, x_{n-1})$ 为非线性函数时，这个一维映象描写一个非线性系统，由 x 的任意初始值，通过上述的迭代过程，可以做出一个确定的过程或时间序列。现在我们从简单的抛物线模型开始讨论，此时

$$f(\lambda, x_{n-1}) = \lambda x_{n-1}(1 - x_{n-1}),$$

于是

$$y = x_n = \lambda x_{n-1}(1 - x_{n-1}), \qquad n = 1, 2, 3, \cdots, \tag{2}$$

现研究参数 λ 对迭代带来什么影响。这里，x 被限制在 0 和 1 之间，而 λ 被限制在 0 和 4 之间。因为当 $\lambda > 4$ 时，把 1/2 放进去迭代，得到的值大于 1，就不再是［0，1］区间到［0，1］区间的迭代了。

迭代中，主要研究不动点和周期点的情况。该不动点和周期点的值以 ξ 表示。当 $f(\xi) = \xi$ 时，ξ 就是不动点，也可称之为 1 周期点；当 $f(\xi) \neq \xi$，但 $f(f(\xi)) = \xi$，即迭代两次回到原处时，ξ 就是一个 2 周期点，以下依此类推。

（1）$0 \leqslant \lambda \leqslant 1$。

首先分析 $0 \leqslant \lambda \leqslant 1$ 的情况。一旦 λ 被给定，在式（2）中 λ 就是常数。对于式（2）代表的迭代系统，在［0，1］区间内只有一个满足 $\xi = f(\xi)$ 平衡态或不动点，即 $\xi = 0$。按照迭代式（2），不管参数 λ 是多少，0 代进去总是得到 0。从数学上来说，就是式（2）将 ξ 映射为自身。从物理上来看，就是这个平衡态是稳定的，不论 x 的初值在［0，1］区间内取任何值，总有 $x \to \xi(=0)$。例如，设值的初值取 0.5，则迭代结果有

0.500 00（0）， 0.250 00（1）， 0.187 50（2）， 0.152 34（3），
0.129 13（4）， 0.099 55（5）， 0.089 64（6）， 0.081 60（7），
… … … …
0.018 95（46）， 0.018 59（47）， 0.018 24（48）， 0.017 91（49），
0.017 59（50）， 0.017 28（51）， 0.016 98（52）， 0.016 69（53），
… … … …

这里，括号内的数表示迭代的次数。从迭代数据看，虽然递降得很缓慢，但最后是趋近于零：$x \to \xi(=0)$。

结论是，当参数 $0 \leqslant \lambda \leqslant 1$ 时，式（2）所表示的迭代系统都只有 $\xi = 0$ 这样一个（贫乏的）不动点。

（2）$1 < \lambda \leqslant 3$。

当参数 $1 < \lambda \leqslant 3$ 时，$\xi = 0$ 仍然是一个（贫乏的）不动点，但另一个不动点出现了，那就是

$$\xi = 1 - \frac{1}{\lambda} \tag{3}$$

很明显，将这个 ξ 值代入迭代式（2），便有

$$\lambda\xi(1-\xi) = \lambda\left(1-\frac{1}{\lambda}\right)\left(1-\left(1-\frac{1}{\lambda}\right)\right) = \left(1-\frac{1}{\lambda}\right) = \xi \tag{4}$$

由此可见，只要 $\lambda > 1$，$\xi = 1 - 1/\lambda$ 就是一个不动点。

结论是，在 $1 < \lambda \leqslant 3$ 时，迭代式（2）至少有两个不动点：一个是贫乏的不动点 $\xi = 0$，而另一个是 $\xi = 1 - 1/\lambda$。

下面让我们看看长期迭代的效果。作为一个不动点，一定要考察它是否稳定。从迭代公式来看，$\xi = 0$ 当然是一个不动点；但是，从一个物理系统或是一个生物系统里得到的数据，一般都是近似值。0 不一定精确地等于 0，既可能是 0.000 1，也可能是 0.000 000 01。因此，我们要研究用近似值代替精确值时迭代系统的稳定性问题。

稍加研究，就可发现，当 $\lambda > 1$ 时，0 这个不动点是不稳定的。这就是说，只要和 0 差一点点，长期迭代下去，就会差得很远。以 $\lambda = 2$ 为例，用 0.000 1 进行迭代，可以得到：

0.000 1（0）， 0.000 199 98（1）， 0.000 399 88（2），
… … … …
0.092 624 042（9）， 0.168 089 657（10）， 0.279 671 048（11），
0.402 910 305（12）， 0.481 147 181（13）， 0.499 289 142（14），

0.499 998 989 （15）， 0.500 0 （16）， 0.500 0 （17），
0.500 0 （18）， … …

这里，括号里的数字表示迭代次数。

由此可见，从 $\xi=0$ 这个不动点旁边一点点开始迭代，很快就跑到别的地方去了。如果从 0.000 000 01 或 0.000 000 000 001 开始，多花一点时间，也是要跑到其他地方去的。这一点跑到哪里去呢？从上面的迭代可以看出，当 $\lambda=2$ 时，这一点跑到0.500 0 的地方了，因为 $1-1/\lambda=1-0.5=0.5$。这 0.5 恰恰是另一个不动点。所以，我们说，当 $\lambda=2$ 时，$\xi=0$ 这个不动点是不稳定的；而 $\xi=1-1/\lambda=0.5$ 这个不动点是稳定的，是系统的平衡态。事实上，对所有 $\lambda>1$ 的情况而言，$\xi=0$ 这个不动点都是不稳定的。

上述的计算过程，实际上可以用作图法对抛物线方程（2）进行迭代。如图 1 所示，设纵坐标记 x_n，横坐标记 x_{n-1}，只需考虑第一象限的抛物线，注意 45°的角分线。取初始值 $x_0=0.1$，或其他值，只要它介于 0 和 1 之间。上述迭代过程得到序列 x_0，x_1，x_2，x_3，x_4，…。从几何角度看，不需要做具体计算，便可以一步一步画出迭代过程。首先由初始点（x_0，0）做纵轴平行线，找到与抛物线的交点 $A(x_0, x_1)$。A 的纵坐标就是 x_1。由点 $A(x_0, x_1)$ 做水平直线，求它与 45°线的交点 $B(x_1, x_1)$。经 B 点再做纵轴的平行线，求得与抛物线的交点 $C(x_1, x_2)$。这样，就得到 x_2 了。以下依此类推。图 2 示出了 $y=x_n=\lambda x_{n-1}(1-x_{n-1})$ 的迭代过程。当 $\lambda=2.7$ 时，迭代收敛到稳定的不动点。

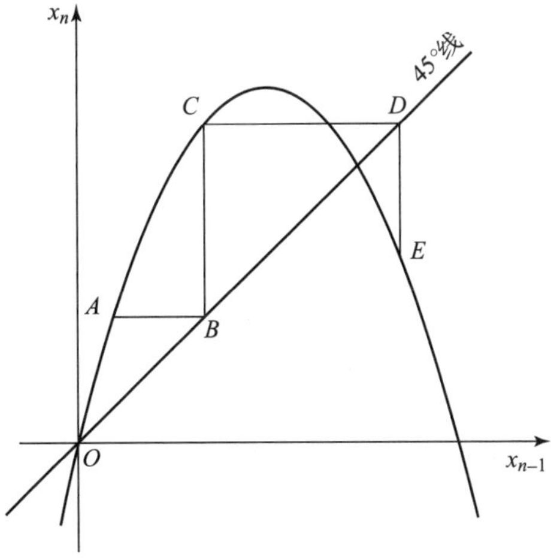

图 1 作图法迭代过程示例

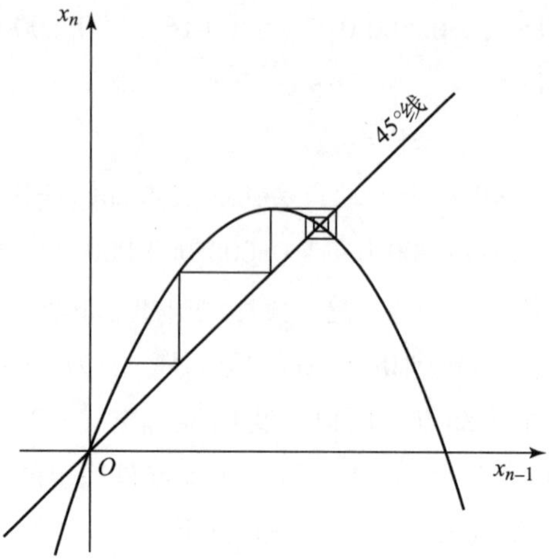

图2　$\lambda=2.7$ 时迭代收敛到稳定的不动点

（3）$3<\lambda\leqslant 1+\sqrt{6}$。

当参数 λ 再增大时，人们发现，如果 $\lambda>3$，$\xi=1-1/\lambda$ 这个不动点也变得不稳定了。例如，取 $\lambda=3\dfrac{1}{3}$，$\xi=1-1/\lambda=0.7$ 是一个不动点，但只要有一点点误差，比方说用 0.669 去迭代，就会跑到别的地方去。迭代情况如下：

0.669（0），	0.738 13（1），	0.644 31（2），	0.764 39（3）
…	…	…	…
0.469 46（14），	0.830 22（15），	0.469 83（16），	0.830 30（17），
0.469 67（18），	0.830 26（19），	0.469 74（20），	0.830 28（21），
0.469 71（22），	0.830 27（23），	0.469 72（24），	0.830 27（25），
0.469 72（26），	0.830 27（27），	0.469 72（28），	…

由此迭代可见，由 0.669 开始，迭代既不收敛于 0.7 这个不动点，也不靠近原来的出发点 0.669，而是一会儿为 0.830 27，一会儿为 0.469 72，就在 0.830 27 和 0.469 72 这两个周期点之间来回游动。由这个迭代试验可见，当 $\lambda=3\dfrac{1}{3}$时，不动点 $\xi=0$ 和 $\xi=1-1/\lambda=0.7$ 都是不稳定的；相反，2 周期点 0.830 27 和 0.469 72 是稳定的。

同样，当 $\lambda=3.2$ 时，两个稳定的 2 周期点的解是 0.799 45 和 0.513 04。

试验表明，当 λ 取 3 到 $1+\sqrt{6}$（$=3.449\,489\,743$）之间的值，即 3 <

$\lambda \leqslant 1+\sqrt{6}$时，对于任意的初值 x，在迭代次数趋于无穷大时，序列无限趋近于 $\xi_1 \to \xi_2 \to \xi_1 \to \xi_2$，即 $\xi_1 \Leftrightarrow \xi_2$。这是式（2）的一个周期 2 解。同样，我们可以用作图法求出 ξ_1，ξ_2 的 2 周期解，如图 3 所示。由此可见，以式（2）表示的动力学系统，在它的参数 λ 跨越 $\lambda_1=3$ 这个值时，系统的稳定解由周期 1 变为周期 2 解。就是说，系统的稳定解经历了一个 1 分为 2 的分岔过程，如图 4 所示。

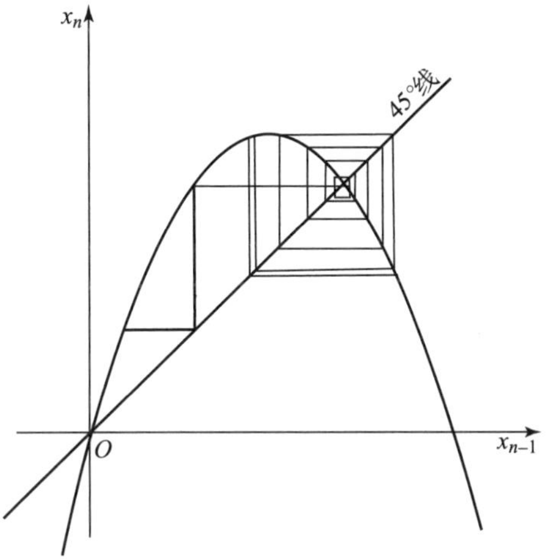

图 3　抛物线迭代出现 2 周期点

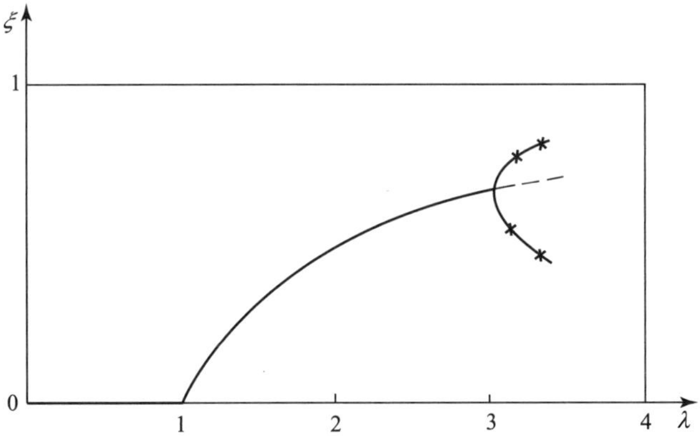

图 4　稳定周期点的轨迹发生分岔（$3<\lambda \leqslant 1+\sqrt{6}$）

（4）$1+\sqrt{6}<\lambda<3.569\ 945\ 672$。

现在，让参数 λ 再增大，就可以知道，当 $\lambda>1+\sqrt{6}(=3.449\ 489\ 743)$

时，2 周期解也变得不稳定了，情况和参数增大到 $\lambda>3$ 时 1 周期解变得不稳定一样。这时，取而代之的是稳定的 4 周期解。系统的运动又经历了一个 2 分为 4 的分岔过程。$\lambda_2=1+\sqrt{6}(=3.449\ 489\ 743)$ 是系统 2 分为 4 分岔过程的分岔点。

我们继续讨论下去，随着参数 λ 值的继续增加，系统就会依次出现 8 周期解、16 周期解等稳定解和相应的分岔过程……当 λ 增大到 λ_m 时，周期 2^{m-1}的稳定解分岔为 2^m 个周期 2^m 的稳定解，如此继续下去。这就是著名的周期倍增分岔现象。现将分岔情况和相应的分岔点 λ 的值列举如表 1 所示。

表 1　周期倍增分岔情况与分岔值 λ_m 以及菲根鲍姆常数 δ

m	分岔情况	分岔值 λ_m	$\delta=\dfrac{\lambda_m-\lambda_{m-1}}{\lambda_{m+1}-\lambda_m}$
1	1 分为 2	3	
2	2 分为 4	3. 449 489 743	4. 751 446
3	4 分为 8	3. 544 090 359	4. 656 251
4	8 分为 16	3. 564 407 266	4. 668 242
5	16 分为 32	3. 568 759 420	4. 668 74
6	32 分为 64	3. 569 691 610	4. 669 1
…	…	…	…
10	512 分为 1 024	3. 569 945 137	…
11	1 024 分为 2 048	3. 569 945 557	…
…	…	…	…
…	…	…	…
∞	周期解到混沌	3. 569 945 672	4. 669 201 609

由此可见，分岔由 1 分为 2，2 分为 4，直到无穷，此时 λ 取极限值：$\lambda_\infty=3.569\ 945\ 672$。经过不断分岔，系统是一个周期 2^∞ 的稳定解。当 λ 值超越上述极限值 λ_∞ 时，式（2）表示的系统即进入混沌。也就是说，从 λ_∞ 到 4 这一段，迭代系统就出现混沌现象。

图 5 给出了周期倍增分岔导向混沌的示意图。可见，周期倍增分岔，越分越密，密得不得了的时候，就糊成一片，出现混沌。实际考察一下从

周期到混沌的机制，很明显，周期倍增，越来越大，当周期数大得无穷大时，已无周期可言，迭代的数据到处乱跑，无法把握，出现混沌现象。这一结果也可以用与时间序列相应的频谱图表示。随着参数 λ 值的增加，应该先看到离散谱，而混沌区则是连续谱，如图 6 所示。

美国物理学家菲根鲍姆（M. Feigenbaum）发现，在周期倍增分岔过程中，随着分岔次数 m 的增加，相邻两个分岔点 λ_{m-1}，λ_m，λ_{m+1} 的间距组成一个等比数列，其分岔宽度 ε_m，ε_{m+1}，也组成一个等比数列。在参数 λ_m 序列收敛的过程中，这两个等比数列都存在一个极限值。菲根鲍姆还测出了这两个等比数列的公比。它们的倒数被分别称为菲根鲍姆常数 δ 和菲根鲍姆常数 α，即

$$\delta = \lim_{m\to\infty}\frac{\lambda_m - \lambda_{m-1}}{\lambda_{m+1} - \lambda_m} = 4.669\ 201\ 609\cdots \tag{5}$$

$$\alpha = \lim_{m\to\infty}\frac{\varepsilon_m}{\varepsilon_{m+1}} = 2.502\ 907\ 875\cdots \tag{6}$$

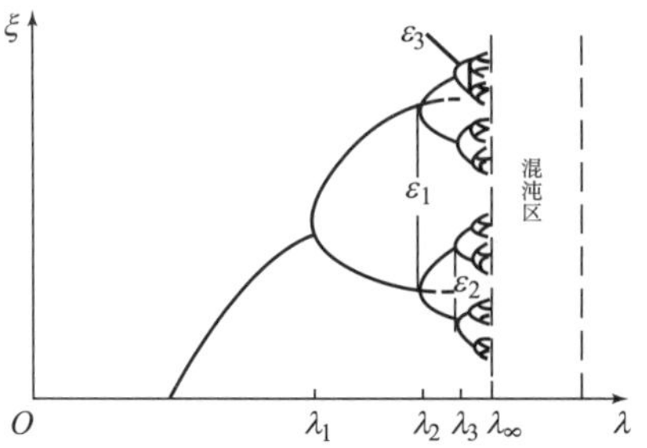

图 5　周期倍增分岔导向混沌

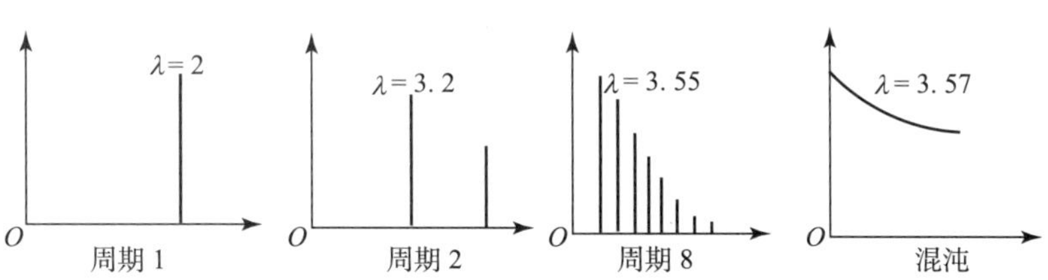

图 6　频谱图

已经证明，菲根鲍姆常数 $\delta = 4.669\ 2$，与圆周率 π 及自然对数的底 e 一样，是一个普适常数，对许多经分岔过程进入混沌的系统都有意义。例如，对于其他函数，如

$$x_n = \lambda \sin(\pi x_{n-1}) \tag{7}$$

$$x_n = 1 - \mu x_{n-1}^2 \tag{8}$$

$$x_n = x_{n-1}\exp[\delta(1 - x_{n-1})] \tag{9}$$

也会产生周期倍增分岔现象，也有同样的菲根鲍姆常数 δ。

周期倍增分岔的一个重要之处在于，当在实验中看到它时，不可能把它误认为是别的什么现象，并且我们还知道在分岔之后的 λ_∞ 存在混沌。因此，在流体力学中观测到菲根鲍姆倍增分岔就成为模态不得不向混沌让路的特别令人信服的证据。

就像牛顿力学的建立与万有引力常数 G 相联系，狭义相对论的建立与光速 c 这一宇宙常数相联系，量子力学的建立与普朗克常数 h 相联系，统计物理学理论与玻尔兹曼常数 k 相联系一样，在混沌理论的研究中，菲根鲍姆常数 δ 这样一个标志物质运动复杂性问题的常数的发现，将有可能把复杂性的问题纳入某种数学模型中，从而导致混沌理论研究的突破性进展。

（5）$\lambda_\infty(3.569\ 945\ 672) < \lambda \leqslant 4$。

现在研究混沌区的结构。此时，式（2）中的参数 λ 在 $\lambda_\infty = 3.569\ 945\ 672$ 和 4 之间取值。混沌区的结构相当复杂。首先，在这个区间的最边上，即 $\lambda = 4$ 时，存在周期为任意整数的解，并且全部都是不稳定的。其次，在混沌区存在倒分岔过程，当 λ 从 4 逐渐减少到

$$\lambda_{(1)} = 3.678\ 573\ 511$$

时，混沌区由一片变成两片。随着 λ 再减少，出现如图 7 所示的两片分岔为 4 片，分岔值为 $\lambda_{(2)}$；当 λ 取 $\lambda_{(3)}$ 时，4 片分岔为 8 片，等等。分岔值的极限为

$$\lim_{m\to\infty}\lambda_{(\infty)} = \lambda_\infty = 3.569\ 945\ 672$$

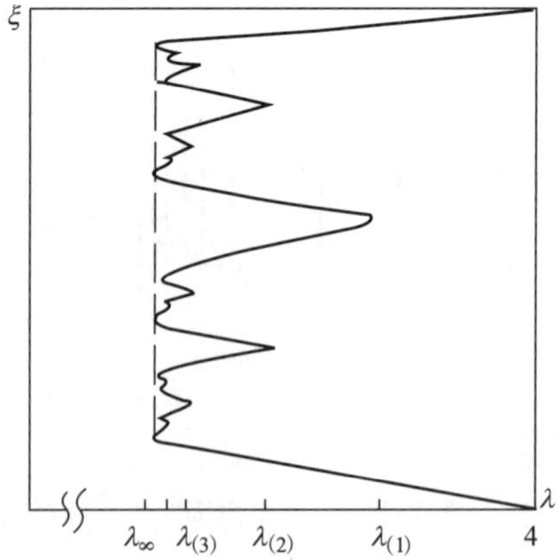

图 7　混沌区的倒分岔

当 λ 取小于 λ_∞ 值时，就进入图 5 所示的分岔过程。它同上述的倒分岔过程一起组成了式（2）中参数 λ 在 0 ~ 4 取值时，系统出现的分岔和混沌。此外，在混沌区还有一系列的周期窗口。它们是两个周期 4 窗口，多个周期 5 窗口、周期 6 窗口等，在 $\lambda = 1 + \sqrt{8} = 3.828\cdots$ 处有周期 3 窗口。每个窗口内还有分岔过程，如图 8 所示。如果将窗口的分岔结构放大，则会得到同样的分岔结构。如此下去，不断地重复整体的图形。图 9 示出了一维映射 $x_n = \lambda x_{n-1}(1 - x_{n-1})$ 的分岔图。

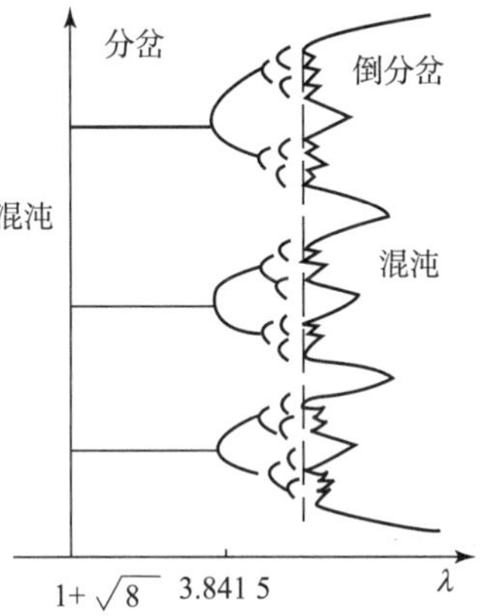

图 8　在 $\lambda = 1 + \sqrt{8} = 3.828\cdots$ 处周期 3 窗口的分岔

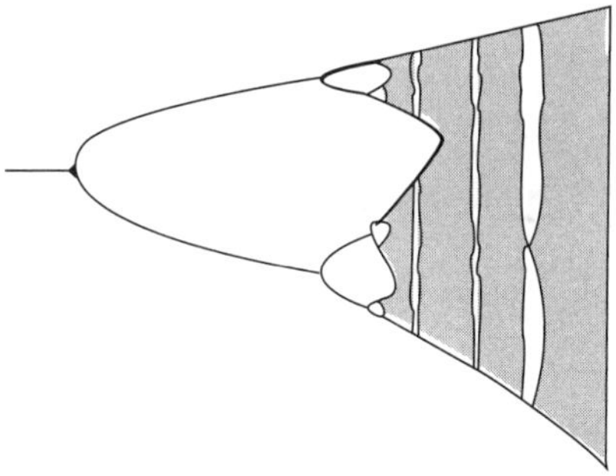

图 9　一维映射 $x_n = \lambda x_{n-1}(1 - x_{n-1})$ 的分岔图

以上我们以最简单的抛物线方程为例，说明了一个十分简单的定系数的代数迭代方程。在迭代过程中，得到了从简单到复杂，从规矩到古怪，出现了周期倍增分岔直至混沌的结果。

由此可见，一个系统怎样导致混沌，其基本思想是实现这样的数学回路：系统的输出能够不断地反馈到它自身作为新的输入。这种回路无论是简单，还是复杂，都可出现稳定的行为和混乱的行为。它们的差别仅仅在于系统的某一参数取值的不同。这个参数只要有极小的变化，就会造成回路系统的行为从人们通常熟悉的有序状态平滑地转化为表面上看来是杂乱无章的状态，即逐步地演化为混沌。

以生态学为例，罗伯特·梅（Robert May）1974 年从生态学角度研究迭代公式（2）表达某种物种的规模变化规律。这个物种一代一代之间是不交叠的。例如，温带的许多昆虫就是这样，同时孵化，同时成虫，同时变蛹，同时化蛾，同时产卵。这样，当我们说这个物种在某时刻的规模时，所有的个体都是同一代的个体，没有交叠。在这种情况下，我们说该物种的规模是离散的。这时，式（2）中的 x_{n-1}，x_n 分别是该物种第 $n-1$ 代和 n 代的密度，λ 是常数。现在我们考察经过一代一代的变迁，该物种的变化情形如何。实际上，对这一问题我们在上面已充分研究过。当 $\lambda=1.5$ 时，物种经过一代一代的变迁，物种密度稳定在大约 1/3 的水平。当 $\lambda=2.5$ 时，物种密度稳定在大约 0.6 的水平。也就是说，当 $1<\lambda<3$ 时，物种的密度经过一代一代的发展，总是趋向于一个稳定值。

当 $3<\lambda<3.570$ 时，物种密度变化都呈现出周期性质；当 λ 比 3 大一点时，周期为 2，随着 λ 的增大，逐渐出现周期为 4，8，16，32，…的变化。当 $\lambda>3.570$ 时，式（2）的形式依然这么简单，但物种一代一代发展的结果没有表现出什么规律。此时代表物种的一代密度的点仿佛是随机地出现，构成杂乱无章的踪迹。这就是混沌。

混沌（Chaos）又称浑沌，一般指错综复杂、杂乱无章、模糊一团的状态。在这个意义上，它和无序（disorder）的概念是相同的。我国古代学者把混沌描绘为物质未被开化的一种无序的元气状态。他们认为，宇宙的初始状态也是处于天地未形、混混沌沌、动荡不定、明暗不分、阴阳掺和的混沌状态。我国神话把盘古开天地以前的宇宙状况就称为混沌。自然界实际上存在着大量混沌现象，但在牛顿力学创立以后，一种机械的精确决定论的思想得以流行，混沌现象被逐出科学研究的范围。

关于混沌的系统研究起源于 20 世纪 60 年代，美国气象学家洛伦茨（E. N. Lorenz）对大气运动的研究。他在计算机上用描述流体热对流的一组简化的确定性方程模拟天气的演变过程。其目的是想利用计算机的高速运算来提高天气预报的准确率。多次模拟的结果表明，初始条件相差甚微，计算结果却大相径庭——得到了非周期性的、混乱的结果。鉴于气候变化的复杂性，输入的初始条件不可能包括所有的细小因素，但这些细小因素能对预报结果产生极大的影响，甚至得出相反的结论。一个确定的含有3个变量的自洽方程，却会导出混沌解。洛伦茨认为混沌是非线性造成的，而混沌来自确定性的规则，是由确定性导致的随机性。所以，从原则上讲，对天气不可能做出精确的预报。特别是长期天气预报，本身就是一个力学方面的混沌现象。洛伦茨用一个形象的比喻来表达他的科学发现：在南半球某地的一只蝴蝶偶然扇动翅膀所带来的微小气流，几星期后可能变成席卷北半球某地的一场龙卷风。这就是著名的“蝴蝶效应”。

实际上，彭加勒在20世纪初早已发现，三体相互作用会陷于混沌。后来，泰肯（F. Takens）等也发现，当系统内有3个以上不同频率的振荡互相耦合时，系统就会形成无穷多个耦合频率的振动，使系统进入混沌。这种混沌状态可被看作无穷个频率耦合的振动现象。但是，混沌（Chaos）一词起源于1975年约克（J. A. Yorke）和李天岩（T. Y. Li）在研究函数的区间迭代时，发现确定性方程中出现周期解和混沌解，并将其命名为“Period Three Implies Chaos”。当时李天岩把此题目汉译为《周期三则乱七八糟》。后来中国学者将它译得较为文雅为《周期三蕴涵着混沌》。从此混沌（Chaos）一词便成为专门术语。李—约克深刻地揭示了混沌的本质特征：混沌动力学系统关于初始条件的敏感性以及由此产生的解的最终性态的不可预测性。混沌被理解为在确定性的动力学系统（指随时间确定性地变化的系统）中的无规行为或内在随机性。这一类确定性的动力学系统通常由微分方程、偏微分方程、差分方程以及简单的代数迭代方程描述，并且这些方程都是定系数的。自然界和经济学界中，有许多现象都可用这一类方程描述。人们还发现，即使原来认为可以用牛顿运动方程精确解决的力学问题，也存在“偶然性”的结果，即根据“精确的”初始值进行的计算，却会得出不确定的多种结果，而且十分敏感地依赖于初始条件。可以这样说，如果一个接近实际而没有系统内在随机性的模型仍然具有貌似随机的行为，就可以称这个真实物理系统是混沌的。

洛伦茨等人的发现，无疑是对传统理论的巨大挑战。在研究客观世界的规律时，人们原先认为只存在两类现象：决定性现象和随机性现象。故物理学中仅有确定论和概率论两套描述体系。描写质点运动方程的牛顿力学直到狭义相对论和广义相对论是确定论描述系统的代表。确定论，指物理世界中严格的因果关系。任何时刻，一个物理系统的情况都是可以完全被确定的，而且以后任何时刻的情况，也可以由那一时刻的情况由物理定律推知。这就是说，描述系统运动的方程一旦确定，只要给定初始条件，就能决定系统的过去和未来。人类由此能预知日食、月食、哈雷彗星回归等天文现象，而且可以预先把这些现象发生的准确时刻算出来，如算出人造卫星的运行轨道等。自牛顿力学起，对事物变化的看法总是被确定论控制。拉普拉斯所说的“没有什么是不确定的”是经典确定论的典型语言。量子力学的不确定性关系，却告诉我们：对于微观粒子，无法同时精确地确定它的位置和速度。这就给了确定论一个小小的打击。

随机性现象出现在一定的宏观条件下，同时又受随机因素的作用，因而人们无法确定其每一次的结果，但能够断言其出现某种结果的概率。分子物理学和热力学，特别是布朗运动，是概率论描述体系的代表。单个气体分子运动的随机现象，表面上看来是不可捉摸的，纯粹是偶然性起作用，但大量分子的集体和总体表现服从一定的统计规律。人们借助概率统计的方法，使分子物理学的计算变成实际可能的计算。

但是人们发现，除了以上两类现象，还存在第三类现象——混沌现象。例如上面我们研究的区间迭代是一个确定性系统。如果在式（2）中送入 x_{n-1}，就能算出来 x_n。x_n 是一个确定性的变量，而不是“不能准确预知、只能概率估计”的随机变量。可是，这个确定性系统对初值的依赖十分敏感，开始差一点点，后来就不知跑到哪里去了，又变得不可捉摸了，出现了像随机过程一样的不确定的结果。真的随机过程是，下一次结果如何是无法准确预知的。假的随机过程是，只要数据准确，下一次的结果完全是可以预先确定的。只是由于“失之毫厘，谬以千里”，不断迭代的结果，系统才变得不可捉摸。所以，假的随机过程从长期来说是不可预测的过程。

确定论系统的这种假的随机过程，叫作伪随机过程。它不是由于数据的随机性产生的，而是由系统本身的内在随机性产生的。这样的系统运行下去，一定会出现类似随机过程的混沌现象。确定论系统中出现的内在随机性，表明某些系统，不外加任何随机因素，就可能出现与布朗运动不能区分的行为；而其对初值细微变化的敏感依赖性，使得确定论系统的长时间行为必须借助概率论方法来描述。由此可见，在物理学中的确定论描述和概率论描述之间存在由此及彼的桥梁。混沌动力学的发展，正在缩小这两类对立描述体系之间的鸿沟。因此，混沌现象的发现是人类认识继相对论、量子力学以来的又一重大飞跃。

随着对混沌现象研究的深入，人们越来越认识到，这些看上去不可思议的无秩序状态，并不是什么罕见的现象，而是普遍地存在于自然界各个领域之中。混沌现象之所以显得捉摸不定乃是由于它内部蕴含着非线性因素，只要初始条件有些微不同，就可以引起种种大相径庭的结果。因此，简单的数学方程也可能得出复杂的答案。这是对复杂现象必来自复杂系统这一传统观念的挑战。自 20 世纪 70 年代以来，人们寻找混沌现象的规律并把混沌动力学用到生物学、医学、湍流理论、电网络理论、结构力学、等离子物理、光学、社会现象、心理现象等领域；一些研究专家把分叉和混沌理论与经典的非线性振动理论相结合，发展成为现代非线性动力学理论，并把它用于工程实际的研究中，如航天工程、先进装备和车辆工程。不少专家认为，混沌理论是解决目前众多复杂疑难问题，如长期天气预报、地震预报、经济预报、涡旋星空、高性能神经计算机等的希望所在。

混沌动力学这门学科非我的这篇短文所能说得清楚的。这里仅是从抛物线方程引出有关混沌动力学的最基本概念，使读者对混沌动力学的科学方法有一个初步的了解。从混沌学的发展来看，多少年来，人们都没有想到，在这样简单近乎幼稚的问题里竟会蕴含着如此深奥的内涵。但科学家们，如洛伦茨（E. N. Lorenz）、约克（J. A. Yorke）、李天岩（T. Y. Li）、罗伯特·梅（Robert May）、菲根鲍姆（M. Feigenbaum）等并没有放过这些貌似幼稚的问题而是追索到底，从而使混沌动力学成为 20 世纪中继相对论和量子力学后又一个重大发现。这是值得我们每一个从事科学研究的人好好学习和思考并能从中得到启迪的。

现代科学是综合的科学

——系统科学方法论简介

科学渴望新概念、新思路和新方法。

自20世纪40年代以来，科学技术的发展出现了新的变化，这表现在：

（1）电子计算机的出现与利用使人们作用于客观物质对象的方式产生了变革。

（2）信息在现代社会生产和生活中显示了越来越大的作用。信息处理已成为推进社会发展的重要问题，突破人脑的局限性刻不容缓。

（3）科学与生产技术的相互关系发生了重大变化。科学革命依赖于技术的发展，而生产技术的重大突破依赖于科学理论的指导。科学直接变成了生产力。科学、技术、生产相互渗透形成了统一的有机整体。

（4）现代科学技术理论发展出现了整体化趋向。科学与技术，各门学科之间彼此渗透、紧密联系、高度分化又高度综合，产生了大量的边缘学科、综合学科和横向学科。它们不仅在内容、对象方面彼此交叉，而且在方法论方面相互渗透、彼此联系，模糊了各门学科之间的传统界限。各种在科学分化中产生的跨学科、中间学科部门的出现，填平了原有科学分类的鸿沟。现代科学技术的发展要求用一些新的概念、新的原则在更高层次上对现有理论进行综合概括，以至形成统一的、完整的理论体系。

20世纪40年代几乎同时崛起的3门新兴学科——维纳（N. Wiener）的控制论、香农（C. E. Shannon）的信息论，以及贝塔朗菲（L. V. Bertalanffy）的系统论（简称三论），后被统称为系统科学方法论，是伴随着系统工程和电子计算机而产生的横断科学。这些学科的理论同其他学科不一样。其研究对象不是自然界的某种物质结构和运动形式，而是自然界和人类社会所有事物的共同属性和普遍现象的某一特定的共同方面。因此，它具有一般方法论的功能，对于一切科学领域都是适用的。系统科学作为一门综合性学科，主要研究各类事物的结构、性质、功能和演化的共性规律。经过半个多世纪的发展，它对各门学科，乃至社会产生了重大影响。

系统科学方法论从不同侧面揭示了客观物质世界的新的本质联系和运动规律，并为现代科学技术的发展提供了新思路、新方法，沟通了自然科学与社会科学的联系。它使人们摆脱了传统方法的束缚，摒弃那种把未来是运动着的、活的有机体的动态问题看成静止的、孤立的和死的东西；把明明是复杂系统硬分解为互不联系的简单系统，企图用简单系统来解释复杂系统的习惯。系统科学方法论如实地把对象视为完整的有机体和复杂系统，找到了解决具有行为目的的通信系统和控制系统研究复杂系统的方法，成功地把定量分析的方法引入迄今盛行的只进行定性考察的学科，使科学研究方法产生了新的飞跃。

控制论、信息论和系统论等学科是横贯于自然科学和社会科学等多种学科的新型综合性理论。它们从不同的侧面揭示了客观物质世界的本质联系和运动规律，表现了科学综合化的趋势。

在介绍系统科学方法论的基本方法之前，不能不提维纳在建立控制论上所做的贡献。

早在 20 世纪 30 年代末期，维纳就深深地感到“科学日益成为专门在愈来愈窄领域内进行着的事业”。他认为，科学发展中最有前途的领域是学科的边缘和交叉之处，被称为“科学处女地”。开拓各门学科之间的“被忽视的无人区”，促使他逐渐产生了控制论的思想。

1939 年 9 月，当第二次世界大战爆发时，维纳接受了设计火炮自动控制器的任务。在着手考虑火炮控制器的设计时，他发现人和机器的惊人相似之处。他产生了一个很有意思的联想，即把让控制器做出正确判决和将控制器的判决变成火炮行动的过程，与人和动物执行目的性活动的方法联系起来。他把问题表达为两个新的形式：

（1）追踪飞机的观察者如何能够盯住飞机。

（2）在实验条件下研究如何能够模仿这位观察者的活动。

这表明，维纳已经在工程技术的行为控制问题中渗透进了人的神经生理因素。

20 世纪 40 年代初，维纳开始研究通信工程方面存在的人的作用问题，发现在工程控制中十分重要的反馈与稳定性概念对于神经生理学也同样重要。当时，维纳的想法是：在控制器中，使活动趋于稳定的方法之一，是把活动结果所决定的一个量作为信息的新调节部分反馈回控制仪器中。既然这个反馈的任何超越都是由一个相反的校正活动来补偿，那么后者可以叫作负反馈。司机驾驶汽车就是通过负反馈调节。当发现汽车太靠左了，就向右边做出一个校正；当发现汽车太靠右时，则向左做出一个校正。因此，完全可以相信，负反馈在人的控制机构中起着一定的作用。维纳从神经生理学家罗森勃吕特那里了解到人的神经系统与火炮控制系统有相似之处，都有反馈不足和过度的问题，本质上是对信息的一种处理；不仅目的性活动可以用反馈来代替，而且它们都是通过从外界获取信息以及由传出信息引起的动作和外界有效地联系起来的。它们处理的对象都是信息。于是，他找到了人、动物与机器在控制、通信方面的共同点。在这些研究活动中，他抓住了自动控制过程中的两个核心概念，即“信息”和“反馈”的概念，构造了控制论的基本框架。这样，他把行为控制问题与信息论联系起来，从而引起人们注意到一个亟待开发的领域：控制与通信。这是一个综合性领域。与它相关的现代学科至少应有通信工程、神经生理学、心理学、计算机科学、数学、物理学等。只有靠这些学科通力合作，才能开拓这个新领域。自 1942 年起，维纳在罗森勃吕特（神经生理学家）、艾肯、冯·诺依曼（第一代电子计算机设计制造师）、香农（信息论创始人）等一批物理学家、数学家、生理学家和工程技术人员的协作下，通过电及电子系统和生物体内发生的各种过程之间的模拟研究，系统地创立了控制论这门崭新的学科。1948 年，维纳出版了一本杰出的著作《控制论》。

控制论是自动控制、电子技术、无线电通信、神经生理学、生物学、数理逻辑和统计力学等多种学科相互渗透的产物。它研究的是各种系统（包括机器的、生物的和某些社会的系统）的信息变换和控制的共同规律。它把一切生物有机体和非生物的技术结构都完全抽去了具体的物质运动形态，而仅仅把它们归结为由若干部分组成的整体，用统一的语言和概念来描述生物与机器这两种完全不同形态中的通信和控制关系，进一步揭示了不同的物质运动形态之间相互联系的辩证关系。

在维纳《控制论》的导言中，有一段话很有意思。它正好说明了《控制论》的独到的科学方法的由来。我把它抄在下面：

“我们一起在日德毕尔特大厅围着圆桌子吃饭。谈话是活泼的、毫无拘束的。这可不是一处鼓励任何人或者使任何人有可能摆架子的地方。饭后，由某一个人，或者是我们这个集体中的一员，或者是一位邀请来的客人，宣读一篇关于某个科学问题的论文。一般来说这是一篇其首要思想，或者至少其主导思想是关于方法论问题的论文。宣读者必须经受一通尖锐批评的夹击。批评是善意的，然而是毫不客气的。这对于半通不通的思想、不充分的自我批评、过分的自信和妄自尊大真是一剂泻药。受不了的人下次不再来了。但是，在这些会议的常客中，有不少人感到这对于我们科学的进展是一个重要而经久的贡献。”

维纳等人之所以创立控制论这门新学科，正是因为运用了科学的方法，使他在战略思想上有了独到之处，高屋建瓴，统观全局，从而能由此及彼，触类旁通，及时抓住当代科学技术发展的特点，认识到各门学科之间的相互渗透已成为科学发展的一种潮流，最终导致“控制论”破土而出，开辟了一个崭新的领域。

在《20 世纪重大科技谋略》一书中有这样一段描述，生动地显示了控制论在机器人中的巨大威力：

1969 年的一天，在美国斯坦福大学的实验室里进行了一项著名的实验：看电脑机器人“赛克”是否有办法从地板爬到屋子中间的平台上，把那里的一只箱子推下去。实验开始，“赛克”走向平台，只见他绕着平台足足转了 20 分钟，还是爬不上去。“赛克”显得很窘。他环顾四周，突然发现墙角处有一块斜面板。他呆呆地沉思片刻，慢慢地把斜面板搁在平台上。然后，他沿着斜面板走上了平台，并把平台上的箱子推了下来。顿时，实验室里响起了一阵热烈的掌声。“赛克”——这个用控制论的功能模拟方法孕育而成的机器人，显示了现代控制论的初步威力。

20 世纪中叶，电报、电话、电视等现代通信技术的创造与发明，引发了一场信息革命，大大加快了信息的传播速度，增大了信息传播的容量。正是现代通信技术的发展，导致了关于现代通信技术的理论——信息论——的诞生。1948 年，在贝尔电报电话公司工作的美国应用数学家香农发表了《通信的数学理论》一文，提出了描述信息过程的数学理论，成为信息论诞生的标志。

信息论是研究信息的基本性质和度量方法以及信息的获得、传输、存储、处理和交换等一般规律的科学。所谓信息就是通知，是关于生活主体同外部客体之间有关情况的通知。香农首先把信息传输过程理想化为 5 个部分，即信息源、发送器、信道（传输媒介）、接收机和信息接受者。其次，他提出信息量的量化概念，即把信息同熵联系起来。信息的基本作用就是消除或减少人们对事物了解的不确定性。在信息论中，这种不确定性是用冗余度来表示的。一句话中如果缺少几个字，假如我们能够猜出来缺少的字是什么，就可以完全了解这句话的意思。那些可以猜出来的字符被称为冗余字符，因为不用那些字符也能表示该句子的全部信息。一句话中冗余字符的多少就是冗余度。它的大小对信息的传递有重要意义。香农第一次用数学语言阐明了概率与信息冗余度的关系。他发现，任何信息都存在冗余，且冗余大小与信息中每个符号（数字、字母或单词）的出现概率或者不确定性有关。香农借鉴了热力学的概念，把信息中排除了冗余后的平均信息量称为“信息熵”（香农熵），并给出了计算信息熵的数学表达式。有趣的是，这条公式和玻尔兹曼熵公式一模一样！化学家或制冷工程师所使用的热力学熵的单位是能量除以温度，而通信工程师所使用的香农熵则是用比特数表示。信息熵概念的建立，为测试信息的多少找到了一个统一的科学的定量计算方法，奠定了信息论的基础。

信息论最重要的贡献在于，把通信过程看成一种信息的传输过程，而信息本质上是统计的，且其量化形式与熵密切关联。

信息概念是客观世界各种现象和过程中普遍具有的一种特性的反映。它已广泛渗入物理、化学、生物学、医学、自动控制、计算机科学以及经济管理等一切学科领域。人们运用信息论的方法，可以揭示出用传统方法很难发现的不同物质运动形态之间的内在联系。例如计算机和人脑，就是两种完全不同的物质运动形态，但它们都具有从外界获得信息、加工处理、传递信息的能力。它们都存在共同的信息联系。因此，可以把它们都看作一个信息变换系统。这就为利用机器来模拟、代替部分人脑的功能提供了科学依据。

现代系统论的理论核心是整体观念，即将系统看作一个有机联系、共生共变的整体，而不是各个部分的孤立存在和简单相加。部分是整体中的部分，而要素是整体中的要素。

系统是普遍存在的。自然界是一个由不同层次组成的复杂系统。整个世界就是由各种系统集合而成的大系统。系统论是研究从整体与部分之间，整体与外部环境的相互联系、相互作用、相互制约的关系中综合地、精确地考察对象，以达到最佳地处理问题的目的；它是一种从系统的观点出发，统筹全局，使整体与部分辩证地统一起来的科学方法。整体性、综合性、最佳化是其显著优点。

20世纪40年代发展起来的系统论把系统概念一般化为由相互作用着的要素构成的有机整体。在系统论的发展和应用过程中，依其与环境有无物质、能量和信息的交换将系统区分为孤立系统、封闭系统和开放系统，而依其热力学状态的不同又将系统的状态区分为平衡态、近平衡态和远离平衡态。贝塔朗菲的贡献在于：首先划分了开放系统和封闭系统，指出开放系统必须不断与外界进行物质和能量的交换，并同时调整其内部构成，以达到动态平衡，因而不能用经典热力学定律来描述。其次是创立一般系统理论。他坚持认为，一般系统理论是研究“整体”（wholeness）的科学。

系统论的创立使人类思维方式发生了深刻变化。随着现代科学技术的发展，基于系统理论和方法衍生出众多的交叉科学的分支。如工程系统论运用系统理论与方法，将复杂的工程作为认识对象，从工程的特性、环境、功能与结构等方面进行研究，从而“在复杂工程与复杂系统之间建立紧密的本质性联系。这不仅能使我们更深刻地认识复杂工程，也极大地丰富了系统科学的内容”。由此，系统方法也被作为科学方法在自然科学和社会科学的诸多领域中得以应用。

以维纳的控制论、香农的信息论，以及贝塔朗菲的系统论为基础的系统科学方法论有以下特征：

（1）综合性。考察对象不是个别事物而是某一类事物，从这一类事物中抽象出其中的共同规律。

（2）整体性。把研究对象作为有机整体来考察，从整体与部分相互依赖、相互结合、相互制约的关系中揭示系统的特征和运动规律。

（3）解决多因素、动态复杂系统的有效性。不仅要求如实地把复杂系统作为一个整体来研究，而且要求在研究这些系统时与人（或动物）的行为进行类比和模拟，从中找出系统的运动规律。

（4）定量化。对复杂系统包括社会经济领域的研究从定性走向定量。如美国运用军事系统工程对复杂的军事问题进行定量的分析，为军事决策提供数量依据。

（5）最优化。根据需要和可能为系统定量地确定最优目标，使系统各部分功能和参量服从系统总体的最佳目标，达到总体最优，从而对系统提出设计、施工、管理、运行的最优方案。

（6）信息化。“三论”解决问题时的着眼点与传统方法不同。它不是着眼于物质和能量，而是着眼于信息。它撇开物质与能量的具体形态，而把任何通信和控制系统看作一个信息的传输和加工处理的系统，认为只有内部存在的信息流才使系统维持正常的有目的性的运动，故在解决问题时总是把它变换成信息形式来加以处理。

（7）处理问题的方式：人—机系统。“三论”提供了人作为思维主体利用电脑组成人—机系统最佳处理问题的方法。人—机系统方式大大加强了认识主体——人——的思维能动性。

（8）使辩证法具体化、精确化。“三论”揭示了事物之间的信息联系和系统的联系。这就使事物的普遍联系具体化了。此外，它还用数学表达式精确地描述了这种联系及其相互作用和相互转化的关系，使辩证法进一步具体化、精确化。

系统科学方法论体现了现代科学技术整体化的发展趋势。从维纳等人创立控制论、信息论、系统论的历史回顾中不难发现，无论就其科学研究的战略思想，或者是具体的研究方法，都有许多重要的方法论启示。其具体方法有系统方法、信息方法、反馈方法、功能模拟法、符号法、最优化方法等。这里叙述其大略的思想。

（1）系统方法。所谓系统方法，指的是从整体上研究并把握事物，把事物（对象）看成一个由若干部分构成的系统。对这个系统，要研究其各部分功能上的联系。它把所研究的事物（系统）与其他事物的联系概括为“输入”（外界对系统的影响）和“输出”（系统对外界的影响）。例如，我们把一个工厂作为一个系统来进行控制和管理时，可以把每个车间都看成工厂系统的一个子系统；同样，若我们把车间作为一个系统来进行控制和管理，每部机器就是它的一个子系统。车间系统的生产和人力、物力分配就是系统的输入，而车间所生产出来的产品及它对环境的影响就是系统的输出。因此，系统方法是着重从整体与部分（要素）之间，整体与外部环境的相互联系、相互作用、相互制约关系综合地、精确地考察对象，以达到最佳地处理问题的目的的一种方法。它的显著特点是整体性、综合性和最优化。

（2）信息方法。所谓信息方法，就是运用信息的观点，把系统看作借助信息的获取、传递、加工处理而实现其有目的性的运动的一种研究方法。它的特点是：用信息概念作为分析和处理问题的基础，完全撇开对象的具体运动形态，把形态的有目的的运动抽象为一个信息变换过程。这个信息的变换过程，可被简化为：信息→输入→存储→处理→输出→信息。在这个过程中存在反馈信息。由此可见，对各系统的控制要以一定的信息为依据，并正确研究系统的信息流通与信息的交换。这里，控制论着眼于信息的利用（处理和控制），而信息论则着眼于对信息的认识（描述和度量）。

（3）反馈方法。反馈的概念是控制论中广泛应用的一种原理和方法。所谓反馈是指：把施控系统的信息（又称给定信息）作用于被控系统（对象）后产生的结果（真实信息）再输送回来，并对信息的再输出产生影响的这种过程，即给定信息→被控对象→输出信息，并由此给出反馈信息。一般把用这种系统活动的结果来调整系统活动的方法称为反馈方法。它是一种运用反馈概念来分析和处理问题的方法。其特点就是根据过去操作情况来调整未来的行为。在控制系统中，一般是用负反馈系统（即使系统的给定信息与真实信息之差倾向于反抗系统正在偏离目标的运动，使系统趋向于稳定状态）来调节和控制系统，做出合乎目的的运动。由此可见，反馈原理就是原因和结果不断地相互作用，以完成一个共同功能目的。这是控制论的核心思想。

（4）功能模拟法。在科学研究中，根据模型和原型之间的相似关系，用模型来模拟对象，来间接研究原型的规律性。这种实验方法通常被称为模拟方法，一般有基于模型与原型之间的物理相似或几何相似的物理模拟，以及基于数学形式相似为基础的数学模拟。功能模拟法是以功能和行为的相似为基础，用模型模仿原型的功能和行为的方法。功能模拟法的最杰出的范例和应用是创造出电子计算机。对于一台电子计算机，众所周知，其输入模拟人的感受器接受信息，存储器模拟人脑的记忆功能、信息储存与提取，控制器模拟人脑思维中的指挥和协调，运算器模拟人脑的判断、选择和计算，而输出模拟人对外界环境的反应。上述的机器人“赛克”也是功能模拟法应用的另一个范例。随着科学技术的进一步发展，一种具有听觉、视觉、触觉并与人对话的智能机正在研制中，它可以模拟人类较高级的智能活动和改造自然的行为。

“演绎检验法”作为科学方法

——简谈波普尔的科学方法论

科学的方法就是波普尔所说的方法。

英国著名科学哲学家卡尔·雷蒙德·波普尔（K. R. Popper，1902—1994）曾任英国伦敦大学教授和伦敦经济学院哲学、逻辑学、科学方法系主任。作为一个科学哲学家，他在科学界的影响是很大的，被誉为举世无双的最伟大的科学哲学家。他本人对数学、物理学、生物学等自然科学都有很高深的造诣。薛定谔（Schrodinger）、爱因斯坦（Einstein）、玻尔（Bohr）等大科学家多次与他讨论物理学哲学问题，并公开承认他们从他那里所受的影响。不少科学家对他的科学哲学十分欣赏。如英国生物学家、诺贝尔奖获得者梅多沃（Medawar）说：“我认为波普尔是有史以来无与伦比的最伟大的科学哲学家。”杰出的英国数学家、天文学家邦迪（Bondi）也赞誉说：“科学就是科学的方法。科学的方法就是波普尔所说的。”澳大利亚生理学家、诺贝尔奖获得者艾克尔斯（Eacles）说：“阅读和思考波普尔论科学哲学的著作，并把它们作为人们科学生涯的基础。”英国物理学家斯蒂芬·霍金（Stephen Hawking）说“自己”在科学方法上一直是波普尔的忠实追随者：“我本人并非波普尔思想不加批判的信奉者，但我认为科学方法确实是波普尔所说的方法。”

他的科学哲学著作主要有《科学发现的逻辑》《猜想与反驳》《科学知识进化论》《通过知识获得解放》《开放社会及其敌人》等。作为一个科学哲学家，波普尔终生强调发现真理没有捷径，没有灵丹妙药；面对我们遇到的问题，解决它们的方式只能是试错法。自然本身是这样，科学也是这样。因此，寻求真理一定要从寻找错误开始，寻找我们自己的错误，也寻找别人的错误，正是这些错误可能妨碍了人类的进步。

波普尔认为，科学、科学的知识总是假设的，它是猜想的知识。科学的方法是批评的方法，是寻求和消灭错误并服务于真理的方法。波普尔的科学哲学的主要论点是，最初被牛顿和伽利略这些科学家采用的那种研究问题的传统途径——科学方法——事实上是不充分的。波普尔提出关于科学发展（知识增长）的动态模式。

波普尔是批判理性主义的创始人。他认为，经验观察必须以一定理论为指导，但理论本身又是可以证伪的，因此应对之采取批判的态度。在他看来，可证伪性是科学不可缺少的特征。科学的增长是通过猜想和反驳发展的，而理论不能被证实，只能被证伪。

波普尔认为，科学的进步在于不断批判旧的理论，大胆猜测新的理论，不断去除错误理论中的错误。其过程为：

（1）科学始于问题，而问题促进科学家思考。

（2）思考的结果是，科学家做出各种各样的大胆的尝试性猜想，即假说或理论。

（3）这些理论之间展开激烈竞争和互相批判，并经受观察和实验的严格检验，从而筛选出最优越的理论。

（4）这个新理论在科学的进一步发展中遭到证伪，从而导致新问题的出现。

以后又重复 4 个步骤：

（1）新的问题的发生，促使科学家进行新的思考。

（2）科学家们又做出各种各样的猜想，即理论。

（3）各种新的理论通过新的竞争、批判和检验，又筛选出更进步的新理论。

（4）新理论在更高的科学技术水平上又被证伪，从而出现更新的理论。

科学知识的增长或科学理论发展的过程就是 4 个步骤的循环往复。由于理论总是有可能被证伪的，这样循环往复是无限的，因而科学的发展也是无止境的。

波普尔提出“演绎检验法”（又称试错法、评判法）。作为科学方法，它可被归纳为以下 4 个一组的图解表示：

P_1（Problem 1，问题 1）→TT（Tentative Theory，尝试性理论）→EE（Elimination of Error，排除错误）→P_2（Problem 2，问题 2）……

波普尔在后来的演说中，将 EE（Elimination of Error，排除错误）改为 CD（Critical Discussion，批评性讨论）。其实质是一致的。

波普尔关于科学研究过程的这个图解表明，我们可以从某个问题 P_1 开始，无论是理论问题，还是历史问题。接着做出尝试性解答（推测的或假设性的解答，一种尝试性理论）。然后把它提交，按照证据进行批评性讨论（即排除错误）。如果可得到确认的话，结果出现新的问题 P_2。波普尔把这个公式称为“四段图式”（Tetradic Schema）。它构成了波普尔的著名的科学发展（知识增长）的动态模式。

波普尔的科学发展模式，勾画了科学知识在矛盾中前进的图景，摈弃了逻辑实证主义把科学知识的积累看成直线式积累的观点，突破了逻辑实证主义只对科学知识做静态语言逻辑分析的框架，在西方第一个提出了科学发展的动态模式，为科学哲学的发展指出了新方向。

波普尔的上述科学方法的途径正是把传统途径的过程颠倒了过来。他的方法的实质是：面对一个问题，提出一个解决办法或一个解释它的理论，确定从该理论中可推断出什么样的可检验的命题，然后就这些命题做一些试验或实验。这样做并不是为了证实命题，而是为了反驳它们，反驳和最初的理论相结合会产生一个更好的理论。

这两种途径的首要区别在于：根据传统的科学方法，科学家们在做了观察以后企图通过进一步的实验来证实一个理论。在波普尔的体系中，科学家们通过否证一个理论来找到一个更好的理论。

下面我结合动态电子光学时间像差理论的研究谈一点学习波普尔科学方法的体会。关于动态电子光学的时间像差理论，俄罗斯科学家提出了一种名为 τ 变分时间像差理论。二十余年来，没有人对其提出疑问。当我着手研究时间像差理论时，脑海中有两个问题：一是 τ 变分时间像差理论的正确性，有无其他更为简捷的途径研究时间像差理论。二是 τ 变分时间像差理论的准确性（精确性），要找一个理想模型来检验和比较。这两个问题（即理论的正确性和解决问题的准确性）一直没有被怀疑过，只被简单系统证实过。我提出的第一个问题实际是试图考验 τ 变分理论，否定或证实，或寻找一个更好的理论。我提出的第二个问题是考验这个理论的可信程度及其适用性。这种思考就是波普尔“演绎检验法”中的问题 1（Problem 1）。我的研究结果是提出了一种名为直接积分法时间像差理论，并给出了一种新的时间像差定义，即时间像差应由近轴时间像差和几何时间像差两部分组成。其比较基准是以轴向电子初能为 $\varepsilon_{z1}(0\leqslant\varepsilon_{z1}\leqslant\varepsilon_{0\max})$ 的近轴电子轨迹。这一过程便是“演绎检验法”中尝试性理论（Tentative Theory)。这一理论的研究结果是，时间像差系数的求解可以直接用积分形式表示，而 τ 变分理论计算时间像差系数需要求解微分方程，而且它仅适用轴向电子初能为 $\varepsilon_{z1}=0$ 的情况。研究到这一步，这两种理论孰是孰非并没有得到解决，故必须寻找一种途径进行严格的检验。这一步就是“演绎检验法”中的排除错误（Elimination of Error）。我们不仅找到了一种静电聚焦两电极同心球系统的理想模型，并且找到电子在此系统中行进的时间的解析解。检验的结果表明，这两种理论不但是正确的，而且是精确的。所谓“正确”是指，不仅从两种不同的途径出发获得了完全一致的结果，而且 τ 变分理论的微分形式结果经过变换可表达成直接积分法的积分形式。所谓“精确”，是指两条途径的计算结果与理想模型的解析解是精确一致的。研究表明，由传统电子光学引出的直接积分法，依然可以解决电子光学时间像差问题，并证明了 τ 变分时间像差理论的正确性，可以用它来尝试解决传统电子光学难以解决的问题，如同量子力学体系发展过程中的矩阵力学和波动力学殊途同归一样，直接积分法时间像差理论与 τ 变分时间像差理论都是好的理论。于是便进入了问题2（Problem 2）。就这样，科学有了新的进步。

波普尔认为，科学家的工作是提出理论并检验理论。他关心的是科学理论如何接受检验的问题。科学理论的检验过程实质是一个对它的评价和选择的过程。

波普尔认为，从科学的系统发育来看，科学始于神话，从错误重重的传统偏见开始；从科学的个体发育来看，科学始于问题（Problem 1）。二者并不矛盾。问题是什么？问题是观察与理论、理论与理论之间的矛盾。科学始于神话就是始于经验事实的积累与神话解释之间的矛盾。科学问题是客观存在的。成功的科学研究活动的第一要点就是对重要问题的鉴别力，也就是我们常说的要善于提出问题、抓住问题。

为了解决问题，提出尝试性理论（Tentative Theory）。波普尔认为，理论不是归纳来的，而是科学家的自由创造。其中，直觉、想象起主要作用，但同时它们又是不可靠的。波普尔的观点是他不认为理论是自然界的反映，而是人加于自然界的创造，是对实在世界内层的猜想。但人常常猜错，自然界常说“不”。理论被提出以后首先要进行前验评价，即在观察、实验、生产等实践检验以前的评价。然后进行后验评价或称排除错误（Elimination of Error），即用演绎推理从最可检验的理论推导出预见与观察、实验、生产等实践结果相比较。

波普尔认为，证据的作用基本上都是纠正我们的错误、偏见和尝试性理论，即在批评性讨论中，在消除错误中起作用。为了解决问题，我们提出推测，即尝试性理论。我们把它提交批评性讨论，以便排除错误。

如果理论的推断与观察、实验、生产等实践不一致，则理论被否证。波普尔认为，理论之被否证并不是理论的失败，而是该理论对科学做出的贡献。只有有了它，才能提出另一个否证它的实验，才能知道它错在哪里，才能选择正确的理论。在解决同一问题的多个理论中，通过一系列判决性实验，通过排除错误，淘汰假的理论，就可选择出真的理论来。新的理论不仅必须在前者成功的地方获得成功，而且必须在前者失败的地方获得成功。如果新理论在两方面都获得成功，它就比前者好。

如果观察、实验、生产中应用的结果与理论的预见一致，这个理论就经住了检验，通过了考验，得到确认。波普尔认为，确认只是对理论过去的评价，即此理论迄今为止所经受住检验的评价。至于理论今后的命运如何，什么也没有说。所以，任何曾经经受住最严峻考验的科学理论，其未来都必须“从零开始”。

对理论的后验评价的第一步是排除被否证的理论。第二步是选择被确认的理论，而且要选择确认度高的理论。所谓确认度，就是确认的量度，是指一个理论所经受住的检验的严峻程度。把选择确认度最高的理论作为我们行动的基础是完全合乎理性的。

由此，我们可以看出波普尔找出了一条承认知识的相对性而又避免怀疑论、非理性主义的道路。虽然科学理论不能“证实”（波普尔认为，“证实”既是对理论过去的评价，也是对理论现在和将来的评价），不能是“确定无疑”“绝对可靠”的，但并不是“没有是非”，并不是与宗教信仰“没有区别”。

但是，不管理论过去经受住多少次严峻的考验，将来总有一天也可能被否证，就会产生一个新的问题（Problem 2）。新问题的解决要求提出新的理论，于是又需要新的检验，便有

$$P_1 \to T_1 \quad T_1 \to E_1 \quad E_1 \to P_2 \quad P_2 \to T_2 \quad T_2 \to E_2 \quad E_2 \to P_3 \cdots$$

如此循环往复，以至无穷。

由此可见，波普尔的科学哲学思想是，任何一个物理理论总是临时性的：你永远不可能将它证实。不管多少回实验的结果和某一理论相一致，

你永远都不可能断定下一次结果不会和它矛盾。另外，哪怕只要找到一个和理论预言不一致的观测事实，即可将之证伪。波普尔认为，一个好的理论的特征是，它能给出许多原则上可以被观测否定或证伪的预言。若每次观察到与该预言相符合的新的实验，则理论都幸存下来，并且增加了其可信度；然而若有一个新的观测与之不符，则我们只得抛弃或修正这一理论。无论如何，这迟早总会发生的，问题在于人们有无才干去实现这样的观测。

一个最著名的例子是：牛顿声称天体的运行与地面附近的物体运动遵从同样的动力学和力学定律，建立了牛顿力学（P_1）→爱因斯坦建立了时空、能量和质量的关系，并进一步延伸到时空和引力的联系，建立了狭义相对论和广义相对论（P_2）→物理学领域的第三次革命——如近期提出的超弦理论，即鉴于广义相对论和量子理论的不相协调而提出的包罗万象的理论（P_3）……这一切正说明了波普尔的对于科学过程（实质上是探索相对真理的过程）的理解。牛顿力学被创立时，牛顿的理论不仅解释了天体的运行，而且解释了地球的力学，以及地球表面物体的运动。很长时间（约 200 年）中，似乎这确实就是知识：真正的、确定的，十分正确的知识，无疑对它不会有进一步的怀疑。可是到了 20 世纪初，它被爱因斯坦的相对论取代。这表明，古典意义上的知识，即可靠的知识，其确定性是不可靠的。现在，20 世纪 90 年代，一种全新的理论——超弦理论——的提出，也许将进一步概括相对论和量子力学。科学就是这样向前发展，向前推进的。

对照波普尔的科学方法，我在前面《漫谈科学研究的途径》一文中，实际是把波普尔的尝试性理论进一步细化了，分为突破口、假说或技术方案，以及前验评价等，使初学者能有所遵循。

假说和假设是通向科学发现的桥梁

科学发现来自质疑和猜想。

假说和假设是科学工作者最重要的科学方法之一。假说和假设是想象力的产物，是认识上的飞跃，也是通向科学发现的桥梁。寻找正确的假说（假设），是科学研究中最困难的一步，需要付出艰巨的劳动。

假说和假设是与真实事物相联系的富有想象力的预见。它来自周到的观察和认真的思考并取陈述的形式，如“现象 A 通过变量 C 与现象 B 相关。”又如爱因斯坦阐述狭义相对论时所作的假说表述相对性原理：“物理学定律在所有惯性系中是相同的。”

假说（假设）的创立，通常是在发现理论系统有某些缺陷或空白时，或已有的原理或假说与事实发生矛盾时，或新的现象需要提出设想或构思时，或新的实验和试验开辟新领域时。

假说（假设）的价值在于，以该假说（假设）为基点，将研究工作的方向朝四面八方铺展。一个假说，如果适用各种情况，则可上升到理论范畴：上升为原理，甚至上升为“定律”。

假说（假设）并不总是有效的。古希腊人相信假说是完美的，而实验必须证实它。在中世纪黑暗时期，假说只要向神学和权威顶礼膜拜，便被认为是完美的和充分的，实验是根本不需要的。实际上，假说应被视为行动（行为）的一个极为宝贵的引导，只有确实的实验证据才能怀疑它。假说也常被视为理论上的概括，它与由事实的总结性陈述所构成的经验概括形成对照。假说在寻求真理时的重要性应该特别强调。如果没有假说（假设），科学过程便变为仅是一大堆数据的堆积和收藏。可以这样说，若不深入到事实和现象的内部，对它们进行预先的高度概括，将得不到新的真理。

假说（假设）主要有三个作用：一是提出新想法、新理论、新实验、新观测，即解决疑难的途径。确实，大量的数学推导、大多数的实验以及许许多多的观测是以验证假说为明确目的而进行的。二是帮助人们看清一个事物或事件的重要意义。若无假说，则这一事物或事件就不说明问题。三是发现新事物、形成新理论的桥梁。

如何提出科学假说（假设）呢？首先是要进行文献阅读去追踪想法（idea）以及设计相关的试验性的实验。阅读大量的文献是必要的，有些文章特别是文章的序言部分必须读得十分仔细，找出作者对假说的陈述，追踪作者的想法，但不要受他们的限制。

一般说来，提出假说的方法可以考虑以下的途径：

（1）特殊法到一般法：即把特殊情况下已经证明无误的规律概括为一般情况下的假说。如我们将同心球电子光学的研究规律发展到普遍的宽束电子光学成像系统的假说。

（2）类比法：即对某一现象，以另一熟悉的事物、过程的规律作类比，尽管它们二者是本质上不同的现象，只要它们符合相似的规律，具有共同的特征，便可用类推的方法提出假说。如电学上以牛顿万有定律作类比导出库仑定律。

（3）移植法：其基本思想是应用或移植其他学科领域所发现的新原理和新技术。我们将在《谈谈科学研究中的战术技巧》一文中详谈。

（4）分类归纳法：即对资料分门别类，分析整理，找出规律或作出预见，提出相应的假说。如门捷列夫发现元素周期表。

（5）经验公式法：即对实验数据进行数学处理而得到经验公式，在此基础上提出假说，再进行进一步实践检验。如开普勒行星第三定律的形成。

一个假说的形成，大致有两个阶段：

（1）提出初步假说阶段。研究者通过为数不多的事实和材料，根据科学原理，运用以上的方法，经过思维加工，而得出的初步假说，显然具有明显的尝试性和暂时性。在这一阶段，归纳和类比起着较大的作用。

（2）验证假说的阶段。对于科学研究，假说只有经过论证、充实，才能发展成一个相对完整的理论系统；而在此时必须以事实为基础，应用多方面的知识进行演绎论证。因此，实验的验证对于判定假说正确与否起着关键性的作用。在这一阶段，演绎起着较大的作用。

这里要注意的是，由于实验是在某一条件下进行的，得到的结果与你的假说不矛盾，故可以说这个实验支持你的假说，而不要说实验证实

（prove）了你的假说。因为总有一些条件你无法或没有测试，所以你并不能排除你的假说有错的可能性。诚然，如果各方面（实验和现象）都支持这个假说，假说也可升华为定理或定律。

由此可见，当假说（假设）初步建立后，就需要通过试验性实验以确定其可行性程度。这时，保存试验性实验的原始材料（特别是确有助益的结果）是十分重要的，它将有助于推动你下面必须进行的广泛和深入的实验。无论如何，试验性工作取得初步成功的喜悦心情及其所带来的希望对于研究生和青年学人是非常宝贵的，它将鼓舞他们不屈不挠地去完成学位论文或研究工作。但是，有的研究生缺乏责任心，试验性实验并没有很好地进行；或粗心大意，或冲昏头脑，没有严格完成初步的试验性实验，而这又可能诱使他（她）继续进行粗枝大叶的工作。无论如何，试验性实验有它自己的位置；对于确定性实验，它是不可取代的。最终受到惩罚的还是不负责任的自己。

现在让我们以爱因斯坦狭义相对论为例，看他如何提出假说吧！

在爱因斯坦研究狭义相对论时，实际上，在物理学界已经有三个被物理学实验所确认的结论（即假说）：

（1）光速不变性原理——在所有相互做匀速直线运动的坐标系中，即惯性系内，光在真空中的传播速度具有相同的值；

（2）相对性原理——在所有相互做匀速直线运动的坐标系中，即惯性系内，自然定律都是相同的。

（3）速度相加定理——一质点对于一个坐标系的速度等于它在另一坐标系的速度加上此坐标系相对于第一个坐标系做匀速直线运动的速度之和。

这里，前两个结论是从物理学实验得出的，特别是迈克尔逊—莫雷的实验证明了光速不变性原理；第三个结论是从简单的力学变换原理推出来的，也是直接从我们的直观中得来的，因而显然很难说谁有错误。

但是，速度相加定理与光速不变性原理是矛盾的。如果我们再加上第二条假说，即相对性原理，其矛盾就更加明显了。

设沿着路基发出光线，现考察此光线相对于车厢的速度。按速度相加定理，则有

$$w = c - v$$

这里，w 为所求的光相对于车厢的速度，c 为光相对于路基的速度，v 为车厢

相对于路基的速度。于是，光线相对于车厢的传播速度出现了小于 c 的情况。这一结果是与相对性原理相抵触的。根据相对性原理，真空中光的传播定律，就像所有其他自然界定律一样，不论以车厢作为参照系，还是以路基作为参照系，都必须是一样的。但是，从上述公式的论述看来，这一点似乎是不可能成立的：如果所有的光线相对于路基都以速度 c 传播，那么由于这个理由，似乎光相对于车厢的传播就必然服从另一定律——这是一个与相对性原理相抵触的结果。

面对上述棘手的问题，可以有三条途径选择：

a. 舍弃第三个假说!

但是，速度相加定理似乎是一个常识性的问题，很难放弃的。因为一个人在一秒钟里相对于车厢向前走了一段距离 s_1 ，而车厢在一秒钟里相对于路基向前进了一段距离 s_2 ，这样，很自然，在所考虑的一秒钟里此人共相对于路基走了距离 $s = s_1 + s_2$ 。这还会有错吗?

b. 舍弃第二个假说!

但是，相对性原理是如此自然而简单，被人们认可，认为具有很大的说服力。如果相对性原理不成立，则彼此做相对匀速运动的一系列伽利略坐标系，对于描述自然现象就不是等效的。比如说地球，它是在环绕太阳的轨道上运行，因而我们可以把地球看成是每秒 30 公里的速度行驶的火车车厢。如果相对性原理不正确，我们就应该预料到，地球在任一时刻的运动方向将会在自然界定律中表现出来；而且物理系统的行为将与其相对地球的空间取向有关。而实际通过最仔细的观察，也从来没有显示出地球物理空间在不同方向的物理不等效性。这是支持相对性原理的一个十分强有力的依据。

c. 舍弃第一个假说!

真空中的光的传播定律能否由一个能与相对性原理一致的比较复杂的定律所取代。但是，理论物理学的发展说明了我们不能遵循这一条途径。在关于洛伦兹对于与运动物体相关的电动力学和光学现象的理论研究表明，真空中光速恒定定律是所导出的电磁现象理论的一个必然推论。

面对这样的情况，许多当时的著名理论物理学家比较倾向于舍弃相对性原理。尽管事实上并不曾发现与相对性原理相抵触的实验数据。

爱因斯坦就在这一关键时刻创立了狭义相对论。他分析了时间与空间的物理概念，坚定地相信，相对性原理和光的传播定律实际上丝毫没有抵触之处。如果系统地贯彻这两个假说，就能够得到一个逻辑严谨的结论。他紧紧地抓住迈克尔逊关于验证“以太”存在的实验失败的事实，从地球不影响光的速度这一结论出发，进而推想，光速既然不随地球运动而变化，那么也必然不随其他任何体系而变化。由此，他肯定了第一个假说和第二个假说，而放弃了第三个假说；并且从确定的前两点基本假说出发，提出了同时性的相对性问题，推导出了洛伦兹变换，并研究了这两个基本假说与经典变换相矛盾的地方在哪里，是怎样矛盾的，从而找出所得到的结果的物理意义，建立了狭义相对论。

关于广义相对论的两个假说，这完全是爱因斯坦的天才创造。在研究了狭义相对论后，爱因斯坦深知，狭义相对论还不是一个完整的理论体系，因为它把相对性原理局限于两个做匀速运动的惯性系里，还不能解决加速运动和万有引力问题。否定了静止的“以太”作为特殊的坐标系，这是一大进步；但实际上并没有真正解决经典力学中的古老难题：为什么惯性系在物理学中比其他坐标系都特殊、都优越？这一经典力学中未能解开之谜，使爱因斯坦敏锐地意识到它是经典力学和狭义相对论“所固有的认识论上的缺陷”。为此，爱因斯坦把扩大相对性原理的应用范围作为自己的一个努力的目标，继续探寻一种更普遍的物理理论。

首先他选择研究引力问题作为研究的突破口。因为惯性质量与引力质量相等是解决引力问题的关键。他以两种质量相等为基础，用“爱因斯坦升降机”的“思想实验”证明了参照系的加速度产生的效应与引力场产生的效应完全相同，从而提出了著名的“等效原理”：

> “一个加速度为 a 的非惯性系，等效于含有均匀引力场的惯性系。”

这是广义相对论的第一个假说。

广义相对论的第二个假说，即广义相对性原理，又叫广义协变原理，它是狭义相对论中相对性原理的推广。

> “在任何参照系中，物理学规律的数学形式是相同的。”

从这个假说，我们可以看出爱因斯坦的辩证法的哲学思想。爱因斯坦特别强调世界的统一性，他一贯认为基本的物理学规律必须具有最简单的逻辑形式。他认为，大自然是统一、和谐和简单的。不应该优待某一类运动，歧视另外的运动；不应该优待某一类参照系，歧视另外的参照系。所有的运动都是相对的，所有的参照系都有平等的权利。因此，他提出物理学定律在所有的参照系中都成立，而且具有某种相同的形式。爱因斯坦的思想是多么简单，又多么明确啊！

由以上爱因斯坦创立相对论的假说的过程，从方法论上说，我们可以学到些什么呢？

（1）在思考假说时，要有一个正确的思维方法，特别是要用辩证法来指导自己的思想。

（2）假说要以事实材料为根据，但也不能全等事实材料全面系统的积累，如广义相对论中的等效原理和广义相对性原理。

（3）创立假说时，要充分运用科学原理和新的线索，不要被错误的或陈旧的传统观念所束缚，要正确地对待前人的假说。

（4）要对自己提出的假说进行实践检验：一是能解释已有的事实；二是能预言未来的事件。

（5）假说的结构要简单明确，基本概念清晰明了。

在构造假说时，应注意以下几点：

（1）不要对自己的假说过于自信，应力求客观地判断，而不是偏爱。

（2）一旦发现与假说相矛盾的事实，就修改或丢弃假说。

（3）提高警惕，不使观察和解释受到假说的影响和歪曲。

（4）坚持自己的信念，以坚韧不拔的精神对假说进行探索；这与顽固坚持已证明矛盾的佐证有本质的区别。

一个好的假说或假设在理论和实践意义上应是可试验的。提出一个新的假说，或判断一个假说的正确性，需要满足下面三个要求：

（1）新的假说必须解释旧的假说所成功地解释的一切事物。

（2）新的假说必须至少避免旧的假说的一些错误，即，它在可能之处应能经得住旧的假说所不能经受的一些错误；

（3）在可能之处，新的假说应当解释旧的假说不能解释或预言的事物。

总之，假说是结果的预想，它是可试验的，是实验的最初的基础。

最后，还应该指出，假说是随着科学技术的发展而发展的。随着假说的逐步发展，人们对事物的客观规律的认识也就逐步深入。现以人类对光的本质的认识的历史过程为例来说明这一问题。

首先是牛顿的光的微粒说，但它不能解释光的衍射现象；后来，惠更斯（Christian Huygens）否定了光的微粒说，提出了光的波动说，以后菲涅耳（Augustin Fresnel）又建立了衍射理论。但光的波动说认为光的传播是通过弹性的以太介质来实现的。后来，麦克斯韦提出了光的电磁理论，从而提出了光是一种电磁波的新观点，且它比光的弹性理论更好地与经验相符合。但光的电磁理论对于热辐射按频率分布，特别是光电子发射效应的实验现象的解释，遇到了不可克服的困难。20 世纪初，普朗克和爱因斯坦等提出了光的量子理论，认为光具有粒子和波动的二重性。后来德波罗意提出了物质波的概念，说明基本粒子（如原子、电子）和光（光子）一样，也具有波粒二象性。这样就较为完满地认识了光的本质，但也不能说这是认识的终极。

对于应用研究和技术开发，即应用基本规律于国防和国民经济建设、国计民生的自然过程的研究，假说这一步骤主要是指设计合理的实施方案。所谓方案的合理性，一是指它的可行性，二是指它的优越性；能应用自己已经掌握的基础理论和专业知识，以及现有的技术、方法，通过周密的思考、巧妙的布局，以最优化的方式实现既定的科研目标。这里就不细说了。

观察和实验是现代科学的主要方法

科学家通过观察和实验寻求问题的答案。

英国著名科学专栏作家布赖恩·阿普尔亚德把科学分为两个阶段。前一阶段为伽利略之前的科学，或称“智慧”，主要建立在推理基础上；后一阶段为从1609年（伽利略用望远镜观察天体的那一年）开始的现代科学，主要建立在观察与实验基础上。对物理世界的研究，早期的科学家主要是靠观察，后来才涉及对它的控制，即进行实验。观察与实验研究已成为现代科学的主要手段。

先谈观察。观察以有目的性的特点区别于感觉（客观世界事物和现象的反映）。观察是有心的留意。人们仅仅观察那些对他们在理论上和实践上有兴趣的东西。因此，科学的观察就是对周围世界事物和现象有针对性的感觉。关于观察的重要性，普朗克说：“物理定律的性质和内容，都不可能单纯依靠思维来获得，而唯一可能的途径是致力于对自然的观察，尽可能搜集最大量的各种经验事实，并把这些事实加以比较，然后以最简单、最全面的命题总结出来。换句话说，我们必须采用归纳法。”

在科学研究中，观察有两个重要作用：首先，观察帮助确定问题；其次，观察在实验中是至关重要的因素。观察既不是所感受的信息的被动吸收，也不是感觉的证据的转录。观察应是一个有目的的过程。观察时应十分清醒，对事物和事件保持敏锐的“眼睛”。观察的能力来自清醒的意识和持有问题的态度。观察者始终在寻求问题的答案。

观察能力是人所特有的一种感知外部世界、捕捉对象特有的能力。科学研究中的观察，无论是自然条件下的观察，还是实验条件下的观察，都是搜集科学事实、获取感性材料的基本途径。科学家的成就与这种高度的观察能力有着密切的关系。

在科学史上，科学家得力于精细入微的观察，促成某些突破的事例不胜枚举。弗莱明发现青霉素、琴纳发明牛痘接种法、伦琴发现X射线、瓦特发明蒸汽机等，都和他们用心观察，从日常生活中捕捉不平常的现象，从而得到某种有益的启示有关。生理学家巴甫洛夫对学生说过："应该先学会观察。观察，不学会观察，你就永远当不了科学家。"弗莱明就发现青霉素荣获诺贝尔奖时说过："我的唯一功劳是没有忽视观察。"达尔文也说过："我既没有突出的理解力，也没有过人的机智。只是在觉察那些稍纵即逝的事物并对其进行精细观察的能力上，我可能在众人之上。"这些从亲身经验总结出来的真知灼见告诉我们，观察和观察能力对于科学家、对于科学发现是多么重要。

应该指出，在观察与理论的关系上，由于观察总是有选择的，故理论先于观察。这是因为观察需要选定对象，确定任务、兴趣、观点和问题，而且观察中渗透理论。因此，我们在观察中必须注意理论的先导作用。

自然，观察的深入状况很大程度上取决于观察的工具。随着时代的进步，观察的世界也在改变。

与观察不同，实验研究是创造一个人为的环境，在研究者给定的条件下进行观察，并能对被研究的对象进行控制。其特点是研究人员的主动作用影响着研究对象的过程。

实验研究可以

（1）排除附带因素的影响，简化所研究的对象；

（2）引入新的因素，使所研究的对象复杂化；

（3）多次再现研究的对象（若有必要）；

（4）研究自然界中以纯粹形式不存在的现象的特性；

（5）创立新的人工对象。

和研究真实对象模型的理论研究不同，实验研究是在环境对象中进行。后者既是自然界的物体、现象和技术对象，在某些情况下又是实际对象的模型。实验研究对于自然科学工作者正如生活实践对于作家一样，是创造概念的源泉，更不用说工程科技工作者了。实验工作正是捕捉新概念的良好时机。这些新概念可提供假说（假设），建立理论，规划新的实验，发现物理现象，解决生产实际中的难题。

实验的设计和实施是一门科学，但有的实验（如工艺）可被称为"实验的艺术"，取决于不断的实践。年轻的研究人员往往心怀侥幸，希望一两次实验就获得成功。这是不切实际的想法。在实验上不严谨老实或急于求成是一种十分有害的态度。应该指出，做新的实验极少只做一次就能成功。只有专心致志和勤奋劳动，才能取得成果。

实验是科学拟定的试验。这个试验是在准确估计到的条件下对现象进行指定的研究，可以在试验的进程中监视现象的变化，并可人为地施加影响，以及多次反复试验。

实验研究须具有 3 个主要特点：

（1）从经验的全体中抽象出一个要特别加以研究的范围；

（2）实验者要有明确的目的，知道要解决什么问题；

（3）实验者须精心设计，正确安排。

科学实验的实质是驱使自然界“动作”起来，使其呈现深藏的真相。科学家通过实验“询问”自然。正如美国微生物学家雷内 · 杜博斯（Rene J. Dubos）所说：“实验有两个目的，彼此往往不相干：观察迄今未知或未加释明的新事实，以及判断为某一理论提出的假说是否符合大量可观察到的事实。”

通常，实验研究可分为以下几类：

（1）定性实验：判定某因素是否存在、某些因素是否有联系、某对象的结构等。如迈克尔逊—莫雷的实验证实了不管光线的方向如何，光的速度总是一样，从而否定了宇宙中以太的存在。

（2）定量实验：目的是测量某对象的数值，或求出对象与因素之间的数量经验公式，如汤姆逊求电子荷质比的实验。

（3）模型实验：根据观察和研究，设想研究对象的大致轮廓，从而提出模型。如卢瑟福以 α 粒子束照射金属，发现粒子轨道有大角度的散射，于是领悟到原子核的存在，提出原子结构的行星系模型。

（4）析因实验：寻找主要原因或因素的实验。

（5）模拟实验：在实验中创造条件，以模拟自然条件或自然演变过程。

（6）理论实验：抓住本质（忽略非本质的次要因素）的实验。

实验时的思维活动大致有 3 种情况：思维落后于、紧随着、先于实验进程。一般来说，若能做到最后一种情况，实验工作的质量就是高水平的。在预见在先的实验中，一可以集中注意力，发现新现象、新概念；二可以防止导致失败的种种事故。

保证实验工作高质量的首要条件是思维活动与实验进程的紧密配合。人们认识客观世界的进程，总是借助于一定的理论模式。诚然，理论模式的孕育和概念的捕捉，与科学研究的整个环节——开题调研、理论探讨、实验筹划、实验进行、结果整理等——都有关联，但实验是孕育概念、酝酿模式的思维活动的关键环节，要善于利用这个环节取得突破。

在实验研究中，要注意的事项有：

（1）实验前对问题要心中有数，要精确调整实验设备。开始实验前，要有意识地分析尚缺乏哪些概念、数据和手段。对于要解决什么问题，会出现什么问题，都要心中有数。总之，要预先在脑子里造成悬念，以便在实验时有意识地思考、寻找和观察。

在实验中，一个科学工作者不但要求实验反映真实，而且要求精确测量。一个好的实验的标志是井井有条的计划和有条不紊的实施。计划必须考虑以下方面：实验项目和控制的数目，试验条件，分析方法，其中包括统计试验。所有的实验设备须进行预先调整，以确定其测量的正确度（实际值与理论值的接近程度）和精确度（重复测量的变化程度）。

（2）实验应由小到大，由简略到复杂。在最初阶段，就进行复杂的试验，试图对所有的问题做出全面的回答，往往很难得出理想的结果，不如随着研究工作的逐步进展，逐步修订实验。只有当简略实验（试验性实验）能作为某项能得出可靠结果的复杂实验的初步实验时，才有理由进行这项实验。

（3）实验时要集中注意力，寻找、观察、发现所需要的东西。进行实验时，有两个问题必须引起研究人员的重视。首先，一个熟练的实验研究人员，对其所用的仪器、设备的使用已几乎形成“本能”，在实验时就能集中注意力“观察”，攻克难关。因之，有意识地提高自己的实验水平，熟练掌握实验技术，是十分重要的。其次，观察的水平与实验者的理论水平同样密切相关。只有对本课题有关基础理论“吃得透”的人，才有可能有深入的观察。

应该指出，在实验中，为了证实假说而“各取所需”，选择或记录“有利”的数据，制造假象，是科学上的一种不道德行为，为正直的科学工作者所不齿。

（4）实验记录的分析要过细和耐心。实验中要进行详细的记录是无疑的，但不是一切都记。选择记录的内容本身就促使注意力集中于有关东西，有助于现场思考，获得概念。其次，实验记录的分析要过细，注意现象间的深刻联系，为以后建立理论体系，引入抽象概念做准备。再次，在实验的分析阶段，要有极大的耐心。这是因为概念的联系总是深藏的，只有具有抽象思维并耐心分析的人才能洞察它们。在有些情况下，可以过些时日再整理。在悠闲的状态下，概念有时会突然来临。

（5）要注意实验结果的有效适用范围。应该记住，实验结果的有效性，仅仅是对于实验进行所处的条件而言。在必然受到限制的条件下，注意所得到的实验结果有多大的适用范围。关于这一点，在做结论时必须十分小心谨慎。还应该指出，如同研究工作所使用的其他手段一样，实验并不是万无一失的。不能从实验上论证一种假说并不等于证明这种假说是不正确的。

大多数有经验的指导教师知道实验研究的难处。他们有时指定研究生去重复一些过去的研究生已经完成的实验，以帮助学生提高实验技艺并提供一次机会去复查以前研究的结果。指导教师总是鼓励自己的研究生对所建议的实验方案进行预备性实验（即试验性实验），如模型实验、原理性实验等，即以较为简单的方案进行实验，以确定实验方案可行的程度。对于一个较为困难的实验问题，较好的方案是把它“分裂”成几个较小的实验，然后分步去完成它。试验性实验具有它自己的位置。对于确定性实验，它是不可取代的。不少青年学人为了急于出成果，而且野心勃勃，不愿做试验性实验，往往把自己的首例实验搞得很大、很复杂，结果为此吃苦头。此外，最好是将容易的实验放在最前面去完成。实验先易后难是明智的。有些学生会说：“如果我把最困难的实验首先完成，那么其他就不在话下了。”这是一种貌似聪明，实则愚蠢的想法。它将会带来不必要的失败和沮丧。须知，实验的初步成功对于你要达到的目标是最大的鼓舞。在没有取得某些有价值的结果之前，实验总是这出毛病，那不顺利，这时特别需要坚持，直到做出结果来。一旦取得一两个令人满意的结果，面对未来的实验（哪怕是不可避免的失败）也会抱乐观的态度。对一名科研人员来说，自信心是非常重要的。它将有助于意气风发、高效率地工作，使实验最终取得成功；而成功的实验将更鼓舞、激发自信心。

某些青年学人幻想碰运气偶然取得成功，即期望获得意想不到且意义重大的结果。机遇或偶然发现在科学发现中的确会起到重大的作用。如我在评论《机遇》一文中已述，机遇偏爱垂青她的人——苦苦追求，十分倾心于她的人，或是经验丰富的人。弗莱明发现青霉素来自微生物菌培养时无意受到污染，但如果没有博识的洞察力，那个受到污染的盘子将会被清理掉，首例抗生素的发现便会被推迟。因之，为了不使机遇错过，在实验时，思想要开放，不要拘泥于现有的假设，而在真理面前视而不见。

应该指出，大学生的实验与研究生的实验有很大的差别。大学生习惯于按照实验指导说明书去精确地完成实验。有些大学生做实验仅是为了在实验上要个好分数。研究生在实验中要求有深思熟虑的方案并做出更多的奉献。这就需要化时间去研究背景和实验方案，构造实验平台，并从平凡的实验中寻求深奥的内容。指导教师通过核心课程和个别的研究问题会给予一些帮助，但实验主要靠研究生通过顽强的劳动独立地去完成。这是成长为一个真正的学者所必需。

推理是由已知探求未知的主要手段

类比、归纳和演绎是推理的常用手段。

尽管新发现大都来自意想不到的实验结果或观测现象，或者来自直觉，而很少直接从逻辑思维产生，但是推理在科学研究的其他方面还是起重要作用的，而且大多数是行动的指南。

推理作为科学研究中的一项主要手段，表现在：

（1）形成假说时或概括时；

（2）判断由想象或直觉而猜出的设想是否正确时；

（3）部署实验方案和确定研究工作的技术路线时；

（4）评定佐证的价值并解释新的实验事实时；

（5）作出概括，找出新发现的拓广和应用以及预见未来事件时。

在科学研究中，发现与求证的方法和功能不同，恰如侦探与法官之不同一样。研究人员在追踪线索时，起的是侦探的作用；但是一旦抓住了实据，他就变成了法官，根据逻辑方法安排的佐证来审理案件。两种职能都是必要的，不过作用是不同的。

在科学研究中，随着事实的逐步积累，必须将它们组织整理，上升为更高深的知识。此时，我们需要的是概括，或是为某一理论提出的假说。其途径便是归纳、演绎、推理，得出了概括（假说或假设）。通常，人的认识的前进运动是从特殊到一般，又从一般到特殊的循环往复中实现的。因此，推理又可分为类比推理、归纳推理和演绎推理3类。

（1）类比推理是利用事物之间关系的类似性进行推理的方法，即根据这种类似性，从一类对象的一些已知性质、关系，推出另一类对象可能有的性质、关系。因而，它是由个别性判断导出其他个别性判断的推理。

（2）归纳推理是从实验和观测的事实材料、实验数据出发，得出理论性的一般结果或规律。因而，它是由个别性判断导出普遍性判断的推理。

（3）演绎推理是从一般的规律出发，着重运用数学的演算或者逻辑的证明，得出特殊的具体例子所应遵循的规律。它是由普遍性判断导出个别性判断的推理。其结论不能超出前提所断定的范围，因而是必然的。

这里，我想着重谈谈科学研究中的类比推理。类比推理是与科学发现这种创造性工作最有密切联系的一种逻辑方法。它是在立足于原有背景知识的基础上，尝试从已知导向未知，推进对事物的科学认识。科学家在构造和发展科学假说及其解释系统时，总是得益于在所研究对象与已知事物之间寻求和使用相似关系，即进行类比。类比几乎对一切科学理论都有辅助作用。巧妙的类比往往还能预示观察、实验的正确方向，并有可能最终导致重大的科学发现。类比推理已成为科学发现中卓有成效的工具。

类比推理的结论具有或然性，因为它是从一种特殊过渡到另一个特殊的推理，因而它的结论已超出前提所断定的范围，不具有逻辑必然性。可是，类比推理的或然性带来的结论未必真。这固然是一个缺点；但另一方面，也带来了演绎推理所没有的灵活性和创造性。过去有人偏重从静态的观点看待类比推理，往往过多地强调它的不可靠性的一面。如果我们置身于科学研究活动的过程，从动态的观点来看待类比推理，那么它确有不少优点。科学工作者要探索前所未知的现象领域，要解决新的问题，追求新的知识，建立新的理论模型。这里没有现成的道路可走，不能从现成的普遍原理中演绎出答案。因此，在科学发现中，更需要受前提约束较少的、从已知通向未知的富于创造性的类比推理。只有这样，其能动性才大有用武之地。

以下是一些使用类比推理的实例：

（1）光学—力学类比。

哈密顿（约 1825 年）在对力学现象和光学现象做比较研究时发现：

1）在经典力学中，质点的位移服从莫培督的最小作用原理：

$$\int_A^B v\mathrm{d}s \text{ 极小值}$$

式中 v 是质点的速度，ds 是路程元。

2）在几何光学中，光波的运动服从费马的最小光程原理：

$$\int_A^B n\mathrm{d}s = \text{极小值}$$

式中 n 是折射率。两个积分式，在形式上是相似的。根据这种关系的相似，可以反过来推出一系列物理量原来是有相似性的，如力学中的粒子动量——光学中的波矢量，力学中的粒子能量——光学中的频率，力学中的粒子的作用量——光学中波的周相，等等。所有这些相似性，主要都表现在关系形式上。后来，物质波的发现者德布罗意和波动力学创始人薛定谔都进一步引申发挥了这一类比，推进了量子力学的发展。20 世纪 30 年代开始发展电子光学时，电子光学几乎所有的概念都是与几何光学类比得来的，从而形成了一门新的学科。

（2）玻尔的原子模型——太阳系与原子系统的类比。

在研究原子行星模型时，卢瑟福的核模型首先将哥白尼太阳系与原子系统进行类比。其基本出发点是，原子的正电荷以及大部分质量都集中在原子核之中。原子系统中起主要作用的电荷的库仑定律与万有引力定律的形式结构相似。太阳系和原子系统类比的相似关系是：太阳—原子核，诸行星—核外电子，行星绕日运行—电子绕核旋转，万有引力定律—库仑定律。然而，这一模型虽然对两个系统进行多方面、多层次的类比，对原子的结构与特性做了有效的解释，但不能解释有核模型的不稳定性。

玻尔对卢瑟福的核模型进行了改进。他在卢瑟福的行星式原子模型中引进了电子的“分层轨道”（即稳定态）概念。电子在两个特定编号的“轨道”之间的跃迁（同时，发射或吸收一个光量子），就正好与光谱公式中的一条谱线（频率f）相对应。这样就成功地解释了原子的定态跃迁现象。后来，玻尔还注意到这样一个事实：行星其实并不正好环绕太阳的质量中心转，而是行星和太阳一起环绕它们的公共质量中心转。于是，玻尔想到，他的原子模型也得考虑原子核和电子的“公共质心”，也可以引入“折合质量”。当将相对论应用于太阳系的天体力学时，玻尔又考虑自己的原子模型也应做类似的相对论修正。这便意味着运动电子的质量变化和原子中的能级的分裂。于是，经过几次修正后的玻尔模型中所做的类比，太阳系和原子系统的相似关系为：太阳—原子核，太阳系的公共质心—原子系的公共质心，诸行星—核外电子，太阳系的折合质量—原子系的折合质量，行星绕公共质心转—电子绕公共质心转，行星的分层轨道—电子的分层稳定态，引力—库仑力，太阳系的相对论修正—原子系统的相对论修正。

玻尔的原子模型奠定了原子物理学的基础。由此可见，类比推理对一门新学科的创立发挥了多么巨大的作用。

从方法论的角度来看，量子力学的建立过程说明，无论是波动力学，还是矩阵力学，都是通过与经典理论进行综合类比的方法建立起来的。这种综合类比涉及各种物理现象之间的类比，如将微观粒子的性质与光的性质进行类比；各种学科理论之间的类比，如将质点力学与波动光学之间的关系进行类比；数学形式之间的类比，如狄拉克将经典泊松括号与海森堡的量子力学量乘积之差的形式进行类比等。综合类比的方法系统地反映了所研究对象的本质特征和定量的相互关系。因此，它既是类比推理中可靠性最大的一种推理形式，也是在科学方法中创造性比较大的一种推理形式，在科学发展过程中起着重要的作用。尽管如此，综合类比毕竟还只是一种从特殊到特殊的逻辑推理方法，在进行类比的两类事物之间并没有必然的形式逻辑通道，常常需要直觉的预感和猜测。

类比推理不仅在基础科学被用于解答理论性较强的问题时具有特殊的辅助发现作用，而且对于解决技术科学的问题也是富有成效的。例如，仿生学就是一门以技术系统与生物系统之间的模型类比为基础的科学。仿生学家应用模型类比进行设计已经取得了大量的成就，如“电子蛙眼”“电子复眼”“电子鼻”“电子鸽眼”“水母耳”等。在工程技术中广泛应用相似模型做模拟实验，用比较方便的方法再现被研究对象的基本特性，而类比推理就是这种方法的理论依据。

应该指出，在推理过程或推理性实验中，每一步都是前一步推理的结果，新发现是逐步取得的，但推理所取得的进展比采用其他方法取得的进展要快得多。

在科学研究中，运用推理时要注意以下几点：

（1）首先要严格审查用以推理的前提和根据是否正确。每一步推理都要停下来考虑一下根据和前提。推理时要审慎考虑，步步为营。

（2）推理时必须坚持实践第一的观点。一是在任何情况下推理都不能脱离实验研究；二是要求推理必须接受实验的检验。

（3）绝不能把事实混同于事实的解释。也就是说，必须区别资料与概括。举一个例子：某种药物使家兔致死。这也许是一个事实，但若要说“这种药物对家兔有毒”，就不是事实的说明，而是通过归纳、推理做出的概括。因此，在推理时必须十分清醒和自觉。

（4）在推理时，内插是在一系列已确立的事实中填补空白。这在大多数情况下是允许的。外推是根据同一趋势延续下去的假设延拓到观测之外，故使用外推法要危险得多。理论如果明显超出已经试验的范畴，往往会把人们引入歧途。

（5）除数学符号推理外，一切推理都受感觉、偏见和过去经历的影响，尽管这种影响是下意识的。故不要信赖以推理为唯一依据的设想。不少事实和理论仅在一定条件下成立，而限于我们拥有的知识的不完备，我们至多只能根据很可能发生和有可能发生的概率进行推理。

应该指出，不少科学家认为，新发现的获得应是一种奇遇（或是机遇，或是创造性思维），而不是思维逻辑过程的结果。逻辑和推理所关心的是正确性和确实性，是被用来验证已有的创造设想。他们把人类做出新发现如此艰苦缓慢，对新事物视而不见，都归结于逻辑和推理的缺陷（这可能有些偏激）。更有人认为，“使社会感到幸运的是，绝大多数伟人幸而对逻辑传统概念一无所知”（这可能有些偏见）。实际上，在科学研究活动中，类比、归纳与演绎既是运用广泛的逻辑思维方法，又是极其重要的逻辑推理形式。它们在科学研究活动中发挥了非常积极的作用。而且，由类比提出新的思想，经过演绎、归纳和实验验证而形成崭新的科学理论，在自然科学史上是屡见不鲜的。

我认为，作为一名科学工作者，学点形式逻辑是十分必要的。一方面，它促使我们进行敏锐的、持续的思考，使我们始终沿着正确思维的道路前进，尽管它并不一定会通向新的发现；另一方面，每一名科学研究人员都要写作论文，精确表达自己的意思，就必须从思想上明确自己的观点。写作是思想的表达，但要靠语言进行推理。

谈谈理论研究中的若干问题

一个好的理论总是和谐的、简洁的，并具有内在的美。

在自然科学中，尤其是物理学，特别强调量度。这是物理科学的一个重要的特点。量度得到数量，因此数学就自然地被引入物理学，并且成为物理学的主要工具。数学方法在解决物理问题时是举足轻重的。当代科学，若没有数学，确切地说，没有数学的定量特征与演绎特征，就没有客观规律的科学表示方式。这是因为，科学问题的全面解决，不仅需要发现本质联系，还需要发现它们之间的定量关系，并简洁地表达出来。数学能够用各种符号之间的关系来反映现实世界中各种量之间定量的逻辑关系。不仅物理规律的定量表示离不开数学，而且任何一门自然科学全面成熟的标志，就是数学化。

一、理论研究

我们通常所说的理论，是指客观世界在人类意识中的反映之系统化的，以及被用于改造现实的知识系统。它是在综合社会生产和科学活动的经验基础上形成的，并能描述并解释物质世界发展的基本规律。

理论研究适用于：

（1）综合研究成果，以整理和判断实验数据的方法寻求普遍的规律；

（2）把研究成果扩大到一系列类似的对象，而不需要重复整个工作量；

（3）直接研究所不能达到的对象；

（4）提高对象的实验研究的可靠性。

首先，在理论研究中，提出适当的理论模型是第一位的事。不建立研究对象的理论模型，事实上不可能进行它的研究。不仅有已知的，而且还有未知的自然现象，都会影响每一个真实的对象。因此，当研究真实对象时必须进行简化——利用这样或那样的假说（假设）建立模型，在模型中只需反映原型的主要的和本质的联系。

其次，进行理论研究时，必须确定研究对象的哪些参数是可以忽略的，也就是要评定对象所需要的抽象和简化的程度。这就确定了研究对象中的本质和非本质参数，基本单元及其联系。

这样，理论研究就是在复杂对象中寻找简单的单元及其联系形式，研究并描述这些单元，把它们连接到复杂对象的模型中。关于模型法，我们将另文详谈。

二、符号体系

通常，物理学概念是用空间和时间来表达的，故物理的量度最后总是要涉及这两个概念同数的结合。马克思说："一种科学只有在能运用数学时，才算达到了真正完善的地步。"数学在自然科学中的应用，已经不仅仅是探讨数值解，还包括用数学方法去探讨其他学科的发展规律。数学在科学研究中的作用有三：

（1）为科学研究提供简洁、精确的形式化语言；

（2）为科学研究提供数量分析和计算的方法；

（3）为科学研究提供推理工具和抽象能力。

所有这些作用的发挥都是以形式化、符号化为前提的。在科学研究中，应用符号和符号体系是十分重要的。符号具有约定的代表作用，是用记号（sign）代表抽象概念。也就是说，它是某一概念或某一群概念的特征形象标记。其最大的优点是确切性、经济性和通用性。

应用符号和符号体系有下述好处：

（1）把抽象的情况变成一群可知觉的事实，具有可见的明确性，而明确性将使这类概念从逻辑抽象中区别出来。

（2）规定符号的规则能唯一地固定下来，而单靠思维规律几乎是不可能的。这样避免了使用易于含混的语言推理。正如几何光学中正负号规则易于确定所成的像是实像还是虚像，是正像还是倒像。

（3）思维经济，即以高效率进行思维和推理。例如，我们可以导得曲线坐标系下逆变形式的牛顿方程：

$$m_0\left\{\ddot{x}^{\lambda}+\begin{Bmatrix}\lambda\\jk\end{Bmatrix}\dot{x}^{j}\dot{x}^{k}\right\}=F^{\lambda}\qquad(\lambda=1,\ 2,\ 3)\qquad(1)$$

式中 m_0 为质点（或粒子）的静止质量，点号“·”表示对时间 t 的微商，x^j 表示矢径在曲线坐标系的逆变分量，F^λ 表示力的逆变分量，$\left\{ \begin{matrix} \lambda \\ jk \end{matrix} \right\}$是第二类克里斯托弗符号。用这一简明的方程可以研究任意曲线坐标系下质点的运动。

（4）符号体系和规则能把一些表面上看起来不同的事物联系和统一起来。例如，麦克斯韦由两个旋度方程导出了波动方程，证明电磁现象是以波动形式存在并以光速传播的，从而预言电磁波的存在以及“光就是电磁波”。

（5）在某些场合下，物理量算符化甚至是建立理论体系的特征和途径。在量子力学中，描述力学体系的力学量，一般用算符表示。例如，能量用算符 $i\hbar \dfrac{\partial}{\partial t}$表示，动量用算符 $-i\hbar \dfrac{\partial}{\partial x}$表示。这里，算符不是直接代表数值的符号，而是某种运算符号。如上述能量算符和动量算符，就是一些微分运算。在量子力学的初期研究中，薛定谔从德布罗意的物质波观念出发，得到了实物粒子的波动方程。把其与经典力学相比，发现将微观力学量用算符表示，新的波动方程就与经典力学方程具有相同的形式。求解这个波动方程，就能得到算符的一系列本征值。它们正好与微观力学量的量子化取值一致。这就是说，通过力学量的算符化，可以解决它的量子化。

（6）符号体系中每一个符号必定代表一个概念。这个概念超过了用这个符号来表示的特殊的实验操作。例如，波义耳定律中 P 代表大量实验操作的综合，是抽象出来的。当原始概念与某些符号之间存在一些数学关系时，通过它能推演出物理定律，由物理定律建立科学理论。一个最典型的例子是：匀速运动定律、匀加速运动定律、简谐运动定律、能量守恒定律……每一个都是真正的物理定律。它可通过位移（s）、时间（t）、速度（v）、加速度（a）、质量（m）、力（F）等来表示，从而建立了力学理论。

三、理论研究中的概念和定律

爱因斯坦有句名言：“所有科学的目的都是调整我们的经验并置之于一个逻辑体系中。”在这个过程中，物理概念，即反映事物的普遍和本质特征的思想，起了极其重要的作用，而物理概念与符号体系紧密相关。

首先，我们要强调客观规律的存在及其可知性。这是每一个从事科学研究的人员必须具有的唯物主义观点。爱因斯坦说："要是不相信我们世界的内在和谐，那就不可能有科学。"相信世界上在本质上是有秩序和可认识这一信念，是一切科学工作者的基础。

理论研究中概念的选择，应遵循以下原则：

（1）每一主导概念都应该是明白的，没有混淆的。通过大量应用于经验事实之后，能为同行们接受。

（2）由一些基本概念，人们可进行组合。如果组合能反映物理过程的量，就是成功的。

（3）概念应与符号体系相联系。如波义耳定律 $PV=C$。式中 C 是常数，而 P 代表压强。它与 V（气体的体积）一起描述气体的行为。压强 P 是客观存在的。它又代表各种各样测量方法测得的结果。

（4）对于那些能超越其原来形成的学科而渗透到别的领域的那些概念，更应予以重视。

物理定律是客观世界的规律描述。准确地说，它是有限的实验结果的描述，或者它只是有限范围现象的一种符号的描述。

得出物理定律需要洞察力和想象力，还需要假说，甚至机遇。另外，还要注意物理定律适用性的严格界限（如波义耳定律 $PV=C$，只有在温度一定时才成立），在推广时要多加小心。

下面以牛顿力学为例来说明。

牛顿是把伽利略定律和开普勒定律总结、提升到牛顿力学的理论。牛顿当时进一步考察了开普勒第三定律，即

$$T^2=D^3 \tag{2}$$

这表明，行星的公转周期 T 的平方等于离太阳距离 D 的立方。那么，是什么驱使行星不知疲倦地绕太阳做椭圆运动呢？牛顿的观点是：

引力是物体本身的性质。宇宙间一切物体都应该有引力。这就是引力的万有性［引力不需要介质（如以太）的帮助］。

这就是牛顿的概念和假说，但在当时仅限于猜测。关键在于找出它的定量表示，验之于实践，才能令人信服。牛顿总结了前人的结果，提出了万有引力的数学形式：

$$F=k\frac{m_1m_2}{r^2} \tag{3}$$

式中 F 是万有引力，k 是比例常数，m_1 和 m_2 分别代表两物体的质量，而 r

是它们之间的距离。

对月球运动的大量研究证明，月球运动的向心加速度以及地球表面物体（如苹果）落地加速度都与上述的公式吻合。

这一公式以后又转变为库仑定律。两个粒子之间的力也符合此规律，更进一步说明了物理定律表示符号体系的预测功能。

四、理论模式的建立

通常，凭直觉得出的结论需要接受检验，那么科学家运用什么方法来检验科学上各种理论模式呢？一般来说，良好的理论模式或公式基本上具备以下 4 个特点：

（1）它必须对我们所了解的问题的一个或几个方面做出连续一致的解释，并且不能与其他已被证实的结论相背。

（2）它在数学推导上必须是正确的，并且不能违背那些已为人们接受的用来描述该问题的物理学定律。

（3）它应该尽可能少地引入特殊的假设——“假设因素”，即此理论不同于其他理论的一些特点。

（4）它必须得出一项或多项关于该问题的新结论，从而使此理论模式可接受理论上（最起码的）和实践上（当然更好）的检验。

此理论模式做出的结论不仅要与我们所了解的科学知识相符合，并且要对目前未知而通过理论研究即可推断出的情况进行预测。只有这样，它才算通过了检验。

举个比较熟悉的例子，艾萨克·牛顿阐述的万有引力定律对这 4 条标准适应得就很好。它对发生在宇宙中的大量现象做出了精练的解释。有了万有引力，我们不再需要在每一个垂直降落的物体下面援引一个看不见的神。另外，通过万有引力定律我们又得出了关于宇宙的其他许多结论。直到爱因斯坦提出牛顿的理论需要做出修改之前，所有这些都被证明是正确的。修改后的理论与爱因斯坦的广义相对论结合在一起，构成了充分符合上述 4 个条件的——尤其是第（4）条——新的理论。

五、科学理论的特征及其美学原则

什么样的理论，才算是成功的呢？是否理论演绎得出的结论与实验相符就算成功呢？遗憾的是，不一定。要仔细推敲，莫被假象迷惑。

一个成功的科学理论应具有以下特征：

（1）具有独创性。独创性或创造性是构成科学理论最主要的特征之一。科学理论必须向人们提供关于自然界的新知识或新认识，或解决了前人未曾解决的科学问题。

（2）具备足够的能反映所研究客观现象本质的基本概念。基本概念应是明白、无误、严谨的；新理论不容许有任何逻辑上的矛盾。它所遵从的科学定律，应能以精确的数学形式表示。

（3）以基本概念、基本规律为基础建立起来的基础理论，应能进一步精确化，并与实验结果相吻合。

（4）应能解决本学科领域内的科学现象的机制问题，并能比已有理论解释更多的成果。

（5）必须通过观察和实验加以确认，可以独立地受到检验，并应通过某些新的严峻的检验。

（6）具有预见性。新理论除了能解释事先计划要解释的事实外，还必须有新的可检验性的新结论，必须引出对迄今和不曾观察到的现象的预测。这是科学理论的又一个最主要的特征。一个真正成功的理论，在于其预测手段。这是最重要的判据，即它较原理论有更强的预测能力，能预见以前不知道的物理现象的本领。一个对现实能够成功地预测的理论，常提出各种新的研究设想，以便进一步发现新的关系、定律和科学现象。

总起来说，一个好的理论第一应该是高度可检验的，第二应该是能经受住最严峻的检验的。

科学理论除了上述具有正确描述自然界客观属性和运动规律的本质之外，还应遵守一些共同的美学原则：

（1）和谐性。和谐本质上是逻辑的正确性和构造的严密性。和谐性首先在于科学理论体系内部的自洽性。理论体系本身应是不自相矛盾的，在结构上是“和谐”的，具有“和谐的美”。从动态的发展看，一个和谐的理论应当同这个领域的传统理论找到联系，能很好地概括旧理论的基本思想并有向未知世界开拓的巨大能动性。

（2）简单性或简洁性。简单性是指科学理论、定律、公式的简单形式和深广内涵的统一。实际上，美在本质上就是简单性，但简单性并没有客观标准，要视人们熟悉的程度而定。爱因斯坦认为，自然规律的简单性反映了大自然的客观事实。任何正确的科学概念都必须使这种简单性的主、客观方面达到和谐、平衡。他在阐述“简单性”的原则时说：“我们所谓的简单性，并不是指学生在精通这种体系时产生的困难最小，而是指这体系所包含的彼此独立的假设或公设最少。”

简单性意味着，一种新的理论应当从某种简单的、新的、有力的统一观念出发。它能把过去旧理论所不能联系的某些事物（如行星与苹果）、事实（如惯性质量和引力质量）或新的理论实体（如场和粒子）互相联系起来，构成一种新的统一。一个理论的普遍性或简单性的程度愈高，其检验度或可证伪度也就愈高。

（3）对称性。对称性是自然界和谐和秩序的一种表现。科学理论总是尽可能地把物质系统的相互作用过程和运动规律表述成数学方程。这既是一种简洁的、抽象化的手法，也是一种对称、均衡方法的应用。科学理论形式上的对称性可以使表述更加优美，但必须接受客观实践和实验的反复检验。

六、理论“飞跃”与原有理论适用性限度

从实践到理论，根据新事实提出新假说，是自然科学发展的一般规律。根据与原有理论基本冲突的新事实，冲破传统观念的束缚，提出与原有理论基本原则对立的新假说，既是建立科学理论时在科学方法方面最有代表性的一个特点，也是认识过程中实现理论“飞跃”的一种重要形式。

任何一种理论的适应性范围总是有限的。当人们的认识深入到某个新领域的时候，原有的理论就可能会达到它所能适应的极限，从而表现出或是理论推断与实验结果不一致，或是随着理论的发展，其内部各个部分之间的矛盾越来越不可调和。这时，就可能需要对原有理论的基本概念和基本假设做一番根本的改造，需要提出新的概念和新的假说来说明新的问题。也就是说，需要构建一个新的理论。

应该说明，我们所说的理论“飞跃”是指从一个理论体系向另一个理论体系的过渡，从一个传统理论向一个崭新的理论过渡，从一个低级近似的理论向一个高级近似的理论的过渡。或者说，从一个理论层次向另一个理论层次的过渡。从牛顿力学到量子力学，从牛顿力学到电磁理论，从牛顿力学到相对论……都是理论“飞跃”的例子。

但是，实现飞跃的方式是有区别的。例如，在建立量子力学时，依据新事实与原有理论基本原则的冲突，冲破传统观念，提出革命的新假说，是实现理论“飞跃”的一种重要形式。当然，这不是唯一的形式。如爱因

斯坦建立广义相对论，主要不是根据新事实与原有理论基本原则的冲突，而是考虑相对性原理的普遍有效性进行理论综合。牛顿力学体系的建立，以及麦克斯韦电磁理论体系的建立，也是以理论综合为主。实现理论“飞跃”的这种形式，对于科学方法的研究来说，也应予以十分重视。

既然揭示新事实与原有理论基本原则的冲突如此重要，那么怎样去发现这种冲突，也就是怎样去找到原有理论的适用性限度呢？这里应该具备一些条件。如：

（1）熟悉出现在有关领域里的系统的实验结果。

（2）掌握有关领域里原有的基本理论，并能指导取得一些有关结果。

（3）能把实验与理论两方面结合起来，或者将实验结果用原有理论的原则表达出来，或者将原有理论推导出的结果与实验结果进行比较。经过认真的分析，发现存在的冲突，从而确定原有理论的适用性限度。

这里，有 3 点值得注意：

（1）必须始终对一切现有的理论持批判态度，但新事实与原有理论的冲突并不是经常发生的。它只是在认识发展的一定关节点上产生的。

（2）提出一个新理论，并不是件随意可说或随意给自己的研究带上新理论的桂冠的事情。实际上，一个经过科学家多次实验检验的理论是顽强的。理论有一定的“韧性”，不会一遇反常，就被轻易地证伪。那些信奉原有理论的科学家也不会轻易放弃把新现象纳入原有理论框框的努力。因此，像必须尊重新事实一样，不要轻易地否定一种科学理论，更不用说对前人的科学理论采取蔑视和讽刺的态度了。这不仅是一条十分重要的方法论原则，而且是一条为人处世的基本原则。

（3）创立新理论，提出新概念，并不是一件轻而易举的工作。它既需要对原有理论有深刻的理解和研究，从而具有发现原有理论缺陷的洞察能力，也需要敢于突破传统观念束缚的勇气和大胆提出新观念的创新精神；有时，它甚至需要某种机遇。

总之，批判态度要与严肃认真的分析结合起来。

最后，我想指出，科学发展是有继承性的。科学理论是由先前知识的积累而形成的。因之，旧理论（即使被批判、改造或否定）永远是新理论的源泉。有些新的理论，虽是某个人（如牛顿、爱因斯坦等）的天才创造，但实际上是多少代学者共同的劳动结果。无怪乎牛顿说：“假如我比自己的先驱者看得远，那仅仅是因为我站在巨人的肩膀上。”

科学研究：先求同，后求异

同则可喜，异更可贵。

有一位学生问我："老师，您觉得科学研究中最大的障碍是什么？"我答道："受陈规的束缚，跳不出框框，以及对前人的迷信。"我告诉学生们，在学术研究中我受到的最大制约是：既很难摆脱传统与陈旧的概念，也很难摆脱自己的过时的概念（跳出自己熟悉的框框，实在是件极为艰难的事）；自认为有了一套办法，或认为建立了自己的知识体系，一遇问题，总想往自己的体系中套，行或不行，连我自己也不清楚。我很同意这样的说法："摆脱陈规和解决这个问题本身一样费劲。"

我国学人，包括我和我的研究生在内，总是不习惯对传统陈规、前人、老师和权威说"不"。思想深处，也总是希望自己的成果与结论最好是前人的发展或延伸，而不愿与前人不一致。我国学术研究中自古以来的"勤于执行，疏于开拓"和"精于完善，怯于突破"，以及"述而不作"的传统的思维定势既束缚着国内学人思维潜力的发挥，阻碍着认识的广度和深度，也影响出创造性的成果。因之，在指导研究生时，我总是鼓励他们在科学研究中要有所创造，有所前进；要尝试不去走前人已经走过的老路。因此，我告诉他们科学研究探索时的一条体会（或原则）就是既求同，更求异。想人家没有想过的事情，走人家没有走过的路。我向他们建议先求同、后求异的思考方法。

人的思维，如果按思维运动的走向进行划分，可分为求同思维和求异思维。

求同思维的走向是趋于一个共同点。其特点是顺向的逻辑演绎，是对既有规范的遵从。求异思维的走向有异于惯常轨道，有异于顺向的逻辑演绎。也就是说，当遇到一个新的经验事实，一个科学上的问题时，为解释这个经验事实或回答这个问题，求同思维是做常规性猜想的尝试，而求异思维则是做非常规性猜想的尝试。

求同思维有利于规范的巩固，因而有利于系统的稳定，有其存在的合理性与历史的必然性；但是，系统的稳定只有在一定的时间与空间中才是必要的。求同思维或常规性猜想不应被理解为现成理论的简单重复。它的创新是在原有的理论框架中的创新，使系统、理论进一步完善。在继承和创新的统一中，其继承方面是主要的，对科学进步作出了自己的贡献。

求异思维是创造性精神的内核。凡创新的成功，都是求异思维的一曲凯歌。

科学意义上的求异思维，是一种严肃的、严谨的思维活动。它必须接受理性的调控。求异思维绝不是随随便便反其道而行之，也不能在名为“求异”之道路上胡思乱想，疯跑瞎闯，不遵循应该遵循的规范，不尊重应该尊重的权威，为“异”而“异”，强词夺理，哗众取宠。求异思维有其合理的适用范围，而若超出了一定的范围，就失去了其质的规定性，也就失去了科学性，失去了正面价值。任何科学思维或猜想都是科学的继承与创新的统一，都是根植于原有科学知识的土壤，依赖一定的背景知识，即使是求异思维或非常规性猜想，也绝不是无中生有，脱离整个科学长河而诞生的。求异思维必须接受理性的调控，还表现在求异思维的归宿必须是创新，必须是有益于人类进步的创造性成果。因之，只有受理性制约的，以创新为旨归的求异思维，才是我们所说的科学意义上的求异思维。与求同思维的常规性猜想不同，求异思维的非常规性猜想的尝试，突破了原有理论的框架。在继承和创新的统一中，创新方面是主要的，对科学的进步往往会做出重大的贡献。

科学研究中的求异，并不是要抛弃求同思维，排斥求同思维；相反，真正的求异思维是建立在求同思维之基础上的。试想，一个研究课题，若不了解与其相关的全部信息，顺着前人的思维去理解前人的成果，汲取前人的长处，从而知道问题之所在（这些都是属于求同思维的范畴），求异思维就如同无源之水，又如何谈得上有所创造呢？因之，遇到一个科学问题，我的建议是：先求同，后求异，也就是先做常规性猜想的尝试。这是因为，有许多新的经验事实和科学上的问题，在现有理论框架之内确实是可以给予解释或解决的。同时，求同思维比求异思维毕竟容易一些。在容易之路没有被证明走不通时，往往不是先走艰难之路。当然，如果求同思维（常规性猜想）不能给出圆满的解释，就应进行非常规性猜想的尝试。由此可见，求同是看能否延伸、扩展前人的成果，向前推进一步，而求异是摆脱模仿，寻找切入点，看能否有所突破，做出创造性的成果来。

创新二议*

打破常规为创，前所未有为新。

（一）

科学研究中的创新（创造性），无非有两种途径：

一种是在原范畴之内寻找一个出口，与另一个范畴交融，产生新的思想、理论和学科。

举两个例子：一个是 CT 断层扫描。这是一位物理学教授，将 X 光衍射、医学和计算机软件结合在一起，形成 CT 扫描的理论。另一个是混沌学。这原来是数学家研究的领域，但生物科学、医学、物理学（特别是光学）、经济学等领域引入混沌理论后，使各门学科得到了迅猛的发展。特别是美国物理学家菲根鲍姆（M. Feigenbaum）也将兴趣转向混沌领域，发现了菲根鲍姆普适常数，引起了世界范围内研究混沌的热潮。

另一种是在原范畴之内寻找尚未开发的处女地。

在生物数学迅猛发展的初期，生物数学家都忙着用这样或那样的微分方程来描述他们的生物系统。他们总是企图把生物系统纳入确定性的框架：一个描述系统变化规律的微分方程加上描述系统现状的初始条件，将一劳永逸地解决系统今后的全部发展。尽管这种努力一次一次地遭到失败，人们却只修改他们的方程以及有关参数，希望理论计算结果能够和实际情况拟合得好一些。美国物理学家罗伯特·梅（Robert May）从应用数学角度考虑，觉得某些紊乱的情况可能是系统所固有的，仅修修补补将无济于事。他敏锐地感觉到，这也许是科学研究中一个有待开发的领域，于是果断地转向生物学的混沌研究，为生物学、生态学和医学方面的混沌理论的建立和发展做出了突出的贡献。

* 本文原载于《北京理工大学高等教育研究》，1998（4）：17－19。

这两条途径都需要深刻了解学科种类（科学）的制约性。搞科学研究，有两种情况是需要注意的：一种是对科学研究条件的制约（有些制约甚至是无法逾越的）了解很少，或知难而退，或到处碰壁，而不去另辟蹊径；另一种是只在一片极小的天地中活动，以为这就是科学的空间。其实科学的空间还很大。实际上，可能还有一块很大的空间没被你发现呢。我们提倡学科交叉，使两种制约有机地交融，从而产生新的突破。

（二）

“创新”“独创性”和“创造性”是科学研究中常用的词汇。科学研究要求独辟蹊径，独树一帜，有所发现，有所创造。科学的生命在于创造之中。但是，就科学创造而言，彻底摆脱传统，摆脱模仿，不亦步亦趋，完全形成属于自己的独特的体系和风格，尽管至关重要，但是谈何容易？

创新时，摆脱众多根深蒂固的传统观念的束缚的困难在于，要承担“离经叛道”“冒犯权威”的风险。这使不少研究者在成功的大门前却步。有些研究者在很有价值的新发现面前，还不能取得重大的突破，固然是由于缺乏敏锐的眼光，更主要的是缺乏敢于批判旧事物、勇于创立新事物的革命精神。当然，对旧理论或旧观念的批判，必须建立在创新的基础之上。在这方面，爱因斯坦是在科学研究中“破”与“立”的光辉典范。他敢于突破现有理论的一些框框，不迷信权威和教条，不为传统观念束缚。他的研究方法处处闪耀着批判与创新的统一，理论与实践的统一。在狭义相对论的研究中，他对牛顿的时空观进行了彻底的批判，对以太的存在表示怀疑，但他善于从麦克斯韦的电磁场理论、迈克尔逊—莫雷实验、洛伦兹变换中汲取本质和精华的东西，从而建立新的时空观和质能观。我们知道，在通常的情况下，一个新理论的提出，不是由于旧理论与新的实验事实发生了尖锐的矛盾，就是由于理论本身产生了重大的问题。但是，爱因斯坦在建立广义相对论时不是这样。这是因为原有的狭义相对论与实验并无矛盾，其本身也没有问题。然而，爱因斯坦完全是基于必须把相对性原理贯彻到底的信念最终建立起了广义相对论。

谈谈科学研究中的战术技巧

技巧也是一种智慧。

在进行某一课题的科学研究时，如同进行某一战役的战争一样，必须针对具体的实际情况，灵活地运用相应的战术。在《科学研究的途径》一文中，我曾讲过，科学研究，不存在包治百病的万能药方，研究工作并没有一定之规。因此，只有针对具体情况，机动、灵活、巧妙地运用战术，才能取得成功。战争中许多战术原则，如集中兵力、迂回作战、选择突破口；再如，当取得突破后，占领、巩固阵地和纵深作战，甚至采用新式武器等。对于科学研究也是适用的。因此，研究人员对于自己的研究课题，要针对研究的对象和实际情况，选择适用的战术。下面介绍一些常见的典型方法，以供选择和参考。

一、移植法

现代科学技术的一个重要特点是学科之间的相互渗透。它已成为科学技术发展的主流。科学技术史告诉我们，当把一门学科的理论、原理、技术和方法移植到另一门学科或领域中时，往往会使研究者的思想豁然开朗，或者会成为所研究问题的关键性解决办法，给另一门学科或领域带来新的进展或重要突破。因此，注意把一门或几门学科的理论、技术和方法移植到本学科及其研究课题中来，是一条很有意义的途径。

所谓移植，就是决定一项科学研究的基本思想是来自应用或移植其他学科或领域发现的新原理和新技术。这也许既是科学研究中最有效、最简便的方法，也是应用研究中普遍采用的方法。

实际上，大多数新发现都可被应用于所属学科以外的领域，而将其应用于新领域时，往往促进了更进一步的发现。重大的科学成果有时来自移植。这并不是夸大之辞。

就电子光学而言，它的发展实质上移植了分析力学、几何光学、物理光学等学科的方法，甚至一些名词被原封不动地移植过来了，如焦距、像差、折射率等。光学中的费马原理、拉格朗日—亥姆霍兹关系式也都被套用到电子光学中。实际上，早在 20 世纪 30 年代，电子光学就是电子学与光学之间的一门“边缘”学科，而移植光学和电子学的原理，便形成了一门电子光学新学科。又如，以红外技术而言，当把红外辐射应用到临床医学上时，就产生了新的医疗检测手段和诊断手段；当把红外辐射和探测的原理和技术应用于夜间和全天候观测时，便形成了红外热成像技术的一门新的分支学科；当把红外辐射应用到资源勘察、环保、气象和军事目的时，又形成了当前发展十分迅速的遥感技术。

在成像电子光学系统的优化设计时，电位场的计算是最大的问题。这是因为优化设计需要不断地计算场，而场的计算速度和效率是主要的矛盾。现有的一些常用的数值计算方法，如有限差分法、有限元法和积分方程法，很难提高场的计算速度和效率。我们把近年来迅速发展起来的一种快速求解工程问题的数值计算方法——多重网格法（multigrid method）——首次引入电子光学计算中。多重网格法的收敛速度几乎不随问题的离散化程度而变化，且其计算精度和效率都很高。将多重网格法移植到像管的计算中，在相对迭代精度达到 10^{-10}时，其计算速度比有限差分法快 2.5 ~6 倍，取得了很好的效果。

以上的例子都是对于相近的学科而言。同样，对于在传统学术领域中相距较远的学科，亦可采用移植的方法。例如，目前的心理学研究，它不仅把数学、物理、化学、生物等学科的一些概念、原理，甚至连实验技术和方法都移植到心理学研究中来。心理学家移植了脑化学的理论和方法，已经发现心理环境对脑的生理发育具有决定性意义。他们设想，总有一天人类能够创造出更强壮、更健康，代谢活性更高的人脑来，甚至可以从人脑中驱除不可避免的痛苦记忆等。这一研究的前景是十分令人鼓舞的。

与移植相关的“边缘”研究是一种在两门学科交界处进行的科学研究。由上面的例子可见，科研人员如有扎实的理论基础和宽广的知识面，能运用并联系两种学科中的知识，则很容易出成果。将甲学科中的普通原理、技术和方法应用到乙学科时，可能非常新奇而有效。

使用移植法有可能促进科学的发展。也许这就是科学研究人员对自己狭窄的研究范围之外的其他科学领域的发展情况要有所了解的原因所在。尤其是对邻近学科的基本原理和技术上的重大进展，更应尽可能多地了解。为了达到这一目的，最有效的办法，是经常阅读其他学科的文献综述，或者参加一些其他学科领域的学术报告会，使自己开阔眼界，扩大知识面。

二、模型法

在科学研究中，对于一些较复杂的自然现象和过程，根据已经掌握的事实材料，首先建立一个适当的模型来加以描述，它既是人们认识自然的一种重要方式，也是理论思维发展的重要方式。科学史上有不少例子，说明在科学发展过程中，往往是先提出正确的模型，在此基础上，摸索正确的事物发展规律并建立较完整的理论体系。

例如，在天体运动上，开普勒在第谷观测的基础上，进一步提出自己的太阳系模型。这个模型指出，行星的运动轨迹是以太阳为一个焦点做椭圆运动。根据这个模型，开普勒总结出了行星运动的3条基本定律。另外，经典电磁理论的建立、相对论和现代量子理论的提出、基本粒子物理学和理论化学的发展等，都运用了各种相应的模型，一步一步取得进展的。

我开始研究电子光学时，要解决的是大物面、宽电子束成像的电子光学问题。前人的研究中关于宽束电子光学成像系统的像差以及由细束向宽束过渡时存在歧离甚至错误，且不少问题的答案是模糊的。我考虑再三，选择了静电两电极同心球系统这一理想模型作为突破口。我当时深切地感到，如果把这个理想模型研究透彻了，许多问题便迎刃而解了。这是因为，由静电阴极透镜的理想模型——两电极同心球系统——出发，分析并探讨这类系统聚焦成像所包含的具体矛盾，解剖它作为阴极透镜所具有的矛盾的特殊性，从中找出一些对于阴极透镜具有普遍意义和规律性的线索，不但对于研究同心球型像管的电子光学提供理论基础，而且由于理想模型成像的矛盾的特殊性中正包含静电阴极透镜宽电子束成像的矛盾的普遍性，故对于进一步研究轴对称宽电子束成像的电子光学系统也具有实际意义。实际上，通过这一理想模型的研究，我弄清了同心球系统中所含的矛盾的特殊性和普遍性。这一模型的变型也成为国际公认的微光夜视第一代像增强器的管型。在此基础上，我把研究扩展到电磁聚焦同心球系统电子光学、移像系统的电子光学、倾斜型系统的电子光学、轴对称宽束电子光学，以及曲轴宽束电子光学的研究上，取得了一系列成果。因此，可以这样说，我在科学研究之初，主要得益于模型法。

由此可见，模型法是科学研究中的一种十分重要的研究方法。它不仅在科学发展的转折关头，以及形成正确理论的过程中起着重要的作用，而且在具体的课题研究中，无论对于事物本质的理解、未知规律的探索，以及正确理论的形成，都扮演着重要的角色。因此，在应用研究中，往往需要进行小规模的模型实验、模拟实验、原理样机试制等。在基础研究中，可针对自己的研究对象，提出形象化的结构模型、运动模型、原理模型等。尤其是在理论发展比较深入的各个学科，为了逻辑推理并建立更为完善的理论体系的需要，或者为了更为准确的定量描述的需要，在研究工作中，经常以数学描述的形式提出理论模型。在许多情况下，这是一种行之有效的研究方法。

三、理想化法

理想化方法是一种科学抽象的方法。理想化就是通过源于实际而又高于实际的科学抽象，在科学思维时，对于复杂的实际事物的研究，做到完全排除次要因素的影响和干扰，使研究条件达到理想化的程度，以便抓住事物及其变化的本质和规律。所以，我们常常对于科学研究中较复杂的实际事物及其作用过程，提出理想化的模型和理想实验。

（1）理想模型。所谓理想模型，就是为了便于研究而建立的一种高度抽象的绝对理想状态。它是抽象思维的结果，是对客观真实事物的一种纯化反映。作为科学抽象的结果，理想模型只是一种科学概念。它除了只能在科学思维中得以实现以外，在现实世界中实际上是不存在的。例如，数学研究中的“点”“线”“面”，化学研究中的“理想溶液”，力学研究中的“质点”“刚体”，热学研究中的“孤立系统”，电学研究中的“点电荷”，光学研究中的“理想反射面”等，都是客观实际的科学抽象的结果。有时，对于某些变化过程，为了方便起见，也可以经过科学的抽象，纯化为理想化的过程，如地球大气层中不考虑空气阻力的“自由落体运动”。我们在宽束电子光学研究中，研究电子光学传递函数计算机模拟时，必须知道光阴极发射时逸出电子的分布：初角度分布和初能量分布。实际分布的测定是一个极为复杂的问题，但通过电子物理学家的实践研究，我们可以假定，初角度分布可选择余弦定律的“朗伯分布”或“余弦三次方分布”，而初能量分布可选择余弦分布、贝塔分布、瑞利分布或麦克斯韦分布，视实际情况而定。以上这些都是理想化的过程模型。

由此可见，理想模型正是对客观事物及其变化过程的一种近似反映，是科学的抽象，但它确是反映了所研究问题的客观事物的主要特征或主要因素。这一方法的主要特点是：

1）使问题的处理大大简化；

2）从理想模型得到的结果，略加修正即可得到实际对象的结果；

3）理想模型突出了主要特征，便于进行逻辑思维。

（2）理想实验。所谓理想实验（或称思想实验），是逻辑推理的思想过程和理论研究的重要方法。理想实验在思想中运行，但又不是脱离实际的主观臆想。它以实践为基础，抓住主要矛盾，对问题进行抽象分析。它的推理过程，是以一定的逻辑法则为根据的。理想实验不仅使人们对实际的科学实验有更深刻的理解，而且能揭示出客观现象和过程之间的内在的逻辑关系，并由此得出重要的结论。

我在介绍爱因斯坦的狭义相对论和广义相对论时曾经指出，爱因斯坦是“理想实验”的大师。在“爱因斯坦火车”的理想实验中，他通过设计的闪电实验，设想当两道闪电同时下击一条东西方向的铁路轨道时，对于站在两道闪电正中间的铁路轨道的一个观察者来说，这两道闪电是同时发生的；但是，对于乘坐一列由东向西以高速行驶的火车正好经过第一个观察者对面的第二个观察者来说，这两道闪电并不是同时下击的。由此爱因斯坦提出了同时性的相对性的概念，为建立狭义相对论奠定了基础。在“爱因斯坦升降机”的理想实验中，爱因斯坦通过“惯性实验室”“加速实验室”和“引力实验室”的假想实验，指出引力质量和惯性质量相等，说明了加速参照系等价于静止在引力场中的参照系，从而为建立广义相对论奠定了基础。

应该指出，虽然理想实验在自然科学的理论研究中起着重要的作用，但它并不能代替实际的科学实验，而且由它所得出的结论必须由实际的科学实验来检验。此外，作为一种逻辑推理的所谓过程，理想实验的作用只限于逻辑上的证明与反驳，而不能用来作为检验理论的真理性标准。

四、元过程法

所谓元过程方法，主要以局部规律的独立性假定为基础。也就是说，我们对于许多自然现象和过程，可以离开全局来探索局部的规律。首先把局部范围从全局中孤立出来加以研究，然后利用在局部的、有限的实验或理论研究中所得到的自然规律，以适当的推理形式或数学工具，去研究并寻找全局的或更大尺度上的现象和规律。

牛顿曾系统地使用了元过程的方法。他把一个大的过程看作是一些微分过程的积分结果。因此，只要把微分过程的规律找到了，整个运动规律在原则上就是一个数学的积分问题。例如，当我们研究一个单色平行光束在一块厚度为 L 的均匀媒质中所产生的吸收现象的规律时，我们可以想象，由于媒质是均匀的，所以其中每一个局部的吸收规律都是一样的。这样就可以选择任意一个局部的吸收规律加以研究，然后推广研究整块厚度为 L 的媒质中的“全局”范围的吸收规律。其数学表达式为

$$\mathrm{d}P/P = -a\mathrm{d}x$$

积分之，则有

$$P(L) = \int_0^L \frac{\mathrm{d}P}{P} = \int_0^L -a\mathrm{d}x = P(0)\exp(-aL)$$

式中，P 为光束的功率，$\mathrm{d}x$ 为所选取的无限小的厚度元，a 为媒质材料的吸收系数，$P(0)$ 和 $P(L)$ 分别表示光束刚好入射和穿出媒质表面时的功率值。这里，前一式表示媒质内“局部”范围的吸收规律，且式中负号表示 $\mathrm{d}P$ 是从原来光束功率 P 中减少的数量；后一式通过积分便得到厚度为 L 的媒质中的“全局”范围的吸收规律。在电子光学场的求解中，目前广泛采用的有限差分法、有限元法和积分方程法，实际上也是元过程法。当然，场的求解过程较上述的积分过程要复杂得多。此外，许多科学领域中的自然规律，尤其是大量的物理学规律，都可以用微分方程式来加以描述。这就充分说明了元过程方法在科学研究中起着极大的作用。

应该指出，元过程方法是以自然规律的普遍性为根据的，但规律的普遍性不是绝对的，任何一条自然规律总有一定的适用范围。例如，牛顿的引力理论在宇宙学尺度的问题上就会遇到困难。因此，在讨论宇宙学问题时，就应该采用更有效的适用于大尺度问题的广义相对论的“引力”理论。这是因为广义相对论的基本观点与牛顿理论很不相同。它抛弃了牛顿理论中脱离物质的时空框架，而认为时空本身的性质也要服从动力学规律。尽管这种差别是本质的，但在弱场和局部时空范围中，广义相对论与牛顿理论是等效的。当爱因斯坦建立广义相对论，发展引力理论时，也就是寻找新的适用范围更大的理论时，已知的局部范围的自然规律在一定程度上仍旧具有决定性的作用。有时候，虽然局部的规律不能简单地被认为具有更大的普遍性，但是，只要我们稍稍加以分析，并借助于数学工具的

描述，仍然可以运用元过程的方法进行研究。

五、黑箱法

所谓黑箱，就是内部结构和性能未知的，有待于我们进行研究和控制的对象或系统。研究黑箱的方法有以下两种：

（1）打开黑箱法。对于一个复杂的系统，经常可以把它分解成各个局部，对它们的内部结构和功能进行研究。例如，化学家提纯物质时将其分解成各种元素，工程师把机器拆成零件等，都属于打开黑箱的研究方法。这种研究方法，对于人们认识复杂系统的内部结构和功能，有时确实是一种有效的方法；但它也具有比较严重的局限性，主要表现在打开黑箱的过程中，不可避免地由于分解而干扰了黑箱本身的结构和功能，而且有可能割裂局部和整体的紧密联系。

（2）不打开黑箱法。这种研究方法主要是采用综合的方法，从综合的角度研究事物的客观规律。其出发点在于：认为自然界中没有孤立的事物，任何事物都要跟其他事物互相联系、互相作用。因此，不打开黑箱研究系统的方法，就是通过研究该系统的输入与输出来达到研究它本身的目的。在此，系统的输入，就是别的事物对它施加的影响；系统的输出，就是它对别的事物的反作用。

控制论是使用不打开黑箱法的杰出例子。在维纳建立控制论时，他比较重视客观世界各种物质运动形态的共同规律，也比较重视从对象整体联系的角度来认识对象并改造对象，故更多地采用综合的研究方法。在控制论中，有许多不同的调节黑箱的办法。其中最常用的有随机调节、负反馈调节，建立多变量系统，以及建立模型等。

总之，在许多复杂系统的研究中，只要我们从搞清楚周围事物对系统的影响以及系统对周围的反作用入手，那么，在不打开黑箱的情况下，利用综合的研究方法，往往可以取得重要的研究进展。特别是在研究复杂的控制和调节系统的对象时，不打开黑箱法看来是一种行之有效的方法。

机遇垂青有准备的头脑

机遇属于在迷雾中等待、永不放弃的人。

在科学实践中，有时会得到一些意外的发现，从而得到一些新的结果。它们或成为科学理论发展的先导，或为技术发明提供线索，为科学技术宝库增光添彩。科学家把这种情况叫作“机遇”。有的说：“我是偶然碰上的。”有的更谦虚地说：“发现这个是我的运气好。”

科学史上有不少例子。现举出如下 4 例。

1. 阿基米德（Archimede）浮力定理

公元前 3 世纪，希伦国王给金匠一定量的金子（设其重量为 W），让他为自己制造一顶王冠。当希伦国王收到那顶王冠时，他请阿基米德鉴定它是否含有全部的金子，或金匠是否偷走了一些而代之以较廉价的金属。阿基米德反复琢磨这一问题，但一直没有找到较好的鉴定方法。眼看国王规定的期限就要到了，阿基米德很着急。有一天，他到澡堂洗澡。这一次仆人往浴缸中放水放得太满了，当他坐进浴缸时有许多水溢了出来。他突然意识到，溢出浴缸的水量应该等于他浸在浴缸中的身体所排出的水量。这一点向他暗示了解决王冠问题的方法。于是，他立即欣喜地跳出浴缸，光着身子向家奔去，并大声喊着：“尤里卡！尤里卡！（我找着啦！我找着啦！）”

他找到了什么？阿基米德领悟到：既然金子是密度最大的金属，重量为 W 的纯金王冠的体积就会比同样重量的掺假的金王冠的体积小一些。他让一个容器装满水并投入重量为 W 的金子。然后将溢出来的水收集起来，这些水的体积与金子的体积相等。下一步他让另一个容器装满水，王冠在监督之下被放入水中。果然，它所排出的水的体积较大，证明那位卑劣的金匠偷去了希伦国王的金子。

2. 奥斯特发现电与磁的关系

1820 年 4 月，丹麦物理学家奥斯特（Hans Christian Oersted）在一次报告会快结束时，把当时正巧带着的一根导线的两端与一个伏打电池连接，放在磁针的上方，与磁针平行。起初，他故意使导线与磁针垂直，但没有什么情况发生。然而，当他偶然将导线与磁针平行时，他惊奇地发现磁针改变了位置。出于敏锐的洞察力，他反转了电流，发现磁针向相反的方向偏转。经过反复试验，他证明出“电流所产生的磁力既不与电流方向相同，也不与之相反，而是与电流方向相垂直”。这一发现马上轰动了整个欧洲科学界。这样，完全是凭借机遇，奥斯特意外发现了电与磁的关系，并为安培的“电动力学”、法拉第的“电磁感应发电机”等发现开辟了道路。电磁感应原理的发现可以说比当时任何一项其他发现对现代文明的贡献都大。

3. 伦琴发现 X 射线

1895 年，伦琴（C. V. Rongtgen）用克鲁克斯管进行高真空放电实验。他当时使用氰亚铂酸钡（一种照相底片）来检测不可见的射线，但是没有想到这种射线会穿透不透明的材料。完全是由于机遇，他注意到凳上真空管旁的氰亚铂酸钡，虽用黑纸与真空管隔开，却发出了荧光。他后来说：“我是偶然发现射线穿过黑纸的。”

4. 弗莱明发现青霉素

1928 年，英国细菌学讲师弗莱明（Alexander Fleming）希望发明一种有效的杀菌药物。当时他正在研究毒性很大的葡萄球菌平皿培养。实验室是一个拥有大量灰尘从而容易发生污染的旧屋。实验过程中需要多次开启平皿，从而培养物受到了污染。这种情况是经常有的。但是，弗莱明突然发现某种菌落周围原来生长得很好的葡萄球菌都死了。这是什么原因呢？经过仔细观察后他发现，原来有些青霉菌掉到那里去了。显然，消灭这些葡萄球菌的，不是别的，正是青霉菌。这一偶然发现，导致药物青霉素以及一系列其他抗生素的发明，成为现代医药学中最大的成就之一。

从这 4 个例子我们可以看出，机遇在做出新发现中的作用。很显然，对于科学发现，机遇是有的。事物的因果关系有两种不同的情形：一种是必然的，而另一种是偶然的。机遇就是偶然的、意外的发现。我们可以把上述4种机遇分为以下两种情况：一种是部分意外的机遇。这种机遇是指寻找的目标是明确的，但发现的场合或方式是意外的。如阿基米德定理的发现和弗莱明发现青霉素。另一种是完全意外的机遇。这种机遇是指本来所要找的是某种预期的现象，却意外地发现了完全不同的另一种现象。如奥斯特发现电与磁的关系和伦琴发现X射线。机遇的发现确实有偶然的成分，但是绝大多数科学家并不赞成把机遇说成是运气。弗莱明发现青霉素后，有人问他是不是靠"运气"帮了忙。他说："不要等待运气降临，应该努力去掌握知识。"对于搞科学的人来说，谈论运气不是科学的、明智的态度。这样会给人以错觉，使某些人认为科学研究和科学发现不是靠辛勤的劳动、刻苦的钻研，而是靠神秘的幸运之神降临。

我们从上面几则小故事亦可以发现，这些表面上看来"意外"发现的奇迹，绝不证明科学上的重大发现和创造是取决于偶然的机遇和灵感。实际上它们无一不是经过长期艰苦研究的结果。阿基米德接受希伦国王的任务后，朝思暮想，食不甘味，无时无刻不想着希伦国王的任务，结果在洗澡时溢出的水上得到了启示。奥斯特的偶然发现，是建立在10年探索电磁现象的基础上。奥斯特一直坚信电与磁之间一定有某种关系，而电一定可以转化为磁。在发现电流的磁效应之前，他就有"电流的磁效应可能不在电流流动的方向上"的想法。弗莱明发现青霉素前，好几个细菌学家都曾注意到霉菌抑制葡萄球菌的现象，但都认为没有研究的必要。唯独弗莱明抓住了它，因为他早就希望发明一种有效的灭菌药物，并为此做了苦心的钻研，进行了不懈的探索。同样，伦琴发现X射线前，法国的克鲁克斯，美国的古兹比德、詹宁斯，以及德国的勒纳德等物理学家们都观察到了克鲁克斯管附近的荧光现象，但都没有对此寻根究底，竟让发现真理的机遇从自己的鼻尖底下溜走了。由此可见，如若研究人员不是留神地注意所发生的每一件事情，许多绝好的机会很可能被忽略过去。因此，一个成功的科学家对机遇所提供的每一事件或观测记录都不轻易放过，而且要对大有希望者加以研究，并弄清它的原因。往往有不少研究人员，他们或者缺乏敏锐的观察力，或者缺乏高度的判断力，或者不去理会或考虑那些意外之事，因而不知不觉地放过了偶然的机会。

机遇，是一种客观存在，但不会自己找上门来，关键在于要勇于开拓，善于捕捉和敢于抓住。科学家抓住"意外发现"而一举成功，靠的是科学的慧眼、渊博的知识，以及创造性能力。对于机遇，巴斯德的名言道出了事情的真谛："在观察的领域中，机遇只偏爱那种有准备的头脑。"查理·尼科尔说得更好："机遇只垂青那些懂得追求她的人。"看似一朝一夕的偶然发现，实则是源于长年累月的孜孜以求。机遇是辛勤劳动、长期积累的一种效益。机遇只提供机会。只有对科学始终不渝、有高度敏感的人，才能捕捉到它，认出它而抓住不放。因此，机遇属于在迷雾中等待、永不放弃的人。看起来是"得来全不费工夫"，实际只有那些付出辛勤劳动、对问题长期悉心钻研、下过大功夫的人，才会有高度的科学敏感性，才有可能抓住机遇。

贝弗里奇在《科学研究的艺术》一书中谈到认识机遇的机会时提出以下三点：

（1）注意线索，保持对意外事物警觉性和敏锐性的能力；

（2）不把自己的工作局限于传统的步骤，而是去尝试新的步骤；

（3）解释线索，认识其中可能的重要意义。

由此可见，要机遇"垂青"，就需要有锲而不舍的精神，需要有不受固定观念束缚的知识，需要有敏锐的观察力和高度的判断力，以及一切对未经解释的观察到的现象进行思考的习惯。

直觉和灵感来自不懈的追求

直觉和灵感看似神秘，实则得之于俄顷，而积之在平日。

许多科学家在科学研究中都有出乎意料的、难以置信的、突然的、直接的、“加速的和飞跃式的”思想过程。这就是直觉和灵感。它只能意会，不能言传。爱因斯坦曾说过：“我相信直觉和灵感。”他依据自己亲身的科学创造实践一再强调，在科学发明创造过程中，从科学观察和实验到一种新颖见解的脱出之间，没有“逻辑”的桥梁，必须诉诸于直觉和灵感。牛顿被认为是具有杰出直觉能力的物理学家。“他意识到的和感觉到的东西多于他能证明的东西，而证明往往也是后来补上的”。

直觉是指认识上的飞跃，是指研究工作过程中突然跃入脑际，能使问题得到澄清的思想，是对情况的一种突如其来的颖悟或理解。直觉是一种由个人禀赋、长期经验、外力启示等多种复杂因素共同作用产生的一种人的本能的感觉，是只可意会而不能言传的精神意识。直觉经常在人的思维中断时出现，因此直觉并不是理智的活动。它是每个人都具备的“第六感觉”。平时，为了让人能正常思维和合理分析，加之人们习惯于抵制和不信赖突然产生的念头，直觉通常处于被抑制状态，所以直觉也不是神秘的。灵感往往指的是那种长时间沉思以后，由于显意识和潜意识交替作用突然获得顿悟，是爆发式的飞跃。直觉和灵感有一点细微的差别。直觉通常指思考者在面临一些实物和符号时迅速做出的判别，在许多情况下并不具有明显的爆发性或突发性。不过，对于科学研究人员，常把直觉、灵感和顿悟联系在一起，并不区分这三者之间的差异。

首先我举几个例子来说明直觉和灵感在科学研究过程中的作用。

1. 凯库勒发现苯分子结构

1858 年，德国波恩大学的奥古思特·凯库勒（O. Kekule）宣布了他的发现：碳原子可以连接形成长链。它将成为有机化学的基础。凯库勒回忆4年前（1854年）首次在幻想中思考了碳链的问题。他回忆说：

“那是一个晴朗的夏夜。我乘坐末班公共汽车回家，和往常一样坐在‘车顶’的座位上，通过大城市没有行人的街道。在平时，那是个充满活力的城市。我陷入了幻想，并且好像看见许多原子在我的眼前欢跳……我常常看到2个较小的原子如何联合形成偶原子，1个较大的原子如何环抱着2个较小的原子，还有更大的原子如何抓住3个，甚至4个较小的原子不放；同时，它们整体跳着令人眼晕的舞蹈，快速旋转着。我也看到较大的原子如何形成链子……无论如何，我也要花些夜里的时间，把这些幻想中形成的形态轮廓写进论文中。”

11年以后，即1865年，凯库勒认识到碳链子可以环绕着旋转，形成环；而梦幻又一次给他以灵感。一天晚上，他在书房里编着教科书。

“但是，事情进行得不顺利，我的思维开了小差。我把座椅转向取暖壁炉，并打起盹来。原子再次在我眼前欢跳。这时较小的原子谨慎地待在基底上。我的心灵眼睛通过这种重复景象而更加敏锐，现在可以辨别出多种形体中较大的结构，长长地排列成行，有时还更紧密地拼接在一起；整行迂回曲折，像蛇一样运动。瞧！那是什么？有一条蛇咬住了它自己的尾巴，嘲弄般地在我眼前快速旋转，仿佛一道闪电，把我惊醒了……当天晚上，我就推断出假设的结论。”

正是由于梦幻中的启示，产生了灵感，凯库勒才发现了苯（C_6H_6）的结构式是环状的。它由6个碳原子和6个氢原子组成。凯库勒断定，6个碳原子形成六角形，各带一个氢原子与每个碳原子相连。

2. 高斯发现一条定理

数学家高斯（Karl Friedrich Gauss）说：有一条定理的证明折磨了他两年。“终于在两天以前我成功了……像闪电一样，谜被解开了。我自己也说不清楚是什么导线把我原先的知识和使我成功的东西连接了起来。”

3. 门捷列夫发现元素周期表

俄国化学家门捷列夫（Д. И. Менделеев）的第一张元素周期律表出现于1869年2月17日。虽然在此以前门捷列夫曾经从各个方面研究过元素及其他化合物的各种相互关系，但总不得要领。发现周期律的那一天，门捷列夫要动身去圣彼得堡办与周期律毫不相干的事。就在一切准备就绪，提了箱子要上火车之际，一个天才的猜想在他脑海里突然闪现，即原子的性质按其原子量大小呈周期性变化。于是，这一天就诞生了伟大的发现。门捷列夫当天就把元素周期表送往印刷厂发排。这是一个直觉闪现和顿悟的典型事例。

4. 彭加勒发明福克士函数

法国数学家彭加勒（H. Poincare）回忆，他在发现福克士函数定理之前，曾经花费了两个星期时间来证明这种函数之有无。他每天在写字台前坐一两个小时，但都一无所获。有一天晚上，他违反常例，偶然喝了咖啡，不能入睡，各种思想纷至沓来，互相冲撞排挤。其中，有两个想法联系了起来。到第二天清晨，他终于弄清有一种福克士函数存在，而且可以由超几何级数推出。后来他出外旅行。一路旅行使他将数学方面的工作忘得一干二净。到达哥当士时，他与别人一起坐公共汽车。在脚踏上公共汽车的一刹那，他突然产生了一个思想，觉得自己用于福克士函数的定义转换式与非欧几何方面的某种转换式是相同的。虽然当时车中既无座位，又无时间去做证明，但他对自己的直觉想法已深信不疑。

5. 爱因斯坦发现广义相对论的等效原理

爱因斯坦（A. Einstein）在建立狭义相对论后并不满意自己的成就，因为狭义相对论被局限于相互间恒速运动的参考系统。他看到除了万有引力定律之外，所有的自然定律都能在狭义相对论的参考系统中加以论述。他想找出所以如此的原因。他最不满意的是，尽管狭义相对论明确地指出了惯性与能量之间的关系，但对惯性与重力（或引力场的能量）之间的关系仍不清楚。他发现这个问题不能在狭义相对论的参照系中解决。他苦苦思索这一问题。有一天，他正坐在伯尔尼专利局的一张椅子上，猛然间一个念头袭来，打动了他的想象："一个人自由下落时是不会感到自己的重量的。"他的灵感来自下列事实：电梯在钢索突然断裂后会迅速下落。这时电梯中的人一点也感觉不到引力的作用。深刻的印象把他引向引力论。他继续沿着自己的思路思考下去，提出了"爱因斯坦升降机"的"思想实验"，以证明引力场和加速度的等价性。这一"思想实验"证明了参照系的加速度产生的效应与引力场产生的效应完全相同。如果一个人在升降机里面，他就说不出升降机在加速运行，还是整个系统静止在某个外层空间上。"爱因斯坦升降机"的"思想实验"为建立等效原理打下了基础。

下面我想讲一点自己的遭遇和体会。在着手研究宽束电子光学时，我觉得，我要尽可能把一些特殊情况，即理想模型先研究透了。我先后求得近贴聚焦系统、均匀平行复合场的电磁聚焦系统，以及静电聚焦同心球系统的场和轨迹的解析解。电磁聚焦同心球系统是一种普遍情况，是上述 3 种情况的综合。若磁场消失，则变成静电聚焦同心球系统；若阴极和阳极的曲率半径趋于无穷大，则变成均匀平行复合场的电磁聚焦系统；若既无磁场，又加上阴极和阳极的曲率半径趋于无穷大，则变成近贴聚焦系统。电磁聚焦同心球系统的轨迹必须通过求解二阶微分方程，但求解析解的难度很大。然而，这个普遍解必然与我已经求得的 3 个解析解有联系。这是毫无疑义的。我试了好多种方法，但始终没有找到普遍解。我记得那是 1978 年 5 月初的一个晚上，我躺在床上，思考这一问题。后来迷迷糊糊地睡着了，忽然来了一个思路，似梦幻般，突然醒了，想到一个解，急忙起来，把它记下来：一检验，它果然是电磁聚焦同心球系统的轨迹的普遍解。我想，这便是灵感的顿悟。实际上，后来我从数学上严格证明这个解，然而我当时是从梦幻中得到的。这实际上是事前（苦思冥想）就能意识到所要发生的事情，但悄无声息在某一时刻涌现出来。这样的情况我还经常遇到，以至于每天早上似醒非醒的那一刻是我思路踊跃的时间。好多"idea"是在那时诞生的，虽然十有八九是谬误。不过，我还是乐此不倦。

让我们追溯一下心理学家描述的直觉和灵感的发生吧！

为什么有些人在梦中能够产生灵感并做出创造呢？心理学家认为，那是由于做梦的时候，不像清醒状态那样按通常的逻辑程序思考，而这就为创造者提供了思想自由驰骋的机会。

首先是显意识将所追索的课题作为"指令性信息"输送给潜意识。这是直觉和灵感发生的前提。潜意识的推论活动就是围绕着这条"主线"进行的。这种“指令性信息”，不管它是以光子、电子、分子或其他形式出现，还是以形象、语言、概念出现，都一律编译成生物电流的脉冲信号（电子脉冲），通过神经纤维传给右脑。一般来说，显意识发出的“指令性信息”传给潜意识后，由于自我意识的强烈要求，使所形成的电脉冲信号的时空分布往往呈现“光亮”信息，进而促使新输入知觉信息与已有经验知觉信息同构活动加快；也使右脑神经网络的重组建构更加配合默契，从而得到潜意识推论后的“新信息”或“良好图形”。这种整合后的结果，又反馈到显意识。显意识对反馈信息常以抽象思维、形象思维等形式进行综合分析。鉴别后如不符合要求，则又以新的“指令性信息”输送给潜意识。如此往复多次，而一旦符合目的的推论结果涌向显意识，便会顿时出现满目皆春的无限喜悦之情，表明灵感迸发了。

那么，科学家怎么会产生直觉和灵感，看起来确实很神秘，似乎灵感是从天上掉下来似的。实际上，如果科学家离开了科学实践的时代特点和个人特点的土壤，是不可能有认识上的飞跃（顿悟）的。

科学家思维的经验基础，包括人类社会历史实践和创造者个人经历两个方面。这些经验的主观反映在科学家的大脑中不断储存，留下各种痕迹，形成我们前面所说的“潜意识”。这就构成了直觉和灵感形成的重要条件。在人们潜在的知识中间，有一部分内容日后被“激活”了，成为一种思维元素而参与到思维过程之中；有的内容也许永远潜伏于记忆深处而未被“唤醒”。事先很难说清楚何种知识的储备一定在某个时刻起作用。总起来说，“潜知”或“潜意识”越丰富，直觉或灵感创造成果的基础就越厚实。有朝一日，当思想处于高度的受激状态时，忽然在某一刹那，或由于某一思路的接通，或由于外界的启发，思维立即由常态飞跃到高能态，新的思想如泉喷涌，使问题迎刃而解。由此可见，直觉和灵感并不是来无影去无踪的玄妙，在它的背后，是有长期内心工作准备的。它可谓创造力长期被堵塞之后突然的奔泻。在局外人看来，往往有神秘之感，实则是思想的宝库突然打开。你所刻意解决的，百思不得其解的问题在思想的追捕中被附以恰切的着陆点。在当事人的心境上，那使他深深震撼、战栗的某种朦胧的感觉，突然以一种不可言说的精细和准确跃然而出，变得可见、可闻。因之，直觉和灵感看似神秘，实则得之于俄顷，而积之在平日，可谓“长期积累，偶然得之”也。

直觉创造过程是有目的的过程。创造者的目的性总是无意识地或“下意识”地在这个过程中起作用。这是一种思维的控制作用。它反过来又制约和影响着大脑活动。在创造的过程中，思维的控制性或可控制性常常表现为对创造者所研究问题的一种高度的注意、一种沉思的状态。当人们长期专注于某一个问题时，就会造成思维的某种深度。有人把“沉思”比作获得和积聚能量，把“直觉的顿悟”比作受激电子从低能态向高能态的跃迁，这确是一个很合适、很形象的比喻。

现在，让我们具体分析一下凯库勒是如何产生认识上的飞跃（顿悟）的吧。

从时代背景来说，凯库勒的发现是在1865年，是有机化学理论已经有大发展的时代，在有机化学分析方法与化合价理论方面，已经有许多成就了。从个人经历来说，凯库勒长期致力于化合价理论的研究，苦苦思考苯的结构，到1865年已有12年之久。此外，他曾于1854年提出了碳原子彼此之间可以连接形成长链的思想。在凯库勒先前的个人经历里，有两件事是值得注意的。一件事是他曾经于1847年进入吉森大学学习建筑。尽管后来他没去搞房屋建筑，但在学习建筑艺术中所获得的空间结构美的熏陶，不会不给他对分子结构的研究带来影响。另一件事是他在年轻时做过审讯炼金术士的法庭陪审员。在法庭上他目睹过许多作为主要物证的炼金术的象征物——首尾相接的蛇状手镯。他在书房里梦见的正是咬住了自己尾巴的环形蛇。也就是说，直觉的沉思和想象把他许多年前留在脑子里的环形蛇这个“潜意识”调动了出来，与苯的碳原子结构组成了一种联想，形成了新的直觉判断。这就是凯库勒那种神奇的环形蛇何以形成的社会历史和个人经验上的原因。

至于为什么在那一天产生梦中的直觉而不是在前一天或后一天，那只能说具有许多偶然因素。这些偶然因素难以一一说明。有趣的是，据说那天傍晚凯库勒曾经给准备出席晚会的夫人戴过项链（也是环形的），费了很长时间才把项链扣上。再有，那天晚上他是在壁炉边打瞌睡。炉子里即将熄灭的柴火，冒出点点火星，就像蛇的眼睛在黑暗中闪烁。这些外界形象都在特殊的梦境中被组合了。可以这样说，凯库勒的醒与梦，有如意识之明与暗，而这明暗之间，思绪并未断绝，而是以另一种形式的想象活动来完成构思。

我之所以不厌其烦复述凯库勒的故事，是想说明，科学的直觉、灵感和顿悟并不是从天上掉下来的。它有坚实的社会和实践基础。直觉虽然不能代替逻辑思维，但它可给思维做创见性的补充。直觉难免包含一些次要和不合理的东西，因此要让直觉起作用，丰富的知识和经验是重要前提。

直觉不能强求，但可创造产生直觉的条件。贝弗利奇在《科学研究的艺术》一书中提出了如下最有利于产生直觉的条件：

（1）必须以对问题的持续自觉思考来做思想上的准备。对问题抱有浓厚的兴趣，对求解抱有强烈的愿望。苦心琢磨，挥之不去，驱之不散，思想白热化，处于高度的受激状态。

（2）思维长期紧张，而暂时松弛。直觉最经常发生在从事不费脑力的轻松活动，诸如乡间漫步、淋浴、乘车、起床、上下班时。

（3）研究不要中断和受到干扰。

（4）要摆脱使注意力分散的其他兴趣和烦恼。

（5）通过诸如讨论、批判的阅读或写作等与他人进行思想接触，对直觉有积极的促进作用。

（6）直觉来无影，去无踪，故必须随时用笔记下。

（7）不要过于疲劳和工作过度，不要受琐事的刺激和噪声的干扰。

这里，我再次强调一下，直觉、灵感虽是人们在“下意识”的情况下突然跃入脑海而使问题迎刃而解的顿悟或醒悟，即“蓦然回首，那人却在，灯火阑珊处”，但这个顿悟仅是你久久渴望得到的一个结果，它是一个感觉，一个提醒，或者是一个出发点。更重要的是接着的有意识的验证工作，及时地使直觉思维的结果成形，因为科学是讲求实证的。

总之，我认为直觉和灵感的来去确有其神秘莫测的一面，但直觉和灵感首先是社会需要、时代冲击的结果，是崇高的理想、明确的目标、坚忍的毅力、不懈的追求，以及最佳的方法与智慧升华的结晶。

我走过的科学研究之路

“路漫漫其修远兮，吾将上下而求索。”

要提笔写自己在科学研究中走过的路，一方面我一直很犹豫，发现很难落笔。这是因为从科学研究方法的角度来说，我遵循的是前辈科学家所创造和指引的路，鲜有创新之处。从科学研究成果对社会和科学宝库的贡献来说，比起科学大师来，我的成就是很渺小的。另一方面，我又感到十分为难。尽管自己在科学研究的路程上走了许许多多的弯路，出了不少谬误，这些大都被我忘却了，但成果被论文记录了下来。无论是写的，或是讲的，似乎都是思路怎样正确，问题怎样解决，以致笔下描绘的并不是实际生活中真正的我，造成青年同志对我的误解；但是，自己毕竟经历了较多的探索，努力回忆、归纳，讲出来或许可以使青年学子们少走些弯路。

实际上，在科学研究中，我走过的是一条很艰辛的路。可以说，几乎每一篇论文，每一个研究课题，我都费了很大的力气。漫长的探索、挫折与失败，使我有时甚至怀疑自己在科学研究上继续探索的能力和前途，感到自己“江郎才尽”了。有很多次，当最后结果摆到自己面前，发现竟是如此简单，本应该这样认识，而自己却是这样笨拙，竟会当初想不到这一点。

但是，无论哪一位搞科学研究的人，包括大科学家在内，都曾犯过大大小小的错误。他们的成就就是在与自己无数次谬误的斗争中取得的。我们大家确实没有必要在错误和挫折面前灰心丧气。下面我援引两段话，说明即使是举世闻名的伟大科学家也不是神，他们也常犯错误。这不是为了安慰青年学人和我自己，而是说明一个事实：“若要有所追求，就不能不犯错误。”

20 世纪最伟大的物理学家爱因斯坦在谈到他的广义相对论的起源时说：

“这些都是思想上的谬误，使我艰苦工作了整整两年。直到 1915 年我才终于认清它们确实是谬误……最后的结果看来近于简单；而且任何一个聪明的大学生不会碰到太大的困难就能理解它。但是，当最后突破、豁然开朗之前，那在黑暗中对感觉到了却又不能表达出来的真理进行探索的年月，那强烈的愿望，以及那种时而充满信心，时而担忧疑虑的心情——所有这一切，只有亲身经历的人才能体会。”

亥姆霍茨（Helmholtz）是一位我们熟悉的德国物理学家。他曾说过下面一段既很有趣，也很令人回味的话：

“1891 年我解决了几个数学上和物理学上的问题。其中有几个是欧拉（Euler）以来所有大科学家为之绞尽脑汁的。……但是，我知道，所有这些难题的解决，几乎都是在无数次谬误以后，由于一系列侥幸的猜测，从那些顺利的例子中逐步概括出来而被我发现。这就大大地削减了我为自己的推断所可能感到的自豪。我欣然把自己比作山间的漫游者。他不谙山路，缓慢吃力地攀登，不时要止步回身，因为前面已是绝境。突然，或是由于念头一闪，或是由于幸运，他发现一条新的通向前方的蹊径。等到他最后登上顶峰时，他羞愧地发现，如果当初他具有找到正确道路的智慧，本有一条阳关大道可以直达顶巅的。在我的著作中，我对读者自然只字未提我的错误，而只是描述了读者可以不费力气攀上同样高峰的路径。”

当我读到这段话时，我完全能体会和理解他们的心情，因为我也是这样走过来的，尽管我所解决的问题的难度和深度远远不能和他们相比拟。

1958 年 7 月，我大学毕业。当领导要我筹建夜视技术新专业时，我一点也不懂什么是红外、微光、光阴极、电子光学等，一些专门名词我以前从未听到过。初生之犊不怕虎。对此我并不害怕，想到的是，只要努力学，哪怕比别人多花几倍的力气，一定会学会的。我一边到北大进修，一边自学。几年下来，我给转入新专业的学生开出了“电子光学”课，写出了《电子光学理论和设计》上、下册教材，使很多人感到惊异。到苏联留学前，我还把当时最权威的电子光学著作——德国格拉叟著的《电子光学基础》的俄译本从头到尾啃了一遍。虽然有不少地方我还是一知半解，但这起初几年的苦读，使我打下了较为坚实的基础。我在苏联留学时敢于自己闯，也正是因为自己心中有一些底，相信自己一定能闯出一条路来。这就是我现在常劝学生们读几本经典著作的原因。

20 世纪 50 年代末，我国开始发展夜视技术。它的关键器件就是变像管和像增强器，而核心问题是如何制作高灵敏度的光阴极和如何设计出高质量的电子光学成像系统。像管电子光学理论和设计成为当时发展夜视技术的一个前沿热门课题。鉴于像管电子光学涉及大物面、宽电子束聚焦成像问题，通常电子光学所研究的细电子束聚焦成像理论并不适用于研究宽束电子光学问题，而有关理论中还有许多含混不清之处，需要进一步考察与研究。

开始研究时，我觉得问题很多，不知从何处下手。因为我是学工程的，数理基础并不扎实，但我的思想比较活跃，喜欢思考。我的笔记本记下我想的各种各样问题，并试着回答它。

现在总结一下，自 20 世纪 60 年代以来，在宽束电子光学研究上，我思考的问题可大致归纳为：

（1）傍轴电子光学理论不能被用来解决宽束电子光学问题，而近轴电子光学理论只能解决成像系统近轴区域的问题。特别是当阴极面是曲面时，轴外空间电位展开的 Scherzer 表示式离实际情况太远。当时电子光学理论界似乎有意无意忽略了这一点。

（2）研究近轴电子光学理论和三级像差理论是必要的，但如何定义像差是一个问题。大物面、宽电子束聚焦成像用近轴电子光学理论和三级几何横向像差理论来解决是远远不够的，还必须用曲轴宽电子束聚焦成像与曲近轴像差理论来解决。这是我一直坚定的信念。

（3）由于光阴极发射轴向初电子速度的差异，对宽束电子光学来说，仅研究几何像差是不够的，还必须考虑色像差即近轴像差。后者影响图像的质量甚至要比前者更大些。

（4）追求普遍性是理论研究的一个特点，但要使普遍性广泛得到承认，就必须有特殊性来加以证实。电子光学也是一样。如果能把问题的各种特殊性研究透了，就可以寻找具有普遍性和规律性的线索，普遍性的问题也就不难解决了。所以，从特殊性着手应是我研究的出发点。

（5）关于特殊性。要寻找一些可以求得解析解的理想模型，把它们的成像规律、精确解和近似解都研究透，作为研究的切入点。两电极同心球静电聚焦系统是一个很好的理想模型。对于这一模型，虽然前人研究过，但得到的仅是另级近似解。若能找出它的高级近似解，便能精确研究系统的像差。由于这一理想模型中成像矛盾的特殊性中包含了宽电子束成像矛盾的普遍性，它不但为研究普遍性问题提供理论基础，而且可以检验所提出的新理论的正确性，对宽束电子光学的深入研究具有指导意义。

（6）关于普遍性。解决特殊性是为了寻求普遍性的规律，而理论研究还必须把个别的、具体的特殊现象的知识转化为普遍的抽象知识。因此，绝不要在解决个别问题前止步。只有那些带有普遍性的规律，才是我研究的重点。

（7）电子光学研究的共同出发点是牛顿运动方程和洛伦兹力，但有关电子光学的理论各种各样，孰是正确的？尝试采用不同的方法和途径研究理论问题，是作者的选择，但必须考察所求得的理论或结论的正确性。当然，研究理论问题并不一定只是一条途径、一种方法，而是可能有两种或两种以上的途径和方法。如果它们是正确的话，就应该殊途同归，其理论结果实质上也应是一致的。

（8）把宽束电子光学的静态问题与动态问题割裂开来研究，是迄今为止宽束电子光学研究的一个不足之处。实际上，宽束电子光学所谓静态或动态乃是同一事物在时空上的不同表现而已，即逸出初能量分散的光电子在系统中所表现的空间特性和时间特性的差异。它们之间具有联系是必然的。若无视这一点，就难以认识问题的本质。

（9）大物面、曲轴宽电子束聚焦成像的理论涉及转动坐标系，故必须采用张量分析的数学方法解决。而且，从逻辑上来说，近轴电子光学问题应该是曲近轴电子光学的一个特例。

上面列举的是我对宽束电子光学问题的一些科学思考。这也是我从自己的科研实践过程中总结出来的。虽然开始时思想并不是那样明确，但随着研究的深入，思考深入了，信念更坚定了。我认为，在科学研究中，关键在于有否自己的思想（想法、创见），自己的独立思考。能否提出问题，是最重要的。只有提出了问题，千方百计去解决问题，才有可能得到原创性的结果。提问题时，思维方式和方法很重要。这时，辩证唯物主义认识论和科学哲学能对科学问题的提出和认识有所帮助。

下面我分 11 个题目谈谈自己在科学研究中走过的路，主要谈谈研究中的思路、想法和突破点。由于这是对博士研究生谈的，故涉及了一些技术细节。不是这一专业领域的青年人，不一定能明白；但离开了技术问题的描述，恐怕很难说清楚。

一、静电聚焦同心球系统的电子光学的研究

这是我自1962年在苏联开始的研究，断断续续地持续了20余年，即使至今也不能说彻底解决了，还有一些新问题尚待解决。

首先我讲背景。1962年冬，我被派往苏联作为研究生研究电子光学。任务是要攻克夜视器件的电子光学理论与设计。我到苏联后就读的大学——列宁格勒乌里扬诺夫（列宁）电工学院——的电物理系虽有搞电子光学的学者，但主要是搞强流和超高频。我的学术导师也愿接受我，但他的专业是行波管的电子光学。半年以后，到确定选题时，导师竭力劝我协助他搞超高频电子光学。这一课题在60年代初是很时髦的。我当时很犹豫：跟他合作，按着他的思路，拿个学位没有问题，但要改变出国时的志愿；不跟他搞，便没有人指导，一切靠自己，拿学位不保险。我思考再三，觉得不应该改变原定的方向，决心自己闯出一条路子来，实现自己的诺言。最后，我找了学术导师，把决定告诉他，并向他表示了歉意。他说了一句："这样，我无法帮助你。"当然他很不高兴。后来，我把几篇学术论文的稿件交给他审阅，他也不看不理。直到我把论文写出来提交给他之前，我们之间再也没有讨论过学术问题。最后我毕业时，当学位论文答辩通过后，他大大地夸奖了我。

就这样，我的科学生涯一开始就走上了一条艰难的路，正如"小卒过河，义无反顾"。

选题是第一道难关。在当时，对于宽束电子光学，我有许多不明白的问题。例如，阴极透镜既有一级横向像差，也有三级横向像差。它们之中谁起主要作用，它们之间又有什么联系？在应该如何定义横向像差的问题上，我对于前人的定义有疑惑。像差的表达式很复杂，能否通过解析解检验像差公式的精度；宽束和细束电子光学有什么异同点；处理方法应该有什么差异；等等。

1963年，Д. М. Крупп在苏联国立光学研究所（ГОИ）学报上发表了一篇关于静电聚焦同心球系统的像差的论文。这篇文章给出了在某一特殊像面（高斯像面）上的色球差。它与P. Schagen的一篇文章中给出的另一像面（极限像面）上的色球差相呼应。考察Крупп文章时，我的逻辑分析

和直觉都感到，在由宽束向细束过渡时，Крупп 提出用如下公式

$$\Delta r_{\min}^{*} = \frac{\Delta r_{g}^{*}}{1 + \dfrac{1}{\sin \alpha_0}} \tag{1}$$

来估计细束下最小弥散圆半径是不能成立的。这里，Δr_{g}^{*} 是高斯像面上的色球差，而 α_0 是电子自光阴极射出的初始逸出角。

当时，在阴极透镜的电子光学中，由于轴向初速的差异，产生了二级横向像差，即所谓 Recknagel（德） – Арцимович（苏），简称 R – A 公式

$$\Delta r^{*} = \frac{2M}{E_c}\sqrt{\varepsilon_r}\left(\sqrt{\varepsilon_z} - \sqrt{\varepsilon_{z1}}\right) \tag{2}$$

被公认为普遍成立。这里，M 为系统的横向放大率，E_c 为阴极面上的场强，取负值；ε_r 和 ε_z 分别为逸出电子对应的径向和轴向初电位，而 ε_{z1} 为与理想成像位置相对应的某一轴向初电位。R – A 公式由苏联学者 О. И. Семан 利用一些假设做了证明，但并未被实际系统证实。

Крупп 和 Schagen 的文章引起我探讨同心球系统电子光学的兴趣。在那时，我想到了两个问题：

（1）R – A 公式被认为是静电阴极透镜普遍成立的公式。它与系统的具体结构无关，仅与阴极面上的场强和系统放大率有关。同心球系统既然是静电阴极透镜的一种特殊情况，R – A 公式亦应在这个系统中成立。Schagen 和 Крупп 仅证实了在特殊像面上的像差。若进一步研究，则有可能在静电同心球系统中证实 R – A 公式。

（2）细束乃宽束的一种特殊情况。当由宽束向细束过渡时，Крупп 提出的公式［式（1）］在逻辑上难以成立，同时也不符合细束电子光学的推论。Крупп 的问题是由单一的高斯像面出发，自然导致不正确的结论。后来我证明了，在由宽束向细束过渡时，最小弥散圆半径应由下述公式

$$\Delta r_{\min}^{*} = \frac{1}{4}\Delta r_{g}^{*}\left(\frac{1}{1 - \dfrac{1}{16}\sin^2\alpha_0}\right) \approx \frac{1}{4}\Delta r_{g}^{*} \tag{3}$$

来表达。

这两个问题实际上是认识论中的普遍性和特殊性的关系。1978 年，当我在《工程光学》上发表《两电极同心球系统的电子光学》一文时，我写了如下的一段文字：

“按照辩证唯物主义观点，我们必须从本质上认识世界上不存在纯粹的普遍性，而要使普遍性广泛得到承认，就必须有特殊性来加以证实。因之，由静电阴极透镜的理想模型——两电极同心球系统——出发，分析和探讨这类系统聚焦成像所包含的具体的矛盾，解剖它作为阴极透镜所具有的矛盾的特殊性，从中找出一些对于阴极透镜具有普遍意义和规律性的线索。这不但对于研究同心球型像管的电子光学提供理论基础，而且由于理想模型成像的矛盾的特殊性中正包含静电阴极透镜宽电子束成像的矛盾的普遍性，故对于进一步研究轴对称阴极透镜也具有实际意义。”

这一段话多少有些拔高我那时的想法，但基本上是这样想的。当时，我觉得，如果能比较彻底解决同心球系统这一特殊性问题，对于电子光学几个比较疑惑的问题我就清楚了，并为我研究普遍性的问题奠定基础。其次，从自己的数理基础来看，先从简单的模型着手，能力也还跟得上。

于是，我选定了“同心球系统”这一课题作为研究的第一个问题。接下来，解决问题的突破口在哪里呢？我苦苦地思索这一问题，也进行了一系列演算。例如，前人的文献仅求到零级近似，而我设法求到了一级近似，甚至二级近似。这自然前进了一步，但这仅是小修小补而已。有一天，我的思考中涌现了这样一个问题：对于静电聚焦同心球系统自阴极面轴上点逸出的电子轨迹的交轴位置，不是求一、二级近似，而是求其精确表达式。若能解决这一问题，便能解决实际轨迹、近轴轨迹、理想成像、各级色球差、最佳像面位置，以及最小弥散圆等电子光学所关切的问题。

那么，前人（如 E. Ruska，P. Schagen，О. И. Семан，Д. М. Крупп）为什么解决不了这个问题呢？其根本问题在于轨迹表达式虽都正确，却不适合于寻求实际轨迹的交轴位置。因此，必须另辟蹊径，推导另外的轨迹表达式，使它适合于寻求实际轨迹的精确交轴位置。这便是突破口。

由于对问题的关键心中很明确，一心一意解决突破口的动力也很足，经过很多次反复和曲折，最后导得的轨迹表达式如下：

$$\begin{aligned}\sin\varphi &= -\frac{(\mu-1)(c+d_0)}{bd_0+b_0c}\sin\alpha_0\\ \cos\varphi &= \frac{bc+b_0d_0}{bd_0+b_0c}\end{aligned}\tag{4}$$

式中

$$\begin{aligned} b_0 &= \cos\alpha_0 \\ b &= \left(1 + \frac{\phi_{ac}}{\varepsilon_0}\frac{(\mu - 1)}{(n - 1)} - \mu^2\sin^2\alpha_0\right)^{1/2} \\ c &= 1 - 2\mu(n - 1)\frac{\varepsilon_0}{\phi_{ac}}\sin^2\alpha_0 \\ d_0 &= 1 - 2(n - 1)\frac{\varepsilon_0}{\phi_{ac}}\sin^2\alpha_0 \end{aligned} \tag{5}$$

在以上表达式中，$n = R_c/R_a$，$\mu = R_c/\rho$。ρ，φ 分别为电子轨迹的矢径和角度坐标；R_c，R_a 分别为两电极同心球的阴极和阳极半径；ϕ_{ac}为极间电位；ε_0 为静止的光阴极为获得其发射能量所对应的加速电位，被称为初电位；α_0 为电子的逸出角。

式（4）的优点不但在使用上较前人的公式简捷方便，而且无论对于 $n > 1$ 或 $n < 1$ 的系统都是适用的。这一公式的最大优点是在研究任意多个电极的同心球系统时具有类推性。

突破口解决了，并不等于把一切问题都解决了。在研究过程中，尚须提出假说（假设），形成概念，把问题提高到理论高度上来认识。通过解剖同心球理想模型这一个麻雀，我们弄清楚了不少细节。在这个基础上，我们可对轴上点像差的形成和分类做出解释，对近轴像差与几何像差进行定义，并证明了一级近轴纵向色球差 Δz_1^* 和二级近轴横向色球差 Δr_2^* 起主要的、决定性的作用，证实了著名的 Recknagel – Арцимович 公式在阴极透镜中普遍成立；等等。

在科学研究中，特别在理论研究中，不能停留在就事论事上，而要研究理论的进一步的适用性，探讨更普遍、更一般的规律。

在上述研究的基础上，我一方面探讨了由普遍到特殊的情况。例如平行板电容器（纵向均匀电场）是两电极同心球的两个曲率半径趋于无穷的一种特殊情况。自然地，可以由同心球系统演绎出平行板电容器的一切结论。另一方面，我探讨了由特殊到更普遍的情况。例如 Linden 和 Snell（1957）曾研究 3 电极同心球系统，得出了另级近似成像的规律。我便将两电极同心球的研究推广到 3 电极、4 电极……最后归纳推导出具有 m 个中间电极的同心球系统的理想成像和像差的规律。这些演算在概念上并不复杂，但十分烦琐。为了探索它的规律性，我夜以继日地工作，花了整整

3个月的时间。回国后，因“文化大革命”期间学校搞武斗，我回到上海家中，闲着无事，所以在上海图书馆，我又把自己的学位论文中的公式“折腾”了一遍，使同心球的理论在构造上更为严密，形式上更为优美。后来，我把留苏期间的学位论文翻译成中文，写成一本名为《变像管和像增强器的电子光学》的教材。

关于静电聚焦同心球系统的电子光学研究框图如图1所示。

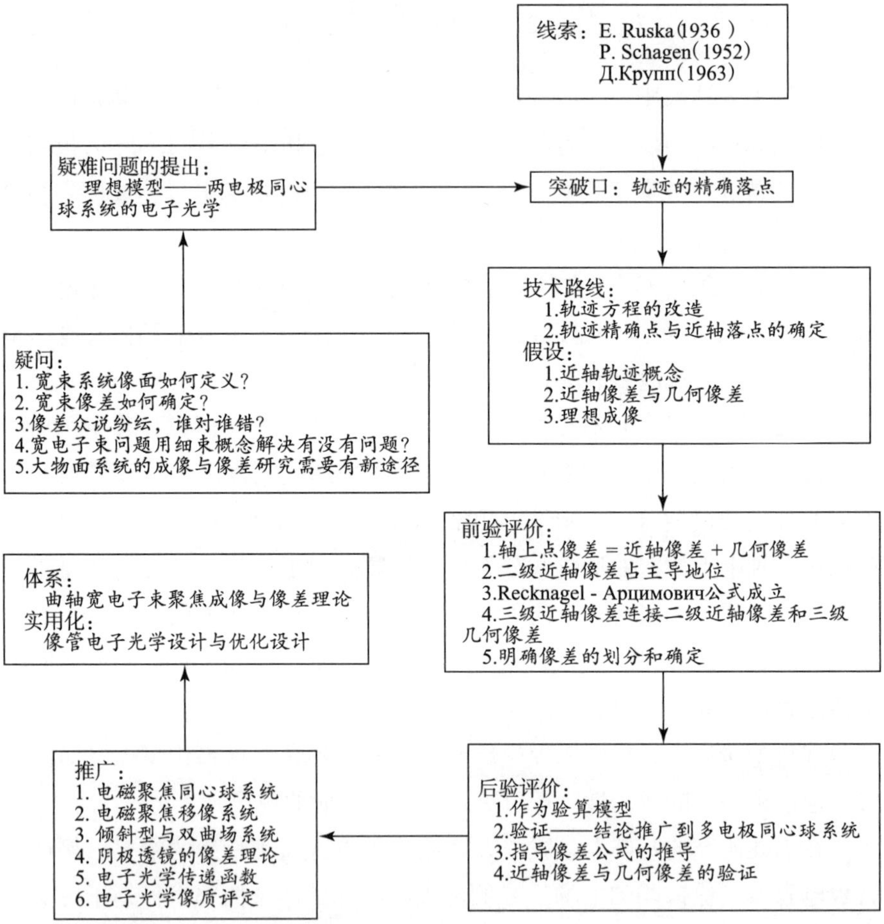

图1　静电聚焦同心球系统的电子光学研究框图

二、电磁聚焦同心球系统的电子光学的研究

下面我进一步谈谈上述工作的更普遍程度的概括——电磁聚焦同心球系统电子光学的研究。

1978 年初，英国的两个国际会议相继来函，邀请我到会并希望我在会上宣读学术论文。当时我正在酝酿同心球系统更普遍程度的概括——电磁聚焦同心球系统的电子光学。在这以前的电子光学的研究中，平行均匀复合场的电磁聚焦系统、近贴聚焦系统（即平板电容器）、静电聚焦同心球系统以及电磁聚焦同心球系统的电子光学都是分别研究的。这样的研究难免有割裂和不完整的感觉，且没有找到它们的共性。我的研究是要把这 4 种系统统一起来，用统一的理论和普适解来描述。这就是寻求更高程度的概括。

电磁聚焦同心球系统是一种普遍情况。若是磁场消失，则它变成静电聚焦同心球系统；若阴极和阳极的曲率半径趋于无穷，则它变成均匀平行复合场的电磁聚焦系统；若既无磁场，又加上阴极和阳极的曲率半径趋于无穷大，则它变成近贴聚焦系统。

当时，直觉告诉我，问题的关键在于如何求得这一系统中电子轨迹的解析解。我本能地感到存在解析解，而且确信能找到它。实际上，我找到这个解析解多少带有些偶然性。

对于同心球电磁聚焦系统，其主轨迹与径向电场 E 和磁场 B 是平行的。若改造 Г. А. Гринберг 的曲傍轴方程，使之适合于所研究的系统围绕主轨迹的曲近轴方程，再将同心球系统的场表达式代入曲近轴方程中，求解电子轨迹在此场分布下两个微分方程的数值解则是容易的。问题是有没有解析解，能否找到它。鉴于它的两个特殊情况——静电近贴聚焦系统和静电聚焦同心球系统——的近轴电子轨迹解析表达式已被我找到，我的直觉是同心球电磁聚焦系统电子近轴轨迹的解析解有可能被找到。

对于第三个特殊情况——平行均匀复合场的电磁聚焦系统，其电子轨迹解析式（$r(z)$，$\chi(z)$）也不难求得：

$$r(z) = 2\sqrt{\frac{2m_0}{e}}\frac{\sqrt{\varepsilon_r}}{B_0}\sin\chi(z) \tag{6}$$

$$\chi(z) = \sqrt{\frac{e}{2m_0}}\frac{B_0}{-E_c}\left\{\sqrt{\frac{\phi_{ac}}{l}z + \varepsilon_z} - \sqrt{\varepsilon_z}\right\} \tag{7}$$

这里，e/m_0 为电子荷质比，l 为极间距离，ϕ_{ac} 为加速电位，$B_0 = B(z_0)$ 为阴极面处的磁感应强度，$E_c = E(z_0)$ 为阴极面上的场强。

对于普遍情况——电磁聚焦同心球系统，其近轴轨迹需要求解一个二阶齐次微分方程，这并不是一件容易的事。但是，在同心球场分布下，不难求得近轴轨迹在子午面的旋转角$\chi(z)$：

$$\chi(z)=\sqrt{\frac{e}{2m_0}}\frac{B_0}{-E_c}\left\{\sqrt{\frac{z}{nl-(n-1)z}\phi_{ac}+\varepsilon_z}-\sqrt{\varepsilon_z}\right\} \tag{8}$$

当$n=1$时，上式就变成式（7）。对于另一解$r(z)$，我直觉地感到，若在式（6）中添加一些项，当$n=1$时，这些项消失的话，便有可能是近轴轨迹$r(z)$的解，从而也就没有必要去求解微分方程了。我记得那是1978年5月初的一个晚上，我躺在床上，思考这一问题。后来迷迷糊糊地睡着了。忽然来了一个思路，似梦幻般，突然醒了。想到一个解，急忙起来，把它记了下来：

$$r(z)=2\sqrt{\frac{2m_0}{e}}\frac{\sqrt{\varepsilon_r}}{B_0}\left\{1-\frac{n-1}{n}\frac{z}{l}\right\}\sin\chi(z) \tag{9}$$

一检验，果然是二阶微分方程的解。我想，这便是灵感的顿悟。实际上，数学上可以严格证明这个解，然而我当时却是凑出来的。20年后，我再次思考这一问题时，便从数学上严格地推导了描述电磁聚焦同心球系统电子轨迹的二阶齐次微分方程的两个特解。

三、电磁聚焦移像系统的研究

电磁聚焦移像系统的研究缘起于1980年。那时，中科院天文台傅德濂研究员希望我们能研究$M\neq1$的电磁聚焦移像系统，因为天文电子像管只有$M=1$的电磁聚焦移像系统。

这一工作以苏联 И. И. Цуккерман 博士的研究最为深入，并申报了两个专利。此外，还有苏联的 Куликов 和美国的 O'Keffee 的工作。当认真考察这些研究论文时发现了一些问题，有些还是原则性的问题。

以 И. И. Цуккерман 的论文为例，他是从细束傍轴方程出发来研究移像系统的。因此，他给出电子轨迹$r(z)$，轨迹转角$\chi(z)$，以及系统放大率M的3个表达式在宽束成像系统阴极面处，即$\phi(0)=0$的情况下出现了不确定性。

因此，对 Цуккерман 研究的结论要进行重新考察与研究。开始，我遵循着 Цуккерман 的思路，将傍轴情况改为近轴情况，但是得到的二组微分方程中有一个二阶非齐次的线性方程。因此，求它的通解不是容易的事。

直接求解有困难，能否通过迂回包抄的途径。若引入旋转坐标系，则此旋转坐标系与固定坐标系有一转角$\chi=\chi(z)$。由此便可发现，旋转坐标

系内以 $\boldsymbol{u}$ 表示的矢量形式的主轨迹方程与以 $\boldsymbol{q}$ 表示的矢量形式的相邻轨迹具有相同形式的线性方程。故其标量形式方程的特解都相同。这就大大地方便了求解。求出旋转坐标系内的通解后，再化到固定坐标系内。最后，我求得了电子轨迹 $r(z)$ 、系统放大率 M 以及轨迹转角 $\chi(z)$ 的表达式。这些表达式避免了当 $\phi(z_0=0)=0$ 时的不确定性，故所得到的解是稳定的。

在进一步确定系统图像无旋转的条件时，我和倪国强、方二伦一起研究，发现 И. И. Цуккерман 研究系统图像无旋转的思路是正确的，但给出的条件过于苛刻。

按照 И. И. Цуккерман 的思路，我们将理想聚焦与图像无旋转的问题归结为求标量形式的近轴轨迹方程：

$$\frac{\mathrm{d}}{\mathrm{d}z}\left\{\sqrt{V(z)+\varepsilon_{z_1}^*}\frac{\mathrm{d}v}{\mathrm{d}z}\right\}+\frac{1}{\sqrt{V(z)+\varepsilon_{z_1}^*}}\left[\frac{V''(z)}{4}+\lambda G^2(z)\right]v=0 \tag{10}$$

在边界条件

$$v(z_0)=0,\quad v(z_i,\varepsilon_{z_1}^*)=0 \tag{11}$$

下的解，并使其满足图像无旋转的条件式，

$$\chi_1-\chi_0=i\pi \tag{12}$$

这里，$V(z)=\phi(z)/\phi_m$，$G(z)=B(z)/B(z_0)$，$\varepsilon_{z1}^*=\varepsilon_{z1}/\phi_m$。

对式（10）作变量代换，令：

$$u=\sqrt{G(z)}v,\quad \psi=\int_0^z\frac{G(z)}{\sqrt{V(z)+\varepsilon_{z_1}^*}}\mathrm{d}z \tag{13}$$

则式（10）和式（11）可分别写为：

$$\frac{\mathrm{d}^2u}{\mathrm{d}\psi^2}+\lambda u+\frac{u}{4G^2}\left\{\left(\frac{\mathrm{d}G}{\mathrm{d}\psi}\right)^2-2G\frac{\mathrm{d}^2G}{\mathrm{d}\psi^2}+\frac{G}{V+\varepsilon_{z_1}^*}\left[G\frac{\mathrm{d}^2V}{\mathrm{d}\psi^2}+\frac{\mathrm{d}G}{\mathrm{d}\psi}\frac{\mathrm{d}V}{\mathrm{d}\psi}-\frac{G}{2(V+\varepsilon_{z_1}^*)}\left(\frac{\mathrm{d}V}{\mathrm{d}\psi}\right)^2\right]\right\}=0 \tag{14}$$

$$u(0)=0,u(\psi_i,\varepsilon_{z_1}^*)=0 \tag{15}$$

这里 $\psi_i=\psi(z_i)$，$V(z)=\varphi(z)/\varphi_m$，$\varphi_m$ 为系统轴上电位的最大值。若使式（15）中大括号内的关系式为零，则该式可简化为：

$$\frac{\mathrm{d}^2u}{\mathrm{d}\psi^2}+\lambda u=0 \tag{16}$$

这便是众所周知的 Sturm – Liouville 方程。按照特征值及其相应的方程解——特征函数存在的基本定理，在满足某些实际要求的情况下，则可以选择特征值，使式（16）可解。

由式（16）和边界条件式（15），可解得：

$$u = \sin(\sqrt{\lambda}\psi) \tag{17}$$

$$\sin(\sqrt{\lambda}\psi_i) = 0 \tag{18}$$

这一条件与式（15）是完全一致的。正因为 λ 可取各个离散值，故有可能实现多次聚焦。

若我们使式（15）的大括弧项直接等于零，从而满足 Sturm – Liouville 方程，并将对 ψ 的微商变换成对 z 的微商，便可得出移像系统中电位和磁感应应满足的条件式。

最后，我们给出移像系统实现图像无旋转的两个必要与充分条件：

$$\frac{3(V+\varepsilon_{z_1}^*)}{G^2}\left(\frac{\mathrm{d}G}{\mathrm{d}z}\right)^2 - \frac{2(V+\varepsilon_{z_1}^*)}{G}\frac{\mathrm{d}^2G}{\mathrm{d}z^2} - \frac{1}{G}\frac{\mathrm{d}V}{\mathrm{d}z}\frac{\mathrm{d}G}{\mathrm{d}z} + \frac{\mathrm{d}^2V}{\mathrm{d}z^2} = 0 \tag{19}$$

$$\lambda_i = \frac{e}{8m_0}\frac{B_0^2 l^2}{\phi_i} = \frac{i^2\pi^2}{\left[\int_0^{z_i}\frac{G(z)}{\sqrt{V(z)+\varepsilon_{z_1}^*}}\right]} \tag{20}$$

式（19）说明了实现图像无旋转的移像系统中电场与磁场的相互关系，式（20）说明了在解得的场分布下，可以选择 B_0，ϕ_i，l，使之在 z_i 处实现聚焦。

科学研究往往是这样：在今天看来是顺理成章的事，而在当时却始终转不过弯来。后来，金伟其博士在研究电磁聚焦移像系统的图像无旋转理论时，他向我提出，在一般情况下，我们希望图像无旋转，但在特殊情况下，希望图像有一个相对的转角；能否将这一理论推广到一般的情况呢？这是一个很好的想法，也是很自然的想法，但我从来没有想到过。于是我们一起又建立了图像具有任意设定转角的电磁聚焦移像系统的理论。

四、倾斜型电磁聚焦系统的研究

这一课题是美国普林斯顿大学 J. Lowrance 博士于 1978 年向我提出来的。1979 年他访华，1980 年我访美时，我们曾就这一课题进行了讨论。实际上我们俩的工作是平行着做的，因为他接受了美国探空火箭上安装一倾斜型成像系统的任务，而我主要对理论问题感兴趣。我觉得从电子光学理论角度来看，当时的研究远远不是很深入的。于是，在国内我与方二伦一起合作研究这一课题。

倾斜型电磁聚焦系统是为了有效地使用不透明光阴极，特别是紫外灵敏光阴极和Ⅲ—Ⅴ族不透明光阴极而发展的一种新型成像系统。实质上，这种系统的电子光学场乃是一种均匀交叉场，即均匀磁场 $\boldsymbol{B}$ 相对于与光轴平行的均匀电场 $\boldsymbol{E}$ 错开或倾斜一个角度。与一般的像增强器不同的是，不透明光阴极位于倾斜型像管的后面而屏靶在前面。两者恰好颠倒了一下，并且还错开一个位置。当入射光子通过光学系统在不透明光阴极上聚焦成像时，逸出的光电子受电场加速，围着与磁场方向偏离的抛物线旋转，从而聚焦到输出端的屏靶上。不过，此时屏靶输出窗的位置并不位于与管轴相对称的两侧，而是错开一个角度。

通常对倾斜型系统的坐标系取法，一般有 J. Picat、C. B. Johnson 和 J. Lowrance 二种。因 $\boldsymbol{B}$ 和 $\boldsymbol{E}$ 以某一角度 θ 相交，取直角坐标系，以经过 $\boldsymbol{E}$，$\boldsymbol{B}$ 平面为 xz 平面，而选取沿着磁场 $\boldsymbol{B}$ 的方向为 z 轴或沿着电场 $\boldsymbol{E}$ 的方向为 z 轴。这两种坐标系的取法并没有本质上的差别。

在我们研究时，一是感到无论上述哪一种坐标系的取法，其电子运动的物理概念都不够清晰；二是觉得不应走人家的老路。我们的研究一定要有所发展，有所前进。考虑再三，为了清晰地表达系统中电子运动的轨迹，我们引入随动坐标系 $(\bar{x},\bar{y},\bar{z})$，给出了它与沿着磁场 $\boldsymbol{B}$ 的 z 轴的坐标系 (x,y,z) 的关系。最后证明了逸出电子在以基线位于 yz 平面的一条抛物线上做圆柱螺旋运动，并求得了以随动坐标系表示的电子轨迹解析表达式。

在研究中，有时会有意外的发现。例如，在研究在像屏上落点的均方根半径以及点列图与传递函数时，便发现其间有紧密的联系。对于所研究的系统，从理论上讲，均方根半径 $\Delta\bar{r}$ 等于：

$$\Delta\bar{r} = \sqrt{(\Delta\bar{x})^2 + (\Delta\bar{y})^2} \tag{21}$$

这里

$$(\Delta\bar{x})^2 = \int_0^1\int_0^{2\pi}\int_0^{\frac{\pi}{2}} (\Delta x)^2 \frac{\sin 2\alpha_0}{2\pi} N(\xi)\,\mathrm{d}\alpha_0\mathrm{d}\beta_0\mathrm{d}\xi$$

$$(\Delta\bar{y})^2 = \int_0^1\int_0^{2\pi}\int_0^{\frac{\pi}{2}} (\Delta y)^2 \frac{\sin 2\alpha_0}{2\pi} N(\xi)\,\mathrm{d}\alpha_0\mathrm{d}\beta_0\mathrm{d}\xi \tag{22}$$

这里，α_0 为初电子的逸出角（$\alpha_0 = 0° \sim 90°$）；β_0 为初电子的方位角（$\beta_0 = 0° \sim 360°$）；$\xi = \varepsilon_0 / \varepsilon_{0m}$，$\varepsilon_0$，$\varepsilon_{0m}$ 分别为逸出电子的初能与最大初能量；$N(\xi)$ 为光电子发射的初能量分布；Δx，Δy 分别为横向像差。

对于倾斜型系统，我们可以求得 $\Delta\bar{x}$，$\Delta\bar{y}$ 的解析表达式。若选择某一分布（如贝塔分布）作为电子的初能分布，则由式（22）可以求得此系统中均方根半径解析表达式。

同时，在计算某一像面上的点列图与传递函数时，亦可求得均方根半径 $\Delta\bar{r}$ 的计算值：

$$\Delta\bar{r} = \left\{ \sum_{i=1}^{n} (\Delta r_i)^2 \frac{W_i}{W_{\mathrm{sum}}} \right\}^{\frac{1}{2}} \tag{23}$$

式中，Δr_i 为以初角度（$\bar{\alpha}_j, \bar{\beta}_k$），初能量 $\bar{\xi}_i$ 自原点逸出且携带权数为 W_i 的电子在像面上的落点离理想像点的距离，n 是总落点数，W_i 为逸出电子对应的权，而 W_{sum} 为 W_i 之和。

通过计算，我们发现：

（1）以二级近似横向像差公式落点计算 $\Delta\bar{r}$ 与通过理论公式求 $\Delta\bar{r}$ 之间存在惊人的一致性，所得到的传递函数的误差在 $f=200$lp/mm 以内仅 2%，但计算时间节省了 5/6。由此可见所导出的像差方程的优越性。

（2）均方根半径 $\Delta\bar{r}$ 的大小与传递函数的优劣在各像图上是一一对应的。故可用 $\Delta\bar{r}$ 来表征系统在该像面处的鉴别率特性。从物理意义上来说，均方根半径 $\Delta\bar{r}$ 的大小反映了电子在该像面上落点密集的程度，而密集的电子落点必将使传递函数改善。这两者的一致性在此系统中得到证实。用 $\Delta\bar{r}$ 这样一个单一参数进行像质评定作为辅助传递函数的一个评定指标将比较直观，便于比较。现在，在我们的像管电子光学设计软件包中，就有一项内容是采用 $\Delta\bar{r}$ 作为评定指标（评价函数），对像管电子光学系统进行优化设计。

五、电磁复合聚焦阴极透镜的像差理论的研究

1964 年当我在苏联留学时，曾对此问题进行了初步的研究。1980 年，我建议当时的研究生艾克聪选择这一课题作为硕士论文的一部分。我们的目的是要解决中苏两国学者在此问题上的争论和分歧。

静电阴极透镜与电磁复合聚焦阴极透镜的像差理论是德国的 A. Recknagel 和我国的西门纪业分别于 1941 年和 1957 年建立的。北京大学无线电电子学系西门纪业教授在其 1957 年研究生论文中首先全面地研究了电磁复合聚焦阴极透镜的像差理论，推导了以约化电位表示的实际轨迹方程、矢量形式的线性方程和三级横向像差方程，给出了各种特殊类型的像差表示式。西门纪业的论文为研究电磁复合聚焦阴极透镜奠定了理论基础。

近二三十年来，在 Recknagel 和西门纪业研究的基础上，发表了不少文章；但是，也有一些争论和分歧。例如：

（1）Ю. В. Куликов 等人怀疑西门纪业提出的总的三级横向像差 $\Delta \boldsymbol{u}_3$ 内由于旋转坐标系的附加旋转而引起的像差项 $\Delta\chi$（$\boldsymbol{k} \times \boldsymbol{u}$）的存在。

（2）Б. Э. Бонщтедт 认为西门纪业的像差方程的自由项有误，从而导致所得到的像差系数表达式不正确。

Ю. В. Куликов 的问题较易回答，但 Бонщтедт 触及的是实质性的问题。这里有几种可能性：

（1）Бонщтедт 的批评对，西门纪业的像差方程的自由项有错，从而导致像差系数表达式有错。

（2）Бонщтедт 的批评有误，而西门纪业是正确的；Бонщмедт 的像差方程的自由项以及像差系数表达式不正确。

（3）Бонщтедт 的批评有出入，但俩人的像差方程自由项完全一致，像差系数的表达式实质一致。

要考察研究阴极透镜的电子光学像差理论并不是一件容易的事。为了把每个作者论文的理论出发点、总体思想和处理方法理解透彻，一切都要经过自己的检验。只有这样，才能肯定或否定。特别是比较两位作者的差异，不能只看表面或形式，而要探讨它的实质。这是一项细致、艰苦的工作，需要严谨的科学态度。我们整整地花了半年时间，用了几百张稿纸，最后弄清楚了所疑惑的问题。这里我不想详述细节，只想讲一下结论：

（1）横向像差应是近轴像差与几何横向像差的合成。近轴像差有二级项和三级项。后者与三级几何横向像差为同一数量级。三级几何横向像差应表示为：

$$\begin{aligned} \delta \boldsymbol{r} &= \left[(\boldsymbol{u} + \Delta \boldsymbol{u}) e^{i(\chi+\Delta\chi)} - \boldsymbol{u} e^{i\chi} \right]_{z_1} \\ &\doteq \left[\Delta \boldsymbol{u} + \Delta\chi(\boldsymbol{k} \times \boldsymbol{u}) \right]_{z_i} e^{i\chi(z_i, \varepsilon_z)} \\ &= \Delta \boldsymbol{u}_3 e^{i\chi(z_i, \varepsilon_z)} \end{aligned} \qquad (24)$$

这里 $\Delta \boldsymbol{u}$ 是 $\boldsymbol{u}_{实}$ 与 $\boldsymbol{u}_{近}$ 之差引起的三级横向像差项，$\Delta\chi$ 是三级近似的轨迹与一级近似的轨迹的二旋转坐标系的角度之差，而 $\Delta\chi(\boldsymbol{k} \times \boldsymbol{u})$ 是由于磁场产生旋转而引起的三级横向像差项。这里我们再一次证实西门纪业提出的 $\Delta\chi(\boldsymbol{k} \times \boldsymbol{u})$ 像差项的存在。

（2）西门纪业和 Бонщтедт 两文的像差方程的自由项 F 及其像差系数

表达式虽然形式上迥然不同，但实质上是可以相互转化的。我们在文章中给出了转换关系式，从而证明了 Бонщтедт 对西门纪业的批评是不正确的；相反，Бонщтедт 给出的像差系数表达式却有一些遗漏与错误，需要加以补正。这正是上述设想的第三种情况。

这样，我们的工作是解决了中苏两国学者研究像差理论的争论与分歧，而且也为全面地描述像差理论做出了自己的贡献。西门纪业教授推荐我们的学术论文在《物理学报》上发表。

在此基础上，西门纪业、艾克聪和我继续研究，发表了一系列论文。如从另一个角度——变分理论来探索阴极透镜的像差，完成了“阴极透镜像差的变分理论”的研究。其结果与前面是一致的。此外，我们还研究了《宽束和细束电磁复合聚焦球面阴极透镜的像差理论》《电磁复合聚焦——偏转球面阴极透镜的相对论像差理论》等文章，并刊登在《物理学报》，以及《Advances in Electronics and Electron Physics》和《Optik》等国内外刊物上。

应该指出，当时的研究认为 $v(z_i,\varepsilon_{z_1})=0$，$v(z_i,\varepsilon_z)\neq 0$，故三级几何横向像差应包含 $v(z_i,\varepsilon_z)\neq 0$ 时有关的积分项。实际上，$v(z_i,\varepsilon_z)$ 虽不等于零，但它是一个正比于（$\sqrt{\varepsilon_z}-\sqrt{\varepsilon_{z_1}}$）的量，是一个一级小量。在推导三级几何横向像差的表示式时，它是应该略去不计的。同样，我们后来也证明了 $e^{ix(z_i,\varepsilon_z)}$ 也有一个正比于（$\sqrt{\varepsilon_z}-\sqrt{\varepsilon_{z1}}$）的一级小量。

还应该指出，在电子光学学术界，学者们一直十分看重三级几何横向像差的研究。实际上，按照我们的研究，对于宽束电子光学，横向像差应是二级与三级近轴横向像差加上三级几何横向像差。对成像质量起决定性作用的并不是三级几何横向像差，而是二级近轴横向像差。这一结论实际我在 20 世纪 60—70 年代对静电和电磁同心球系统进行研究时就得到了，但一直没有作为普遍的结论。直到近年，我导出了普遍情况的三级近轴横向像差表达式后，才公之于世。

六、阴极透镜的电子光学传递函数的研究

这是我与当年的研究生艾克聪、倪国强以及方二伦同志共同研究的课题。在探讨由一级横向像差求阴极透镜的电子光学传递函数时，我们查阅了到那时为止的国内外文献，主要是英、俄文献，对各位作者的文章思路，优、缺点与存在问题有了全面的了解。

归纳起来，在旋转对称阴极透镜中求轴上点全色调制传递函数（MTF）存在两种方法：

方法一，将单色点扩散函数（PSF）对能量做概率统计，得全色 PSF。再对它进行傅里叶—贝赛尔变换，得全色 MTF。

方法二，将单色 PSF 直接进行傅里叶—贝赛尔变换，得单色 MTF。然后再对初能分布求概率统计平均值，得全色 MTF。

1981 年，艾克聪、方二伦和我研究此问题时，考虑初能分布为余弦分布、贝塔分布和麦克斯韦分布的全色 MTF 表达式，在近贴聚焦系统中采用方法一，在锐聚焦系统中采用方法二。

当我和倪国强继续进行这一课题的研究时，我们的任务一是要证明方法一和方法二等价；二是要用方法一求锐聚焦系统的全色 MTF，因前人的尝试都没有成功。特别是 I. P. Csorba 的研究中由于确定不了积分限的问题，而未能获得正确的结果。我们的工作是探讨更普遍的规律，用统一的理论来阐述。

要解决上述问题，用一般文献中所用的方法是走不通的（如 I. P. Csorba），故必须另辟蹊径。我们虽然明白了症结所在，但即使苦苦思索，也想不出更好的办法来。

恰好在那时，我应邀去西安光机所主持宋克昌的硕士研究生论文答辩。他在研究近贴聚焦像增强器的理论分析中用了一种像差曲面图。他的工作给了我们很大的启发。

我们在研究锐聚焦系统的全色 MTF 时，要考察各个像面上的像差，于是也可以做出它的三维像差曲面，即在成像位置 $\sqrt{\xi_{z_1}}=0$ 与 $\sqrt{\xi_{z_1}}=1$ 之间（这里 $\xi_{z_1}=\varepsilon_{z_1}/\varepsilon_{0m}$），做 $r=r$（ξ，α）的像差曲面。这样，就把由于不同初能、不同初角度形成的像差曲面图的三维结构清晰表示了出来。

若以高度为 r（$r<r_{mm}$）的平面截像差曲面，得 r 截面，将它向（ξ，α）坐标平面上投影，得 l 截线。它分划出在 r 平面以下的像差曲面在（ξ，α）平面上的投影区域，以此投影区域内的（ξ，α）值为初条件的电子均落在半径为 r 的圆盘内。这样，我们就解决了 I. P. Csorba 等人的研究中未能解决的积分限的问题。

解决了突破口问题，余下的是演绎、逻辑、数学分析与推导。这些问题并不难解决。这样，我们利用了三维像差曲面解决了阴极透镜全色调制传递函数（MTF）的求解问题。

七、宽电子束聚焦普遍理论的研究

带电粒子束的聚焦是电子光学基本问题之一，长期以来受到人们普遍的重视。轴对称（直轴）细电子束聚焦与宽电子束聚焦的问题已基本得到解决，目前仍在发展中。曲轴细电子束聚焦的普遍理论是由 Г. А. Гринберг 和 P. A. Sturrock 于 20 世纪 40—50 年代分别建立的，至今也有很大的发展。70 年代初，我与一些同志研究像管电子光学计算与设计时，发现电子光学中似乎尚遗留一个更普遍的问题尚未得到解决。到 80 年代初，问题的轮廓逐渐清楚了，在我的脑子中形成这样的概念图（如图 2 所示）。图 2 中箭头表示“过渡”，即由曲轴可过渡到直轴，宽束可过渡到细束。由此可见，如果我们能解决曲线坐标系下曲轴宽电子束聚焦普遍理论，则可得到电子光学中更普遍性的规律。因此，探讨这一问题具有深刻意义，将对电子光学科学宝库做出贡献。

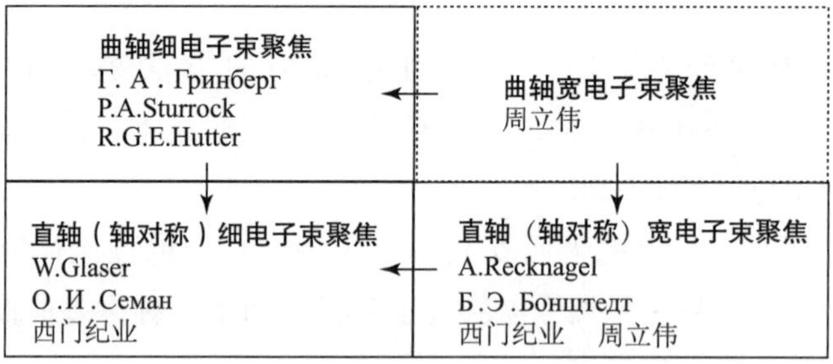

图 2　曲轴宽电子束聚焦可被推广到直轴宽束、曲轴细束和直轴细束电子光学的研究

研究这一问题的迫切性，主要在于当阴极面是大物面且是曲面时，以 Scherzer 展开表示的空间电位的精确度离实际情况太远，而近轴方程的两个特解 $v(z)$ 和 $w(z)$ 是不问物面是曲面或是平面都认为物面就是平直的平面。因此，大物面、宽电子束聚焦成像用近轴方程和三级几何像差理论来解决是远远不够的，必须用曲轴宽电子束聚焦成像与像差理论来解决。

20 世纪 70 年代初，当我与方二伦、冯炽涛等一起研究大物面静电聚焦成像系统电子光学计算与设计时，发现求解曲近轴方程以确定系统的场曲与像散是很有效的。在研究轴对称细电子束聚焦系统的傍轴线性方程时，若以 ε_z（轴向初电位）代替 ε_0（初电位），可以证明它正是适合于轴对称宽电子束聚焦系统的近轴线性方程。由此推论，若曲线坐标系下细束曲傍轴方程中的初电位 ε_0 以主轨迹逸出电子的初电位 ε_s 代替，则可得到曲线坐标系下宽束曲近轴方程。这从逻辑上来说也许是成立的，是可以这样假设的。

从逻辑上来说，近轴线性方程应是曲近轴方程的特例。因此，在确定系统的场曲和像散时，对于轴上点，令 $\varepsilon_z = \varepsilon_{z1}$ ，可用近轴线性方程确定一个对应的像点，而对于轴外点，即高度 r 不同时，令 $\varepsilon_s = \varepsilon_{z1}$ ，可以用曲近轴方程确定对应于不同高度 r 的弧矢像点和子午像点，从而得到相应的弧矢像面和子午像面。这样的处理是合乎逻辑的，也比较严格。

但是，这种推论与假说需要理论上的证明。那时，尽管我意识到这个问题很重要，但考虑到自己的数学能力有限，一时还解决不了，就搁下了。到了 1980 年，我深切地感到，大物面成像系统的电子光学成像及像差问题的解决必须研究微分几何和张量分析。现实迫使我再一次正视这个问题。我花了大约一年时间，钻研微分几何和张量分析的理论。我是在边学、边干、边教的过程中，逐步弄清楚的。

有了数学上的储备和能力，我便试图从张量分析的角度研究曲线坐标系下宽电子束聚焦。我们从理论上证明当初的推理与假说是正确的，并由此建立了曲线坐标系下宽电子束聚焦的普遍理论；同时，我们也给出了在任意电磁场中曲线坐标系中电子运动方程具有“逆变”形式和“协变”形式，而两者是可以互相转化的。这些都是我们第一次建立和提出的。我们写成了《曲线坐标系下电子运动的张量分析》的文章，并在《Optik》和《电子学报》等刊物上发表，得到了国内外学术界的承认。

八、静电聚焦像管的电子光学系统优化设计

关于静电聚焦像管的电子光学系统设计，我与方二伦、冯炽涛在 20 世纪 70 年代研究并提供国内研究所和工厂使用的程序软件。我们三人的合作研究是互补的，我研究理论，冯炽焘研究计算，方二伦研究程序。当然，大量的工作是落在方二伦的身上。我们那时实际是采用试凑法，即通过逐次人工改变设计的几何（结构）参量和电参量进行试算的方法来满足设计的要求。这种设计方法效率较低，不能充分发挥系统的潜力，而且设计结果受设计者的水平和经验的限制，已不能满足现代科学技术日益发展的需要。为此，到 1991 年，像管电子光学系统的优化设计便提到了日程上。

与其他系统（如机械系统、光学系统等）的优化设计不同，电子光学

系统优化设计的优化参量，如像差、像面位置、放大率、调制传递函数等均与电子光学系统的场分布密切相关，而电子光学系统的场分布又是由电子光学系统的几何（结构）参量和电参量决定的。在优化过程中，一旦修改了几何参量和电参量中的任一个参量的数值，就需要重新求解由成千上万个点组成的离散系统场分布的边值问题。对于电子光学系统的优化设计来说，很大一部分工作量是花在场分布的计算上。因此，在那时，如何提高优化设计中电子光学场分布的计算效率，缩短电位场分布的计算时间，是决定该优化设计能否实用的至关重要的问题之一。

关于数值计算电子光学场分布的方法，实际应用较为普遍的是差分形式的逐次超松弛 Gauss－Seidel 迭代法。这种方法计算稳定，数值精度高，原则上只要求解区域是闭合的就可以应用。我们也是采用这一种方法。但是，与其他传统的迭代法一样，Gauss－Seidel 迭代法的最大问题是随着迭代次数的增加，迭代的收敛速度会变得越来越慢，即迭代对于压缩误差函数中的高频分量是相当有效的，但对于其低频分量则收敛较差。因此，Gauss－Seidel 迭代的计算效率是不高的。

这样，寻找一种计算效率更高的新的数值算法成为解决本问题——优化设计——的关键，而且找到的新方法还需要与我们现有的差分—迭代算法相兼容。当时（20 世纪 90 年代）的博士生张智诠和我对于这一问题的突破点是比较明确的。经过不懈的努力，我们终于找到一种快速数值计算边值问题的“多重网格法”（Multigrid Method）。

多重网格法的最大特点是快速收敛性。当离散化更加精细时，收敛速度并不变慢。它是把传统迭代法的“光滑效应”（即使误差函数变得光滑从而收敛变慢的效应）与“粗网格校正”技术结合起来，从而产生一种互补效应的高效求解工程边值问题的数值方法。实际应用时，它将欲求解场分布的区域划分为一系列步长不等的网格，并将细网格上的场值的直接精确计算转化为所有网格层上的场值的误差的计算。由于网格函数对于粗网格来说是不光滑的，因此误差在粗网格上收敛较快，从而加速了迭代过程，提高了计算效率。

当然，将这种方法移植到实际像管电子光学系统的场分布的计算时，还需要克服一些技术上的困难，但这毕竟是第二位的问题，经过努力是可以解决的。我们把多重网格法应用到实际的静电聚焦像管的电子光学系统优化设计上。计算表明，多重网格法的收敛速度比逐次超松弛 Gauss－Seidel 迭代法快 2.5 ~6 倍，且收敛效率不随边值问题的离散化程度而定，大大提高了计算效率，节省了计算时间。

多重网格法被我们首次成功地用到像管电子光学系统优化设计上。由于这一方法对于解决优化设计时需反复计算场分布并占用较多的 CPU 时间的矛盾具有较大的实际意义，故当我们在美国圣地亚哥 SPIE 国际会议报告这一成果时，受到与会者的重视。有的当面向我们表示要把这一方法应用到他们的工作上。

九、动态电子光学的时间渡越弥散的研究

在动态电子光学中，由光电子的发射初能量分散所引起的一级时间像差（被称为时间渡越弥散）被认为是高速摄影变像管相机时间分辨率的基本限制。早在 20 世纪 50 年代，苏联的 ЗавоискиЙ – Фанченко 便提出关于渡越时间弥散 Δt 的公式：

$$\Delta t = \sqrt{\frac{2m_0}{e}}\frac{1}{E_c}\sqrt{\varepsilon_z} \tag{25}$$

式中，m_0/e 为电子的荷质比，E_c 为阴极面的场强，而 ε_z 为逸出电子的轴向初能量。这说明时间像差在一级近似下（即时间渡越弥散）与逸出电子的轴向初能量和阴极面上的场强有关，而与系统的放大率无关；但他们的公式中没有表达像面位置的参量。40 余年来，人们普遍认为，时间渡越弥散与成像面的位置无关。

但是，在研究静电像管的电子光学时，由光电子的发射初能量分散所引起的二级横向像差（也可认为是空间渡越弥散）乃是静电聚焦像管空间分辨率的基本限制。它由二级横向像差 Δr 的 Recknagel – Арцимович 公式来表述，如下式所示：

$$\Delta r = \frac{2M}{E_c}\sqrt{\varepsilon_r}(\sqrt{\varepsilon_z} - \sqrt{\varepsilon_{z1}}) \tag{26}$$

式中，M 为系统的放大率，E_c 为阴极面的场强，ε_r 和 ε_z 分别为逸出电子的径向和轴向初能量，而 ε_{z1} 为成像面位置所对应的轴向初能量。由此可见，表示空间偏离的一级横向像差与电子逸出的轴向初能量、阴极面上的场强，以及系统的放大率有关，更与成像面的位置有关。

不难看出，式（25）与式（26）之间存在某种不协调性与不对称性。这两个式子表明，决定系统空间分辨率和时间分辨率的横向像差和时间像

差的主项与电极结构和电位分布无关，而与电子的轴向逸出初能 ε_z 和阴极面上的场强 E_c 有关。这两个式子的差异在于，式（26）中含有放大率参量 M 以及与理想成像位置相对应的电子轴向初能量 ε_{z1} 的参量；但式（25）中既不包含放大率的参量，也不包含与 ε_z 相比较的 ε_{z1} 的参量。

实际上，关于电子光学成像系统的空间像差或时间像差，本来是同一事物（即由阴极面逸出的光电子的发射初能量分散）在某一成像面上所显现的空间弥散特性，或是在空间某一位置（包括成像面位置）处所显现的时间弥散特性。我们可以理解式（25）没有引入放大率的参量。因为时间像差乃是两条不同的电子轨迹（实际轨迹与近轴轨迹）在任一位置 z（包括成像面位置）处时间离散，而空间像差必须在 ε_{z1} 所对应的成像位置处衡量；但是在式（25）中没有引入 ε_{z1} 的参量显然是不协调的。这种不协调性唯一可以统一起来解释的是，目前普遍采用的评价时间渡越弥散或时间像差理论是以某一轴向初能量 $\varepsilon_{z1}=0$ 的电子作为比较基准来探讨轴向初能量 ε_z 不等于零的电子所构成的时间离散或形成的时间像差。

解决上述问题或证明我们的观点的最好的理想模型是两电极同心球系统。我们从这一模型导出了一级与二级时间像差的表达式。其一级时间像差，即时间渡越弥散如式（27）所示：

$$\Delta t=\sqrt{\frac{2m_0}{e}}\frac{1}{E_c}(\sqrt{\varepsilon_z}-\sqrt{\varepsilon_{z1}}) \tag{27}$$

这说明，在一般情况下，时间渡越弥散与成像面的位置有关，而与放大率无关。

在此基础上，我们可以把研究较为成熟的静态宽束电子光学的调制传递函数这一套方法，特别是我们所创造的三维曲面成像系统的电子光学传递函数的研究移植到研究动态宽束电子光学的时间调制传递函数上来，从而进一步推进了这一领域的理论研究。

十、动态电子光学时间像差理论的研究

1980 年，Monastyrski M. A. 和 Schelev M. Ya 首先提出“τ 变分法”以探讨电子光学成像系统的时间像差理论。其核心是以变分方法考察动态电子光学成像系统的时间像差。该文以轴向初能量 $\varepsilon_{z1}=0$ 的电子作为基准给出了计算电子光学成像系统一级和二级时间像差系数的途径，但导得的几何时间像差系数的表达式涉及微分方程的求解。他们的工作使电子光学工

作者有可能在高速摄影变像管和条纹管的设计与计算中考虑二级时间像差项对时间分辨率的影响。

读完这篇文章后，我产生了两个疑问。其一，为什么不走概念清晰而又简便的直接求解电子运动方程的途径，而走概念复杂、晦涩难懂的 τ 变分法的途径呢？其二，τ 变分途径得到的结果的正确性和精确性如何？

对于第一个疑问，我后来弄清楚了，是在处理轴上电位分布的三阶导数 $\phi'''(z)$ 上的困难，以及二重积分难于求解。对于第二个疑问，我必须寻找另一种方法或途径与 τ 变分法的结果比较。此外，还要用一个理想模型来检验其结果的正确性和精确性。

我们的工作直接由电子运动方程出发。这在概念上是简单明了的。我们把光阴极逸出的轴向电子初能为 $\varepsilon_{z1}(0 \leqslant \varepsilon_{z1} \leqslant \varepsilon_{0\max})$ 的近轴电子轨迹作为时间的比较基准，给出了新的时间像差的定义，并把时间像差分为近轴时间像差和几何时间像差。在研究中，我们利用近轴方程避免了求解 $\phi'''(z)$ 的困难，从而提出了计算动态电子光学成像系统时间像差系数的新方法——直接积分法。这一方法与“τ 变分法”的差别在于：τ 变分法求得的二级几何时间像差系数必须求解微分方程，而直接积分法求得的二级几何时间像差系数全部以积分形式表示，仅需进行积分运算，更适用于成像系统的实际计算与设计。

关于两种方法的正确性和精确性。我们采用静电同心球系统的理想模型对这两种方法进行检验。结果表明：这两种方法求解电子光学成像系统的时间像差系数的结果完全一致，所求得的时间色差系数与理想模型的解析解完全相同，从而证明两种方法是等价并且正确的。研究表明，直接积分法的计算更为简便，适于系统的实际计算与设计。

从这一科学问题的研究，我们可以看出方法论的指导作用。首先，从逻辑上分析，发现电子光学成像系统现有的空间像差理论与时间像差理论之间的矛盾，即其不协调性。其次，我们把宽束电子光学的静态问题和动态问题联系起来，进而认识到，这是同一事物（即由阴极面逸出的光电子的发射初能量分散）在某一基准面或成像面上表现的时空特性，即空间像差和时间像差，并把这两种像差在定义上统一起来。从逻辑出发，我们把静态宽束电子光学的那一套移植到动态电子光学上，给出了新的时间像差定义。当推导出新的表达式后，我们采用了理想模型检验的方法，验证原理论和新理论的正确性与精确性。直到通过一系列比较后，才做出科学的结论。

为什么说我们所提出的动态电子光学时间像差理论 - 直接积分法是一种更好的理论呢？这是由于它满足了科学上一个良好的理论模式的条件，具有以下几个特点：

（1）直接积分法时间像差理论由最基本的物理学定律——电子光学运动方程出发，前提清楚，概念清晰，数学推导正确，得到的数学形式较 τ 变分时间像差理论更为简洁。

（2）τ 变分时间像差理论所能解释的现象，直接积分法不但都能解释，而且扩展了应用范围：它将 τ 变分时间像差理论以轴向初能量 $\varepsilon_{z1}=0$ 的比较基准推广到由极限像面（点）推广到极限到高斯像面（线）的情况：$0 \leqslant \varepsilon_{z1} \leqslant \varepsilon_{0\max}$。

（3）直接积分法时间像差理论经过了静电同心球系统的理想模型的解析解的检验，证明是正确的，而且是精确的。同时，通过这一理想模型也证明了 τ 变分时间像差理论的正确性和精确性，说明这两条途径殊途同归。

（4）直接积分法时间像差理论提出了时间像差的新定义，其出发点是，时间像差与空间像差乃是同一现象的时空表现。既然空间像差是由近轴空间像差和几何空间像差所组成，那么，时间像差便应由近轴时间像差和几何时间像差所组成。这一定义的引入是电子光学科学理论的一个进步，它把动态电子光学与静态电子光学有机地联系了起来。

（5）直接积分法时间像差理论具有预测性，它可对目前尚未研究的电磁聚焦成像系统的时间像差理论进行推断和预测：我们将证明，无论静电聚焦电子光学成像系统还是电磁聚焦电子光学成像系统，其时间色差的主项与静电场有关。

应该指出，我们的工作仅是指出，应用传统电子光学理论即直接积分法，便能解决动态电子光学系统的时间像差问题，不必采用较为复杂的 τ 变分理论。用通俗的话说，杀鸡不必用牛刀，虽然牛刀也能把鸡杀死，但牛刀（即 τ 变分理论）还是大有用处的，它可以用于更为复杂和困难的场合。

我们的研究给出的时间像差系数的积分表达式确实是一个进步，但更主要的是严格证明了俄罗斯科学家提出的 τ 变分理论之无误，今后，电子光学学者们可以放心地应用 τ 变分理论来解决电子光学的其他问题了。

十一、电磁复合聚焦成像系统的静动态电子光学的研究

我们的前期研究着重是在静态、静电宽电子束成像电子光学领域，

自21世纪初，我们把重点转入动态、电磁复合宽电子束成像电子光学领域。我们依然由特殊性着手，先研究电磁复合同心球系统，导出了该系统的近轴方程的两个特解的解析表达式以及近轴电子轨迹的转角的解析表达式，探讨了近轴成像性质，并把结果推广到两电极静电同心球系统、均匀平行复合电磁系统和静电近贴系统中，证明了近轴横向像差由近轴色球差、近轴放大率色差以及近轴各向异性色差所组成。同样，对于复合电磁同心球系统，近轴纵向像差和近轴色球差的主项均不受磁场的影响，且决定极限空间分辨率的二级近轴色球差依然能以莱克纳格尔—阿尔齐莫维奇（Recknagel - Artimovich）公式描述。近轴放大率色差是静电场和磁场共同造成的，但磁场的影响要比电场的影响大一些；而近轴各向异性色差纯粹是由磁场造成的，此二像差的数量级均可以与近轴色球差相比拟。

这一研究得到的一个重要的结果是，无论对于静电还是电磁复合成像电子光学系统，在理想成像位置处，特解 $v(z_i, \varepsilon_z)$、$w(z_i, \varepsilon_z)$ 可表示为：

$$v(z_i,\varepsilon_z) = \frac{2M}{E_c}\left\{(\sqrt{\varepsilon_z} - \sqrt{\varepsilon_{z1}}) - \frac{1}{2\sqrt{\phi_{ac}}}(\varepsilon_z - \varepsilon_{z1})\right\} \tag{28}$$

$$w(z_i,\varepsilon_z) = M\left\{1 - 2(M-1)\sqrt{\frac{\varepsilon_z}{\phi_{ac}}}\left(\sqrt{\frac{\varepsilon_z}{\phi_{ac}}} - \sqrt{\frac{\varepsilon_{z1}}{\phi_{ac}}}\right) - \frac{1}{2}\frac{k^2}{(-E_c)}(\sqrt{\varepsilon_z} - \sqrt{\varepsilon_{z1}})^2\right\} \tag{29}$$

对电磁复合成像系统，在成像平面上，由于磁场的存在，图像转角的表达式为

$$e^{i\chi(z_i,\varepsilon_z)} = 1 - \frac{ik}{\sqrt{-E_c}}(\sqrt{\varepsilon_z} - \sqrt{\varepsilon_{z1}}) \tag{30}$$

这里 $k^2 = \frac{e}{2m_0}\frac{B_0^2}{-E_c}$，$i = \sqrt{-1}$。

这是成像电子光学的一个非常重要的表达式，由它传递了一个不平常的信息，即特解 $v(z_i, \varepsilon_z)$ 在像面处仅与线放大率 M，阴极面的电场强度 E_c 和像面处的电位 ϕ_{ac} 相关，而与磁感应强度 B_0 无关。在成像平面上，特解 $v(z_i, \varepsilon_z)$ 的主要部分乃是一个一级近似的小量，特解 $w(z_i, \varepsilon_z)$ 仅有一个二级小量的影响，而图像转角对横向像差倒有一个一级小量的影响，而这是成像电子光学研究中首次明确得到的结论。

通过复合电磁同心球系统的理想模型，我们还导出了由电子光学近轴方程的二特解按幂次排列的渐近解表示，它与以解析解展开的近似解表示是完全一致的，从而证明在复合电磁成像系统中渐近解求解近轴方程确实是一条可行的途径。

对于电磁复合成像系统的时间像差，与横向像差的定义一样，我们把时间像差分为近轴时间像差和几何时间像差，利用直接积分法和 τ 变分法首次求解出电磁复合聚焦电子光学系统的各级时间像差系数。

结束语

关于宽束电子光学的理论创新，“使宽束电子光学理论有一个完善的逻辑结构是我一生研究的出发点和追求的目标，也是我的信念。”从这个目标出发，我终于建立了宽束电子光学较为完整的理论体系。详见图3。这一体系与现有的体系的不同点是，用统一的观点来考察和研究宽束电子光学的成像与聚焦，以及空间和时间像差的问题。证明了，无论是静态宽束电子光学还是动态宽束电子光学，空间像差是近轴横向像差和几何横向像差的合成，而时间像差是近轴时间像差和几何时间像差的合成。

我的科学贡献与学术成就大概可以归纳如下：

1. 在宽束电子光学领域（同心球系统的电子光学、复合电磁聚焦的电子光学、移像系统的电子光学、阴极透镜像差理论、电子光学点扩散函数和调制传递函数、曲轴大物面宽电子束聚焦普遍理论与像差理论，以及动态电子光学），有一系列独创性的研究，被认为创建了自己的科学学派。

2. 在动态电子光学的时间像差理论研究方面做出了原创性的贡献：统一了空间像差与时间像差的定义和理论，形成了静态和动态宽束电子光学较为完整的理论体系。从逻辑结构上较为清楚地阐述了宽束电子光学的问题。

3. 将理论应用于实践，所研制的像增强器电子光学系统设计与计算软件包为我国微光夜视器件自主研制与开发开辟了道路。

我的科学研究得到了国内外学术界的承认。1993 年，专著《宽束电子光学》出版后，美、英、法、荷、俄、德、日等国 12 位与我国 20 位电子光学和光电领域的专家、教授均给予很高的评价，被认为是一部具有科学性、创新性与系统性的著作，纷纷来函表示希望该专著能译成英文或俄文出版。该专著荣获1994年第八届中国图书奖、1995年第七届全国优秀科技图书奖一等奖和第二届国家图书奖提名奖。1997年，俄罗斯萨玛拉航天大学授予我名誉博士称号。1999年我当选为中国工程院院士。2000年10月，我当选为俄罗斯联邦工程科学院外籍院士。诺贝尔奖金获得者、俄罗斯联邦工程科学院院长普罗霍洛夫院士在贺信中赞扬道："您是您自己的科学学派的创立者。"

以上简要地回顾了自己在宽束电子光学领域进行科学研究的历程。虽然从成就上来说是微不足道的，但几乎花费了我近40年的时光。我不敢说做得很好，只能说我尽力去做了。下面简单谈几点体会：

（1）在我着手研究宽束电子光学时，虽然心中没底，但研究工作的目标或者指导思想是比较明确的，即要从理论和设计上解决宽束电子光学问题直到应用于实践——夜视像增强器设计上。此外，我是比较有韧性地、锲而不舍地去实现这个目标。

从什么地方入手？突破口在哪里？现在看来，最初的思考是比较深入的，方向也比较明确。我当时想（实际当时仅是一个朦胧的想法），如果我能把两电极静电同心球系统模型的方方面面都弄清楚，我就能在一个比较坚实的基础上探讨宽束电子光学问题了。当今天回顾往昔时，我想，我能取得一点点成就，主要得益于前期较为深入的思考。回想当年那焦虑期盼的心情和那在列宁格勒①谢德林图书馆和苏联科学院图书馆渡过的日以继夜的时光，至今不能忘怀。我感到幸运的是，我一开始就走上了较为正确的道路。

（2）在理论研究上，从理想模型入手，先解决简单模型，把简单模型的矛盾和规律深入地弄清楚了，然后发展到研究较为复杂的模型，寻找共同的规律。由图3可以看出，在两电极同心球静电聚焦电子光学系统的理想模型的基础上，发展到研究其他各种理想模型，并由静态电子光学发展到动态电子光学。我的路就是这样走过来的。

（3）由特殊到一般，再由一般到特殊，这实际是哲学上普遍性和特殊性的关系。研究矛盾的特殊性，可以找到具有普遍意义和规律性的线索，从而有一个坚实的基础来研究矛盾的普遍性。因此，研究工作决不能停留

① 列宁格勒是俄罗斯城市圣彼得堡的旧称。

在理想模型上。当把工作扩展到研究轴对称宽束电子光学时，移像系统和阴极透镜是成像电子光学的重要问题，是不能回避的。在这研究中，审慎地考察前人的成果，既吸收和学习前人的长处，又分析前人的不足和局限之处，在前人的基础上发展，使理论一步一步向前发展。

（4）在研究宽束电子光学时，随着研究的进展，我深切地感到，轴对称的一套理论并不能全面解决大物面宽电子束聚焦和成像的问题，必须把轴对称宽束电子光学扩展到曲轴宽束电子光学。用张量分析的方法是一条好的途径，但我的数学基础不够。这一问题一直萦绕在我的心上大约有 10 年之久，直到 1983 年自己学习了张量分析才解决。同样，我的研究也不能仅停留在静态电子光学问题上，也要将工作发展到动态电子光学上。

（5）在研究中，重要是思考问题和提出问题：例如，阴极透镜有中心像差，也有三级几何横向像差，谁起主要作用；如何定义横向像差和时间像差，它们之间有什么联系；如何求理想模型的精确解和解析解；阴极透镜三级像差的研究有各派理论，为什么有差异，谁准确；像差表达式复杂，能否通过解析解检验像差公式的精度；几何光学、细束电子光学和宽束电子光学的异同点，处理方法有什么差异；近轴光学的处理能否解决轴外物点逸出电子行进轨迹的精度；大物面宽束电子光学系统的成像与设计问题，等等。

（6）理论归根结底是要解决实践问题。因此，要使自己的理论应用于实践，指导实践，用实践来考核理论。我们所进行的像增强器电子光学设计、优化设计以及逆设计，一方面为我国的工厂和研究所提供了软件包，另一方面，实践又反馈了许多问题需要理论上给以解释和补充，从而促进理论的发展。这实际是相辅相成的。我在图 3 中给出了从理想模型开始，发展到轴对称理论、普遍理论、系统设计的探索过程。先静态后动态（先易后难），一步一步解决。读者可以看出，我们的理论是与实际紧密结合的。

（7）在研究上，人们总是习惯于自己得心应手的一些方法，这在大多数情况下是可以的，但最好是不要拘泥于自己习惯的一套，特别是不要死抱住一套方法不放，把它看成可以解决一切问题的灵丹妙药。思想方法上的僵化大概是科学研究最危险的敌人。

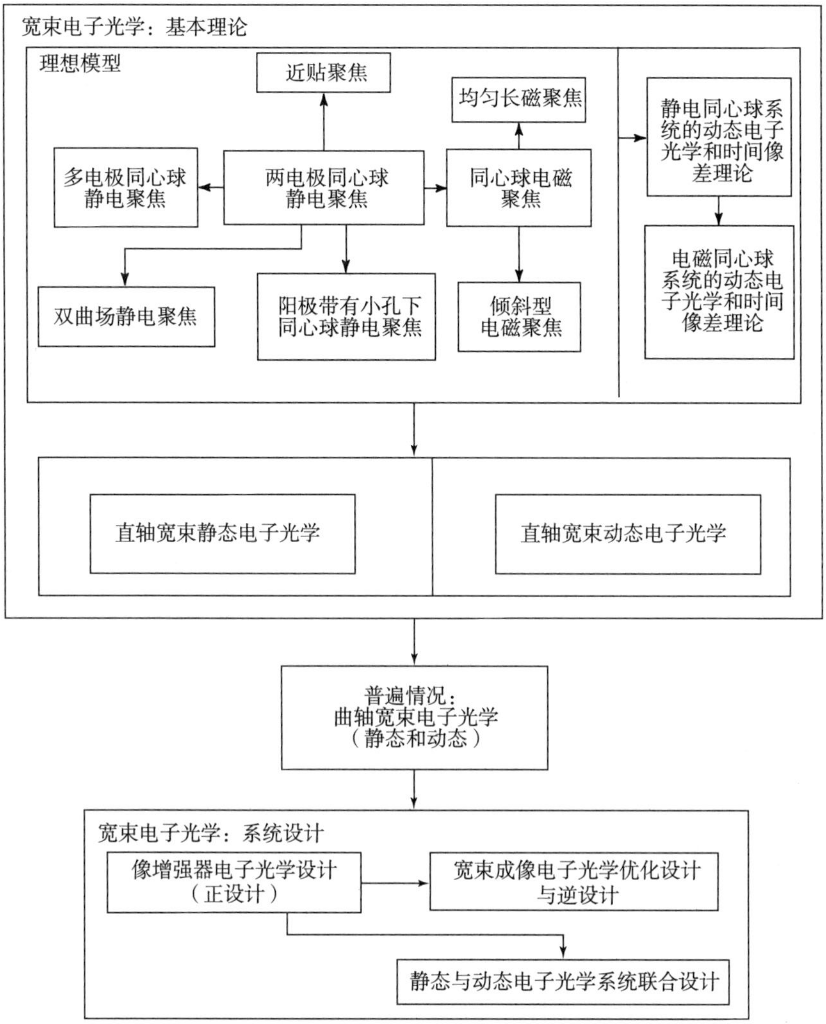

图 3　宽束静态和动态电子光学研究框图

藏绿斋札记 ■ 情系科研

第二篇

学习方法

斯文有传，学者有师*

——献给研究生指导教师的10个建议

最好的导师大概是能把学生的学习热情和潜力挖掘出来的人。

学位制度一直是技术先进国家培养人才的一条重要途径。通过这一制度可以把一大批青年学人培养成“学士（B. S）、硕士（M. D）、哲学博士（Ph. D）”，以及“科学博士（D. Sc）”等优秀人才。研究生已是一个国家科技队伍的后备军和新生力量，是国家科教经济文化领域未来的将才和帅才。不少研究生在攻博期间，就做出了骄人的成绩。如居里夫人、德波罗意、巴索夫的科学发现就是在攻读博士学位期间取得的，使他们荣获了诺贝尔物理奖。

1980年国务院颁布学位条例。近30年来，我国培养了上百万硕士生和博士生。我们已有能力培养高水平的科技人才了，大大缩短了我国与世界科技先进国家的差距。建设创新型国家，中华民族实现伟大复兴，屹立世界强国之林之日不远了。

记得在20世纪80年代，学位制刚开始执行，大家都是非常认真的。指导教师认真敬业、求实创新的科学精神，以及研究生们刻苦钻研、勤奋学习的奋斗精神都非常好。整个80年代，人们精神面貌非常好，意气风发，充满活力，令人看到了社会的进步和民族的希望；但是，由于缺乏经验，没有建立与科学道德建设相应的规范，学术不端行为抬头并未得到有效的制止，致使学术失范和科学不端行为侵袭教育界和科学界。90年代，科教界便频繁出现急于求成、热衷跟踪模仿、追求论文数量、浮夸不实等现象；粗制滥造、弄虚作假、抄袭剽窃等学术不端行为屡禁不止，至今还在蔓延着。反映到高校，在部分指导教师身上，在一些博士生、硕士生身

* 本文是作者2008年4月11日在浙江大学“求是导师学校”第二期讲座上的报告。这次发表时有删改和补充。

上，急功近利、浮躁浮夸、抄袭拼凑等学术泡沫屡见不鲜，大大影响了我国科教界在国际上的声誉。

学位制实行近 30 年来，我国在培养研究生方面已积累了相当的经验。导师的学术水平和指导能力在逐步提高，而且接近国际水平。我毫不怀疑新一代青年教授和博导的学术水平和能力。他们大都比五六十年代成长起来的我们这一代强。这是时代和科学的进步。我不大放心的是，目前青年教授和博导的思想品格、精神状态和意志能否抗得住这股浮躁浮夸风和急功近利浊流的冲击。我的确忧心忡忡，但愿这是杞人忧天。

我曾多次在一些大学给博士生讲《博学笃志，追求卓越——献给研究生的 12 个忠告与建议》。此后，一些老师和同志希望我给指导教师提一些建议。《斯文有传，学者有师——献给研究生指导教师的 10 个建议》只是谈自己的一些认识和体会，抛砖引玉，仅供参考。

一、当老师，莫当老板

1990 年美国研究生院联合会（CGS）对导师的定义为：导师是顾问（advisors），拥有丰富的专业经验并且乐于与学生分享所掌握的知识；导师是支柱（supporters），能够在情感和道德上给学生以鼓励；导师是辅导员（tutors），能够针对学生的表现给予具体的反馈意见；导师是师傅（masters），而学生是向他学习本领的学徒；导师是赞助者（sponsors），向学生提供所需信息，并帮助他们争取各种机会；导师是楷模（models of identity），为学生树立如何成为一名学者的榜样。

这一定义很好地表述了导师的职责和师生关系，清晰地表明导师是研究生全面成长最重要的外部因素。

历史上的中国，师生关系由“师道”定位和表述。其意义在于：从师的方面来说，循循善诱、诲人不倦；从生的方面来说，勤学好问、笃志向学。这些在中华民族的文化精神中都被作为尊师好学的典范，垂教后世。“师道尊严”“尊师爱生”，是中国历代教育的传统。新的时代，“尊师爱生”的传统依然，但师生之间不单纯是你学我教，而是师生相长、亦师亦友的关系。导师和学生在学术、人格、尊严上都是平等的。

研究生指导教师（硕导、博导）的工作岗位是崇高的，意味着他将承担培养高层次创新人才的使命。导师的学术素养、研究能力、培养方式、人生态度、道德情操和学术作风等时刻影响着研究生的成长。

由此可见，即使在西方一些思想很开放的国家，导师仍被视为学生的“顾问、支柱、辅导员、师傅、赞助者和楷模”，而不是“老板”。我坚决禁止学生称我为“老板”，无论是背后，还是当面。作为导师，不要扬扬自得，以老板自居。这不是光荣的称呼。学生也不要叫导师为老板（boss），即使在美国这样的资本主义社会里，导师和学生也不是雇者和被雇者之间的关系，更不是商品贸易关系（教师是出售知识，学生就是顾客）。西方的大学流行称导师为老板，大概是因为课题经费是他申请来的，题目和任务是他分配的，研究生工资也是他开的。如果我们容忍这样的称谓，即以“老板”取代“先生”“导师”和“老师”这些受人尊崇和令人敬畏的称呼，便为变异为市场经济下的人际关系，继而把市场经济规律和法则，特别是一切向钱看的思想也带入高等学府。这样的玩笑是开不得的。

导师要把研究生当学生，当作自己的子弟；研究生是来学习、受培养的；研究生不是苦力，不能把他们当苦力使。学生在学习过程中做重复琐碎的试验（甚至帮导师做一些杂事）是应该的，但他们既不是学徒，也不是光干活的苦力，更不是为老师争名夺利的工具。若让学生从事低级劳动而自生自灭，那么将来学生如何毕业，学校又如何向国家交代？当今，确有个别导师开公司，办企业，当商人。那是他自己的事。如果他把研究生当作伙计和廉价劳动力（只干活，不培养），或者是，自己不研究，坐享其成，依靠研究生发论文，把他们作为赚取名利的工具，那么这是有违道德的，是不配为人师的。

总之，我们的教育应以培养科学领域最前沿的研究者——高层次创新性人才为第一使命。导师的主要责任是保证研究生培养的质量。导师要带领研究生不断创新，攀登学术高峰，要重视培养研究生的科学精神和学术道德，要鼓励学生超过老师。导师的首要任务是培养学生成才，不仅在学术上培养，而且要使学生们通过在校期间的学习，使他们“自尊、自爱、自信、自强”，在思想作风和精神面貌上有很大的提高。

二、讲师德，莫忘崇高使命

师德是作为一个教师的职业道德。师德要求的共性：学高为师，身正为范，教书育人，为人师表。导师要忠于人民教育事业，有高尚的道德情操和扎实的学术功底，爱岗敬业，尽责奉献，严谨治学，甘为人梯，以培养优秀人才为己任。

导师要以高尚的道德情操熏陶人，以广博高深的知识培育人，以严谨的治学态度影响人，从而培养出品德高尚、学术精湛、具有高度社会责任感和使命感的高层次创新性人才，使他们在未来的社会发展和创新性国家建设的各个领域中成为将才或帅才。

导师要言传身教，引导学生把崇尚科学、追求真理作为毕生追求的目标，引领学生走好人生学术道路的头几步。导师自己要树立学术榜样，应该意识到自己不可避免地会成为学生仿效的榜样，更要自尊自爱；要有学术大师的气度，在科学研究上老老实实、实事求是、严于律己，有三严精神："严肃的态度，严格的要求，严密的方法"。治学上循序渐进、虚怀若谷、一丝不苟、锲而不舍。要使学生明白科学作风的培养比单一的结果（成果、荣誉和奖励）更为重要。总之，导师要以自己严谨的治学态度，对祖国科教事业的献身精神，潜移默化影响自己的学生。

导师绝不能纵容学生干有违基本道德的坏事，要当一个受人尊敬的专家和学者，不当学棍、学痞和学阀。

导师的人文情怀和崇高的价值观是十分重要的。每一位教授、博导的身后，都有一大群青年学子以他（她）作为自己的楷模和榜样。教授、博导的身教示范作用十分重要。从内心世界到外在表现，他们的一举一动都将对青年学子产生潜移默化的影响。"为人师表，岂能自轻自贱?"多年前，我看到某高校的一次统计：10%的导师不为人师表，被学生鄙视；35%的导师不够敬业，被学生看不起，我感到十分难过。

因此，导师要讲职业道德和责任心，讲身教重于言教和人生追求。只有这样，好的风气才能代代相传。

三、传治学之道，莫以其昏昏，使人昭昭

关于指导学生，古代先哲的"传道、授业、解惑"给我们明确了作为师长的责任。通过知识的传递，解答学习上的疑惑；传授圣人的政治理想、思想学说之道，故古代的教育重在知识的传授和政治理想的继承。关于治学之道，古代先哲有"格物致知"之说。按朱熹的解释：格物，就是针对事物的现象，用心探究它的本质和原理；致知，就是穷究事物的道理，从而得到知识，到没有不知晓的地步。由此可见，先哲们做学问是非常严谨的，而且是高标准的。今日之教育和治学，除继承"传道、授业、

解惑”“格物致知”外，尚须辅以“创新”。不单纯是“知识”的传承，更重要的是知识的“创造”。今日之教育，须跟上现代社会的发展，要“传承拓新”。所谓“拓新”，乃创新思维、科学精神和科学方法之开拓，重在知识的创造。

在教学中，导师“授人以鱼，不如授人以渔”（Give me a fish，I'll eat for a day；and teach me to fish，I'll eat for a life time.）。重要的是要教会年轻人做事的思路和方法，即为什么做（why），做什么（what）和怎么做（how）。

前面已述，导师是研究生全面成长最重要的外部因素。因之，导师要十分努力提高自己的学术水平和视野，以及学术素养和研究能力。以其昏昏，使人昭昭，是绝对不行的。由于科学研究的艰苦性，创新性成果不是轻易侥幸取得的。只有具有长时间、超负荷工作的毅力，才能成功。导师是学生的榜样，故“懒汉是绝对不能当导师的”。此外，导师的人生态度、道德情操和学术作风，都会影响自己的学生，以及研究生的培养质量，故导师一刻也不能放松对自己的要求。

四、志存高远，莫急功近利

导师是研究生的引路人。因之，导师不应是一个目光短浅的人，而应是一个胸怀大志的人。爱因斯坦曾说：“现在，大家都为了电冰箱、汽车、洋房去追逐，去竞争。这是我们这个时代的特征。但是，也还有不少人不追求这些物质的东西。他们追求理想与真理，得到了内心的自由和安宁。”爱因斯坦就是一个有大志向的人。

我认为，从事科学的人，志向、激情和怀疑尤为重要。志存高远，首先要求导师自己有一个远大的志向。只有志向远大、坚忍不拔，才能有所创造，有所前进，在科学与教育事业上做出一番成就来，不庸庸碌碌度过自己的一生。导师自己只有有了大志向，才能作为榜样，鼓励学生自强不息、热爱专业、建立自信、走自己的路、献身科学事业。

导师还要努力提高自己的思想素质和学术水平，在指导学生时，以身作则，引导学生勤奋钻研，力戒急功近利的心态，甘于寂寞，老老实实做学问。要让学生知道，一个做学问的人，时间对他（她）来说永远是不够的。科学家的成功是靠勤奋和钻研取得的。要倡导“求真、务实、探索、创新”的科学精神，把为祖国培养出优秀的高层次人才作为自己光荣神圣的职责。

当前，我们的青年教授和博导们极为需要的是求实的、孜孜以求的，献身于学术的精神。只有不急功近利、力戒浮躁、脚踏实地、坚忍不拔、勇于攀登的人，才有希望到达科学的高峰。

五、讲学术道德，莫行为不端

导师应是坚持科学真理、尊重科学规律、崇尚严谨学风、勇于探索创新、恪守职业道德、维护科学诚信的模范，并作为学生的榜样贯彻于培养学生的始终。导师要告诫学生引用他人论点时须尊重知识产权，统计数据应实事求是、完整准确，资料的采集与分析应诚实客观等。导师要以身作则，态度鲜明，坚决反对在科学研究和学术活动中造假、抄袭、剽窃和其他违背科学共同体惯例等学术不端行为（misconduct）。导师更要注意学生在科学实验中有无破坏原始数据的完整性，有无篡改实验记录、伪造数据、弄虚作假，以及在论文或报告中有无窃取他人成果或引用他人创新见解而不注明出处的地方。要严格遵守科学道德规范、知识产权和诚信准则，避免学术失范和学术不端行为。

抵制学术不端行为是科学人的道德底线，是绝对不能逾越的。导师要使自己的学生从一开始就懂得一个最简单的道理：偷东西是小偷，抢东西是强盗，学术偷窃与掠夺在性质上与小偷和强盗没有差别；抄袭、剽窃，以及改头换面的移植，是学术的大敌。

六、敢于怀疑，莫迷信权威

在科学研究中，导师最重要的是启发并鼓励自己的学生，一怀疑，二批判，三创新。若不敢怀疑和批判，断无创新的可能。这是因为，科学不承认绝对的权威和永恒的真理。科学家可以对科学进行自由的质疑和批判。

对科学探索来说，怀疑大概是通向成功的第一步。在思考中进行理性怀疑、质疑权威，是一种非常重要的思维品质。独立思想是学术界的一个价值观。导师从研究生一入学起，就要鼓励他们独立思考，不墨守成规。拥有好奇心、敢于直面科学现实，以及敢于向权威质疑和挑战是一个科学家不可缺少的品质。

因此，导师要注意培养学生的独立思想，鼓励学生向任何类型的权威提出质疑，从而使学生学会并善于质疑。例如，鼓励学生们质疑教师，质疑自己，向现存理论和方法挑战。只有这样，才有创新，才能创造性地开展工作，科学才能前进。

七、倡严谨学风，莫浮夸浮躁

在培养研究生的过程中，指导教师的责任并不仅仅在知识的传授上，更为重要的是教导学生恪守科学道德，培养严谨的学风。导师要把研究生培养成学术上和思想道德品质上都合格的人。这是育人的要求。

导师要以自己严谨的学风和高尚的品德影响学生。在教育过程中，并不一定是通过大量“言教”，而主要是通过自己“身教”，使学生了解什么是老师倡导的、我们应该做的，而什么是老师反对的、我们不应该做的。

例如，在科学研究中，要求科研原始记录中不能有一点涂改，要把原始记录好好保存起来。要对自己的研究内容和成果提出质疑，不能说偶然发现一个现象就认为是规律，大吹大擂，未经反复核实就发表。提倡对成果的反思和严谨的科学态度，特别是科学论文，在发表前，要反复校对核实，养成习惯，连错别汉字、英文拼写、标点符号等微小错误，也不要放过，要把错误减小到最低程度。所有这一切，实际上是尊重读者和自己的学术生命。

导师要以自己严谨的学风、不懈的探索态度，以及踏实的敬业精神，激励研究生的责任感、事业心和进取心，为祖国的四化事业拼搏。

每一位导师的治学，都有自己的特点，有很多可能是能意会而难于言传，但一言一行都贯穿在整个教学和指导的过程中。身教重于言教，使后学者知道做学问之不易。使学生对学识有一融会性的认识，逐步养成分析鉴别和独立进行科学研究的能力。学生除了学到治学方法、科学研究方法外，更重要的是锻炼科学家的素质，找到一个研究方向，在这个领域内做创造性的工作。

八、师爱深沉，莫宽严失度

导师不但要具备“学识的魅力”，更要具备“人格的魅力”。学为人师，行为世范。导师要以自己的高尚品德和修养为研究生做出表率，使学生感到导师热爱真理、矢志不渝的执着精神，恪尽职守、忠于使命的拼搏精神，学以致用、知行合一的实践精神。

榜样的力量是无穷的。人的一生中，父母亲和老师对自己影响最深。他们是学生的榜样。从学习知识、增长才干，以及世界观、人生观和价值观的形成上，教师，特别是导师影响最大。

师爱是师德的核心，是师德的灵魂（师魂）。师爱是严字当头、严慈相济的爱。师爱是无私的、高尚的爱。老师为国家、民族培养人才，为他们成长而高兴。老师一视同仁的爱渗透在学生心田中。一个博士生，人生最精华的几年是在导师身边度过的。学生从导师那里，不仅学到了如何做一流的科学研究工作，还学会了如何做人和做事。“做学问中学做人，做人中学做学问”，导师的影响是巨大的。

导师要有关爱学生的高尚情怀。这种情怀是尽职、尽责、尽力、尽心的不竭动力。身教重于言教。要严格要求学生，就必须严格要求自己。有什么样的老师，就有什么样的学生，虽不完全如此，但大体上是这样的。

在关心学生成长时，导师要严慈相济，严格而不苛刻，慈爱而不放纵。科学需要热情和兴趣。打骂责罚，似魔鬼般严厉，是培养不出科学家的。培养过程中，以鼓励（表扬和赞扬）为主，监督为辅。千万不要剥夺学生的自信。屡屡的心理挫折将使学生丧失信心。不停的批评会使学生手足无措，泯灭其创新意识。导师更不要发脾气，耍大牌，造成学生逆反心理，师生关系紧张。对学生的学风不正现象要指出，对超出底线的不端行为要严厉批评，甚至除名。既不要呵护过度、迁就原谅，也不要当监工头，老是敦促，不留时间和空间。在指导过程中，要宽严适当，“严在当严处，爱在细微中”。

九、严格把关，莫放任自流

导师既要告诉学生们科学研究的方法和途径，也要告诉学生们研究科学的规范和规矩。此外，在科技学术论文写作上，在论文宣读上，在基金申请上，都有一系列相应的规范要学生学习和执行。

研究生的科学研究要完全靠自己进行，而不能依赖导师。导师负有方向引导上的责任，而不是把着手教。研究工作若没有取得预期结果，或论文通不过答辩，那么责任完全在研究生自己身上。在国外，导师是不承担任何责任的；在国内，导师也只负担道义上的责任。

我认为，导师需在两个环节上严格把关：一是开题，也就是课题的选择上；二是学位论文的审阅。关于开题的把关，要告诉学生必须回答 3W 问题。

（1） Why to do？为什么要做这个课题，推动力是什么，目的是什么，要解决什么问题，国内外研究现状如何？

（2） What to do？做什么？要回答在理论、实验和应用上做哪些具体内容，并指出可能的创新点。

（3） How to do？如何做？要回答从理论和实验上解决问题的大概思路和方案。

开题的一个重要环节是选题。这个题目有没有意义去做，值不值得做，以及有没有可能做出新结果，导师是要帮助把关的。

关于博士生学位论文的把关问题，实际上，论文合格与否，问一问这 3 个问题就知道了：

①这一研究对所选择的领域有没有贡献？（contribution）

②贡献是否重大？（significance）

③贡献是否具有原创性？（originality）。

导师要重点审查论文摘要以及结论，特别是其中的创新点是否真实，结论与评价是否实事求是，有无夸大的地方。通过对学位论文的审查和修改，导师要指出论文中科学性、逻辑性以及文字技巧的缺陷与不足之处，不让那些不经过深思熟虑、似是而非的东西发表出去。

十、办事公正，莫偏袒不公

导师对待学生要一视同仁，不要把学生分成不同的亲疏等级，不要让学生介入老师之间的纠纷。办事要公正和公平，特别在荣誉（例如获奖名次、论文排名）和利益（例如奖金）面前还要公开。不公正、不公平或不民主往往会挫伤研究生和团队成员的积极性。

切莫使团队内奉承吹拍之风盛行，拒绝接受在读研究生及家长的任何礼物。

讲团队精神，但不要搞小团体主义，贬低别人，抬高自己，打击异己力量（其他团队或不同学派）；更不要弄虚作假，触犯道德和法律的底线。

师生之间是亦师亦友的关系。他们之间的友谊和感情是纯洁的，除学术外，不应再附加任何关系，尤其是现实的利益关系。

结束语

导师的影响是巨大的，导师的使命是光荣的，导师的责任是重大的。科技发展既带来机遇，也带来挑战。在新的形势下，如何让学生在关注就业压力的同时树立远大的理想和人生目标？如何在严格的要求下，培养学生很强的求知欲望和研究兴趣，让他们感受到取得创造性成果的快乐？如何培养学生有广阔的视野和追求一流目标的动力？如何帮助学生做出国际一流水平的工作？如何建立新型和谐的师生关系？都需要我们进一步探索和实践。

我想，如果我们的导师能把学生的学习热情激发出来，把学生的学习潜力挖掘出来，我们就一定能培养出众多的国际一流水平的青年科学家。“追求卓越，传承拓新，诚重劳轻，求深愿达”。让我们共同努力吧！

博学笃志，追求卓越*

——献给研究生的12条忠告与建议

凡科学上成大事者，不唯有追求真理之激情，
求索质疑之胆识，亦必有坚忍不拔之大志。

前 言

一个青年研究生在跨入研究生院大门时，人生的一个重要时期便开始了。如何开始研究生阶段的学习呢？大多数研究生会想着今后自己的学习课程、选题，撰写学位论文和答辩，获得硕士或博士学位等。这是很自然的。我的看法是，结果重要，但远不如过程更重要。在攻读硕士学位或博士学位的过程中，一个研究生所经受的思想、精神，甚至肉体上的考验，研究探索中历经成败的磨炼，以及意志品质的锻炼，对于未来成为什么样的人才是至关重要的。研究生首先会遇到这样的问题：是为求学问，还是求学位而来？此外，还有各种各样的问题。例如，从个人治学的角度来说，对待科学研究，是热情还是无奈，是勤奋还是懒惰；对待困难，是绕着走还是迎着上，是害怕还是努力去克服它；对待权威和书本，是顶礼膜拜还是敢于质疑。从人际关系的角度来说，还有与指导教师交流问题，和团队与周围同志、同学合作的问题，等等。我衷心希望青年研究生能正确认识并处理好在攻读学位的历程中遇到的种种问题，“做学问中学做人，做人中学做学问”，经受考验和磨炼，使自己在为人和为学两方面都有很大的收获和长进，成为一个德才兼备的人才。

对每一位入学的博士生，他们经过了大学阶段和硕士阶段的学习，已具备以下的个人素质：良好的教养和道德品质，崇高的价值观；强烈的求知欲和进取心，锲而不舍的探索精神；较高的智商和情商；较强的科研动手能力和创新意识；善于合作的团队精神和协作能力；坚实的专业基础知

* 本文的主要内容发表于《学位与研究生教育》2006年第3期9－16页。

识（包括对所从事的领域有所了解并培养了科学研究的兴趣）；良好的思维与语言表达能力（包括逻辑推理和判断能力，以及汉语和外语的实际应用和表达能力）。

对每一位博士生，通过3～5年的学习，我衷心希望你们能具有更高的素质：能独立地对自己从事的领域或课题做出创造性的贡献，能提出科学问题，并懂得鉴别、识别和研究所涉及的科学问题；能对解决某一问题的意义进行科学评价；能以书面和口头方式有深度且清晰地汇报科学研究的进展和成果；能理解科学研究的价值；能在所有的专业活动以及科学研究等环节中遵循职业规范，执行职业标准；具有学者的学术素养和道德修养。

20世纪60年代，我在苏联留学时曾当过研究生。1978年以来，我也带了不少博士和硕士研究生。无论是为人徒，还是为人师，我都有一些亲身的体会。这里我把自己对研究生的学习和思考凑成的12条忠告和建议，献给研究生们，以供参考。

一、志向要大，要立足实际

志向要大是指追求卓越，不甘于平庸。每一个进入研究生院大门的人，在志向上要有这样的抱负：在探索科技的道路上留下自己的足迹和贡献；立志有所发现，有所发明，有所创造，有所前进。有了这样的志向，就不会满足已取得的成绩，就会继续前进，并勇于克服前进路上的艰难险阻，努力攀登新的高峰。

志向要大并不是一心想得什么科学奖项和荣誉，而是想着为人类、为祖国做贡献，不辜负人民的培养和期望。奖项和荣誉是国家和人民对你的成绩和贡献的承认，那是以后的事。20世纪有好几位物理学家、诺贝尔奖获得者，如居里夫人、薛定谔、德布罗意、海森堡、巴索夫等都是在博士生学习期间站在当时物理学的前沿做出了杰出的贡献。居里夫人研究镭的放射性，薛定谔研究波动力学，德布罗意研究物质波，海森堡研究不确定性原理，而巴索夫研究光的受激辐射理论。他们都有远大的抱负，但当时并没有想到以后会得到诺贝尔物理学奖。他们的成就和他们追求真理执着的精神，为以后的研究生做出了榜样。

志向和理念是进步的动力。志向要大，主要是立志走自己的路，要创造自己的东西。马克思曾把科学的入口处比作地狱的大门。他指出：“这里必须根绝一切犹豫，任何怯懦都无济于事。”我很早就读过这句话，但不很理解。经过这些年，我觉得他说得真是深刻。我的体会有两点：一是献身精神。当向这一目标努力时，可能需要献出青春和毕生的精力。可能有所成就，也可能没有成就，因为只凭努力并不能保证发现真理。二是坚持真理。坚持真理有时比发现真理更难。在世俗的人们中，墨守成规成了美德，而标新立异则是罪过。真理有时会受到有意无意的压制和扼杀。我以前认为，搞社会科学坚持真理很难，需要有很大的勇气。实际上，搞自然科学也需要勇气。一是敢不敢破框框；二是框框破了有人反对、责难，敢不敢坚持。成败决定于毅力。

志向要大，但立足要实际，目标要实在。选择科学问题贯穿于博士学位研究的始终。研究生的学习时间有限，故在选题时要弄清自己探索的方向，既要考虑题目的先进性和前沿性，又要全面衡量自己的实力，准确估计离开目标的距离。这里，方向最重要。就像打高尔夫球一样，方向偏了，目标更远了。因此，在认准方向的前提下，实事求是估计自己的力量，提出切实可行的、实实在在的目标。

志向要大，但不要鄙薄做小事，不要拒绝做小事。科学研究中许多实际的、具体的事，看起来都是琐碎小事，但要把做每件事都作为学习和锻炼自己的机会。居里夫人当年在一间极为简陋的小屋里开始提炼镭的工作。她从400吨铀沥青矿物，200吨化学药品，800吨水中提炼镭，一点一点地分离、测量、提纯，最后终于从400吨矿石中提炼出了一克镭。她每天都重复着非常枯燥乏味的工作，付出了多大的劳动啊！获诺贝尔生理和医学奖的克里斯蒂安·努斯卡因－伍尔哈德女士研究果蝇的基因变化，20年如一日，观察、研究的果蝇达2万只。这两位女性把握了正确的方向，耐心、细心加事业心，孜孜不倦，献身科学，但从不拒绝做小事，成为科学家的典范。要记住，大事是由小事积累起来的。

二、要学位，更要追求学问

学问和学位，从道理上说，当然是学问重要。学问反映一个人内在的学术素质和修养，学位是一个人接受知识程度的外显标志，表示一个人所受到的学术上的训练。它在一定程度上反映了获得者本人所具备的理论基础知识、科学研究能力和学术水平。社会上的世俗见解大都是把具有博士学位的人等同于有学问的人、高学术水平的人，或者是具有很强科学研究能力的人，这实际是一种误解。学问与学位就像内容和形式并不完全是一回事。有人学问高并无学位，也有人空有学位头衔和高学历并无实际的学问和能力。当然，多数拥有学位的人还是有学问和能力的。在当今转型社会和市场经济条件下，当谋求高职位、评审高职称时，用人部门往往更看重学位，把学位作为一个门槛值来要求。无怪乎现在很大一部分研究生入学是奔着学位来的。这也是可以理解的。

我认为，学问和学位并不是鱼和熊掌不可兼得的关系。通常，学问做好了，学位自然就得到了；但得学位易，求得真有学问难。按照当今我国的学位条例，获得一个博士学位，只需在核心期刊（SCI 或 EI 收录）发表几篇文章（通常是 3 篇，要求有创新见解）就可以了。这并不是件十分困难的事。不少博士研究生，跟着指导教师申请来的课题作学位论文，在很窄的领域学习，目标只是完成用于答辩的 3 篇论文，既不愿扩充自己的知识面，更不愿深入研究一些问题。博士学位虽是得到了，但有没有与此相对应的本领、能力和学问就很难说了。

真正的求学问的人，以追求知识、研究学问为理念。他们研究科学的动机和原动力，是他们对求知、求真理的内在兴趣，而不是外在的名和利。当今的研究生渴求获得学位的愿望可以理解，以“职业”和“饭碗”为求学动机也无可厚非。社会存在决定社会意识么！固然，人是一个社会动物，不可能不受到社会条件的制约和影响，但作为受过高等教育的研究生而言，他们也不可规避自己的历史责任和义务，总不能把寻求职业和饭碗作为求学的唯一或主要的目的。何况研究学问，追求超越世俗功利之上的理想与解决生计的“谋食”并不是绝对矛盾的。我希望每个博士生和硕士生都从内心自问一下：当研究生到底是为了什么？

在我读书的年代以及更早的年代，出国留学的青年学子中，很多人抱着科学救国、科学报国的远大理想，求真的学问，并不把学位看得很重。中国光学界的前辈王大珩院士就是一个求学问重于求学位的人。1942 年，他在英国伦敦大学帝国学院（Imperial College）获得了硕士学位。正好伯明翰昌司（Chance）玻璃公司招人，为有机会体验光学玻璃的研制过程，接触到当时最前沿的关键技术，并想到这是国家未来发展极为需要的工艺技术，大珩先生毅然放弃已被英国谢菲尔德大学（Sheffield University）录取攻读博士学位的机会，受聘于昌司玻璃公司，任研究实验部物理师，从而学到了真实的本领。1948 年 5 月他回到了祖国。1953 年 12 月，在长春仪器馆，他和龚祖同先生共同努力，运用在英国学到的技术和经验，为新中国成功地熔炼出第一炉光学玻璃。

我衷心希望，研究生们在学习期间，重视研究学问，获取真的知识，摆正做人、求学问、得学位的关系，老老实实做人，踏踏实实做学问，心怀一个崇高的目标，名副其实地获得硕士或博士学位，为科学技术的进步做出贡献。

三、要与指导教师多交流

历史上的中国，师生关系由“师道”定位和表述。其意义在于：从师的方面来说，循循善诱、诲人不倦；从生的方面来说，勤学好问、笃志向学。这些在中国文化精神中都被作为尊师好学的典范，垂教后世。但古代的师，“传道、授业、解惑”。师是尊严的、无所不知的，单方面向学生灌输知识。今日之师，依然应当受到学生敬重，但师生关系是平等的，“尊师爱生，相互切磋”。“师不必贤于弟子，弟子不必不如师”。时代在前进。今日之研究生，要明白一个道理：学习主要靠自己，师的作用应是第二位，甚至是第三、第四位的。

尽管如此，与指导教师经常交流还是十分重要的。研究生从交流中向指导教师学习，学习老师如何思考问题，如何深入研究，如何撰写论文，如何治学，等等。因此，判断师生之间关系是否融洽，培养是否收到成效，教师是否称职，学生是否努力的一个重要标准是，师生之间是否经常交流。

研究生一定要主动把自己的研究心得与进展、存在的问题和想法（哪怕是一闪念，一个思想火花）告诉自己的指导教师，有时也要向指导教师展示自己的能力和水平，表明自己并非等闲之辈，使他对自己刮目相看，把更重要的课题任务交给你。在与指导教师会见谈问题时，一定要先有准备，要敢于谈自己的见解和看法。指导教师也许会从你的见解、看法，甚至一个思想火花得到启发，抓住你的“good idea”，告诉你应该如何做下去，哪里可能开辟出通往成功的途径。指导教师也常常会把自己的科学思想、想法、建议和批评坦诚地告诉你。研究生最好记下老师的谈话，特别是建议和意见，仔细琢磨体会。

一般来说，作为一个科学家，指导教师不会把自己尚在酝酿的科学思想（创见、想法、念头），特别是一些关键诀窍（无论是对的，或是错的）

告诉外人，特别是同行。他（她）通常不会与同行谈自己正在思考中的细节，但对自己指导的研究生通常不会保守，会原原本本、细枝末节地告诉自己的学生。这就是师生与非师生之间的差别。通常，学术会议上发表的论文都是作者已完成的工作或成熟的思想，是已经写成文字的东西。作者可能会提出一些尚待解决的问题，但很少会谈自己正在酝酿问题的细节。这一方面是怕自己的思想不成熟而被人家笑话，另一方面是怕自己的思想泄露出去，关系到知识产权、发现或发明的优先权等问题。

在师生交流方面，丹麦哥本哈根学派的创始人、诺贝尔奖获得者尼尔斯·玻尔和他的学生是一个范例。玻尔经常在一上班时就会告诉学生们他昨天思考的一些“idea”。将其一一说出来，发现其中十有八九是胡思乱想，实现不了的，但他从不怕学生们笑话他。这样，学生们也敢于向他表达自己的想法。

应该指出，向指导教师请教时，不要企求指导教师会帮助解答很具体的问题。文献中有许多问题，特别是公式，即使水平很高的指导教师也不一定能解答或立即推导出来。这些问题不应属于指导教师为你解答的范围，而应是自己设法弄清楚的。这也是当大学生与当研究生之间的一个差别。我还想指出一点，指导教师对学生帮助得太多，带过头了，甚至抱着学生过关，善则善矣，但学生丧失了独立性，未必是件好事。

在研究生学习期间，有一位能经常指点、关心自己学习的明师（不一定是名师）是幸福的，因为可以向明师学习到许多东西，包括治学理念、为人之道、思想方法、敬业精神，等等。明师的榜样也许会影响学生的一生。研究生要向自己的导师证明自己是一个优秀的人、有思想和有能力的人。应该指出，研究生可以为指导教师干些杂事，但他们不是“打工仔”，更不是老师“党同伐异”的伙伴。不要叫导师为“老板”或“boss”。师生关系应是纯洁的友谊，而不应是低级庸俗的。

在我国，通常并不由研究生自己选择指导教师。因此，研究生要做好各种思想准备，因为你可能会遇到一个不是你想象中的导师。你遇到的既可能是一个管得很少甚至不管的导师，也可能是一个责任心和敬业精神很差的导师，甚至可能是一个不学无术吹大牛的导师。天下之大，无奇不有。这种情况无论中外并不罕见。遇到这样的情况，我劝你不要沮丧，也不要怨天尤人，因为学习主要靠自己。一定要振作起来，自己创造条件，把握方向，解决问题。有这样遭遇的学生，无论在业务学习上，还是在思想、心理素质上，都将受到很大的考验，而往往这样拼搏出来的学生会更为出色和优秀。

四、要怀抱做学问的兴趣和激情

一个优秀的科学家，最基本的品格有两条：对科学的热爱和难以满足的好奇心。科技创新的一个重要条件就是科学家的兴趣和激情。科学研究，特别是基础研究，是创造新知识的工作。研究者只有对科学研究怀抱浓厚的兴趣和激情，才能有望创造出有价值的成果。这个兴趣和激情便是热爱从事研究的事情本身，并不是其他别的东西。“热爱是最好的老师”。这是爱因斯坦说的话。一个科技工作者如果不热爱自己的研究，不爱到入迷的程度，没有激情，是不可能有成就的。兴趣是指人对特定的事物或活动所持有的积极的探究性的心理倾向。它既表现了一种正向的态度和情绪，也表现为一种选择性的行为。兴趣是创新思维的营养，是学习的内在因素。兴趣让学习或研究变得不是乏味而累人的事情，而是一种享受。科学家的兴趣各种各样，选择课题，既要从全局考虑，又要从自己的实际出发。就个人来说，有的人长于实验，有的人长于理论，有的人长于综合，其中又有自己个人的兴趣。从国家、社会需要以及科技发展的角度来说，迫切需要解决与此相关的实际问题、理论问题、热门问题和前沿问题。这就要求科学研究人员从大局需要考虑。一般来说，它们并不是互相排斥的、冲突的，把两者有机结合起来，干自己有特长的事，既是有利于科学事业发展的，也是十分重要的。

兴趣是入门最好的老师。只有感兴趣，才能自觉地、主动地、竭尽全力地去观察它，思考它，探究它，才能最大限度地发挥学习的主观能动性，激发起钻研的热情，产生新的联想。在兴趣和成绩之间，兴趣的重要性远远大于暂时取得的成绩。只有学习你喜欢的内容，才能找到学习上的感觉，激发出学习的热情。只有钻研下去，才能出成绩。

兴趣是可以培养的。如对某一门学科尚未入门，对课题一无所知，开始时自然是很难产生强烈的兴趣。但一旦选择了这一课题，便要强使自己尽可能获得较广阔的基础知识，在对这一领域有深入的了解后，便会产生强烈的好奇心和求知的兴趣。举我自己的例子。我在中专和工厂时专长是机械设计，机械制图能力较强。我 19 岁在工厂就发明了一台扁平线圈绕线机。大学时学的是光学，我喜欢光学设计，但大学毕业后我被要求转向研究电子光学，搞夜视。起先，我一点都不懂，但我想，不懂就学吧。等钻进去后，我对电子光学就产生兴趣了，随着钻研的深入，就爱上它了。当然，如果对此学科或课题的研究确实不感兴趣，感到不能发挥自己的特长，或者是没有从事此项研究的热情，或者是后悔自己的选择，那么还是放弃为好。我觉得，没有科学的激情比没有科学的能力更可怕。

没有激情不会有任何伟大的成就。科学是相当枯燥的事业。科学家需要夜以继日地思考，重复地试验和摸索，需要从一次一次的失败中总结教训，屡败屡战。许多科学家经年累月地用功，皓首穷思。在旁人看来，这实在太苦了。这也许是世界上最枯燥无味、最无乐趣的事。由此可见，科学研究需要充沛的精力、时间和奉献。人们不可能在没有热情的情况下长期从事它。一旦在科学研究的过程中失去了好奇心与快乐，那必将无功而返。研究是艰难的，甚至是痛苦的挑战。但是，科学家为强烈的迷恋所推动，乐在其中，他对科学的热爱和激情使他深入到这个未知世界中。他摸索着前进，感到特别快乐。他的快乐别人既无法体会，也无法领悟。特别是当他偶有顿悟，抓住机遇，发现了事物的奥秘时，他会觉得他是世界上最快乐的人了。

五、要把思考变成自己的习惯和爱好

“学而不思则罔，思而不学则殆”。这是《论语》中的两句非常有哲理的话。古往今来，万千学子都把这两句话作为治学的座右铭，勉励自己，警示自己。依我的理解，学习与思考，两者是相辅相成的关系。学而不思，如食而不化，唯书本和前人之意见是从，即使满腹经纶，也难有创新。思而不学，如无水之源，无知识的积累和新知识的吸收补充，即便有智慧之库，也将日见枯竭。圣人对学习与思考的关系的理解多深刻啊！

一个人，不读书或少读书，不看文献或少看文献，便无知识的积累，岂能触类旁通。怀疑、探索精神是非常宝贵的，否则便谈不上发展、创造。但怀疑、探索需要有一个坚实的基础。这便是人类已经积累下来的、经过实践考验的科学知识和文化，是我们要继承的宝贵财富和遗产。尽管如此，我还是赞同“文献”之不可尽信的观点。若一个研究者，不管对错，把书和文献上所写的都奉为金科玉律，束缚住自己的思想和手脚，那么，书读得再多也是没有用的。读书的目的是扩充自己的知识，应用所得的知识去解决理论和实际问题。只有开动脑筋，多联系实际，独立思考，才能有所发现，有所创造。

思考对一个向科学进军的人，尤其是研究生更为重要。读书时，每一步都要求扎扎实实，不要人云亦云，而要经常问自己为什么，从不同角度去了解、解释科学现象。进行科学研究，并不能直接从书本中找到答案，而要把它变成活的学问和活的知识。这就要靠人们有意识的思想活动，时刻把问题挂在心上，思考假说（假设、方案）和解决问题的途径。这种有意识的思考活动，正是一个研究生在求学期间最需要培养的品质。

对于研究生来说，重要的是要养成思考的习惯，如果能由习惯变为爱好，从而享受思考的乐趣，那便到达更高的境界了。

六、要读经典著作并做笔记

我对读书的第一个建议是精读几部本学科现代的经典著作。在大学阶段，我们获得了一定的基础知识，接受了科学的基本训练，但这是初步的，仅打下了一个基础。到研究生阶段，我们要尽可能对本学科领域做全面、深入的了解。根基愈宽阔，将来可致力发展的范围亦愈广阔。

牛顿说：“我之所以比别人看得更远，是因为我站在巨人的肩膀上。”这是学术研究的真谛。科学是有继承性的，但科学又受到时代以及当时生产力发展的局限。今天是从昨天过来的，无论科学进步如何快，历史是割不断的。当我们研究一门学问，向上攀登时，就必须对前人的工作进行研究，弄清楚他们的思想、他们的理论，以及他们在从事科学研究时经历的过程，了解他们遇到的困难，受到的种种局限。只有把这些情况研究得一清二楚了，你才有可能创造自己的东西。“传承拓新”，是科学发展的一个普遍规律。

每一门学科都有一些重要的、代表性的著作（包括一些重要文献和教材）。这些著作不仅值得阅读好几遍，而且只有反复阅读才能理解。我把它称为经典著作。这是学术大师或博学者对本学科的一门学问的系统总结。它从理论到实践全面反映了著者本人或当代科学学派的创造性的思想和创见，以及这一学科的最新成就，而且极富想象力。在初学阶段，不妨先阅读一些优秀教材，对该学科的基本知识和基本理论有一个全面、系统的了解，使自己进入这一学科领域。

我认为，读现代的经典著作是研究生攀登这一门学科的最好的阶梯和捷径。但我发现不少的博士研究生不太明白这个道理，或者是虽然明白了，但有畏难情绪，读了几天就放下不读了，因为读懂一部现代的经典著作并不是一件容易的事。

我在上大学时，学习上常常采用“读书（听课）+解题”的模式。上课时好好听，做笔记，下课后把老师讲课的内容消化了，把书本上或老师留的作业做了，把习题解答了，就算完成了复习的任务了。我那时很少阅读课外资料，故知识面窄，思路不开阔。这是不足为训的。

我毕业后留校和留学苏联阶段，发现大学时代这一套学习模式不行了，便摸索出“自学+记笔记+发现问题”的模式。在这阶段，思考要贯串学习的全过程。自学（包括选择参考文献）——边学边记，就是思考的过程。思考从理解问题、发现问题、提出问题，到质疑前人，批判性地继承前人的成果。这是学习的深化，表明学习进入高层次的阶段了。

读书时，还必须精读与泛读相结合。我们研究学问时，必须查阅和浏览大量有关的文献，做到对研究的问题有精细和全面的了解。我向博士生们建议，在学习的第一阶段结束时，应对所研究的问题及自己读书中思考的问题写一篇文献评述（literature survey or review）。该文献评述并不单纯是国内外文献的罗列，而是一篇包含自己见解，具有评论性质的文章。最好它能达到在核心期刊上发表的水平。这可以说是研究生进入科学大门后第一次极好的锻炼。我最近劝勉学生们多读书，写了这样一席话：“人来到世上需要力量。知识就是力量，而书籍是知识的海洋。让读书成为习惯吧!”

我对读书的第二个建议是要做笔记，所谓“好记性不如烂笔头”。记笔记有三大优点：一是记笔记有助于对学习内容的深入理解，促使自己抓住问题的本质和关键，使自己头脑中模糊的东西变得清晰起来，零乱的东西变得有条理起来，隐藏着的认识空白暴露出来。二是记笔记有助于巩固记忆，因为通过做笔记，思维经过加工整理，头脑里形成了系统的思路和表达形式，因而不易遗忘。三是记笔记还能促进“运用之妙，存乎一心”的创新意识，长年累月的积累，会使思维变得日益敏捷，写文章时便能信手拈来了。当然，现在的学生记笔记不用像我当年那样一笔一画地抄录了。笔记本电脑可以帮助你更好地完成这项任务，形成自己的信息（资料）库。

七、要以绝对诚实的态度对待科学研究

做学问，既要有一个好的学风、诚实严谨的学风、一丝不苟的学风，

还要有一个好的学术氛围：互信、公平、诚实、开放。师生要共同营造良好的学术氛围，共同维护科学精神和道德规范。真正的科学家，对学术和科学研究有绝对的真诚和诚实，绝无半点虚假。他们永远秉持客观的态度，保有批判性、怀疑性的习惯，追求知识，追求真理，在进行科学研究时都遵循社会上一个共同的道德准则——做人的诚信。

当一名研究生，首先需要弄清楚做学问应遵循的最基本的规范。这就是在自己撰写学术论文时，必须无保留地说明前人有什么研究成果，他们的发现、他们的观点和他们的成就。在此基础上再谈自己的独到的发现、自己的想法、自己的研究成果和结论。文章中绝不能把他人的成果改头换面地移植过来，把他人的首创权占为已有，或隐瞒而不说自己所参考的重要文献。这些都是一个科学人应懂的最基本的常识。

研究生在撰写论文时，必须告诫自己，学术不端行为（disconduct）是科学的大敌。学术不端行为包括抄袭、剽窃、伪造，篡改证据、资料或结果，隐瞒相关证据或资料，故意歪曲资料来源，以及把别人的成果（或资料）强行拿来说成自己的等行为。学术不端行为不仅败坏学术道德，而且使自己的名誉扫地，甚至身败名裂。

遗憾的是，现在有不少研究生，在撰写硕士、博士学位论文时，特别是援引他人的学术观点或成果时，常常不注明作者和出处。这样便有意或无意地构成对他人权益的侵犯。现在常有一些学术论文和学位论文，被揭露有严重的抄袭、剽窃行为，应该引以为训。

因此，研究生从入学一开始，无论是做实验，搞研究，还是写论文，都要保持严谨的学风，建立起应有的学术规范意识，培养自己对学术研究绝对诚实的态度。这无论对于今天做学问，还是明天从事各种各样的工作，以及发展自己的事业，都是非常重要的。

八、要有自信心，敢于怀疑，敢于质疑权威

我国传统的教育体系，主要重视的是科学的理论和知识的教育，而匮乏的是科学方法和科学精神的教育。其后果是，培养的人才往往缺乏独立思考、质疑前人的能力，缺乏科学的怀疑和批判精神。“有条理的怀疑论”是默顿提出的学术规范中重要的一条。它阐明了科学的内在精神。其涵义是：科学的本质特征是可以而且应该被怀疑的；科学不承认教条，不承认绝对真理；科学是批判的、革命的；等等。对科学家来说，怀疑大概是通

向成功的第一步。科学史表明，科学不可能有顶峰。它只是一个永无止境地前进的过程。因此，青年学人要形成敢于质疑、挑战权威，追求真理的意识，树立敢于突破原有假设、理论，标新立异的创新思维。

不愿挑战权威是科学研究的大忌。我们的科学论文有不少是跟着别人脚步走，不太敢想，也不敢做前人没有做过的东西。有些所谓“创新”，乃是对前人有一点“修正”、“补充”、“改进”而已。不少博士研究生十分满足自己的结果与权威一致，不敢提自己有突破性的创见（概念、定义和方法）。

这样的思维定式与我国长期的社会传统有关。中国自古以来就是“礼仪之邦”。论辈分，讲礼教，不“犯上”，已成为规范人们行为的准则；挑战权威和“犯上”被视为对长者、先人、老师的大不敬；而“标新立异”则被视为大逆不道。按照中国的习俗，权威是不容挑战的，社会也不容许权威被挑战。这种思想依然影响着今天中国的知识分子。

我们的教育虽说培育了学生好学谦逊的美德，但带来了胆怯和缺乏自信等副产品。直到现在，我国学术界依然推崇“经验和正宗”的原则，缺少冒险性的改革和探索，甚至因为怕“犯上”，对权威错误的结论“顶礼膜拜”。一个最典型的例子是：非典期间，冠状病毒与SARS有关是我国军事医学科学院的一个研究组首先研究出来的，但慑于权威人士做出的结论，国内统一的口径为：SARS致病原是衣原体，以致“中国科学家失去了一次崭露头角独一无二的机遇”（“Science”语）。

思想最根本的特性是怀疑和批判，最宝贵的是创新。因此，要在学术上有所建树，无非就是3条：怀疑、批判和创新。首先，要崇尚理性怀疑。理性怀疑是指科学不承认绝对的权威和永恒的真理。科学家可以对科学进行自由的质疑和批判。理性怀疑促使科学家时常对经验证据（自己的或他人的）进行先行的检验，不受经验数据的自我欺骗和被动欺骗。其次，批判并不是简单的否定或反对的意思。批判是根据一个准则对某事做判断或评价的思维活动（当然也可以对准则进行批判，从而建立新的准则和规范）。再次，创新并不是胡思乱想，而是建立在正确的判断和评价的基础上。科学发展的历程就是不断挑战旧的观念，挑战权威，于是才有一个接一个新的发现。但是挑战旧的观念，特别是被大多数人持有的观念，肯定要付出相当大的代价，而这时就要有勇气。

拥有好奇心，不墨守成规，敢于直面科学现实，在思考中进行理性怀疑，敢于质疑权威（但不要刻意去反对权威，哗众取宠），是科学人不可缺少的思维品质。研究生要在自己的研究工作中树立自信心和雄心壮志，敢于怀疑，敢于批判，敢于“标新立异”，向任何类型权威提出质疑，向现存理论和方法挑战。

如果我们随着《诺贝尔奖百年鉴》中各卷去追踪先驱者们的足迹，则不难发现，诺贝尔奖的获得者具有如下一些共同的品质：一是不被经验束缚，怀疑一切；二是不迷信权威；三是不被信息浪潮左右，自由进行选择与取舍；四是为捍卫自己的科学观点，有时甚至不惜一战；五是不失去新生事物的敏感性；六是有超出常人的意志力。他们是我们每一个从事科学研究工作者的榜样。

九、要潜心学术，不要急功近利

目前，在不少研究生中，存在着一种浮躁之风。这是社会上不正之风在教育界的反映，它对于青年学人的成长是非常不利的。所谓浮躁之风，是指怀着急功近利的心态，急于求成，热衷跟踪模仿，不愿做深入的研究，追求论文数量而不讲质量。更有甚者，少数人还出现弄虚作假、抄袭剽窃等学术不端行为。我觉得，浮躁是由于心态不平衡引起的，而心态不平衡已成为当前部分青年学人的一种心病。有些青年学人，心中尽想着如何快出成果，快快成名，行动上便想走捷径，手段上就要小聪明，甚至为了名利而不择手段。这样的心态妨碍了青年学人潜心学术，追求真理。也有一些研究生，胸无大志，把科学研究纯粹作为例行公事，8 小时上班制，双休日不读一点书，也不想科研中的问题，甚至沉迷于游戏玩耍之中。这使我很奇怪，因为一个做学问的人，时间对他（她）来说永远是不够的。诺贝尔奖获得者丁肇中教授，他的聪明和智慧远远超过我们吧！但他每天在实验室工作 14 个小时，夜以继日。他的成功是靠勤奋和钻研取得的。我看了一份材料：“到了哈佛，你就会知道中国高校的差距在哪里。”这个差距首先是学习自觉性和勤奋度的差距。对比哈佛的学生，我们的学生学习的压力实在太小了。

科学研究的本质是追求真理。追求真理的精神与追名逐利是格格不入的。虽然急功近利还不到追名逐利的地步，但离追名逐利也不太远了。到了那时候，追求真理的热忱就消失得无影无踪了。因此，研究生一定要力戒急功近利的心态，甘于寂寞，老老实实做学问。搞学问需要一种安定、宁静的心态。只有一步一步、一点一滴地下功夫钻研，才能有所成就。学问上要有建树，浅尝辄止是不可能有什么作为的；百尺竿头更上一层楼，非有卓绝的苦功不可。学术创建要以苦功为前提，而苦功并不保障一定能有建树，何况学术研究中失败是常有的事。有人认为，成功并不一定是靠努力钻研，下苦功夫，而是靠机遇，靠运气。这完全是错误的理解。实际，机遇偏爱有心的人。“精诚所至，金石为开。”机遇光顾耐心追求并乐于在迷雾中等待的人。机遇是学术积累的一种效益，而不是从天上掉下来的馅饼。科学时有重要的“突破性”发现或创见，但它的进展仍是连续性的；每一项重大发现或发明，都是在某一适当的发展背景下产生的，而不是凭空而来的。明白了这些，便知道从事科学研究，是须使大力气，不能心存侥幸而期望收获的。

对科学人来说，专注于学术是获得科学成就最重要的一个前提。只有专心致志、如痴如醉地投入研究，只有确立了自己的志向而终生追求无悔的人，才能有所成就。当今我国的青年学人既不缺乏创新的才能、聪明和智慧，也不缺少科学研究的条件，当前主要的问题是潜心学术的专注程度不够。实际上，人的创造能力和创新才能是研究学问非常专注、非常投入而积累的一种效益。只有把思维强烈聚焦到所研究的事物上，才有可能激发出创新的火花。要牢牢记住，科学家们的成就可不是靠偶然的运气，而是靠长期、系统地在高层次、先进的领域里耕耘。只有坚持不懈地努力，才有丰硕的果实。因之，没有废寝忘食、勤奋钻研的敬业精神，是不可能成为好科学家的。我的确很难想象有些研究生在从事科学研究时神不守舍，三天打鱼，两天晒网，这如何能有所发现，有所创造呢？

古往今来的学术大师们，之所以能取得丰硕的成果，固然有种种因素，但决定性因素是他们崇尚真理，耐得住清凉和寂寞；决不追名逐利，志在揭示规律；敬畏实验事实，决不弄虚作假；“只问耕耘，不问收获”。这种崇高精神和卓越品格是值得我们学习和倡导的。

十、要有团队精神

在现代社会中，单枪匹马、独来独往的科学“骑士”已经很难见到了，也许还有个别的单枪匹马搞理论物理或纯数学的人。现今的科学研究大都是由一个团队（通常是一个课题组或研究组，规模大小不定）的集体进行的。往往有这样的情况：研究集体的规模越来越大，使用的设备越来越大型化，研究方式越来越社会化，而一个人所能做的事和越来越大的科研项目、课题相比是越来越狭小。“大科学”这个科学学的名词便指的是这种规模大、耗资多、集体研究的科学活动。这是现代科学的一个重要特点和趋势。国家实验室、国家重点实验室、国家科学研究中心与中科院、国家部委和高校的一些研究所就是从事“大科学”的代表。现代科学技术研究越来越成为集体协作的产物，成为一种团队活动（team work）。一方面，研究对象或工作对象日趋复杂，需要不同知识背景的科技人员互补；另一方面，科学技术活动越来越依靠技术手段，先进的仪器和设备是不可或缺的，需要不同技能的科技人员合作。因此，结构合理、充满活力的团队越来越成为现代科技活动的基本单位。

在这个集体中从事科学研究，团队精神是决不可少的。不管团队的规模是大是小，重要的是它的运作方式和风格。团队的作用是要使首席和团队成员之间以及科技人员之间的交流更有效，更有利于激发创造性思维，开展创新性实验，培养对科学的好奇心，形成研究的风格与品位。在团队中，每个人员不仅依靠别人创造出来的知识、信息、方法和仪器设备来进行科研工作，更是处在研究集体之中，直接地和团队的群体为完成同一个项目进行分工、合作和奋斗。因此，在团队中，特别需要发扬大力协同、团结合作、讲求正气、既竞争又交流的团队精神：每一个人把自己的思想（创见和想法）贡献给它，人人都努力在前人和同辈人的工作上添砖加瓦，各献其长；同时通过相互交流和批评，使科学思想（创见和想法）得到肯定、修正或扬弃，由此得到启发和提高，既合作又竞争，共同推动学术发展和进步。

我常常评阅一些博士学位论文，发现了一个普遍性的现象。那就是，在一些大的课题组里完成的博士学位论文，其学术水平普遍比小的课题组和单干的要高一些，发表的文章也多一些。这固然是由于前者的经费充足，仪器设备先进，课题又是学科的前沿，但更主要的是有集体群策群力的优势。由此可见，一些优秀的研究生奔向国家实验室、国家重点实验室、国家科学研究中心与中科院、国家部委和高校的研究所是一个明智的选择，因为一个好的实验室有好的研究方向、好的研究条件和好的学术团队，远比单纯有一个明师要好些。

大多数研究生在团队中受到了集体的熏陶，思想认识有很大的提高，认识到从事一项科学事业，单枪匹马的力量是有限的，必须依靠团队的集体力量，帮助别人，就等于帮助自己。在团队中，要善于看到别人的长处，向优秀的团队成员学习，时时鞭策自己自我充实。此外，要尊重团队内的每一位同事（不仅是老师和同学，而且包括一些技术人员和技辅人员），努力向他们学习和请教，与大家一起共同培植良好的团队精神。那种不尊重别人，只想个人冒尖，不善与人合作，而且嫉妒心很强的人，是很难做出大成绩的。我深深感到，团队良性竞争的环境往往更能够充分体现个人的价值，敦促自己进步，激发对科学的好奇心，使自己更加优秀，并形成自己的研究风格。因而一个宽容、善于合作、富有团队精神的人取得成就的机会就更大。这不仅在学校里是这样，将来到社会上亦如此。当然，在一个团队中也难免出现“南郭滥竽”的现象，故要从制度上保证研究生自己独立做学问。不过，我也见过一些团队精神很差的人。个别研究生怀有阴暗的心理，钩心斗角，认为帮助了身边的同学，就是给自己多了一个竞争对手；也有个别指导教师对自己的研究生留一手，生怕学生把他的一点点东西学了去，甚至把学生作为自己的劳动力，为攫取自己的名利服务。这是应该引以为训的。

十一、要学习科学方法，历行科学精神和遵行科学规范

科学包括科学的理论、事实、方法、精神，以及科学的价值观。作为一个理工科大学的研究生，必须对科学规范、科学方法和科学精神进行全面学习，做到深刻了解。科学规范是科学工作者共同遵循的原则和工作方式。科学方法是指获得科学知识应该遵循的程序。科学精神是建立在理性基础之上的怀疑、批判精神和思想的自由。一个科学工作者的科学活动反映了他（她）所持有的品性：客观翔实的科学知识，理性求实的科学方法，睿智存疑的科学思想，以及自主探索的科学精神。

科学精神既是科学家科学活动时灵魂深处高度抽象和凝练的治学理念，也是科技人员从事科技活动应具有的精神导引和最深层次的科学文化素养。它是科学家在不断探索真理的过程中所体现出的价值追求和精神本质。作为科学精神载体的科学规范既是技术的，又是道德的。从技术上说，它要求怀疑态度、逻辑论证、实证标准和成果公享；从道德上说，它体现为独立、说理、诚实和无私。科学精神可被归纳为“求真、务实、探索、创新”8 个字。求真是敢于攀登，追求真理——科学精神的核心。务实是崇尚事实，实事求是——科学精神的基础。探索是大胆怀疑，不避艰

险——科学精神的前提。创新是传承拓新，寻优勇进——科学精神的目的。

科学方法，通常是指在建立科学的工作原理的过程中应该遵循的程序。这个程序往往如下：首先确认了一个问题，收集了尽可能多的与此相关的信息；其次建议了一个解答（即假说），演绎了由此解答所产生的影响或后果；再次用实验对这些演绎的推论进行了检验。结果是这一假说被接受了、被修正了或被放弃了。这是科学发现的一般规律，但完成这一程序的方法和途径各异。现代科学并不存在发现和发明万无一失、放之四海皆准的方法。尽管如此，一些著名科学家仍十分重视科学方法在科学发现中的作用。例如生理学家贝尔纳特别强调科学方法的重要性。他说："良好的方法使我们更好地发挥运用天赋的才能，而拙劣的方法则可能阻碍才能的发挥。因此，科学中难能可贵的创造性才华，由于方法拙劣可能被削弱，甚至被扼杀；而良好的方法则会增长、促进这种才华。"因此，研究生在学习期间要自觉地学习前辈们创造的科学哲学、系统科学方法论等理论，以及一些具体的科学方法，并把它借鉴到自己的科学研究实际中来。而且，科学方法能协助你的思考，指导你的研究，避免走不必要的弯路。

我们每一个人在大学与研究生期间都学了不少知识，但随着岁月的流逝，很多具体的内容因为不用而大都被遗忘了，被抛到九霄云外了。而在这一过程中学到的学习方法、思考方法和科学方法转化了科学研究能力和解决实际问题的能力，却一直伴随着自己。所以，我衷心希望研究生们能重视科学方法的锻炼。

科学研究中十分重要的是遵行学术规范。科学在当代已作为一项社会职业。像各行各业都有自己的行规和规范一样，进行科学研究也有社会规定的、大家必须共同遵循的原则和工作方式，即职业道德规范。从事科学研究的人必须学习并了解这些规范，因为这套学术（社会）规范形成科学独有的社会精神气质，支配着参加科学的人的行为，形成他的科学良心。简单来说这些规范是：普遍性（指科学不取决于假说提出者的出身、种族、性别、宗教、阶级、国籍及个人品性）、公有性（指科学的发现是科学社会协作的产物）、公正性（指科学不容欺骗行为和谋私利行为）和有条理的怀疑论（指科学不承认教条，且科学是批判的、革命的）等。

我在上面已经讲过，科学规范的教育应从一个人刚刚走进大学或学术领域就开始。其中最重要的一点就是公正性，就像竞技体育中的 fairplay 一样。研究生要牢牢记住：抄袭、剽窃，改头换面地移植，是科学研究的大敌。

下面列出诚实做学问的三规则——李普森三原则：①当你声称自己做了某项工作时，你确实是做了。②当你仰赖了别人的工作时，你要引注它。你用他们的话时，一定要公开而精确地加以引注，且引用的时候，也必须公开而精确。③当你介绍研究资料时，你应该公正而真实地介绍它们。无论是对于研究所涉及的数据和文献，还是别的学者的著作，都应该如此。

这是科学工作者的基本职业道德规范。此外，还有一系列技术规范必须学习并遵循。其中之一是科技学术论文（包括学位论文、学术论文和学术报告）的写作与发表。它是科学研究最后出成果的必不可少的阶段。无论是写作，还是发表、出版，都必须遵循国际通行的技术规范和原则。为了便于科技学术论文的编辑、印刷、检索、交流与使用，科技学术论文的编写具有统一的格式。我国在 1988 年颁布了中华人民共和国国家标准：科学技术报告、学位论文和学术论文的编写格式（GB7713—87）。故撰写和出版论文时，应参照并执行国家标准的规定，遵行学界既定的规范。希望研究生们不要轻视这个问题，否则，一个科班出身的研究生会被认为是没有受过学术训练的人。这是很丢面子的。

十二、要力求创新，重视理性思维、人文素养的培养

我曾经讲过，博士生一是要会学习知识，二是要会应用知识，三是要会创造知识。创造知识首先需要创新的意识，有了创新的思维，才能有创新的能力，去创造新的知识。

我国的传统思维对后人最大的影响就是祖宗的东西不能变，跟着干，别自主，别出错，别越轨，别冒险，等等。这种传统思维模式，一直影响着国人创新精神和创新思维的发展。到了现在社会转型时期，社会上比较注重眼前的、短期的利益，要求工作马上有效，也要求科学研究立刻见效，快出成果。因为创新是有风险的，社会的整体氛围对创新的要求不强烈，更不愿意冒险。这种氛围有意无意压抑着人们的创造性。研究生接受这些影响产生的直接后果就是在思想上敬畏前人，在行动上模仿前人、复制前人，而不是俯视前人、思考前人、质疑前人，因此也就难以积蓄起超越前人的力量。这是必须改变的。研究生在学术研究上要有一点志气，内

心深处要产生一种追求新东西的欲望，知道只有追求创新才是最有价值的，并努力去探索。

思维模式的转变在我国并非一朝一夕之事，而是一个漫长的过程。重要的是，要在科学研究的每一个环节中推崇创新，倡导批判性和创造性思考，破除畏惧权威的思想负担，树立自信和敢于大胆质疑的精神，才会有创新和创造性的工作。在这样的氛围中，研究生便会逐渐了解到，只有理性地看待前人，才能更确切地了解前人的建树，认识前人的价值，看清前人的局限，由此生发对前人的评价才能更加客观。

我衷心希望研究生重视自己理性思维的培养。这是因为创造性能力的培养不仅取决于基础理论和专业知识的“质量”和“数量”，而且取决于组成知识体系的方式。希望研究生们多读一些自然辩证法、形式逻辑、科学哲学等方面的书籍，以丰富自己的视野，健全自己的思维品质。

此外，研究生除了培养自己的理性思维，具有良好的科学精神外，还要使自己具有较高的人文素养，也就是要使自己具有丰富的人文知识，良好的人文精神，以及高雅的人文气质。爱因斯坦是20世纪最伟大的物理学家，但他把人文精神看得比第一流的科学发现还要重要。他说：“光有知识与科技，并不能使人类过上幸福而优裕的生活。人类有充分的理由把高尚的道德准则和价值观念置于客观真理发现之上。人类从佛陀、耶稣这些伟人身上得到的教益，对我来说比所有的研究成果更为重要。”这就是说，一个人没有人文精神的涵养，即使学富五车，在精神境界上也未必远离禽犊。

现在我们看一个人，除了知识和能力之外，就是看他（她）的人品怎样，为人如何。有一份报告说，一个人的成功，70% ~80%决定于情商，20% ~30%才是智商。不管这个比例数字出入有多大，但情商起决定作用是肯定的。因此，学校的教育应以人为本。学校是培养学生健全人格的场所。它的任务首先培养的是人（大写的人），其次才是学士、硕士、博士等。人都不会做，学士、硕士、博士等学位和讲师、教授等学衔一钱不值。一个人即使才高八斗，但没有一颗高尚正直的心灵，也永远不会成为国家的栋梁之材，很可能成为更具杀伤力的“害群之马”。

因此，研究生在求学期间要重视自己的人格培养，专心学问，摆脱庸俗，去除浮躁，努力把自己培养成为一个有高度的社会责任感和纯洁的道德情操的人，一个具有丰富的想象力和创造力以及敏锐的审美能力的人，一个德才兼备的人，一个具有良好的人文精神和科学精神的人。

结束语

国家花了这么大的气力办大学教育和研究生教育，当然是因为经济和科技飞速发展需要大批社会主义建设事业优秀人才。我认为，培养博士生，就是要为国家培植将才或者是拔尖人才。那么，通过博士研究生阶段的学习，一个优秀的人才究竟要具备哪些品质和能力呢？依我来看，他（她）应该是一个德才兼备、全面发展的人。从思想层面上说，热爱祖国，愿为祖国社会主义事业效力和献身；有充分的自信心，有强烈的探求真理的欲望与好奇心，有明确的自觉性与坚定的意志，不怕挫折，勇敢前进。从学术层面上说，他（她）应该具备：丰富的知识和才能，敏锐的感知力，丰富的想象力，以及科学思维能力；缜密而独立思考的能力，提出问题并确定选题的能力，软、硬件实现的经验与能力，解决问题的能力，创造新知识的能力或开发新技术的能力，战略性分析能力，掌握科学方法并具有批评、判断、提出、阐述、证明假说（假设、方案）的能力以及科技学术论文（中、英文）的写作技巧与能力。

我把自己的认识和体会写成以上这 12 条忠告和建议，献给研究生同学们。这也是我的希望。这 12 条可被简单归纳为：一有志向；二重学问；三求明师；四要激情；五要多思；六要精读；七要诚实；八要怀疑；九莫浮躁；十靠团队；十一方法；十二创新。如果要问，这 12 条中哪几条更为重要些，以吾之愚见，未来的将才——博士研究生——在为学方面需要锻炼自己 3 种最不可缺之德行，即志向、激情和怀疑精神。这 12 条以此 3 条为本。讲得更明白一些：我为什么来读研究生？我抱什么态度进行学习与研究？我以什么思想从事科学研究？如果把这 3 个问题想通了，其他的问题就相对比较容易解决了。

诚然，为人和为学是一辈子的事，并不是在研究生阶段短短几年就能做得都很好。愿大家一起努力，使自己的学识有很大的提高，成为一个德才兼备，对祖国有用的人才。

追求卓越，传承拓新，诚重劳轻，求深愿达。

我寄大希望于青年学人们。

谈谈如何科学地学习

学而时习之，不亦乐乎！

目前，硕士生阶段的课程学习方式与大学本科阶段没有实质上的差别，主要是跟着教师的课堂讲授去听讲、记笔记、复习、做习题、考试、拿学分。学习的过程仍然是老师讲、学生听的模式。填鸭式与启发式教学的主要矛盾在任课教师身上。鉴于硕士生阶段的课程学习主要着眼于本门学科知识的"宽广"与"系统"上，修大量学分（32学分以上）是必要的。对于这种传统的教学模式师生们都比较习惯，而且系统讲授，由浅入深，提纲挈领，使学生花较少的时间就能较快地进入这一领域，基础比较扎实，其优点是明显的。全盘否定这种老师教、学生听的模式，或片面地一概斥之为填鸭式是不明智的。恐怕在相当长的一段时间内，这种模式仍会保存下去。这种模式需要改进之处在于发挥学生的主观能动性和培养学生的自学能力。授课教师应该在讲授方法上有所改进，进行启发式的教学，做到"授之以鱼，不如授之以渔"。

到了博士生阶段，这种"讲听"模式有了一些改变。有些老师在课堂上讲得很简略，留出时间与研究生讨论，以启发学生思考，但课堂讨论很难开展起来。如何使研究生，特别是博士生，由被动学习转到主动学习，锻炼自学能力，仍是一个问题。传统的中国文化是重师承甚于重独创。学习总是老师领着，学生跟着老师"亦步亦趋"。新的学习方法是要自己找路。"老师领进门，修行在自身"。了解学科的发展，选择研究方向，进入课题研究等，都要依靠自己。因此，要特别重视培养自己的自学能力和全面学习、应用知识的能力，养成独立思考的习惯和综合分析的能力。

首先是自学能力。这是作为一个学者必须具备的能力。进行科学研究，获得知识，解疑去惑，都得依靠自己，而不是别人。大学生与研究生在学习上的明显差异之一，就在自学能力上。我想，我们能否在主要的学位课的学习上，在准备论文的阶段上，进行一些尝试或变革。下面就我自己的体会，提出一些意见：

首先，关于研究生的课程教学，选择一两门课程，按以下方式进行：

（1）概略地讲，仅提供一个深入学习的思路，主要让学生自己学习。

（2）考查学习笔记，了解学生的学习深入程度。

（3）指定书目，要求对某些书或某本书，或某本书的章节，写评议性摘要，或进行综述。

（4）作业控制，通过作业强使学生思考。作业不单是习题或问题，主要让学生思考，训练学生灵活运用知识以及创造性思维的能力。

其次，关于自学能力的锻炼和培养，可要求研究生，特别是博士生，做以下工作：

（1）做专题文献卡片，撰写论文摘要或文章的重点和疑点。

目前上网查阅文献并不困难，但一些学生把查阅的文献复印下来，或下载下来，就算这篇文章归其所有了。可是，文献占有了并不等于了解了或者掌握了。研究生阅读文献时必须养成边读边记边写的习惯，反复刺激大脑皮层，以加深自己的记忆和理解，也便于复习。

（2）精读经典著作或优秀专著。

鼓励研究生，特别是博士生在学习阶段精读一两部经典著作、优秀专著、教材或经典论文，在此基础上，泛读其他著作，促使研究生在本学科领域打下较为坚实、宽广的理论基础。一般来说，对于青年研究生，可以找一本系统性强的优秀教材，作为入门书，打一个基础，然后再读艰深的著作。专著往往是块硬骨头，很难"啃"动，不要见难而退，要下决心越过去。

（3）作主题讲演。

在博士生学习阶段，要安排博士生作一两次主题讲演。选题既可以由导师帮助确定，也可以由博士生自选。这样，博士生不得不去查阅大量文献，去了解前人在这一领域的成就和局限性，去考察这一主题的发展变化以及当前进展。要做好这样一次讲演，需要做长时间的准备，但这是一次非常好的、非常值得的锻炼。讲演一般在团队内或在专题讨论课（seminar）上进行，可起到交流作用。讲演的题目应选本学科领域的前沿工作，最好不要与自己的开题报告的题目重复。在讲演结束后，应展开讨论，讲演者回答与会者提出的问题。指导教师除审阅报告外（报告要按照科技学术论文的格式写作，并附上所收集的有关文献），还要对讲演进行考评。

由以上3项，指导教师可以看出这一研究生的努力程度、学业基础、研究才能以及思想品德等，可在中期筛选的考核中提出继续培养与否的意见。10余年来，我在主持光电学院博士生学位课“现代光学进展”讲座的考核时就采用主题讲演的形式，效果比较好。

在这里，顺便谈一下专题讨论课（seminar）。应该指出，专题讨论课在国外的教育中是很受重视的。它具有以下特点：一是讨论的是超前的课题，可鼓励学生充分发挥自己的想象力；二是捕获思想火花；三是交流本领域的最新信息和其他领域的发展动态；四是主讲人与听众之间的直接交流，有助于开阔思路，激发想象力。

再次，关于科学研究能力的培养，可以从阅读科学论文开始。

例如，在读一篇科学论文时，要思考以下问题：

（1）论文的创意是什么？论文的原创性东西有哪些？它与前人的差异是什么？论文观点是什么？就这些问题，应能整理出自己的思路，列出自己的观点以及支持或反对这一观点的证据和材料。

（2）能否用自己的劳动证明该论文的推导或结论是否正确？证明是一种很好的学习方法和锻炼方式，同时要想一想还有没有其他途径。即使完全是重复劳动，也是有收获的，因为你弄清了论文的思路，学到了一种方法。在这个过程中，要怀着质疑的态度。如果尚无结论或难下结论，则要心存悬念，锲而不舍地探索，或许会有所发现。即使论文已有结论或定论，除非是自己证明的，或者自己信服的，也可心存怀疑。总之，要敢于质疑和验证，也许能修正前人的结论或另有建树。

（3）能否说说自己与论文不相同的观点，哪怕是一个疑问也好，通过质疑培养自己的批判能力。

（4）阅读文献的过程中要培养自己的耐心。完全读懂前人的文章是一件困难的事，因为大多数科学论文发表时省略了推导的过程，往往在说明前提下只给出一个得到的结论。重要的是，在困难面前只有坚持下去，才能在这个领域有所作为。毅力大概是科学家最需要的品质。希望记住：有时感到“山重水尽疑无路”，但用心思考，会发现“柳暗花明又一村”。

指导教师在学生批判现有的解释或者定义他们自己的问题时，引导学生深入了解学科建构的过程，探寻相关的知识，教给学生一些基本的概念和方法，以帮助他们形成自己的观点和方法。

总起来说，在研究生阶段，特别是博士生阶段，通过“概略地听，大量地读，用心地记，系统地讲，实际地做，细心地写”，使研究生的学习质量提高到新的层次；学习的难度和深度都提高了，并且由于主要靠自己的钻研，故自学能力也提高了。这里，听、读、记实质上是知识的内化——吸收与消化，而讲、做、写是知识的外化——应用与创造。通过知识的内化和外化，使博士生真正成为掌握或占有知识的学人。所有这一切，都是为了使博士生真正地如学位条例上所说的，“掌握坚实宽广的基础理论和系统深入的专门知识”，以及“具有独立进行科学研究的能力”。

以上是我的一些想法和做法，在指导博士生的过程中进行了一些尝试。总的感觉是，实现起来并不容易，但只要这位博士生是自觉的，不是“要我学”，而是“我要学”，以上所说的都是可以做到的。我衷心希望和广大老师们一起探索行之有效的方法和途径，以提高研究生的培养质量。

老想着它

科学需要激情和深入的思考。

科学史上有这样两段小故事：当艾萨克·牛顿（Isacc Newton）被问及如何得到他那些伟大的成就时，他的回答异常简单："老想着它。"当拉普拉斯被一位女士问及怎么会做出这些科学发现时，拉普拉斯的回答也很简单："靠想，夫人。靠想。"

牛顿的名言"老想着它"和拉普拉斯的名言"靠想"，道出了普天下做学问、搞研究的人的共同体会。古往今来，几乎每一个有成就的学问家、科学家，他（她）所完成的学问和科学研究，都是通过专心致志（长期的思索与考虑，锲而不舍的钻研）、忍耐（耐心，耐得寂寞）和勤奋（超人的努力）得来的。做学问、搞研究，要想有所创造、有所发现，非钻进去不可。只有达到朝思暮想、梦魂萦绕的迷恋程度，才能有朝一日豁然开朗、有所突破。可以毫不夸大地说，不到入迷的地步，很难有成功的希望。我深切地感到，科学研究没有捷径可走。不付出辛勤的劳动，妄想成功，无疑是等着天上掉下馅饼来。每一个从事科学研究的人都应当向牛顿和拉普拉斯学习、向前辈科学家学习，在做学问、搞研究时，"老想着它——自己的问题，自己的课题"。特别是在自己的研究工作（总体和局部细节）中尚未找到突破口，研究工作尚未取得尽可能简洁、坚实、明确的结果之前，应坚持不懈地思考自己的问题。

我在进行科学研究时心里有一种欲望，脑海中一直摆脱不了思考的问题。这种欲望促使我去探索、去考察、去试验。等到完成了，就觉得这是一种满足、一种愉快、一种从未有过的快乐。读传记书时，我发现，数学家头脑的特别之处是他们对于数学问题产生一种痴迷。陈景润研究哥德巴赫猜想就是一个最好的例子。另外，科学创造或创造力一般是在人们情绪积极和精力旺盛时出现。因此，在常人看来，思考是一种折磨、一种痛苦；而科学家把它看成一种习惯、一种享受："我思考，我快乐。"

我发现，有些博士生、硕士生、青年教师和科技人员，他们在上班时才思考自己研究的问题，而下班后、双休日就都不考虑了，科研中的问题都抛到九霄云外了。这种思考问题的方式，也许对重复性、传统性、有现成答案的工作是可以的，但是若要借此取得创造性成果或是具有独创性的见解，是很难想象的。我并不是说，做学问、搞研究的人不要休息，不要娱乐，不要双休日，而是说有否时刻把问题挂在心上，即“老想着它”，是取得成功的关键。我的意思是，搞科学研究，特别是进行基础研究，要产生新思想、新知识，必须集中自己的精力和注意力，没有上班与下班之分。既然要产生新思想、新知识，那么不通过完全集中精力认真思考是不可能的，到了下班时间就不再想了也是不可能的，甚至在睡眠时间也常会想起自己思考的问题，大脑的下意识并不完全停止活动。这里，精力集中是非常重要的。只有精力集中，偶然性、创造力、灵感才有可能产生。因此，当一个科学家热切地追踪新发现时，如果他（她）具有真正的科学精神，就必然会把全部精力倾注于工作之中，日夜思考，朝思暮想，食不甘味。我的体验常常是，当自己有了科学疑问和悬念后，在心理上感到一种压力，有一种“怅然若失”的感觉，头脑里再也摆脱不了这个问题。特别是在夜深人静一觉醒来时，所研究的问题在脑海里闪现，甚至翻腾：我研究这一问题的症结在哪里？突破口在哪里？实验、测试、计算中为何有反常现象？如何解释这一反常现象？普遍性原理为什么在这里不适用呢？我是否走入死胡同了，陷在圈子里出不来了？有没有其他方法、方案、途径可以试一下呢？……当然，不要企图一两次思考就能解决问题，但多思考、多问自己几个为什么，将有助于有朝一日问题的解决。

在思考时，思维既要善于发散，又要敢于收束。发散思维是通过想象，让思想自由驰骋，冲破原有的知识圈，提出许多种新设想；而收束思维则是对上述各种设想进行整理、分析，通过缩小探索区域，来选择其中最有可能实现的设想。一般说来，当一个人在思考时，若他（她）的心理、生理状态处于最佳状态时，头脑特别好使，想象力处于尖锐化的状态，新的想法就会涌现，新的思想就容易产生。

在大多数情况下，健康的人处于这样的状态是在凌晨，在经历一个晚上睡眠后。无怪乎人们常说，早上的脑袋比晚上要清醒。人躺在床上还睡眼惺忪，大脑刚刚清醒的时候常常是卓越的思想涌现的最佳时刻，也许是智力活动到达这样紧张的程度，或者大脑处于非常松弛的状态，灵感突然光顾了。灵感并不是上帝的赐予，而是由于多思而形成的一种潜意识。一瞬间由于灵感的光顾产生了一种前所未有的想法、思想和概念，一举解决了自己的问题。这时，要立刻把它记在纸上，把那些稍纵即逝的思想火花及时捕捉住。

做学问，搞研究，苦苦思索不得其解，可谓“山重水复疑无路”。漫长的探索，挫折和失败，有时使人感到很痛苦、很沮丧；而豁然开朗，“柳暗花明又一村”，找到答案之际，是最高兴、最欢乐的时刻。这种“痛苦”和“欢乐”，难以用语言表达，只有身临其境的人才能体会得到。

“老想着它”实质上是要集中注意力，即专注。注意力集中实际上是使大脑处于左、右脑区同时活跃的状态。因此，科学家在科学研究工作中，必须善于把自己的注意力始终集中于所思考的问题上，并“念念不忘”它。这是保证科学工作者高水平地发挥智力的一个重要条件，因为只有注意力高度集中，才能潜心研究，才能排除各种干扰，去解决自己的科学问题。从事科学研究，没有一种对科学如醉似痴、着了迷一样的劲头，没有顽强的精神和坚强的事业心，是很难有所成就的。

青年学人们，让我们牢记牛顿的名言“老想着它”吧！

记学术笔记是个好习惯

好记性不如烂笔头。

我常常发现，有不少研究生在学习、研究过程中懒于做文献卡片，也没有养成记学术笔记的习惯。他们的做法是，把所需要的参考文献复印或下载下来，看一遍，甚至看也不看，往材料袋一装，便“占有”了这篇文章。当检查他们的学术笔记时，给我看的是一些文章的复印件，或者是电脑下载的文献，很少是笔记（记在笔记本上手抄的笔记或记在笔记本电脑的笔记），特别是很少写下自己阅读文献、书籍后的心得体会、疑问、想法和观点。

20 世纪 50 年代初上大学时，学生们都有记笔记的习惯。我迄今还保留着那时的 9 本课堂笔记本和 4 本实习日记本。60 年代初，我到苏联留学，读书及看其他文献主要靠记笔记。一边读，一边抄，到回国时，光卡片和散页的笔记就有数千页了。

现在看来，这样的学习方式是很苦、很乏味的，确实不如用复印机复印，用电脑下载那样方便、快捷、效率高，但我觉得下这样的笨功夫也是值得的。一边阅读摘录，一边思考，深入理解文章的精神实质，必要时伴随着公式推导，把问题弄个一清二楚。思考伴随着抄录，便会常问几个为什么，作者的提法有什么优缺点，论点是否充分……这实际上是锻炼自己分析问题能力的过程。这个功夫并不是白费的。记笔记有助于对学习内容的深入理解：通过记笔记，可以促使自己抓住问题的本质和关键，使自己头脑中模糊的东西变得清晰起来，凌乱的东西变得有条理起来，隐藏着的认识空白暴露出来。记笔记有助于巩固记忆：通过记笔记，思维经过加工整理，头脑里形成了系统的思路和表达形式，因而不易遗忘。记笔记还能促进“运用之妙，存乎一心”的创新意识，长年累月地积累，思维能变得日益敏捷，到写文章时便能信手拈来。所以，做学术笔记，看起来慢，实际并不慢。我的体会是：“看一遍不如抄一遍，抄一遍不如写一遍，写一遍不如讲一遍”。一直到讲课时，才发现有许多地方我理解得并不深刻。

当然，当代青年学人学习不必像我们当年那样记笔记，利用复印机或电脑把重要的文献复印或下载下来，比抄录的效率大大提高了，但我还是建议青年学人在学习和研究时要做笔记。我实在想象不出，研究生可以不做笔记进行自学，光凭脑袋博闻强记就可以了。俗语说得好：“好记性不如烂笔头。”“最淡的墨水胜过最强的记忆。”的确是很有哲理的话。

记笔记不仅是在阅读文献时重要，在进行科学研究的过程中更为需要。记笔记应贯穿在实验工作的过程中，在观察事物的过程和设计计算的过程中。大凡做学问的人，都十分重视资料的积累。搞科学研究的人，应当经常备有一本笔记本，把看到的科学现象，出现的问题，脑海中浮现的想法一一记录下来。记笔记还有助于把研究引向创造过程。故在记笔记时，一要把自己的心得和体会写下来，其中包括得到正确结论前的一些曲折和反复；二要把存在问题记下来，其中包括自己对这个问题的一些见解和猜测。既然是经过一番思考，总会有一些想法或疑问。即使想法不成熟，至少可以为今后进一步学习和思考提供一个更高的起点。

在这里，我还想再一次强调一下：随时把自己思考的问题，甚至是一个想法或猜想记录下来应该成为一个科研人员的习惯。这些问题、想法和猜想也许随后对自己的研究是十分有用的，甚至可能成为进一步研究探索的基础。特别是要抓住自己脑海出现的“一闪念”，即把转瞬即逝的想法和问题立即记下来，记到笔记本上或一页纸上。当然，这种情况发生在实验工作时，在观察过程中，在设计计算时，不乏笔记本可记。但怕的是一个好念头、好想法来了，手头上正好没有笔记本，连一页纸都没有，没有把自己非常好的想法及时记下来。这就存在两种可能性：一种是过一会儿，这个好想法被完全忘掉，白白地丢掉了一个好想法。这是非常可惜的。另一种是竭力告诫自己千万不要忘掉这个好想法，使自己的记忆库十分紧张，从而干扰了其他想法的思考。

把自己有关科研工作的想法及时记录下来（哪怕是简单几个字）是十分重要的。这是因为一个人并不总是处于生理与心理的最佳状态，创造性能力并不能随时随地表现出来。“灵感”常在一闪念出现，而在短时间内很容易被忘却。所以，一切有心人都应把自己的“一闪念”及时记录在案，哪怕在当时看来多么微不足道，但对未来也许是非常有用的。科学史上有不少例子，凭借及时记录下来的灵感或一闪念而取得了科学研究的重大突破。

另外，记笔记还有一个很大的好处：它不但能帮助写作，而且能使自己立刻恢复到过去读书或研究的状态，很快进入角色，了解来龙去脉。即使在若干年后，当你完全忘却当年的思考过程，包括数学推导、实验设计等，笔记本能帮助你恢复当年的理解。我在进行科学研究时，公式推导的过程和细节（无论对错）都记在笔记本（或笔记本电脑）上，最后整理成为文章发表。现在有时候，我对自己当年写的学术论文的细节、来龙去脉，特别是推导过程不甚了了，只有翻阅笔记本（或笔记本电脑）才能弄清楚。笔记本帮助自己回忆当年科学研究的细节。因之，笔记本对于做学问、搞科学研究的人是很宝贵的。

写到这里，也许年轻的同志会说：老师，您说的记笔记的方法太笨了，太慢了。现在世界已进入电子计算机时代，已经有 Internet 了，不久的将来，将会有知识信息处理系统、图像信息处理系统、专家系统和第五代智能机……查阅资料可以做到如同自己脑子里记得它一样方便，用不着记笔记了。我的看法是，不管未来的计算机如何发达、先进、方便，但知识的获得和积累归根结底还是要靠自己，是要通过本人的劳动进行的。如果认为学问都被存储在 Internet 上（谁知道你需要什么呢?)，随时可以提取自己想要的东西，而不需要通过自己整理、消化，去芜存菁，去伪存真，形成属于自己的知识体系，那就太天真了。当然，我这里所谓“笔记本”不一定是现今通常的本本和纸张，而是记录在电脑里的“笔记本”罢了。

我衷心希望青年学人养成记学术笔记的好习惯。它将使你一生受益匪浅。

还是多读点书好

读书使人不轻信。

在中外科研人员中，对于读书（包括阅读科技文献），似乎有两种较为对立的意见：

一种意见认为，对于述及有关课题的文献读得太多并不明智。他们认为："看到的和知道的越多，对标新立异越是不利；只有所见不太多，所知不太多的人，才敢于标新立异。"（此话看来有点过分!）"阅读他人有关这一课题的文章会限制思想，使读者也用同一方法去观察问题，从而寻求新的有效的方法变得更加困难。"（此话不是没有道理。）也正因为这个缘故，青年人或知之甚少的人往往比老年人或知之甚多的人表现出更大的创造冲劲。所谓"初生之犊不怕虎"，青年人敢于向权威发起挑战，因为他（她）思想敏锐，具有无所惧怕的勇气，但其负面效应（破坏性）也不可低估。

另一种意见是主张仔细阅读该课题的有关文献。他们认为："真正有价值的创造往往是建筑在广博深厚的知识基础与科学背景之上。这就需要我们在知识面前抱有一种正确的态度和巧妙的方法。"解决"模仿"问题的最好方法是批判地阅读，力求保持独立思考，避免因循守旧。若阅读被用于启发思想，破除那些认为现存的一切（包括书上的一切）都是对的那种普遍观念，就不一定会影响独创精神。无论如何，研究一个问题时，对这一问题解决到什么程度一无所知，是更为严重的障碍。

我是喜欢读书的，且读得很杂，既读理工类专业书，也经常阅读文、史、哲方面的书，但并不是什么书都读。我常想，一个人能有时间读书，并且有书可读，是一件幸福的事。读书对于我的用处主要是通过书中的各种事物启迪我的思想，运用我的判断，思考更深的涵义，思考人生，也同时思考自己。读书时，粗读结合精读，通过粗读达到博采众长；精读（必要时多次反复、认真阅读）结合质疑，做到深刻理解。当然，我还是属于好读书不求甚解这一类的人。

关于科学研究，我是比较倾向后一种意见的。一个人，不读书或少读书，不看文献或少看文献，若无知识的积累，岂能触类旁通。怀疑、探索精神是非常宝贵的，否则便谈不上发展、创造。但怀疑、探索需要有个坚实的基础，这便是人类已经积累下来的、经过实践考验的科学知识。这是我们要继承的宝贵财富和遗产。试看天下的大学问家、大科学家，无一不是勤奋好学、广博专深、独立思考，从而在自己的领域取得举世瞩目的成就。不过，我还是赞同“书和文献”之不可尽信的观点。若一个研究者，把书和文献上所写的，不管对错，都奉为金科玉律，束缚住自己的思想和手脚，那么，书和文献读得再多也是没有用的。科学研究的目的是解决理论和实际问题。只有开动脑筋，多联系实际，独立思考，才能有所发现，有所创造。

知识本来就是一张密集的网。在科学技术发展到今天，学科间更是纵横交错、相互联系、相互渗透、互为应用。你若要成为精通本行业的专家，就必须密切注视相关领域的新成就和新进展。如果学问仅限于自己专业的一点点小“范围”，对于许多新课题以及边缘学科就会鞭长莫及，求而不达。因此，在搞好自身专业的前提下，多汲取那些相关的学科知识，将是十分有益的。我很欣赏有人把学问比喻为类似金字塔结构，即基础越宽越好，高度越尖越好。在众多相关知识的依托下，使自己的特长出现顶尖；而基础的跨度越长，塔将会更高更尖。当然，尽管只有极少数大科学家做到了这一点，但我们“虽不能至，心向往之”，朝这个方向努力还是必要的。

科学创造的过程，当然必须首先了解与所研究的问题相关的全部已有的信息，但获得的信息不仅是为了学习（了解进展，学习长处，汲取经验），为了汲取书和文献中的精华而不受拘束，更重要的是为了排除之、避免之、绕道之，不再按原来的方式或路线去做。倘若在排除现有的全部信息之后，还能留下一个小小的角落，这也许就是真正属于“自己”的创造的突破口和切入点。同样，对于自己所做的，不要固守自己已取得的成就，既要审慎，也要舍得“否定”。只有这样，才能不断前进。

文献工作是科学研究的第一步

科学自收集资料始。

稍懂科学研究的人都会知道，学术上的新见解总是最先发表在杂志和学报上，而进入学术专著多半是比较晚的事。每一位从事科学研究的人都必须尽量多而快地阅读中外有关的刊物。若阅读得多，则易融会贯通，有助于形成自己的新见解。

我近年来发现，有些指导教师，不怎么阅读，或很少阅读中外文学术刊物。他们很少知道或懒于知道本门学科及其相关学科发展的新动向，故得不到创新的灵感，也难以启发出新想法来。抱残守缺，焉能有所成就？我们从事理工科专业的教学科研人员，只有充分了解本专业领域内的最新成就和进展，掌握本门学科的发展动态和趋势，用最现代、最先进的知识武装自己，才能赶上，甚至超过世界先进水平。因此，掌握并熟悉科技文献的检索工具，是教学科研人员的一项基本功。

文献工作对青年学者和研究人员的成长是至关重要的。不检索和阅读文献，便不知道该门学科的发展水平，就难以开展科学研究工作。在科学研究中，文献检索和阅读有助于了解前人的发现，新的动态和信息，增长知识，开阔眼界，并逐步锤炼正确观察事物相互关系的能力。可以这样说，要想成为一个好的科学研究人员，在很大程度上取决于文献检索、文献评价与追踪文献的技能。

文献工作对科学研究有以下好处：

（1）启发想法和思想；

（2）改善知识结构；

（3）防止重复前人业已完成的工作或已被证明是错误的工作；

（4）修正或驳斥有关假说。

要掌握文献检索的能力，应当搞清楚科技文献的类型和特点，检索工具的职能与种类，文献检索的步骤、方法与途径等方面的问题。同时，要能够熟练地使用本专业常用的检索工具。

进行文献检索时，可以先找一本最新出版的书。在书中，可以找到作者于该书出版前在每一课题（章节）所参考的资料。另一条途径是找1～2篇最近刊登的这一领域优秀的综述文章。国外半年一期的Index to Scientific Reviews（ISR，《科学综述索引》）收集了每年刊登的25 000余篇的综述文章。在大多数学科中，综述性期刊或年刊是很有用的。其实际的潜在价值可从以下几点进行评价：

（1）作者是大家公认的专家吗？

（2）综述的目的和范围是否被清楚地说明了？

（3）综述的内容概括了多少年？

（4）参考文献是否列到最近的日子？

（5）作者是否严格地评价了已刊登的材料？

（6）综述的内容和撰写是否很好地组织了？

（7）作者有否对正在综述的研究课题未来可能发展的方向提出了自己的建议？

众所周知，书和期刊常用的检索途径有：

（1）从书名或篇名的途径来查；

（2）从分类途径来检索；

（3）从著者姓名的途径来查；

（4）从技术标准（科技报告、专利说明书）的编号来查；

（5）从文献题目的关键词的途径来检索。

在开始查阅期刊文献时，要考虑是进行详尽无遗的检索，还是在较窄范围的检索；需要的文献仅是英文，抑或是所有的外国语种；检索直到哪一年代；是用人工检索，还是用计算机检索；等等。

一旦定下了课题，就可列出一张有关检索内容的项目和关键词。如果进行一般的检索，通常按分类途径的检索更为实用。我国比较通用的是《中国图书馆图书分类法》和《中国图书资料分类法》。两者体系一致，但后者在科技部分分得较细一些。此外，可以通过一些文摘类刊物查阅所感兴趣的资料，如我国的《物理文摘》《化学文摘》《工程文摘》等。在国外，有不少科学文献的索引类刊物，如Science Citation Index（SCI），Chemical Abstracts（CA），Current Abstracts of Chemistry（CAC）；Engineering Index（EI）；Environmental Abstracts（EA），Physics Abstracts（PA），

Electrical & Electronics Abstracts（EEA）；Computer & Control Abstracts（CCA），Conference Papers Index（CPI），Index to Scientific and Technical Proceedings（ISTP），Comprehensive Dissertation Index（CDI），等等。

期刊的检索应该自最新的一卷向后检索。在检索时，也可以随时查阅原始的文献报告。这样可使检索工作不至于太沉闷枯燥。

初学的研究生往往认为，文献检索的工作太耗费精力了。实际上，有多种多样的检索途径：有的就是查某一个试验或其结果，范围很窄，不需要花很多的时间；也有的把领域展宽了，当然要多花一些时间了。检索的范围应根据自己的需要而定。随着检索经验的不断丰富，研究人员便具有类似侦探的直觉。他可采用传统的和综合的检索路线，以及有选择性的“袭击”，直捣文献中所需要的信息。应该指出，有经验的研究人员还充分利用 Science Citation Index（SCI，《科学论文索引》）所提供的信息。在 SCI 中，有 Source Index（源索引），Citation Index（引文索引），以及 Permuterm Subject Index（主题索引）。在源索引中，列出了以字母排列的作者的姓名、语言代码、文章全名、书号，或刊物名、卷、期、年以及文中所列的参考文献数，第一作者的邮址等。在引文索引中，以第一作者索引排列，包括作者及其在去年一年内所引的缩略的引文等。在主题索引中，列出了一年中所刊登的论文中的有意义的项目及其组合。其相应的工作可通过《源索引》内第一作者的姓名中查到。

尽管你对某一特殊领域的科学家可能并不熟悉，但 SCI 可为你检索关键科学家的工作。在综述某一科学家的贡献和刊物质量时，SCI 也是很有用的。通常认为，在有威望的杂志上刊登的论文将会被多次引用。

在 Internet 已经开通的今天，利用计算机进行检索将会节省许多时间和精力；但是，对于初学者，除了学习如何利用 Internet 获取信息外，还是要把学习重点放在人工检索上。

阅读文献时，有必要首先阅读内容简介（摘要）、章节目录。只有弄清楚所叙述资料的逻辑结构，才可以开始阅读。阅读时最好是边读边记，记下要点，甚至列出较完整的提纲。阅读亦可分为快读和精读。快读对于浏览所感兴趣的杂志和摘要很有用处，精读对于查阅重点文章是十分必要的。将一篇文章或段落缩略地写成文摘的形式，需要精读文章并深思熟虑的，但这是一种很好的锻炼。由此扩展，可精读一系列文章，然后写一篇综述，对各学派的见解或各种研究方案进行评介，提出自己的看法。对于研究生来说，这些基本训练既是非常有用的，也是很有必要的。它将有助于今后学位论文的写作。

在查阅文献的同时，做文献卡片是一种很好的方法。卡片是广泛适用而又机动灵活的做笔记的形式。最好用印好的卡片纸，也可以用活页笔记，规格最好统一，以利于整理。卡片要按自己规定的系统（例如按字母、人名或课题内容）加以排列，以便于自己查找。在卡片上应当记录资料的来源。对于一篇论文，如果内容有新颖之处，可记下登载论文的刊物，论文集的名称，论文的作者和单位，主要论据、论点和结论。对于一本书，有时只需记下某些重要段落（如图表、公式、事例、结论等），注明出处，以备查找和使用。当然，我在这里讲的是计算机 Internet 出现以前的做法，现今应考虑如何用计算机保存并易于查阅你所需要的信息了。

当前我们正处于“信息爆炸”的时代，每年都有上百万篇学术论文和学术著作发表与出版。就光学与光子学而言，仅 SPIE（国际光学工程学会）一家，1994 年就召开了 279 个国际学术会议，发表了 12 000 篇文章。与过去的青年学生相比较，现在的大学生和研究生不得不花更多的精力去和信息打交道。既要使自己跟上所从事的研究领域的科技发展的步伐，又要了解本学科及其相关学科的发展前景，摆在青年学人面前的任务的确是十分艰巨的。因此，青年学人一方面要学会文献检索并提高阅读的基本技能，另一方面也要有自己的一套高效的知识管理系统，如文献卡片、札记、笔记、复印件、计算机信息存储等，使自己的学习与研究跟上时代的步伐。

青年学人要学点思维科学

创造性工作要有创新的思维和创新的意识。

20世纪80年代初，为了想给研究生讲点科学研究方法，我读了几本形式逻辑、辩证逻辑和科学研究方法论的书籍和一些文章。在关于思维科学的论文中，有一篇刘奎林的文章《灵感发生论新探》，使我很受启发。我觉得文中所说的一些意境与自己的创造实践极为吻合。因此，我想简单谈一下这个问题，以引起青年学人对思维方式和思维科学的注意。

首先，谈教育方法。东方的教育方法基本上是教师一步一步教，学生一步一步学。习惯于老师讲什么，学生就学什么，即现在所谓填鸭式的教育。据说日本比中国还厉害。这种传统的教育方法的好处是：可以深入地学到许多东西，基础也比较扎实。这对于进大学、参加考试有许多帮助。但是，搞科学研究工作需要走的路与传统的学习方法完全不一样。它要求研究生自己学会怎样选择研究方向，怎样进入课题，培养独立的全面学习、应用知识的能力，养成自学能力和独立思考、综合分析的能力。

其次，谈思维方法。我国的传统思维，思考问题的重点往往在于人的伦理纲常，而不善于执着地探索自然界的变化规律，具有封闭性、单一性和随和性的特点。封闭性是指人们的所谓活动往往局限于固定的框架之中，习惯于从已有的观念中寻找答案，在思维倾向上偏重于继承传统，追求安全、平稳。单一性表现在人们的思维活动往往只选择一个视角，从一个角度去认识对象，很少从不同的角度运用不同的方法把握和认识对象。随和性表现在人们的思想活动总是趋向谋求和谐，谋求一种完善的同一，总希望自己的想法和别人一致，特别不愿反对所谓权威、尊者、贤者的意见，缺乏大胆的怀疑精神，热衷于对现行的理论进行论证和解释。这些特点潜在地压抑了人们的自主意识和开拓精神，束缚着我国学人思维潜力的发挥，阻碍着认识的广度和深度，也影响出创造性的成果。在我国，一些学者即便是改革者，也往往是引经据典，论证自己的观点和先哲们或权威们一致。因而，相对来说，我国形成的科学体系和学派比较少，而注释学却很发达。这种伦理型的思维方式长期积累沉淀下来，投射到教育者的思维深处，对待传统的教育体制、思想，乃至教学大纲和权威论著等，往往表现出一种“勤于执行，疏于开拓”和“精于完善，怯于突破”的思维定式。

因之，对于青年博士生来说，除了要求在本门学科领域掌握宽广坚实的基础理论和系统深入的专门知识外，还要自觉培养科学的思维方式。只有这样，才能做出创造性成果来。

对于一个从事理工的科技工作者来说，从大学到研究生阶段，每一门课程，实际上都是按学科发展的规律和态势来设置，按照自然科学和技术科学的思维方式来培养青年学人的思维能力。例如，在技术学科中，对所要解决的问题，一般都是抓住主要矛盾，提出物理模型、数学模型，根据需要的设计计算方法，将其应用到各种具体的实际技术问题上。这一思维方式，在科技人员中几乎已是“约定俗成”，是形成思维能力的重要模式。

科技人员在解决某一实际问题时，往往是首先在自己的知识结构中寻找与目前所要解决的问题有类似的“模块”，然后再按某种方式组成合理的知识体系，去分析、判断、推理，搞清问题的机制、机理，使问题得到解决。这时，在大学期间和工作期间知识积累和“铺垫”的基础上，借助于观察与实验，新的思想或解决问题的“模块”凭借思维的调剂呼之即出。可见，思维训练的主导作用对于科学研究是至关重要的。

逻辑思维（概念、判断、推理），对于科技工作者十分必要和十分重要，但是科技工作者还要十分重视非逻辑思维（想象、直觉、灵感）以及由此二者结合起来的综合性思维。大科学家爱因斯坦依据自己的科学创造实践，得出结论：“我相信直觉和灵感。”他还一再强调：“在科学发明创造过程中，从科学观察和实验到一种新颖见解脱出之间，没有‘逻辑的桥梁’，必须诉诸直觉和灵感。”

通常认为，创造性思维既包括普通一般的思维形式（抽象思维、形象思维），又包括特殊的思维形式（灵感思维、直觉思维），还包括想象这样的心理活动。这些思维形式和心理活动的集合，就是创造性思维。其思考方式表现为聚合思维（convergent thinking，或称求同思维、收敛思维）和扩散思维（divergent thinking，或称求异思维、发散思维）。关于这两种思维的特点，我在《科学研究：先求同，后求异》一篇短文中做了解释。扩散思维和聚合思维交替运用的过程实际就是创造性思维的过程。研究科学创造的专家认为，人的创造性思维过程可被分为两个阶段：一是“发散”阶段，充分发挥想象力，以突破原来的知识圈；二是“收束”阶段，对各种新奇的设想进行整理、分析和判断。从发散到收束，再由收束到发散，只有如此循环多次，创造性活动的全过程才能完成。这里所说的收束与发散就是聚合思维和扩散思维。

创造性思维活动所经历的阶段实质上与王国维先生“三种境界”是一致的。在科学探索中，第一阶段为问题酝酿、构想沉思、创造意识的准备阶段。在这一阶段，探索者在扩散思维与聚合思维交替进行的思维活动中寻求解决问题的各种途径。第二阶段为问题孵化、覃思苦虑、孜孜以求的探索阶段。在这一阶段，探索者的大脑已进入高度激发与异常兴奋的状态，智力活动达到了高潮，灵感思维和直觉思维都派上了用场。只要得到某种启发，就会茅塞顿开。第三阶段为突然顿悟、问题明朗、实践验证的收获阶段。在这一阶段，几经艰苦奋斗，突然受到启发，直觉顿悟，探索到事物的奥秘。我十分同意这样的看法：“灵感来源于人们知识和经验的沉积，启迪于意外客观信息的激发，得益于探新和独创智慧的闪光。”

思维科学是一门学问，非我这篇短文所能阐述清楚的。我想强调的是，希望青年学人重视思维品质的培养。这是因为，创造性工作要有创新的思维和创新的意识。创造性能力的培养不仅取决于基础理论和专业知识的“质量”和“数量”，而且取决于组成知识体系的方式。我建议青年教师和研究生们除了学习自然辩证法外，还可以读一点形式逻辑、辩证逻辑、科学方法论等方面的书籍和文章，以丰富和健全自己的思维品质。

藏绿斋札记

■ 情系科研

第三篇

治学与为人

关于治学与为人

做学问中学做人，做人中学做学问。

我常向我的研究生们强调："做学问中学做人，做人中学做学问。"要求研究生们在3~5年的求学期间，在治学与为人方面都有进步，成为从精神结构到科学素质全面发展的一代新人。这是时代的要求、祖国的期望。在现代科学发展高度分化，又高度综合，进入高科技时代的今天，学科门类超过了2 000门。新的科学不断出现，使过去互不联系的学科互相渗透、互相联系。这种分化与综合的对立与统一，导致了现代科学的整体化、技术化和社会化的发展趋势。变革、竞争和发展已成为信息时代的主旋律。科学和技术需要个人的聪明才智，但更需要群体的力量。科研活动的方式由"个人"向"群体"的转变，比以往任何时代都迫切。这必然对科技工作者的品格、道德等素质提出新的要求。历史重任必将落到我们所培养的具有高层次学术水平的跨世纪的新人身上。时代要求未来的科技专家认识到自己肩上的重负，以不畏劳苦的攀登精神去提高自己的素质，以远大的理想和坚定的信念为建设四化做贡献，为振兴中华拼搏。

诚然，一个人的学问总是以其才智成就为标志。然而，一个人能不能认识科学真理，他的才智成就的大小，密切联系着他的为人品格、精神状态与道德风貌。一个人能否成才，除了社会的环境条件影响外，还取决于个人是否热爱和追求真理，是否具有远大的理想、坚强的品格以及美好的情操，因为这些都是激励一个人奋发进取、励志好学、百折不挠、始终不渝地致力于自己为之奋斗的事业的力量所在。因之，为人与为学，纵然有多种差别，但其实质是一致的。这就是求真。唯有存真，才能至善、至美。"做学问中学做人，做人中学做学问"，就是希望研究生们在为人的品德和为学的学风中追求真、善、美，追求卓越，使自己成为一个真正德才兼备的人。

"做学问中学做人，做人中学做学问"并不是一句空话、一句口号而已。治学与为人之间联系的例子比比皆是。作为一个科学工作者，他的职责是认识世界、改造世界、追求真理、造福人类。他必须尊重事实，不弄虚作假；他必须正确对待自己的成果，不追名逐利；他必须正确评价他人和前人的成就，出于公心；他必须团结合作，有集体主义协作精神；等等。一句话，搞科学的人必须端正学风，讲求科学道德。

近年来，中国学术界强调重建学术规范，而要点之一就是在科学研究的专论中必须先说明前人有什么研究成果：他们的发现、他们的观点和他们的成就。在此基础上再谈自己独到的发现、自己的想法、自己的研究成果和结论。这是一般的常识。但是，在当今学术界，剽窃他人成果并将其占为己有者有之；引用他人创新见解而不注明出处者有之；伪造数据、弄虚作假、欺世盗名者有之；搞伪科学、反科学，以及缺乏科学道德的人更不罕见。在这里我想摘录一段 1996 年 10 月 31 日新华社的报道。标题是《编造数据，论文失真，美著名基因研究室爆发科研丑闻》。该报道揭露，美国国立卫生研究院基因研究中心的一位从事白血病基因研究的博士生在长达两年的时间内伪造实验数据，并在著名的科学杂志上与他人合作发表多篇学术论文。该中心的负责人柯林斯对该博士生的实验进行了详细的调查。调查结果表明，那是一场欺骗。柯林斯说：“该生不仅编造了大量实验数据，甚至编造了大量他从未做过的实验。”这样的事情绝非个案，在我国，在俄罗斯和西方国家，类似的事情都曾经有过。

我们是搞科学的，而科学总是寻求发现和了解客观世界的新现象，研究和掌握新规律，总是在不懈地追求真理。科学是认真的、严谨的、实事求是的，做人也应该如此。实际，在科学研究中，从文献检索、调查研究、开题论证、试验分析、计算设计，直到论文撰写，处处都应恪守学术规范。这实际是尊重别人的学术成果和珍惜自己的学术生命。而且，做人是一生一世的事情。如果懂得了怎样做人和做人的基准，无论是现在做学问，还是将来做干部、做教师、做科学家、做企业家等等，也会摆正这二者之间的关系。这实在是一件十分重要的事情。有的学科点提出“德业双馨”，要求研究生特别是博士生具有良好的人格和品德，有拼搏奋进的敬业精神、严谨踏实的学风、健康的道德标准、健全的心理素质以及严格遵守学术规范和纪律，我认为这是很正确的。

爱因斯坦是一位伟大的物理学家、相对论的创造者。他的成就举世公认。他在孜孜不倦地工作之时，想到了什么呢？他这样告诉我们：

“我每天上百次地提醒自己：我的精神生活和物质生活都依靠着别人（包括生者和死者）的劳动。我必须尽力以同样的分量来报偿我所领受了的和至今还在领受着的东西。我强烈地向往着俭朴的生活，并且时常为发觉自己占用了同胞的过多劳动而难以忍受。”

“人是为了别人而生存的——我每天无数次地提醒自己。我的精神和物质的生活都有赖于别人的劳动。其中既有活着的人，也有已死了的人。我必须尽自己的努力，以同样的情感来偿还我所领受着的东西。”

“我从来不把安逸和享乐看作生活目的本身——这种伦理基础，我叫它猪栏的理想。照亮我的道路，并且不断地给我新的勇气去愉快地正视生活的理想，是善、美和真。要是没有志同道合者之间的亲切感情，要不是全神贯注于客观世界——那个在艺术和科学工作领域里永远达不到的对象，那么在我看来，生活就会是空虚的。人们所努力追求的庸俗的目标——财产、虚荣、奢侈的生活——我总觉得都是可鄙的。”

爱因斯坦完全有资格向社会索取，但他想的是做出更多的贡献。居里夫人逝世后，他在评价居里夫人时说：

“第一流人物对于时代和历史进程的意义，在其道德品质方面，也许比单纯的才智成就方面还要大。即使是后者，它们取决于品格的程度，也远远超过通常所认为的那样。”

这句话实际上也适用于他自己。爱因斯坦和居里夫人以及我国的前辈科学家竺可桢、李四光、华罗庚、邓稼先、孟昭英、王大珩等永远是我们学习的榜样。

教师的责任

"学高为师，身正为范"

（一）

1990 年秋，当时苏联尚未解体，我访问了俄罗斯。在列宁格勒，我与苏联科学院约飞技术物理研究所（以下简称"约飞所"）雅瓦尔教授和勃拉诺娃博士就电子光学的一些问题进行了学术交流。临别前向她们告别时，她们说："周教授，我们还想和您谈谈我们研究所培养人才的事情。"她们向我详细介绍了约飞所计划招收 100 名优秀高中生入学，按未来科学家的模式进行培养，费用全部由研究所承担。从大学生培养起，直到科学副博士（即哲学博士，Ph. D）、科学博士（D. Sc），时间需要 12 ~ 14 年。这 100 人中，大概有 10 人将达到教授、高级研究人员的水平。他们将是约飞所未来的主要科学骨干。其中 1 ~ 2 人将成为大科学家、科学院院士、诺贝尔奖的候选人。

雅瓦尔教授和勃拉诺娃博士谈话时，我望着她们面黄肌瘦的面庞，一边听着，一边想着。这两位科学家实在太瘦了。在北京理工大学工作这么多年，我还没有见到比她们还瘦的女教授。那时约飞所已经很困难，要靠自己来养活自己（约飞所副所长向我诉苦说："难道约飞所也要生产炒菜锅来维持生计吗?"），但科学家们关心的是这个所未来的发展，想的是约飞所在苏联以及在国际上的学术地位。我的内心确实十分感动。

1996 年我第四次访问俄罗斯。看来俄罗斯的经济情况还是没有根本好转。不少高等学校，连教师的工资都发不出。尽管如此，但学校秩序井然，老师们照样上课，辅导答疑，安排学生进行毕业论文答辩等。在我们外人看来，全然看不出有什么影响。

我想起在上大学时以及后来当助教时，从 1957 年开始，教师们受到接二连三的冲击，整风、反右、反右倾、红专辩论、"教育革命"，等等，矛头无一不是针对当时的老一辈教师。老教师们一边挨批，一边照样上课（除非不让他（她）上课)。“文化大革命”对于我国的高等教育事业和教师队伍的摧残就更不用说了。一连串的运动和“左”的政策，矛头对着知识分子。多读点书是白专道路，出过国的是洋奴、修正主义苗子，甚至被怀疑是间谍、特务。对老知识分子批判打击更大。凡是学有成就的老师都被扣上资产阶级知识分子或反动学术权威的帽子，实质上是排斥他们，不让他们为国效劳。系主任马士修教授在北平沦陷时，坚决不出来为日本人做事；北平解放前，他留学的母校专门来函邀请他到法国当教授，但他留下了。新中国成立后高等学校专业调整，他服从需要，转而研究光学，为我系陆续开出了一些新课。他是一个具有民族气节、热爱新中国的爱国知识分子，而像这样的忠诚党的教育事业的老师，却被认为是反动学术权威被批斗，戴高帽，受到了非常残酷的迫害。80 年代初，他逝世后，家属把其一生积蓄的 2 万元钱捐了出来，在我系建立了马士修奖学金。50 年代的教师们都像马老一样，过着清贫的生活，把自己的一生都贡献给我国的教育事业。等到改革开放奔小康的好日子来了，这些教过我的老师们都老了，到了退休的年龄了。不少老师工资很低就退休了，有的甚至连高级职称也没有评上。尽管我们这些晚生后辈们生活大有改善，但他们还是过着清贫的日子。

这大概是教师这一职业的传统，古今中外概莫能外。从他们身上，我们可以看到教育事业的神圣性。无论生活多么艰苦，条件多么恶劣，我们都能看到我国老一代知识分子人格的力量。因此，我对教师的第一个理解是，教师是为祖国和人民的教育事业九死而无悔的人。我们随着新中国成长起来的这一辈，是踩着他们忧国忧民的有力背脊走过来的。教师就是一代一代往下传。这就是教师的责任，教师的天职。

（二）

20 世纪 60 年代初，我在苏联列宁格勒当研究生。那时中苏关系达到最低潮，“九评”的发表，使双方论战趋于白热化。我倒没怎么害怕。我们留学生立场都很坚定，坚信“真理”是在我们这一边。我所在的电子医疗器件教研室主任茹里叶教授是苏联电子学界的一个学术权威、功勋科学活动家。他是苏联籍犹太人、苏共党员，人非常正直，既慈祥又严厉。记得有一次教研室内他主持考核，我的考核通过了，但有两名苏联研究生没有通过考核，就被他开除了。他对我十分友好，每次来教研室见到我，很关心我，问有什么新的想法，学习有什么进展。1966 年年初，我的学位论文工作基本结束了。我认为我的研究有新的发现和新的结论，可以进行学位论文答辩了，但时间非常紧。我必须在 5 月 13 日前离开苏联，一天也不能延长，但要做的事情有一大堆：论文要打印，图表要拍照，摘要要送印，并要邮寄 100 份到苏联高等院校和研究所，论文答辩的 16 张挂图要找描图员描，学术论文要发表并在学术会议上宣读。论文答辩的时间、地点要在一个月前在列宁格勒晚报上登出来，还要找两位同行专家写评议书。我找了我的指导教师。他的胆子很小，中苏论战使他不知所措，便说他没有权，很难帮忙，要我直接找茹里叶教授。找茹里叶教授之前，我心中很惶惑，只要其中有一个环节过不去，我只能放弃学位论文答辩了。我向茹里叶教授汇报了我的学位论文的主要内容，并告诉他我在答辩前有这么多事情要办。他立即说：现在我们一个一个来解决吧。他一口气给我写了六七张便条和申请单，给学术委员会秘书，给印刷厂，给外办，叫他们找打字员、描图员、摄影技师给我干事。最后我说，要发表论文并要在学术会议上宣读论文。他说：这有何难？他立即给一杂志编委写了一便条，要他们立刻登出来。至于宣读论文，他说他正在主持纪念波波夫的一个学术讨论会，就到他的分会上作报告吧。我说，我讲的题目与您主持的分会的主题不一致。他说：怎么不一致？他拿了我的论文摘要，就在前言上加了一段，就把我的论文内容与他的会议主题联系起来了。一个小时不到，我希望做的、要求做的，全都解决了。那天晚上我想的很多。一是，茹里叶教授帮了我大忙。我很感激他，而他给我的感觉是这一切都是他应该做的；帮助一个上进有为的青年是他的职责和义务，不管两国之间交恶如何，也不期待什么报答。二是，我立誓，如果我将来像他那样，当了教研室主任或到更高的学术地位，我一定要像他那样帮助上进有为的青年学人，善待学生（遗憾的是，1990 年中苏关系解冻时，我回国后第一次出访苏联，本想探望他，但他已经过世了）。因此，我对教师的第二个理解是，教师是帮助学生、希望学生超过自己而不期望报答的人。

（三）

目前在部分青年教师中似乎有一种浮躁的情绪。他们不安心于自己的教学、科研工作，业务不钻研，备课不认真，对分给自己的本职工作不尽心尽力地完成。有的上班时人都见不着，不知到哪里去了。个别的甚至出教学事故：上课迟到，监考不到。我没有去统计这一部分青年教师的百分比，但看到的和听到的使我很担忧。

我常对新来的青年教师说：我们允许犯一些错误，但是这里面不可以有因缺乏敬业精神、没有责任心而导致的错误；希望他们能继承教师的优秀传统，把自己所担负的教学和科研工作搞好。我在系内曾明确表示不赞成在职的教师经商——搞传销，炒股票，倒买倒卖。其原因很简单。若对“孔方兄”孜孜以求，哪有时间搞业务，想自己的教学和科研呢？不好好地完成教学科研任务，业务水平一直提不高，在学生中的形象将荡然无存。更主要的是，如何去要求你教的学生呢？我还明确表示过不赞成教师特别是我们的优秀骨干教师出外打工；也曾经说过，像我们这样还安心在学校里做点学问的人，没有一点安于清贫、甘于寂寞的思想，是很难做出成绩的。而作为一个真正的学者，从事第二职业是不可想象的。当然，如果一个学者把自己的研究成果投入社会，尽早转化为生产力，我也是赞成的。总之，我认为一个教师提高自己的学术水平是无止境的，不把时间用在自己的业务、科学研究和教学上，把宝贵的时间和青春浪费掉……实在太可惜了。有人向我做了一些解释：一是青年教师的工资与社会上的差距太大了（以 1997 年毕业博士生为例，若留校任教，工资约 600 元，奖金 200 ~ 300 元，总共不到 1 000 元；若到公司就职，一般工资加奖金 3 000 ~ 4 000 元，还有其他补贴）。二是小家庭中教养孩子的费用很大，学费越来越贵，仅靠两人工资，很难维持正常生活。业余时间打工（而且大部分是技术服务性质的打工，与业务也不是没有一点关系），以补充收入之不足，也是不得已的事，人之常情的事。我听了以后很难过，只能默然不语。

目前，很大一部分大学教师还过着比较清贫的日子。他们仅仅想的是自己和家庭有朝一日能过上不为过日子发愁、说得上体面的小康生活，但从来没有想过与有钱的个体户，以及腰缠万贯的经商者去比。他们中的绝大多数坚持在自己的岗位上勤勤恳恳地工作着，尽管离开学校到公司谋职，甚至出国，可以大大地改善处境，过上远较目前优越的生活。他们需要理解、支持和帮助，更需要有关领导采取措施改善教师们的生活待遇，不要逼得他们用牺牲尊严的办法来维持和社会上其他人的平衡。那样，将是教育事业更大的不幸。

我总是这样想：既然当了一名教师，就要尽到自己的天职，把学生培养好，把自己的教学科研工作做好。不管你怎样想，学生总是看着我们，把教师作为自己的楷模。“为人师表，岂能自轻自贱?”我们还是要讲一讲教师的职业道德和责任心，讲一讲我们的追求。中国的高等学府，若宣扬拜金主义，置教学、科学研究于末位，那么我们的社会还会有什么希望?我也希望高等教育的决策者们认真考虑高校教师的状况，使教师们免去后顾之忧，让他们全身心投入到教育和科学研究事业上来。

（四）

自古以来，教师传道授业，释疑解惑，帮助人们摆脱愚昧的枷锁，认识知识的力量，懂得自身的价值，从而树立信心去勇闯人生道路上各种艰难险阻，努力奋斗，去实现自己的美好愿望和理想。担负教书育人的园丁——教师们的责任是重大的。“民族的振兴在教育，教育的振兴在教师。”我衷心希望我们的青年教师能继承并发扬这种传统。

今天，面对物欲横流、商品大潮席卷社会各个领域（也包括教育界），我们这一代和下一代教师怎么办?毋庸讳言，在经济浪潮的冲击下的今天，确有一些教师的思想观念，特别是价值观发生了变化。其中有些教师对教育事业的热情消退了，责任感降低了，拼搏奋进的精神和敬业精神萎缩了，“师道尊严”向“金钱”折腰了，使“传道、授业、解惑”的教师形象受到很大程度的损害。我深深地感到，“教育”是一种纯洁的社会行为，一旦变成了完全的经济行为，甚至是畸形的经济行为，就会给社会带来不可估量的负面效应。毫无疑问，我们既然选择了教师这门职业，就应该对社会、国家和历史负责，并不惜为此献身。唯有如此，教师的职业才是崇高的。教师以其贡献从社会获取相应的报酬也是应该的，但见利忘义，忘掉自己神圣的责任，是绝对不可取的。试想，一个从事教学与科学研究的教师，如果完全被“孔方兄”迷住眼睛，还谈得上国家的脊梁和对社会的责任感吗?每一个有责任感的教师都应该保持心灵的高贵，守住对科学的热爱、对教育事业的献身精神和对社会的责任感。任何一个教师都难以逃脱优秀的道德传统的制约。

“忧国忧民，舍己为群”“学高为师，身正为范”，是我中华民族遗传下来的文化基因，世世代代积淀在我民族的知识分子的心灵深处，成为支配他们行为的动力。历史上和现实生活中中国的脊梁就是那种舍己为群、忧国忧民的人。教师就是其中的一个群体。中国的教师都希望培养的新一代超过自己，希望国家富强，在世界强国之林有我国的一席之地。这是我国教育的优秀传统。我们从老一代知识分子的身上，可以看到教育事业的神圣性。无论生活多么艰苦，条件多么恶劣，我们都能够看到我国老一代知识分子人格的力量。我深信，不管拜金主义的浪潮有多高，但总难淹没中国的脊梁这座道德的珠穆朗玛峰。

后记：

本文作于1997年。我高兴地看到，近年来，高校教师的住房和生活条件、工资收入有很大的提高。他们能安心工作和学习了。我在文中提出的愿望基本上实现了，中国的教育振兴有望了。

关于研究生指导教师的作用

指导教师是研究生的引路人。

（一）

1980年春节，我曾写了一篇《关于研究生学习与学位论文工作的札记》，提交校学术委员会。现将其中的一段“学术导师的作用”全文抄录在下面。

“学术导师的作用”

每一个研究生，都应有学术导师对他（她）进行指导。导师通常是一个，也可以是两个，或是一个指导小组，但必须有一人主要负责。

由于导师的治学方法各异，因此很难说得上有一套规范或统一的模式来指导研究生。一般来说，在研究生的学习与论文工作上予以指导，提出建议，并帮助解决出现的困难，是学术导师的任务；但有些困难是不应由导师解决的，有些困难也是导师解决不了的。那么，学术导师究竟应该指导和帮助研究生做些什么呢？我想，大概有以下几点：

（1）在培养计划、选题、论文计划或建议书等方面给予谨慎的建议。

（2）在科研方法与治学态度上给予指点，引导研究生在分析问题和解决问题上自我培养。

（3）指导其阅读科技参考文献。

（4）对学位论文的假设、想法予以引导，特别是在研究过程中的“线索”追踪与否要给予指导。

为了使研究生真正成长为一个登攀高峰的科学工作者，学术导师没有必要再像大学生的任课老师那样辅导答疑，把着手教。我的看法是，学术导师应该稍稍“放手”。具体来说，以下几点看来是要注意的：

(1) 要让研究生在选题上有完全的独立性，不要给其压力。

(2) 在研究探索和准备论文的过程中，要使研究生的工作成为真正独立的科学劳动。

(3) 建议和指导不要超过界限，必须让整个论文工作的主要思想是研究生自己的。自然，研究生可吸收导师或他人的想法和建议，进而形成自己的一套想法。不要使研究生感到自己的想象力受到限制，也不要使研究生产生依赖思想。

(4) 学术导师与其在细枝末节上把着手教，不如在研究方向上给研究生把着舵更好些。

(5) 要注意研究生的学风，引导研究生从事认真的科学研究，拿出经过周密论证，有创见的成果来。

(6) 要尽可能防止研究生匆忙草率、证据不足地下结论。

当然，还可以列举一些。其中心思想是，学术导师要发挥研究生的主动性和进取心，促使他（她）成长为一个真正的科技工作者。

应该说明，在国外，研究生学位论文没有完成、答辩没有通过，研究生本人负主要责任，不能责怪导师的。但是，在某些情况下，研究生的成败在一定程度上也反映了学术导师对本门学科科学研究理解的程度。由于导师指导失误而使研究成果毫无所得的例子也是不少见的。

几年以后，回过头来考察前些年写的上面这一段，自己觉得大体上还是正确的；但总起来说，这段文字对硕士研究生的要求偏高一些。例如，“必须让整个论文工作的主要思想是研究生自己的……”我现在的感觉是，大部分硕士研究生很难做到，而按学位条例，博士研究生是必须做到的。我近年来评阅一些硕士生的论文以及我指导的硕士生学位论文，绝大部分获得了很好的结果，有创新之处，但其主要思想很难说是硕士生自己的。我认为，在这一点上对硕士生是不能苛求的。

（二）

1985 年 7 月，我校研究生院召开研究生工作的经验交流会。我在会上以《谈谈研究生指导教师的作用》为题作了发言，后刊登在《北京高教研究》1986年第一期上。全文如下：

研究生指导教师（学术导师）的作用是什么，以及怎样当好指导教师是研究生培养工作中的一个重要问题。研究这一问题对于进一步培养高质量的硕士生和博士生具有实际意义。这里总结一下这些年来我在担任指导教师过程中对研究生培养，特别是指导学位论文的工作谈些看法。请各位老师批评指教。

我认为，作为一个指导教师，其作用大体体现在以下4个方面：

1. 选题

选题是研究生学位论文工作中具有战略意义的首要环节。选题主要是依靠平时的积累。为此，必须多搜集文献、资料，了解本领域在国内外受到关注的热点问题。研究生的论文要求有深度，有创见，有成果，而且还要证明作者掌握科学研究的方法。作为一个硕士生，他（她）至多只有一年半时间来做论文工作。在这么短的时间内，要硕士生本人恰当地选准题目，找准突破口，确实是困难的。我认为，一般来说，硕士生在学习期限内只能解决一两个有限的目标。研究工作每一步的进展都不能期望轻而易举取得。因之，研究生论文工作的目标和意图都必须十分明确。所有这些，对于初入科学之门、缺乏锻炼、学术功力尚欠缺的硕士研究生来说，都是很困难的。指导教师需要给予具体指点，甚至为他（她）选定题目。对博士生来说，一般有两年以上从事研究工作的时间，且具有初步研究工作的经验，故可以要求他（她）在选题上下较多的功夫，锻炼自己的研究能力，并要求他（她）自己决定选题。

下面我想进一步谈谈选题应考虑的内容。

随着近代科学技术的迅速发展，各门学科及其分支所包含的内容极其广泛。无论学科本身，或是四化建设，都向我们提出不少需要解决的新课题。看来，可以接受作为学位论文的选题似乎是很多的；但是，实际上，学位论文的研究课题并不能随心所欲地选择的。它受到主、客观条件的限制。不加分析，随手抓一个题目来搞，研究生和指导教师难免不吃苦头。

选题是学位论文工作的出发点，也是科学研究人员的一项基本功。选题要新，要能跟上本领域的前沿。题目选得好，方向对头，将能事半功倍，多出成果，出好成果。选题决定了论文质量的一半。一个好的选题也就意味着论文成功了一半。这一点与电影导演选择剧本和挑选演员相似。剧本好，演员素质好，影片就成功了一半。

在选题时，以下几个方面看来是应该考虑的：

（1）时代感。选题要跟上时代的步伐，做紧迫而有实际价值的工作，应当瞄准当前世界科技发展的方向，尽可能选择前沿性的课题。鼓励研究生注意新兴科学及边缘科学发展的需要去探索新的课题。题目的先进性和时代特点也表明了指导教师与研究生勇于探索的精神。

（2）科学价值与实际意义。对于从事理工科应用研究与应用基础研究的人来说，这两者通常是一致的。选题时，应该考虑和衡量本课题的科学价值及其对国民经济的意义。实际迫切需要理论去概括，去指导，故应尽可能选择实用性强的课题。

（3）现实性。选题时，一是要考虑研究实验条件；二是起点要高，但广度和深度都要适当；三是宁肯窄些，但要深些。最好与教研室（研究室）和指导教师的研究方向结合起来。

（4）研究生的志趣。不应把论文课题塞给研究生，而应让研究生（特别是博士生）本人通过自己的考察，对课题产生强烈的兴趣并渴望进行研究，要考虑到能否发挥研究生的长处，按照他（她）本人的愿望进行选择。如果他（她）确实为此研究课题吸引，有强烈探索的愿望，能专注于所选定的课题，调动起自己所有的能力，又是他（她）能力所及，客观条件也具备，成功的可能性是很大的。指导教师不要强求研究生去做他（她）丝毫不感兴趣的题目。

这并不是说，选题过程中任凭研究生自己去摸索；相反，这正需要引导。从我国培养研究生的实践来看，绝大多数研究生是通过指导教师引导介绍，自己不断了解，从而热爱所选择的课题的。正是在选题上，突出地显示了指导教师的主导作用。

我的做法是，将自己考虑的一些有科学价值、有现实意义、解决时机基本成熟、有初步方案可以动手研究的课题，或者是已经着手但尚未展开的课题，或者是有想法的前沿课题，提供给硕士生或博士生去做。这样的课题，目标和意图比较明确，突破口比较好找，起点比较高，工作量也比较有底，只要研究生本人自己努力，就能做出好的结果来。

2. 引路

指导教师应该是研究生的引路人。除了讲授自己的研究心得、科学方法，开设研究生专修课外，还要引导研究生在新的高度或指导教师肩上向上登攀，去突破本门学科的前沿问题。要鼓励研究生广泛学习各学派的特长，汲取他们的长处。要指导研究生潜心精读与开阔知识面。要给研究生树立一个目标。这个目标是创新，是解决前人尚未解决或尚未深入解决的问题……总之，引导他们去求得知识，去发现问题并解决问题。

指导教师在引导时，要特别重视“idea”（即“想法”“主意”“思想”“创见”）。提出“idea”是作为高级研究人才必须具备的一种素质和能力。指导教师要经常鼓励自己的学生有新的“idea”，冲破传统和陈旧概念的束缚，提出崭新的想法来。青年人思想活跃、敏锐，易于接受新事物、新思想；而指导教师经验比较丰富，判断力较强，在与研究生交换“idea”的过程中，会敏锐地发现自己学生可贵的思想火花，而把问题抓住。这也是师生相长的过程。

李政道教授曾经讲过：“最重要的是学会提出问题，否则，将来做不了第一流的工作。”这确实是很有见地的。读科学史，常为古往今来的大科学家高屋建瓴、统观全局的思路，丰富的想象，以及奇特的思考惊叹不已。正是他们的全新的“idea”，为科学技术带来新的突破和贡献。诚然，提出问题的能力不是一朝一夕所能学会的，但指导教师应该鼓励和激发研究生锻炼并具备这种能力。

在课题研究中，指导教师需要引导学生勤于思考。为什么这个问题前人没有成功，症结何在？理论为什么与实际不符？有没有其他的途径和方案？有没有新的突破口？能否把新的科学方法移植到我的研究中去，等等。……只有经常思考，时刻酝酿，才会触类旁通，产生“idea”。

作为指导教师，他（她）将经常把自己的 idea 告诉自己的研究生。这也是研究生不同于其他人而受益的地方。这种指点到了工作岗位上一般是很难得到的。但是，往往有些研究生不重视指导教师的意见、建议和想法。这是不对的。研究生应该积极主动，及时响应（response）并把意见反馈（feedback）给自己的导师。

3. 治学

尽管科学研究并没有固定的模式，但每位指导教师都有自己的治学特点和方式。指导教师以自己的治学态度，潜移默化影响着自己的研究生。通过言传身教，他（她）不仅要传授科学研究的方法，培养严谨朴实的学风，而且要激发自己的研究生们为实现四化奋斗的事业心、强烈的探索精神、巨大的工作热情以及百折不挠的韧劲。这正是作为高级科技人才最重要的品质。

经过几年的培养研究生的实践，我深深地体会到，当一个称职的指导教师多么不容易。此中甘苦，旁人是很难体会的。且不说其他方面，单从培养计划的制订、专修课程的教学、论文课题的选择、实践环节的安排、研究条件的具备、参考书目和文献的开列、思维方法的指点，直到学位论文的修改，都是指导教师的事。这一切，着眼点并不在出一两篇论文上，而在通过论文培养人才。指导教师要以自己严谨的学风、不懈的探索态度，以及踏实的敬业精神来激励研究生的责任感、事业心和进取心，为祖国的四化事业拼搏。因此，从研究生入学之日起，就要严格要求，正可谓“响鼓还得重锤敲”，要把研究生逐步培养成为严谨朴实、胸有大志、方向明确、勇于探索和创新的人。

在学术领域，那种为个人目的争名夺利、哗众取宠、抄袭剽窃、投机取巧的人和事并不少见。指导教师要有明确的态度，不可有半点含糊。我觉得，指导教师的责任并不仅仅在知识的传授上，教导学生恪守科学道德和培养严谨的学风更为重要。

4. 把关

研究生学位论文的质量主要靠指导教师来把关，因为指导教师最了解自己研究生的学位论文的质量和水平。特别在最后阶段，指导教师要协助研究生修改学位论文，指出学位论文中科学性、逻辑性以及文字技巧的缺陷与不足之处，进一步提高学位论文的质量。关于指导教师审查修改学位论文的问题，我的意见是肯定的，并认为这是培养人才的一个重要环节。学位论文正是研究生本人科学思维与学风的写照。指导教师通过对学位论文的审查和修改，指出论文中科学性、逻辑性以及文字技巧方面的缺陷与不足之处，一方面不让那些不经过深思熟虑、似是而非的东西发表出去，另一方面也是对研究生科学思维能力的锤炼。此外，通过论文修改还将使研究生学到科技学术论文写作的技巧和方法，为今后的科技学术论文写作打下基础。由此可见，审阅学位论文也是把关的一个重要部分。

我国目前研究生学位论文答辩方法与英、美等国相类似，从条例上来说有不少规定，但在实质上，论文答辩与否主要取决于指导教师。学位论文，由于学科的发展而千差万异，也确实难以用一种绝对的尺度来衡量。写在条例上的同一句话，每个人的理解可大不相同。因此，指导教师不卡住，评阅人“客气”一些，论文也就过去了。指导教师把关还要体现“王麻子精神”，宁肯延长学习时间，也不让不够条件的论文参加学位论文答辩。

以上谈了一些关于指导教师作用的认识，而这个认识是很粗浅的。实际上，在指导研究生学习研究的过程中问题更多，特别是指导中的分寸很难掌握。我有时管得太多太细，放手不够，而有时又要求不严，这些都是不利于研究生成长的。但愿我在今后的指导中能改正这些毛病。

（三）

1996 年秋，关于研究生指导教师的作用，我写了以下这一段札记：

在自己当研究生和指导研究生的几十年的学与教的实践中，我见到过有两种类型各走极端的指导方式。我把它们命名为“撒手不管型”和“连抱带拖型”。前者是在课题题目与方向定下来后，便什么也不管，到学位论文答辩时再见了。后者是无限关怀，每一步都亲自指导，把着手教，像一位慈祥的母亲。

“撒手不管型”有两种情况：一种情况是指导教师责任心不强，或能力较差，对研究生的学习不闻不问，听之任之；另一种情况并不是指导教师没有能力，而是一种指导思想在使然。既然强调研究生的独立研究能力，那论文课题就应该让学生自己独立地完成，不过问就是一种指导方式。一般来说，在这样的状况下（异地他乡，举目无亲，坐冷板凳，老师不管，别人不理）挣扎、拼搏出来的研究生，工作能力比较强，心理状态比较好；但也有人感到人间没有温暖，造成性格孤僻等。

“连抱带拖型”是大多数研究生“喜欢”的，也备受研究生们赞扬。回想我们刚到苏联学习时，在第一次见导师前，都打听其为人怎么样，希望自己的学术导师对中国人友好且能给予指导和帮助。我的一位学长就遇到一位学问高深、对中国人民非常友好的苏联教授作为他的学术导师。他对这位学长的关怀，确实可称为“连抱带拖”，使我们这些留学的研究生们羡慕不已。因为有他保“驾”，副博士学位没有一点问题了。

这当然是两种极端情况。理论上自然好说：“连抱带拖型”不可取，“撒手不管型”不能取；既不可撒手不管，又不要连抱带拖，取其中间可矣。但实际上有各种各样的情况，可以说千差万异。作为指导教师，“传道、授业、解惑”，“授之以渔”便是老师的本分和责任。听之任之是不能取的。

我认为，在指导研究生方面，指导教师既为人师，也得在“选题、引路、治学、把关”4个方面发挥作用。我的意思是说，指导教师不能不管，而是有责任在研究生学习的各个阶段予以引导，关心研究课题的进展，把握研究课题的路线、方向与成果，使学位论文工作朝着正确的方向前进。

从选题上说，指导教师掌握国内外学术、学科的发展动态和方向，应该针对国民经济建设和国防建设的需要，帮助研究生确定选题方向；要有科学预见，瞄准国际先进水平，把自己的学生引导到学科前沿。对于有较大潜力的研究生，也可让他（她）承担冒点风险的前沿课题。在课题确定上，根据研究生的特长（实验动手能力，逻辑思维与形象思维能力），把学生引入施展自身才能的天地，不要让学生在前人已耕耘的土地上徘徊，而要鼓励研究生开垦荒地，在那里生根、发芽、结果。

从引路和治学上来说，主要是点拨、指路、启迪和升华。除了学术问题讨论外，更主要的是在思想上、在想法上引导，启发和培育研究生的创新精神、开拓能力和求异思维。在对待学术问题的探讨上，提倡多种途径、多种观点，支持学生“标新立异”。

从把关上来说，这是目前研究生学习中较大的问题。一是论文水平关。论文工作究竟有没有创造性或创新点，够得上或够不上创造性成果，能否进行学位论文答辩，指导教师必须有明确的回答。二是论文质量关，即学位论文是否遵循学术规范与遵守科学道德。在国外，不管研究生答辩通过与否，学位论文的水平和质量都是研究生本人的事，与指导教师无关；但在我国，若学位论文没有完成或不能通过，总是觉得指导教师道义上的责任是难以推卸的。这大概是我国的研究生学位论文质量出现“滑坡”的一个原因。

按照我国的传统，青年学人通过向有经验的科学家或指导教师的直接学习或私人接触，学到科学研究方法、治学方法和价值观。我认为，这是一种优良的传统。这种方式看来是青年学人汲取知识和科学准则、真正懂得做学问和为人的最好方法之一。特别在治学和为人上，有许多是只能意会而难以言传的，潜移默化，润雨无声，不知不觉地进行着。作为一名教师，最重要的是用思想的力量激发学生们学习的热情，鼓励他们对人生的热爱和对真理的追求。回顾自己成长的道路，无论是学术上，还是为人上，我是深深地受到前辈老师们的影响的。因此，任何一位向科学进军的青年学人，若没有与有经验的科学家密切地交往或工作过，缺少这方面的熏陶和教育，可以说是一个缺陷。同样，任何有经验的科学家或指导教师，若没有向青年学人传授科学方法和对科学准则的见识，以及治学和为人的知识，就会极大地削弱他（她）对促进我国科学和教育事业的贡献。我之所以不大赞成“撒手不管型”，一个原因就是因为师生不接触，就很难使科学研究的新手——青年学人——懂得维护科学事业的求实精神是多么重要，而祖国的未来和希望寄托在青年学人身上。另一个原因是，我一直认为，指导教师与研究生之间并不是单纯的“教”与“学”的关系。而是教学相长的关系，研究生从导师的指导和自己的实践中学会了从事高水平科学研究的方法，培养了从事较高水平的科学研究的能力。指导教师也在许多方面得益于研究生的帮助。即使是学术造诣很高、成就很大的教授，尽管对学术上的问题有很好的见解、很好的主意和设想，但他们未必有足够的时间和足够的精力去实现这些设想。从这方面来说，研究生就是他们最好的助手。而且，研究生由于年轻，思想敏锐，精力旺盛，往往会有一些新的想法，可以与指导教师互相启发。

指导教师如何掌握指导工作中的“度”（“指导度”），如何依据不同情况，掌握指导的分寸，使指导“恰如其分”，确实值得指导教师进一步思考。

笃学诚行，唯恒创新*

——再谈研究生指导教师的作用

最好的指导教师大概是能把学生的学习热情和潜力挖掘出来的人。

前 言

我很高兴能有机会与新一代年轻的博士生指导教师见面。你们都很年轻，而我当博士生导师时已 50 岁出头了。当时国务院学位制度刚刚实行，博导人数很少，审批博导都要通过国务院学位委员会学科评议组，十分严格。我不知道你们在被聘为教授、博导时的心情如何，而我那时的心情是很激动的。1982 年系主任要我挑头申请“军用光学”博士点，1983 年国务院学位委员会批准我为博士生导师时，我还是一名副教授，1984 年才被国家教委特批为教授。无论是当上博导，还是当了教授，我的心情都是很惶恐的。祖国把培养国家未来的栋梁之材、最高层次人才——博士研究生——的任务交给我，我感到责任重大。20 余年来，我一直战战兢兢地去做，一点也不敢怠惰，心中想的最重要的一条是：“可不要误人子弟啊!”这句话我一直告诫自己。我想，这就是一个教师起码的责任。

关于如何当好研究生指导教师，自 20 世纪 80 年代以来，我的讲话总是围绕着指导方法来谈，如何“选题、引路、治学、把关”等，从技术层面上谈得很多。特别是研究生学位制度刚开始执行的最初几年，大家都是非常认真的。指导教师的认真敬业和求真创新的科学精神以及研究生们刻苦钻研、勤奋学习的奋斗精神都比较好。我感到，对我们指导教师和研究生来说，主要是提高自己的学术水平和能力的问题，是改进指导和学习方法的问题。当时，我指导的几名研究生（全校的研究生也一样）都非常用

* 本文是 2004 年 10 月在北京理工大学博士生指导教师学习班上的讲话，载于《学位与研究生教育》，2004，8：6－10。

功。我甚至总劝他们悠着点，担心他们伤了身体。现在的情况似乎不大一样。我国学术界普遍存在急于求成、热衷跟踪模仿、追求论文数量、浮夸不实等现象；粗制滥造、弄虚作假、抄袭剽窃等学术不端行为屡禁不止，至今还在蔓延着。特别是近年来，它反映在我校指导教师和博士生、硕士生身上，急功近利、浮躁浮夸、抄袭拼凑等学术泡沫已不是个别现象了。我的确是很着急的，有时甚至大声疾呼，这样下去要出问题的，会把学校的名誉、国家的声誉弄垮的。因此，今天要我讲话，我觉得，对于你们，指导方法层面的问题不是主要的，经验少，很快就可以学会的。你们的学术水平和能力大都比我们这一代强，我也不怀疑。我所不大放心的是，你们的思想品格、精神状态和意志能否抗得住这股浮躁风和急功近利等浊流的冲击。我的确是有一些怀疑的，但愿我是杞人忧天。我希望你们大家听了我的讲话后考虑这样两个问题：我以什么样的思想和什么样的精神状态来带博士生？我希望自己带出来的是一个什么样的博士生？如果把这两个问题弄清楚了，我想，你们就一定能带好自己的博士生。下面我讲 6 个问题，供各位参考。

一、倡导科学精神，循行科学职业道德规范

科学，就其本质而言是探求真理的一种精神活动。对科学家而言，科学的目的是为了探寻自然界、宇宙的本质关系与规律，发现和揭示客观世界的奥秘。科学的任务是使人类得到知识，由无知变有知，由少知变多知，由浅知变深知，从无序中寻找有序，从偶然中发现必然。科学家追索真理的精神是科学事业蓬勃发展的源头。许多伟大的科学发现正是来自这种执着的求真精神，而伟大理论的创建又导致了重大的技术革新与应用。

另一方面，科学在当代已作为一项社会职业，有着社会所规定的、必须遵循的职业道德规范。默顿（Morton）认为：这些规范包括普遍性、公有性、公正性和有条理的怀疑论，并认为这套社会规范形成科学独有的社会精神气质，支配着参加科学的人的行为，形成他的科学良心。

普遍性指检验假说的标准是客观的，是观察经验和已有的科学原理。它不是个人的，不取决于科学家个人的好恶，不取决于假说提出者的出身、种族、性别、宗教、阶级、国籍及个人品性。

公有性指科学的发现是科学社会协作的产物，标志着人类的进步步伐。它进入人类的知识宝库，属于全人类共同享有的资源。尽管它时常以

发现者名字命名，但还是属于大家的，没有继承权和独占权，不应保守秘密，不能申请专利。

公正性指科学不容欺骗行为和谋私利行为。评价科学成果的是科学家同行，不是门外汉。他们根据前人的积累和自身的认识进行怀疑，严守慎重和客观的原则，要消除欺骗和谋私利的行为。

有条理的怀疑论指科学不承认教条。科学是批判的、革命的。根据事实可以对任何知识提出怀疑。

在遵循学术规范的基础上，要对青年学人进行世界观、人生观和价值观的教育，特别是科学精神的教育。科学精神的内涵是十分丰富的，择要而言有以下几方面：实事求是的务实精神，追求真理的求真精神，开拓进取的创新精神，大胆怀疑的探索精神，以及坚持真理、修正错误的批判精神，执着敬业的献身精神，竞争协作的包容精神等。我国一位学者提出，科学精神的核心具有五要素，即“客观的依据，理性的怀疑，多元的思考，平权的争论，实际的检验”。这种表达很全面，很正确。

这样，我们把科学精神看成科学家在不断探索真理和科学中所体现出的价值追求和精神本质。

倡导科学精神，其目的归根结底是为了寻求、揭示真理，在科学上推陈出新，不断地取得进步，使科学在康庄大道上前进。因此，科学精神的内核从一定意义上说就是创新。发现真理的过程，提出创见的过程，也就是创新的过程。

二、传授治学之道，身教重于言教

一个指导教师，其首要任务是培养学生成才。我们不仅在学术上培养，而且要使学生们通过在校期间的学习，在思想作风、精神道德面貌上，在价值观、人生观上有很大的提高。我的观点是，一个博士生通过了博士学位论文答辩，只是表示他受过了某门专业的训练，有这方面较高的知识和才能，如此而已。他不一定是个人才。只有他具备积极向上的人生观，把祖国的需要和自己的前途结合起来，把自己的青春奉献给人民，才能真正成为一个人才。

一个指导教师培养人，光有热情是不够的。所以，指导教师首先要钻研业务，使自己成为这一领域的专家，在科学研究中做出高水平的学术成果来。关于指导学生，古代先哲“传道、授业、解惑”的教导给我们明确了师长的责任。古代的教育，通过知识的传递，传授圣人的政治理想、思想学说之道，故古代的教育重在继承。今日的教育，“传道、授业、解惑”的古训仍是不可少的，然传道乃是传社会主义、科学精神之道。今日之教育要跟上现代社会的发展，必须“传承拓新”。所谓“新”，乃是创新思维、科学方法的传授。“授人以鱼，不如授人以渔”。故今日之教育重在拓新。

虽然每位指导教师的治学方法都有自己的一套，但我认为，不外乎以下 4 点；一曰勤奋；二曰严谨；三曰创新；四曰方法。勤奋是第一位的。一个人的成就，主要来自勤奋，故有“天才出自勤奋”，“超人的努力才会有超人的成功”之说。勤奋的人并不一定个个会成功，但成为一个科学家、专门家，一定是一个勤奋的人，没有例外。严谨是指做学问上要老老实实、实事求是、严苛律己，要有严肃、严格、严密的科学态度；在治学上，循序渐进、虚怀若谷、一丝不苟、锲而不舍。创新就是要鼓励学生们做第一流的工作，要有志气去超越前人，去洞彻探求客观世界之奥秘。方法不是取巧。学问的进取，科学研究的进展，绝无取巧之可能；但科学研究有方法，学习有方法。循序渐进，掌握科学方法，可收事半功倍之效。例如，我要告诉学生们我的科学研究方法是，首先研究一个课题的已有情况，即它的过去；它有什么成就，它在什么基础上完成的；前人做出了什么贡献。同时考察它是否符合科学研究中的“严谨性、逻辑（条理）性、完备性”的标准。实际上这是在找它存在的问题和不足，找不符合这些标准的情况，即“缺口”。然后着手使之符合，在已有的学术成就上使之系统化，按照科学研究的途径探索，把这一课题或学科向前推进一步，为这一领域的科学宝库或实际应用添砖加瓦。我认为，只有这样，才能获得真正的科学价值。学生除了学到治学方法外，更重要的是找到一个研究方向，在这个领域内做创造性的工作，并能在未来继续发展。

每一位教师的治学，可能是能意会而难于言传，一言一行都贯穿在整个教学和指导的过程中。身教重于言教，使后学者知道做学问之不易，使学生对学识有融会贯通的认识，逐步养成分析鉴别的态度和独立进行科学研究的能力。重要的是培养学生对科学研究的爱好和习惯。

一个指导教师，学问固然是第一要素。没有较高的学术造诣，以其昏昏，使人昭昭，显然是不可能担负培养研究生的重任的。但是，指导教师的精神面貌和觉悟也是至关重要的。这是所说的“觉悟”和“精神”决不是空洞玄虚的，而是有具体内涵的。这就是对祖国和人民的热爱和忠诚，对自己所从事的教育与科学事业的追求和奉献。“觉悟”和“精神”的具体反映是在事业心上，是在教书育人的态度上。很难想象，一个鄙薄教师工作的人能教导和培养学生对于事业的忠诚心；也很难想象，一个物欲横流、一切向钱看的人，能向学生传播崇高理想和科学精神的种子。一个指导教师，几乎成天（或经常）与研究生们在一起，所以他（她）的人生态度、道德情操、思想方法和学术作风时时刻刻在感染自己的学生们。这种影响是无形的、无声的，而青年研究生正是在这样的氛围下成长，从而逐渐形成了他们的人生观与价值观。当然，毋庸讳言，研究生们还受到家庭、社会大气候的影响。

我是很看重指导教师的身教模范作用的，甚至讲过这样的话：有什么样的指导教师，就有什么样的研究生。这话多少有一点绝对化，但至少在治学态度上是如此。所以，我们作为一名指导教师，一定要以自己严谨的治学态度，对祖国科教事业的献身精神，潜移默化地影响自己的研究生。通过自己的言传身教，一方面向学生们传授业务知识和科学研究方法，培养学生们严谨朴实的学风；另一方面，以自己对事业的追求，以及奉献和献身精神影响学生，以自己的人格来塑造学生的人格，激发学生为实现四化奋斗的事业心、强烈的求索精神、饱满的工作热情，以及百折不挠的韧劲。

三、坚决反对学术不端行为

所谓学术不端行为是指学术上的故意欺骗行为。它与诚实的错误以及判断、解释上的偏差是不同的。学术不端行为包括抄袭、剽窃、伪造，篡改证据、资料或结果，隐瞒相关证据或资料，故意歪曲资料来源，以及把别人的成果（或资料）强行拿来说成是自己的海盗行为。

我们的教育体系和教育制度应以最严肃的态度反对在科学研究中把他人的著作或者观点化为己有，即被称为剽窃的行为。应该制定一项严格的制度，使每一个这样做的学生和教师都知道，他们将受到严厉的惩罚，直至被从大学驱逐出去。因此，今天当你在准备任何类型的学术论文时，你必须明确地指出：你文章中有哪些观点是从别人的著作或任何形式的文字材料上移入或借鉴而来的。你文章中的创新点确实是你第一次发现的或提出的。

指导教师必须向学生强调基本的学术规范。最重要的一点就是在科学研究的专论中，必须先说明前人有什么研究成果：他们的发现、他们的观点和他们的成就。在此基础上再谈自己的独到的发现、自己的想法、自己的研究成果和结论。这是一般的常识。但是，在当今学术界，剽窃他人成果，并将其占为己有者有之；引用他人创新见解而不注明出处者有之；伪造数据，弄虚作假，欺世盗名者有之；搞伪科学、反科学，以及缺乏科学道德的人更不罕见。这些事情，在国外也屡有发生，但其下场都不美妙。

指导教师要使自己的研究生从一开始就懂得一个最简单的道理：偷东西是小偷，抢东西是强盗，而学术不端等同于偷窃与掠夺，在性质上与小偷、强盗没有差别；抄袭、剽窃，改头换面地移植，是学术的大敌。学术不端行为不仅会影响高校和学术界的声誉，败坏学术道德，而且会把科学研究和研究人员引入歧途，造成时间、精力、金钱上的巨大浪费，最终也会使自己的名誉扫地，甚至身败名裂。因此，我们要坚决反对并消除学术不端行为。

我之所以强调这一问题，是现今抄袭剽窃的重灾区不仅在科学界，而且在高等教育界亦严重存在。据报道，如今的大学生、研究生（特别是文科）在撰写毕业论文乃至硕士、博士学位论文时，进行程度不同的抄袭剽窃的绝不在少数。我不止一次看到雇枪手写学位论文的报道，而且还明码标价。未来中国的学者就出自他们，而他们许多人在打基础时就没有建立起应有的学术规范意识，没有培养出对学术研究应有的基本态度——严肃和尊重，我真为此感到悲伤。除了我们的教育体制和管理外，我想，我们作为高等学校和科研院所的指导教师是有责任的。在指导学生撰写论文时，应该就引用的严肃性问题对学生进行教育。学生在论文中援引他人的学术观点或成果时，常常不注明作者和出处。这样便有意或无意地构成对他人权益的侵犯。很难想象一个在教学科研过程中不能恪守学术规范的学者，能严肃查处学生的抄袭剽窃行为；同样亦很难想象一个不重视培养学生独立思想和严谨学风的教师，自己能够严谨地治学。

四、鼓励独立思想，勇于“标新立异”，敢于向权威挑战

在反对学术不端行为的同时，我们作为指导教师要鼓励青年学生独立思考、独立思想，使他们懂得创新之艰难和不易，尊重和珍惜他人的成果。

独立思想是学术界的价值观之一。首先，高等学校要注意培养学生的独立思想，鼓励学生向任何类型的权威提出质疑的思想和行为。要将这种鼓励具体落实到教学的每一个环节中，从而使学生学会并善于质疑。例如，鼓励学生们质疑教师，质疑自己并向现存理论和方法挑战。只有这样，才有创新和创造性的工作，科学才能前进。

在学术上要崇尚理性怀疑。理性怀疑是指科学不承认绝对的权威和永恒的真理，可以对科学问题进行自由的质疑和批判。理性怀疑促使科学工作者时常对经验证据（自己的或他人的）进行先行的检验，不受经验数据的自我欺骗和被动欺骗。对科学研究来说，怀疑大概是通向成功最初的第一步。

不愿挑战权威是中国学生科学研究中的最大弱点。这里，权威泛指前人、长者、老师和书本。我们研究生的论文大都是跟着别人的脚步走，而大部分的所谓“创新”，乃是对前人有一点“修正”，有一点“补充”，有一点“改进”，十分满足于自己的结果与权威一致，而不敢提（不愿提，还是提不出!）自己的创造、自己的思想、自己的创见、自己的概念、自己的方法、自己的定义，等等。当然，这一弱点不仅学生有，在我国科技工作者身上，包括我自己在内，都不同程度地存在着。因此，直到现在，中国科学界依然推崇“经验和正宗”的原则，而缺少冒险性的改革和探索。

我认为，青年学人要在学术、科学研究上有所建树，无非就是这么几条：怀疑、批判和创造。因之，指导教师自己，也要鼓励自己的学生，在科学研究工作中敢于怀疑、敢于批判、敢于创造、敢于“标新立异”，向任何类型的权威提出质疑，向现存的理论和方法挑战。当然，我们要学习权威、尊重权威，也要质疑权威、挑战权威，从而超越权威。只有推崇创新，倡导批判性和创造性思考，树立自信和敢于大胆质疑的精神才有创新和创造性的工作，科学技术和社会才能大踏步前进。

五、倡导良好的科学实践和严谨的学风

我们是搞科学的，而科学总是寻求发现和了解客观世界的新现象，研究和掌握新规律，总是在不懈地追求真理。科学是认真的、严谨的、实事求是的。在科学研究中，要求每一个科学工作者以及从事科研工作的指导教师和研究生都要有高度的社会责任感，从文献检索、调查研究、开题论

证、试验分析、计算设计，直到论文撰写，处处都应恪守学术规范，保证研究成果的质量。要对自己的研究内容和成果提出质疑，不能说偶然发现一个现象或成果，没有经过严格的考验，就认为是成功，提倡科学家对成果的反思和严谨的科学精神。此外，要求科研原始记录中不能有一点涂改，要把原始记录保存起来。所有这一切，实际上都是尊重别人的学术成果和自己的学术生命。

我在上面说过，在培养研究生的过程中，指导教师的责任并不仅仅在知识的传授上，教导学生恪守科学道德和培养严谨的学风更为重要；把研究生培养成学术上和思想道德品质上都合格的人，这是育人的要求。因此，指导教师要以自己严谨的学风和高尚的品德来影响学生。在教育过程中，并不一定是通过大量“言教”，而主要是通过自己“身教”，使学生了解什么是老师倡导的，我们应该做的，什么是老师坚决反对的，我们绝不能做的。我认为，在学位论文的指导和审阅上，指导教师通过严格把关教育学生遵守学术规范和发扬科学精神是十分必要的。因为学位论文正是研究生本人科学思维和学风的写照。指导教师通过对学位论文的审查和修改，一方面指出论文中科学性、逻辑性以及文字技巧等方面的缺陷与不足之处，不让那些不经过深思熟虑、似是而非的东西发表出去；另一方面，要特别注意论文中有无窃取他人成果或引用他人创新见解而不注明出处，以及伪造数据、弄虚作假的地方。此外，还要注意研究生不实事求是地夸大或拔高自己的创新成果（例如，在学位论文的创新点中，研究生们喜欢用“首次”“首先”的字眼，如首次发现，首先提出等来表达自己取得的，但并不是原始创新的成果），以及贬低前人、抹煞前人成果的表现，等等。对于那种哗众取宠、抄袭剽窃、投机取巧、华而不实的作风，指导教师要有明确的态度，不可有半点含糊。

我认为，指导教师要以自己严谨的学风、不懈的探索态度以及踏实的敬业精神来激励研究生的责任感、事业心和进取心，为祖国的四化事业拼搏。因此，从研究生入学之日起，就要严格要求，把研究生逐步培养成为严谨朴实、胸有大志、方向明确、勇于探索和创新的人才。

六、提倡敬业奉献，力戒浮躁，耐得住清凉和寂寞

关于学术界当前讨论的学术上的浮躁之风，据我的理解，是指急于求成，热衷跟踪模仿，不愿做深入的研究，评价和宣传浮夸不实，追求论文

数量和不讲质量等。少数人中还出现弄虚作假、包装炒作、抄袭行骗等学术不端行为。当然，形成这样的情势，甚至愈演愈烈，不完全是个人的原因，既有社会的原因，也有管理体制的原因，如缺乏监督和制约机制，缺乏学术民主和学术争鸣等。部分教师和科研工作者存在急功近利的心态，浮躁而不踏实的作风，使他们缺少敬业精神，缺乏锲而不舍的意志，从而不能专心致志、如痴如醉地投入研究。这是当前必须解决的问题。

我深深地感到，对于一个教育工作者和科技工作者，提倡敬业奉献和淡泊名利十分重要。在科学研究中，研究学问没有捷径可走，要力戒浮躁，甘于寂寞。研究学问需要一种安定、宁静的心态，准备长期坐冷板凳（板凳宁坐十年冷）。只有一步一步、一滴一点地下功夫钻研，才能有所成就。急功近利、浅尝辄止是不可能有什么作为的。只有不浮躁的人，一旦确立了自己的志向并终生追求而无悔的人，才能有所成就。故每个研究学问的人都应该耐得住清凉和寂寞。因此，“学案最高唯寂寞”，甘坐冷板凳，就成为古往今来万千学子的座右铭。很难想象一位学者在从事科学研究时神不守舍，却能有所发现、有所创造。我们是从事科学的，而科学有自身固有的规律。每一个新的发现都是艰难的，有时也许要奉献自己一生的心血。没有废寝忘食、勤奋刻苦的敬业精神，是不可能成为好科学家的。古往今来的学术大师们，之所以能取得丰硕的成果，固然有种种因素，但决定性因素在于他们能潜心学海，苦苦思索，数十年如一日，不求闻达，视名利如草芥，“只问耕耘，不问收获”。这种崇高精神和卓越品格是值得我们学习和倡导的。

我们的青年教授和博导们极为需要的是求实的、孜孜以求的、献身于学术的精神。只有不急功近利、力戒浮躁、脚踏实地、坚韧不拔、勇于攀登的人才有希望到达科学的高峰。

总之，博士生指导教师要努力提高自己的思想素质和学术水平，在指导学生时，以身作则，引导学生勤奋钻研，耐得住寂寞；倡导“求真、务实、探索、创新”的科学精神；把为祖国培养出优秀的高层次人才作为自己光荣神圣的职责。

结束语

前几年，学生们找我，要我讲讲治学之道。我写了一段“治学六字”送给他们。我把它抄在下面：

“治学六字”

治学之道，有六字要诀，即“志、勤、识、恒、法、创”。

有志则有为，志向远大，断不甘为中下流，以献身科学、科教兴国为己任；

有勤则有才，业精于勤而荒于嬉，“天才出自勤奋”，不能有一日之懈惰；

有识则有求，知学问无尽，不敢以一得自足，虚心求实，力戒浮躁与骄傲；

有恒则有成，坚韧不拔，认定方向，严苛律己，不半途而废，则断无不成之事；

有法则有能，讲究科学方法，兼容并蓄，发幽阐微，见微知著，方有能力做大学问；

有创则有新，锐意创新，敢为天下先，想别人想不到的，才能赶超世界先进水平。

在去年一次校外的讲演中，我向那里的科技人员赠送了这样四句话：

“做人中学做学问，做学问中学做人。做人做真正的人，做学问做大学问。”

我衷心希望我校的指导教师和青年学人，能成为一个真正的人，大写的人，并有志气做大学问。

端正学风，反对和防止学术不端行为*

科学研究需要完全的诚实，而诚实的规则是绝对的。

前　言

所谓“学术不端行为”，主要是指在申请课题、实施研究、报告结果等科学活动中捏造、伪造、剽窃和其他违背科学共同体惯例和公认准则的行为。“科学不端行为”是科学研究人员在从事科学活动中的一种故意欺骗行为。它与诚实的错误以及判断、解释上的偏差是不同的。通常将“学术不端行为”（misconduct）分为3类：侵权、盗用他人成果（piracy），抄袭和剽窃（plagiarism），伪造数据或弄虚作假（fraud）。

学术不端等腐败行为不仅违反科学规范，败坏科学道德，造成不正当竞争，而且阻碍科学进步，损害公共利益和学术界的声誉，侵蚀人们的心灵。下面对国内外发生的一些抄袭事件进行反思，并就加强制度管理、健全学术规范，以及专家、学者加强自律等3个方面谈几点意见。

一、对抄袭剽窃事件的反思

科学工作者的职责是认识世界，改造世界，追求真理，造福人类。一个真正的科学工作者首先要是一个正直的人、诚实的人；在学术上必然是尊重事实，不搞半点虚假；正确对待自己，不追名逐利；正确评价他人，开展百家争鸣。一个科学工作者，必须遵守科学道德的规范和行为准则。然而，实际上违反科学道德之事屡见不鲜。有的甚至科学道德败坏，行为极端恶劣。下面举一些例子，以供警诫。

---

* 本文是作者在2004年5月中国科协在四川绵阳主办的“科学道德与学风建设论坛”上作的主报告。这次发表做了一点修改与补充。

1. 伪造数据，弄虚作假

1986 年美国哈佛大学著名的肿瘤研究所宣称，在那里工作的一位意大利学者米拉纳斯发现了一种可以影响人体免疫能力的大分子物质——“白细胞中间素 4A”。由于这一发现可能有助于最终揭开人体免疫系统功能的奥秘，米拉纳斯一时成了科学界的明星。然而，当美国的合作者按照他的方法继续研究时，根本找不到神秘的“白细胞中间素 4A”。在事实面前，米拉纳斯承认自己篡改了实验数据，不得不撤回发表的所有论文。

20 世纪 80 年代中至 90 年代初，被称为“巴尔的摩”事件轰动全美国。1986 年 4 月，美国的特丽萨·金西加里（Thereza Lmanishi - Kari）和诺贝尔奖获得者戴维·巴尔的摩（David Baltimore）等人在《细胞》杂志上发表了一篇论文。该论文的学术价值在于提供了一个新发现：小鼠自身的抗体基因在导入的外源抗体基因的影响下，会效法外源基因已重排的结构进行表达。不久，该实验室博士后戈特·欧图勒（Margot O - Toole）发现了一个 17 页的记录本。记录表明一些在论文里提到的关键实验根本没有做。于是，欧图勒要求进行调查。麻省理工学院和塔夫茨大学调查后认为，记录有小小的错误，但无蓄意作假。而国立卫生研究院（NIH）的研究人员认为，论文有作假之嫌，但《细胞》、《科学》、《自然》等杂志拒绝刊登他们的批判文章。1990 年 5 月，美国国会调查分组委员会举行第四次听证会。调查人员提供法学物证表明，金西加里的记录与声称的实验的日期不符，数据是伪造的。物证表明，当年用 γ 射线计数器记录的纸条上的数字都印迹模糊，依稀可辨；而金西加里的数据显然来自一个新的印带。金西加里因此而声名扫地。1991 年 3 月，NIH 第二次调查发现有“严重的科学不端行为”，包括伪造数据。在得知这一调查后，巴尔的摩立即宣布撤回《细胞》杂志上的那篇论文。1991 年 5 月，巴尔的摩在《自然》杂志上公开检讨，承认自己为金西加里辩护的错误，并向欧图勒公开道歉。巴尔的摩最终也不得不辞去洛克菲勒大学校长职务。不过，由于调查机关无法拿出证明金西加里不端行为的确凿证据，最后只好撤销对他们的怀疑。他们为金西加里正名，并决定不予“惩罚”，“不采取任何行政措施”。至此，这场历时 10 年的“巴尔的摩事件”宣告结束。

从这一事件我们可以看出，一些追名逐利的科学家会在压力和欲望的支配下，违反科学求实的神圣原则，用虚构的数据，或冒名顶替来骗取科学的荣誉，丧失对科学的求实精神，陷入科学丑闻的泥潭中不能自拔。

1996年10月，美国国立卫生研究院基因组研究中心爆出重大丑闻。一个从事白血病基因研究的博士生在长达两年的时间内伪造实验数据，并在著名的科学杂志上发表了多篇学术论文。美国人类基因组研究计划的负责人柯林斯于1996年10月10日给大约100名科学家的信中，指出其实验室中发生了一起“捏造和歪曲数据的严重事件。”柯林斯用了两周的时间对该博士生的工作进行了部分实验，以鉴定该学生的数据是否属实。他甚至调查了该博士生所用的实验鼠的数目，以判断他是否真的完成了他所说的那些实验。调查结果表明，那是一场欺骗。柯林斯说：“该生不仅编造了大量实验数据，甚至编造了大量他从未做过的实验。”

20世纪90年代，英国一位科学家，在某一科学杂志上发表了一系列论文，名声大噪；但各国科学家对他的工作无法重复，纷纷提出质询。杂志编辑部开辟了一个专栏进行讨论。经过对证，作者承认：“这是深信其理论无误而编造的数据。”后来编辑部在发表讨论总结时，郑重宣告：“作者的科学生命已随着问题讨论的告终而告终。”

2. 欺诈盗窃，道德败坏

美国《科学》杂志1980年第10期登载《耶鲁大学的纠纷》一文，揭露耶鲁大学医学院副主任费里格及其助手利用审稿权，一方面阻挠一位青年科学家的一篇论文送审稿发表，另一方面唆使助手剽窃原论文的研究成果，伪造实验数据，抢先发表。后被论文作者告发，引起科学界极大的骚动。最后，费里格及其助手均被迫辞职。

原华东理工大学教授胡某于1991年6月通过博士学位论文答辩，但他所完成的博士学位论文从模型、数据，到表达方法，大量剽窃他人成果。抄袭是有意的、大范围的、系统的，且抄袭程度为前所未见。1997年6月被揭发后，胡某被撤销博士学位，并取消其博士生导师和教授任职资格。

3. 抄袭剽窃，欺世盗名

20世纪90年代初，原中国矿业大学讲师李某剽窃论文案轰动了国内外学术界。1989年，李某全文抄袭了土耳其和意大利两位学者联合发表在意大利《新试验》杂志1988年99A卷上的论文，仅换了一个标题，投寄到国际著名刊物《瑞士物理学报》，在该学报1990年63卷上发表。这一严重的剽窃行为，不久就被土耳其和意大利两位作者揭发，受到了《瑞士物理学报》和《数学物理杂志》编辑部的愤怒谴责。此外，李某在申请国家自然科学基金时，也有弄虚作假的行为。其申请书上列出所发表的25篇文章中，21 篇是子虚乌有，2 篇系逐字逐句抄自外籍作者的文章。李某利欲熏心，弄虚作假，肆意剽窃，严重败坏了科学道德，丧失了一个科学工作者最起码的品质，在国内外学术界造成了十分恶劣的影响。

2000 年 11 月 12 日国际著名刊物 IEEE Transactions on Signal Processing 主编宣布，北京航空航天大学斯某等 4 人的论文《一种时间欠采样实时频率和二维角估计方法》（载《北京航空航天大学学报》卷 24 第 5 期第 522 ~ 524 页，1998 年）与 IEEE Transactions on Signal Processing 在 1994 年 10 月第 42 卷，第 10 期，2781 - 2794 页上登载的论文存在显著的雷同，连论文的题名都没有区别，属于抄袭。

原合肥工业大学人工智能研究所教授杨某 1995 年在 IEEE/RSI 智能机器人和系统国际会议论文集上发表的论文于 2000 年被揭露是抄袭以色列两位博士 1992 年发表的论文。杨某几乎是逐字逐句地、赤裸裸地、全盘抄袭该论文的文字、标点、数据、公式，乃至复制插图和照片。

像这样一些公然剽窃抄袭之辈，如此大胆，如此严重，在学术界确属罕见。尽管一旦被人发现，便会身败名裂，但抄袭和剽窃现象在全国并非是个别的。目前，国内外学术界存在的最大的也是最普遍的问题是：不少人在引用前人创新见解和结果时不注明出处，似乎是他首先提出的；还有某些人公开剽窃前人或他人理论及研究成果，改头换面，占为己有，手法比较隐蔽，难以发现。一旦被发现了，便竭力辩解。这一方面的例子实在太多了。我国学术界将剽窃视为学术黄祸是十分正确的。学术前辈们对于学术研究中的剽窃行为十分气愤，大声疾呼重视科学道德建设，其中包括制定一些举措，以惩罚那些敢于以身试法者。

4. 急于求成，追名逐利

研究成果的发表是一件十分严肃的事情，但有些研究者名利思想作怪，急于求成。研究并不充分，刚见到一点曙光，甚至离成功的目标还很遥远，就宣告成功，大吹特吹；有的尚未经验证，或未见成效，或仅有局部意义，就扩而大之，全面推广。

这一系列抄袭剽窃事件的报道震惊了我国的高等教育界。这说明现今抄袭、剽窃的重灾区不仅在科学界，而且在高等教育界亦严重存在。有些青年学人的心态，写文章时连最基本的常识都没有了。这些抄袭事件完全是彻头彻尾的剽窃，连标题也毫无二致。通常的抄袭行为大都是一些学术观点的剽窃，而现在连大段文字和标题都一字不改地抄录了。这说明当前部分青年学人的心态，在“名利”驱动下急于发表文章，已经什么也不顾了。此外，在斯某等4人抄袭的文章中，指导教师（北航当时的一位校领导）也署了名，同样被视为抄袭者，使他的名誉也受到损害。不管事情经过怎样，指导教师是免不了责任的。

目前报章和互联网所揭露的国内一些抄袭事件并不是孤立的、个别的现象。严重的是，它像传染病和瘟疫一样，污染着人们的心灵。有为数不少的大学生和研究生不以为耻，视作弊、抄袭和剽窃为寻常事。在一些大学的图书馆里，翻开一些重要杂志的目录就能发现，重点文章都被人写上“已用”或“拟用”等字样。这是表明，此文我已经借鉴，或准备借鉴。为了避免撞车，别人就不要再用了。如此明目张胆的抄袭行为，如此毫无顾忌的大胆宣告，实在让人心寒。如今的大学生、研究生（特别是文科）在撰写毕业论文，乃至硕士、博士学位论文时，进行程度不同的抄袭、剽窃的绝不在少数。我不止一次看到雇枪手写学位论文的报道，而且还明码标价。未来中国的专家、学者就出自他们，而他们许多人在打基础时就没有建立起应有的学术规范意识，没有培养出对学术研究应有的基本态度——严肃和尊重。我真为此感到悲伤。所有这些，归根结底，是缺乏道德上和知识上的诚实和社会责任心。

认真反思学术不端行为的根源，我认为主要在于制度管理不完善，缺乏必要的监督体系和惩处措施。还有缺乏知识产权观念、没有健全学术规范、学术批评缺席、学术评价机制的不完善与奖励机制被扭曲等原因。此外，专家、学者的职业道德的沦丧和学界急功近利的心态日盛也是一个重要原因。

二、制度管理上要防止和打击学术不端行为

学术不端行为为何如此蔓延，禁而不止？其原因是多方面的，如科学文化在我国欠发达、诚信文化的缺乏、科学评价制度的失范、人才发掘机制与资源分配机制不完善以及类似国外的“publish or punish”（不发表，就出局）政策的导引等，但关键在于管理制度不完善，缺乏必要的监督体系和防范惩处措施。科教部门的各级领导不是不知道学术作假问题的严重性，而是不闻不问，放任自流；没有研究相应的防范对策和制定惩处措施。再加上本位主义，怕揭露多了，丢了自己单位的脸面。即使发现有抄袭和剽窃等学术不端行为，也大事化小，小事化了，不了了之。有许多事

本应严肃处理，往往为尊者讳，为长者讳，为本单位利益讳，以下不为例搪塞过去，或避重就轻，高高举起，轻轻放下。学术作假者被揭露的少，受到惩处者更少，惩罚又轻，从而助长了这种歪风的蔓延，致使这些学术作假者认为有机可乘，毫无顾忌地乱来。我真担心，处理如此不力，加上这种似管非管的暧昧态度，长此以往，学术作假就会像当今市场上产品制假一样愈演愈烈，像瘟疫那样蔓延传染，最后甚至可能达到不可收拾的地步。

在这方面，对美国贝尔实验室前雇员德国科学家 J. H. Schon（亨德里克·舍恩，33 岁）的造假事件的严肃处理是值得我们认真思考的。舍恩主要从事分子电子学和分子晶体管研究。他曾经在《Nature》《Science》等顶级学术期刊上发表了 24 篇论文。例如 2001 年他在《Nature》上声称自己制造出了人类历史上第一个分子晶体管。这一重大突破堪称电子研究领域中的巨大发现。舍恩在工作上的“重大突破”震惊了世界科学界，被认为是“冲向诺贝尔奖台”的“耀眼的科学新星”；但后来发现其中的 16 篇论文有篡改和伪造行为，他的论文也从《Nature》和《Science》杂志上被撤销。《Science》杂志主编唐纳德·肯尼迪评价说：“这一事件是近现代史上影响范围最大的科学不端行为之一。”

但是，贝尔实验室采取一系列果断措施。在遭遇丑闻危机时，贝尔实验室不是千方百计地予以掩盖，或在无法掩盖时千方百计地设法找借口，避重就轻，设法辩解，以保护本实验室的面子，而是坚决组织调查组，以查明真相。真相大白后公开发表调查结果，处分当事人，并撤回有错误的论文。这样做完全没有影响贝尔实验室的威信，而是恰恰相反，坚决揭露丑闻并予以严肃处理。这更提升了贝尔实验室的威信，增加了贝尔实验室成果的可信度。如果当初贝尔实验室对舍恩的作假千方百计地予以掩盖或辩解，在最后真相大白后，贝尔实验室的威信必将受到致命的打击。

因此，必须通过制度建设，建立起专家、学者的行为规范，明确界定哪些属于学术不端行为。当专家、学者不能固守住自己的职业道德和良知时，便应真正执行专家、学者的行为规范，对违规者毫不留情，严肃处理。重要的是，有关部门应考虑建立共同的学术腐败防范机制。在这一机制中，既有明确的量化惩罚手段，又有明确的权威调查、取证、认定与惩罚机构。此外，在基金申请、课题申报、评奖等审批过程中，还要建立起科学、权威、公开、透明的评价体系。总之，要唤起整个科学界、教育界共同谴责学术不端等腐败行为，让它像过街老鼠，人人喊打，使作假者名誉扫地。

三、青年学人要加强学术规范的教育

我常向研究生强调，青年知识分子，特别是你们——博士生、硕士生、未来的高级科技专家，首先应是一个正直的人、有诚信的人。做人要正直、诚实、有社会责任感，搞科学研究也要这样。为人和为学上的诚实和正直是由青年学人成长为学者的第一需要。要造就一种气氛，使青年学人在严谨、求实的学风中成长，懂得要老老实实、一丝不苟地做学问，懂得爱惜一个学者的、一个受过高等教育者的声誉。

研究生在写作论文的过程中往往把自己的研究或实验写得比实际做的好一些，有时过高估计自己。在大多数情况下并非出于不良的愿望，有时可能是为了取悦于指导教师。但言过其实、虚假浮夸——它们都应被视为治学的敌人——必须一开始就受到抑制，否则，发展下去是很危险的。特别在数据处理上，研究人员不能自由地选取适合于自己所期望的数据；如果删除了某些数据，必须为此提出为何这样做的辩护理由。还有一些研究生和科研人员由于道德上的缺陷，在科学研究过程中不诚实，有欺诈行为的苗头和表现。因此，经常向他们进行学风和科学道德的教育是十分必要的。

首先，撇开为人道德的问题不谈，无论如何，欺诈是愚蠢的。欺诈可能会一时得逞，蒙蔽了一些人，但终究要被察觉、戳穿的。这是因为指导教师常会要初入学的研究生复核以前的结果。此外，如果这样的结果已被刊物登载，那么其他研究人员也会重复这一实验，也会发现的。因此，欺诈者注定要失败的。

在实际意义上，欺诈是对科学研究的一种嘲弄。科学研究的激动人心之处在于发掘未知的答案，而捏造实验和伪造数据将使研究者的欢愉之情破坏无遗。国内外学术界都憎恨欺骗，都不会容忍违反科学道德的丑恶现象。在学术界，每一个知道谁是欺诈者的人，都会像躲避瘟疫和罪犯一样躲避他们。一个剽窃的人被视为不比普通的盗窃好多少。他们将失去朋友，并被学术界抛弃。

各国科学家都大声疾呼要与科学上的欺诈行为作斗争是很自然的，因为科学被欺诈者糟蹋了。读科学史就会知道，任何一个假说（假设）最终都不能被绝对地证真；一系列的实验是建筑在前人的工作的基础之上的；科学的发展是渐进的，而人类为了探索科学前赴后继，不知道付出了多少代价。我们人类今天享用的科技成就是无数科技先驱者一点一滴积累起来的。即使在科技上有突然的、意想不到的发现，也是许许多多的研究者持续研究的结果。因此，如果有虚假研究混入，将会带来很大的麻烦和困难，而且为了纠正它，不知要耗费多少宝贵的人力、时间和资源。

因此，科学研究需要完全的诚实。诚实的规则是绝对的，没有通融之处，不能讨价还价。科学家在诚实这一点上应该是完全的，甚至是固执的，因为科学家追求的是科学真理。

青年学人在向科学进军的征途中必须一丝不苟地对待自己的科学研究和学术规范，既要有严肃（指治学认真，不草率马虎）、严格（指按科学的客观规律办事）、严密（指准确掌握事物各种质和量的规定性）的科学作风，还要有谦虚谨慎、虚怀若谷的态度去对待各方面的批评和建议。老虎屁股摸不得的态度是要不得的。因此，最好是将工作成果公布出去之前在科研组、教研室或实验室的讨论会上进行宣读，听取大家的意见，让大家“吹毛求疵”，集思广益一下。这是非常有好处的。只有诚心诚意地听取意见，对别人的批评与建议持欢迎的态度，才会有真正的进步。

目前，学术论文最忌讳的，也是最常见的毛病是把前人或别人的发现说成是自己的。这有几种情况：一是的确是跟着人家干的。主要思想是人家的，但发表论文时，根本不提一句，似乎这一切都是他的新发现。二是根本不看文献，不了解科技动态，如井底之蛙，稍有所得，就自以为了不起。三是信息不灵，实际上这一问题早已被别人解决了，自己还在重复做。前者在学术界被视为剽窃；后两者虽然不是自觉的，但也有剽窃之嫌疑。尽管作者本意上并不想那样，但至少是学术上不够严谨。

学术论文的首要要求是独创性（originality）。这一创新点是你的，还是人家的，必须一清二楚，不能含糊，更不能将人家的占为己有。当引用前人或他人的工作时，必须注明出处，特别是刊登到公开出版的学术刊物上。凡刊物中没有载有放弃版权的文字说明，作者采用该刊发表过的材料时，都要征得版权持有者的同意。一般来说，在国外，复制完整的图表，或直接引用超过 100 字或原文 5% 的文字，必须经版权持有者的准许。另外，所摘引的句子或段落必须加上引号并注明出处。一个严肃的科学家绝不应该在独创性上有模棱两可之处，更不用说将他人成果占为己有了。

其次，论文署名，首先是责任，其次才是荣誉。有些年轻人为了较易发表论文，或发表后较易引起同行注意，不经同意，任意署上某一著名科学家的名字，拉大旗做虎皮。也有个别人不论自己是否做过贡献而强行在文章中列名，甚至把自己的名字排在第一位。这样就把研究工作的主要功劳攫为己有。这些都是不符合科学道德的。遗憾的是，这种现象在国内并不罕见。当然，绝大多数指导教师甘为人梯。他们更关心的是鼓励青年学人的成长，而不是自己抢功。

四、专家、学者要在科学道德上自律

当前，捏造、伪造、抄袭、剽窃、弄虚作假等学术不端行为之产生与部分专家、学者和青年学人急功近利的心态，以及学术上的浮躁之风有关。部分学人不尊重学术规范，做学问不严谨踏实，热衷跟踪模仿，不愿做深入的科学研究，追求论文数量而不讲质量，继而弄虚作假，抄袭剽窃，为了名利而不择手段。这是学界深深为之担忧的。

急功近利、学风日下，固然与社会风气不好、学术机制不完善、领导处理不力等有关，但这并不能成为某些人学术不端行为开脱的理由。须知，社会公众视专家、学者为科学的代言人，而他们的意见越来越受到社会公众的重视和尊崇，社会地位也越来越高。专家、学者之所以为社会敬重，既源于其自身渊博的学识，又源于其追求真理、捍卫科学的高尚精神和独立品格。作为知识与真理的发现者与传播者，专家、学者的科学道德、思想品质及其言传身教对社会和受教育者有着深远的影响。

因此，专家、学者应从自身做起，在科学道德和思想作风上自律，在学术规范上自我约束。

首先，科学研究需要完全的诚实。诚实的规则是绝对的，没有通融之处。科学家追求的是科学真理，除了以诚实的劳动和智慧取得研究的新进展外，再也没有其他的途径了。

其次，一个人的科学成就与他（她）的科学道德和科学精神密切相关。在科学研究中，研究学问没有捷径可走。只有尊重科学、热爱科学，把科学的真、善、美作为自己的追求，才可能有产生伟大科学思想的热情和灵感；只有那些淡泊名利、敬业奉献、脚踏实地、甘于寂寞、坚韧不拔、勇于攀登的人，才有希望到达科学的高峰。

再次，社会要求专家、学者加强科学道德建设和自律。每一位专家、学者都要保持心灵的高贵，守住对科学的热爱，增强对社会的责任感。切不能忘记，在自己的身后有一大群青年学子正以自己为学习的楷模和榜样。专家、学者的语言、行为、学风、作风、人格品质、态度情感无一不是其内心道德信念的外在表现，其一举一动都将对青年学子产生潜移默化的影响。“为人师表，岂能自轻自贱?”专家、学者首先要讲职业道德和责任心，讲身教重于言教和人生追求。只有这样，好的风气才能代代相传。

我深信，中国知识分子秉承的“学高为师，身正为范”的优秀传统决不会丢掉，因为它关系的不仅是科学界和高等教育界的尊严，更是整个社会的进步和正义。

结束语

反对和防止学术不端行为是当前科学界和高等教育界的一件大事。它需要从管理制度建设和个人自律两个方面着手。管理制度建设应放在怎么才能建立有利于消除学术不端行为的机制上，以及如何营造有利于开展良好学风建设的学术氛围和环境上。科教界的有关部门要清除那些可代写论文、代发期刊的网站和黑店，并给予严厉的打击。个人自律上一是要提倡良好的科学实践活动，弘扬为科学教育事业献身的精神；二是要保持心灵的高贵，守住对科学的热爱，增强对社会的责任感。

最后，我想引用克拉默（Cramer）的一段话作为本文的结束：

“从长远来看，一个诚实的科学家是不吃亏的。他不仅没有谎报成果，而且充分报道了不符合自己观点的事实。道德上的疏忽在科学领域里受到的惩罚要比在商业界严厉得多。”

寄语青年学人

为学不疲，为人求真。

一、清清正正做人，老老实实做学问

在电影《舞台姐妹》里，有一句台词，叫："清清白白做人，老老实实演戏。"我赠给青年学人同样意思的话，叫："清清正正做人，老老实实做学问。"

清清正正做人，老老实实做学问——多么简单又多么重要，多么具体却又多么恢宏！不管承认不承认，它实际是为人、为学一条必须遵循的原则，贯穿着每个从事教育与科学的学人的一生。有时，我常想，生活在社会主义社会初级阶段，我们切不可忘掉我中华民族"仁义礼智信"的优秀传统，它是为人处世的基本准则，也要在工作中努力学习、刻苦钻研、竞争拼搏、勇攀高峰，为建设强大的社会主义祖国服务。因此，我特别喜欢努力上进的年轻人。可是，"清清正正做人，老老实实做学问"这些最基本的东西，却渐渐被人淡忘，被放在不起眼的位置；或者被人笑话："现在是什么社会了，你还那么迂腐，还谈这些？"

然而，时间可以消逝，世事可以变迁，但做人和做学问的原则和标准，不应该改变。

"文化大革命"中，当我看到老师被学生批斗、被殴打、被无限上纲、被"喷气式"，内心十分悲痛与痛心。悲痛的是教师被自己的学生凌辱到如此的地步，而痛心的是有些学生连做人的最基本的人性都没有了。当然，这是人性被扭曲的时代。可是今天，在学术界，见利忘义，唯利是图，投机取巧，弄虚作假的事情还少吗？

我们常常感叹道德的丧失。可是，最令人痛心而又难以弥补的不就是对做人准则的破坏吗？做人尚且残缺，遑论他哉！当大声疾呼道德重建时，将做人——做一个真正的人——放在首位，绝不仅仅是对历史的反思，更应是对现实人格的重构。青年学人，只有不因一己利益的得失，不因前程、仕途或其他特别需要而扭曲自己，像一个真正的人一样生活，才是最为重要的。

二、保持信念和真诚

每一个人的一生，可能什么样的境遇都会经历过。有过轰轰烈烈和愉快美满的生活，也有过艰难和曲折；有过荣誉和欢乐，也有过屈辱和误解。1957 年我在大学学习时，我的 11 位同班同学（占全班同学的 1/4）被打成右派。所谓右派的罪名很可笑，完全是无限上纲、莫须有的罪名，最后莫名其妙被戴上右派帽子，作为人民的敌人。当时我们没有想到处理会那么重：到了 1958 年初，这些同学不与我们一起上课了。他们被开除了，下放劳动，甚至被劳改了。22 年来他们受尽了人间的屈辱和痛苦，直到 1979 年才被改正。劫后重逢，我发现他们中不少人对人生执着的信念并没有改变。正是这种信念，使他们在逆境中奋斗，顽强地坚持下来了。改正后，他们依然抱着对祖国和人民的爱，勤奋地工作。其中有的成了总工程师、厂长、研究所所长等，为祖国社会主义建设事业做出了贡献。

我常常想起他们，也常想念我所钦佩的，曾被打成右派的友人们。我曾经问过自己："如果我处于他们的境地，我能像他们那样坚强吗？"我觉得自己很难说。信念和真诚使他们没有失去善良、美好的本性。何谓大丈夫？富贵不能淫，贫贱不能移，威武不能屈也。如傅雷所言：不义而富且贵，于我如浮云。何谓坚强？在别人活不下去的环境中活着，又不丧失人生信念的高尚气节，真诚地对待人生和事业。

任何一个人，一生不可能一直一帆风顺。"没有挫折的人生很难说是完美的人生"。也许是这样，但有谁希望自己倒霉，受到挫折呢？我衷心希望青年学人，遇到荣誉和赞美，淡然处之，不要被胜利冲昏头脑，飘飘然；遇到困难和挫折，泰然处之，不要被人一压就垮了！压力越大，越要争气。任何时候都保持信念和真诚，对祖国和人民的爱，永远不放弃对事业的热爱和追求。一切官爵虚名都是过眼烟云，只有事业永存。

三、踏实些，再踏实些

长期以来，对于搞学问，我形成了一些看法，总是问自己：没有扎实的基础，缺乏科学理论的准备，没有第一手资料的收集，这样的研究能超越前人吗？对前人的著作、文章及其学说，没有深入的钻研和独立的思考，浅尝辄止，似是而非，这样的工作能经得住历史的考验吗？

首先，我们做学问，搞研究，深厚的根基是第一要素。在求学期间，特别是博士生学习期间，如果急于求成，不真正地弄清楚一两门学问，不认认真真读几本经典著作，不把这些书上的主要内容弄得清清楚楚（主要公式和结论都要亲自证明它是不是对的），使自己打下一个坚实的基础，那么，未来在科学上很难有大作为。研究学问最重要的是循序渐进，踏踏实实，一步一个脚印。伟大的俄罗斯和苏联的生理学家巴甫洛夫在《给青年的一封信》中说：

> “你们从一开始工作起，就要在积累知识方面养成循序渐进的习惯。你们在想要攀登到科学顶峰之前，应先通晓科学的初步知识。如未掌握以前的东西，就永远不要着手后面的东西。永远不要企图掩饰自己知识上的缺陷，即便用最大胆的推测和假设去掩饰，这也是要不得的。不论这种肥皂泡的色彩多么使你们眩目，但肥皂泡必然是要破裂的，于是你们除了惭愧以外是会毫无所得的。你们要养成谨严和忍耐的习惯。……”

学习和钻研，要注意两个不良。一个是营养不良。没有扎实的基础，没有科学理论上的准备，没有第一手资料的收集，搞出来的东西，能超越前人吗？另一个是消化不良。对于书本与文献上的知识，没有深入的钻研和独立的思考，随波逐流，似是而非，浅尝辄止，这样的工作能经得住历史的考验吗？

踏实些，再踏实些。这是我对青年学人的忠告。

四、专心致志，持之以恒

从古到今，无数事实证明，凡是在学问上或事业上有所建树的人，都是能够专心致志和持之以恒的。我们可以从各个领域有成就的人物的身上看到专心致志和持之以恒的例子。超人的努力，辛勤的耕耘，韧性和耐心，才有超人的成功。

要专心致志，首先要爱上你所从事的专业。也许开始时它引不起你的兴趣，你不一定会喜欢它；但当你深入进去，专心致志研究后，你就会爱上它。专心致志也会激发或点燃你的创造性思维。

荀子的《劝学》篇有一段名言："故不积跬步，无以至千里；不积小流，无以成江海。骐骥一跃，不能十步；驽马十驾，功在不舍。锲而舍之，朽木不折；锲而不舍，金石可镂。"勉励人们在学习时要勤奋不懈，持之以恒，就能有所进步。我有时非常羡慕我的研究生，一天到晚能有充足的时间学习和研究，多幸福啊！我经常告诉我的研究生们，搞学问需要一种安定、宁静的心态，准备长期坐冷板凳（板凳宁坐十年冷）。只有一步一步、一点一滴地下功夫钻研，才能有所成就。急功近利、浅尝辄止是不可能有什么作为的。只有不浮躁的人，一旦确立了自己的志向而终生追求无悔的人，才能有所成就。"学案最高唯寂寞"。甘坐冷板凳，就成为古往今来万千学子的座右铭。很难想象一位学者在从事科学研究时神不守舍，却能有所发现，有所创造。在科学上如果要有所成就，特别是要有突出的成就，就需要一个人贡献自己的全部生命。没有废寝忘食的精神，是不可能成为好科学家的。

古往今来的学术大师们，之所以能取得丰硕的成果，固然有种种因素，但决定性因素，乃在于他们能潜心学海，苦苦思索，数十年如一日，不求闻达，视名利如草芥，"只问耕耘，不问收获"。这种崇高精神和卓越品格是值得我们学习的。

中国的青年学人应以对科学的献身精神和脚踏实地的工作，立志为祖国的科技教育事业走向世界贡献力量。

五、科学研究三赠言

在《科学方法》讲座中，我向在座的各位博士生奉赠了 3 段赠言：

（1）对于科学研究方法，我想强调两点：一是科学研究方法的掌握必须通过实践；二是科学研究方法必须结合所研究对象的特点灵活运用。科学研究方法实质上是认识论，不能把它看成教条（事实上也不存在一成不变的方法）；它能协助你思考，指导你的研究，以避免走不必要的弯路。因此，我奉献给大家的第一句话是：**只有艰苦的科学劳动，才能从事实中提取或概括出某种科学结论。从这个意义上来说，科学研究没有捷径可走。**

（2）对于青年学人来说，比科学知识和方法更重要的是对科学的热爱和献身精神。科学史表明，几乎所有学有成就的科学家都有一种百折不回的精神。大凡有价值的成就，在面临反复挫折的时候，都需要毅力和勇气。若没有坚定的信念，就难以坚持。因此，我奉献给大家的第二句话是：**没有热情、毅力和勇气，比没有能力更可怕。**

（3）中国的教育历来受儒家的影响，特别注意传统、伦理秩序，有条有理，按部就班。它有好的一面，如尊敬老师、尊重传统等；但是也有不大好的一面，如学生往往把老师教的、书上写的看成天经地义，缺乏反传统的“叛逆”精神。与西方的学生相比较，我国学生较能积累正规教育中所传授的知识，头脑中固定的观念也比较多（这对于通过考试也许是比较有利的），但是，显得有些保守，比较墨守成规，思想不够开放。在科学研究中，这是致命的弱点。这是因为科学研究意味创新，而创新要求向旧的、传统的东西开战，摆脱陈规与传统和解决问题一样费劲。因此，我奉献给大家的第三句话是：**勇于批判，大胆假设，善于思考，精心求证。**

第四篇

科技学术论文写作与基金申请

漫谈科技学术论文的写作*

原创性是学术论文最主要的要求。

引　言

高等学校的大学生、研究生、青年教师以及工厂和研究所的青年科技人员，如果想成为真正的科学工作者、教育工作者和工程技术专家，必须学会科技学术论文的写作，必须具备良好的写作能力。只有这样，他们才能通过自己所撰写的论文表达自己在从事科学研究或独立承担专门技术工作中所取得的成果，反映自己在分析和解决复杂科学技术问题方面的能力，以及在本专业领域内所掌握的理论基础和专业知识的深度与广度。

科技学术论文是一类论说文的总称，属于严肃的书面文体。举凡运用概念、判断、推理、证明或反驳等逻辑思维的手段，来分析、表达自然科学和工程技术等研究中的各类成果和各种问题的文章，都属于科技学术论文的范畴。

科技学术论文在风格上崇尚严谨周密，要求行文简练，语法正确，重点突出。

科学研究，实际是包括从课题研究到工作完成，形成文字的全过程，即研究、完成、发表（to study，to finish，to publish）；科技学术论文的发表是科学研究工作的一部分。所谓发表，就是把科技成果写成论文的形式公之于世。只有这样，科技成果才能为社会知晓，转化为人类共有的知识及思想财富或转化为社会生产力。因之，科技学术论文的写作与发表是科技成果转化为社会生产力的重要环节。

科技学术论文是科研成果的科学记录，是通过文字保存的科学技术积累，是传播、记载科学技术的重要形式。科技学术文献和学术交流促进了

---

* 本讲演稿完成于1985年7月，于1996年12月与1997年4月由中国兵工学会、光学技术杂志社、北京理工大学研究生院刊印成册出版。这次收入本集时做了修改与补充。

科学技术的繁荣和发展。

科技学术论文是衡量某一学科、研究所、高校科技水平和成就的重要指标之一，也是授予学位、考核业务成绩、汇报成果、遴选人才所必需，因为论文反映了科学研究工作的水平，也反映了作者的创造能力、分析能力、表达能力、综合能力以及所掌握知识的宽度和深度。科技学术论文是成就与能力的一个重要标志。

一个科技工作者所发表的学术论文的数量和质量是他（她）从事科学技术的创造性劳动的效率和成果公认的指标，而科技学术论文的写作能力是衡量科技工作者学术水平的重要尺度。

撰写科技学术论文有助于锻炼逻辑思维能力，写作过程将会促进研究工作明朗化与进一步深化，使许多模糊朦胧的认识，通过论文写作过程中的调整、清理会逐渐清晰起来。

总之，科技学术论文的写作是科学研究最后出成果的必不可少的阶段，也是科技人员必须具备的一项基本功。

当前，在科技学术论文写作上，归纳起来，大概有以下几个问题：

（1）体裁和内容不符合科技学术论文的要求，把论文写得像教材、产品说明书或工作总结；

（2）概念不明确，判断有错误，推理缺乏根据；

（3）假说不恰当，因果关系不明确，甚至被颠倒；

（4）以臆断、假定代替结论，夸大所得到的结果；

（5）内容和结构松散，表达不准确，缺乏严谨的构思；

（6）滥用术语、符号，文章充塞着冗词赘语，用词没有经过精心的选择；

（7）不符合或不了解科技学术论文写作的规范。

为了帮助初次从事写作的大学生、硕士生、博士生、青年教师以及青年科技人员写好自己的学位论文、学术论文或科学技术报告，本文试就科技学术论文的结构、编写格式、写作要求作一简单介绍。

1. 科技学术论文的分类

科技学术论文是科学技术报告、学位论文、学术论文以及其他科技文件的总称。它是记录科学技术进步的历史性文件，也是当今科技交流的主要信息源。这 3 种主要论文写作的体裁和要求是不同的。

1.1 科学技术报告

科学技术报告是描述一项科学技术研究的成果和进展，或一项技术研制试验和评价的结果，或论述某一科学技术问题的现状和发展的文件。

科学技术报告的呈送对象一般是研究工作主管机构或主持研究的领导等，或科学基金会等组织，例如国家自然科学基金会（NSFC）。报告中应该提供系统的或按工作进程的充分信息，其中包括正、反两方面的结果和经验，以便有关人员和读者判断和评价，从而对报告中的结论和建议提出修正意见。

科学技术报告通常具有特定的编写格式以及相应的密级（一般、内部、秘密或绝密）。

1.2 学位论文

学位论文是作者以本人独立从事创造性的科学研究或是具有新发现的调查研究而取得的成果为内容撰写而成，作为提出申请授予相应的学位时评审用的学术论文。

学位论文对所研究的课题应当有新的内容和新的见解，在理论上和实践上对国民经济建设或本门学科发展有一定的意义。学位论文应该反映作者在相关的学科领域中通过独立完成的研究所达到的学术水平和学术贡献，并且表明作者已经具有从事研究工作或独立担负专门技术工作的能力。

学位分为学士、硕士、博士 3 级。各级学位论文的学术水平要求有所不同。博士学位论文应是学术导师指导下由博士生本人独立地完成的一篇（或一组论文组成的一篇）系统的完整的学术论文。衡量一篇博士学位论文学术水平的最基本的标准是要有创造性的成果。

对博士学位论文的要求是：

（1）能体现出作者较好地掌握辩证唯物主义与历史唯物主义的思想方法和系统思维方式。

（2）能体现出作者在本门学科的专门领域内掌握坚实宽广的基础理论和系统深入的专门知识，具有独立从事科学研究工作的能力。

（3）坚持理论联系实际的原则，论文的基本论点、结论与建议应在学术上对科技、国防或国民经济具有较大的理论意义或实际价值。

（4）在科学或专门技术上做出创造性的成果和贡献。

凡属下列情况之一，可以认为其属于创造性成果：

（1）发现有价值的新现象、新规律，提出有意义的新假说、新观点，建立有价值的新理论，或提出一个甚有意义的新问题，即使自己目前尚未能解决它。

（2）用一种新的理论或方法或创造性地运用现有知识和理论，成功地解决了前人未曾解决的科技领域的关键问题，或以较简单的方式解决了前人用复杂的方式解决的问题，或对一个未曾证明的问题给予严格的证明。

（3）设计、实验技术上有重大的创造和革新。

（4）提出具有一定科学水平的新工艺方法，在生产中获得重大的经济效益。

（5）创造性地运用现有知识，解决前人未曾解决过的科学技术、工程技术方面的关键问题。

（6）纠正了前人的重大错误，诸如提法的错误、结论的错误、解决方法或途径的错误等。

博士学位论文应是作者独立完成的、完整而系统的科学论著，具有发表价值。学位论文，特别是博士学位论文要求有一定的篇幅。因之，需要把撰写的内容分成章、节，并冠以相应的标题，附上目录，以便读者很快地了解论文的内容。

目前我国高校和研究所都要求在博士学位论文答辩前其学位论文的阶段性成果中至少有3篇学术论文在国内外核心刊物上发表或在国际学术会议上宣读，还要求被SCI，EI等检索系统收录。

显然，博士学位论文与硕士学位论文、学士毕业论文之间具有“质”和“量”的差别。评价博士学位论文的尺度要从严。其核心是创造性的成果。这是基本的、原则性的要求。

对于初入科学之门的青年博士生来说，对论文的“创造性”或“创新”只能有一个适度的要求，不能要求太高了。我感到，比达到这个要求更重要的是过程，是在学位论文工作中使学生逐步学会进行创造性研究的过程。我的看法是：在硕士生阶段，着眼点在严格的训练上，如文献搜寻和收集与综述能力的训练，科学研究方法的初步训练，学术论文写作的训练，解决科技问题的基本训练等；而在博士生阶段，要学会进行高水平研究所必需的一套科学方法和思维方法，特别是学会掌握和提炼事物内在规律和机理的方法，对于进行创造性的研究工作有一些亲身的体验。

1.3 学术论文

学术论文（或称科学论文）是论述创造性研究工作成果的书面文件，是创造某种原理或将某种已知原理应用于实际而取得新进展的科学总结，或是某一学术课题在实验性、理论性、观测性上具有新的科学研究成果或创新见解和知识的科学记录。

一篇学术论文应该是：第一，首次发表了最初的研究成果；第二，作者的实验应能被同行重复验证。学术论文最基本的要求是原创性（originality），即要有创新的见解，独特的看法，独具匠心；其内容应提供新的信息，具备推理过程，而非简单重复、模仿抄袭之作。

学术论文通常要在学术会议上宣读、交流或讨论，或在学术刊物上发表。学术论文不同于实验报告、阶段报告和工作总结。其区别在于：学术论文是科学研究成果的文字体现，对研究、观测、调查、实验工作的素材要有整理，有取舍，有提高，要形成论点；而实验报告、阶段报告和工作总结多属于如实地汇报实验、观测和调查工作的经过，可以不是创新，可以有模仿和重复前人的结果，可以不加判断推理，不一定形成论点，只要求详尽无遗地记述主要的实验工作。

2. 科技学术论文的结构与编写格式

为了便于科技学术论文的编辑、印刷、检索、交流与使用，科技学术论文的编写应有统一的格式，故制定一标准。如欧美采用 ISO 5966 - 1982 Documentation Presentation of Scientific and Technical Reports。1988 年我国颁布了中华人民共和国国家标准：《科学技术报告、学位论文和学术论文的编写格式》（GB7713—87），故撰写论文时，应参照并执行国家标准的有关规定，如编写格式、计量单位、符号与缩略词等。

一般来说，一篇科技学术论文应包括以下几个部分：

（1）前置部分：

1）论文标题；

2）论文摘要或提要；

3）关键词（只限必要时）；

4）目录（只限必要时）；

5）符号表（缩略字、符号、术语等，只限必要时）。

（2）主体部分：

1）引言、前言（或绪论）、综述；

2）正文（包括理论分析，实验与计算及其结果分析，以及结果的讨论3部分）。

（3）结论部分：

1）结论或结束语；

2）致谢（只限必要时）；

3）参考文献；

4）附录（只限必要时）；

5）注释（只限必要时）。

对于学术论文或学位论文，以下8项内容是最必要的。这是我们叙述的重点：

（1）论文标题（包括论文署名）；

（2）论文摘要（包括中、英文摘要及关键词）；

（3）引言；

（4）正文之一：理论分析；

（5）正文之二：实验与计算及其结果分析；

（6）正文之三：结果的讨论；

（7）结论；

（8）参考文献。

下面我们叙述每一部分所包含的内容以及注意事项。

2.1 论文的前置部分

2.1.1 论文标题

论文标题是一篇论文的缩影和代表，是“提纲的提纲”，对于论文内容具有重要的提示作用。一个好的标题，能使读者透过它而窥其论文作者的意图，从而诱导读者的兴趣和注意力，进而阅读全文。

论文标题应该简明具体，确切地反映出本文的特定内容。它应该以最恰当、最简明词语的逻辑组合反映论文报告中最重要的内容。

简明指的是：简短而不冗长，明确而不笼统，具体而不空泛。

标题用字的要求是：简练、中肯、明确和规范。简练——简短精练，高度概括。中肯——紧扣内容，意义完整，外延与内涵都恰当。明确——观点明确，准确得体。规范——遵循标准，格式规范。

撰写论文标题时应该通观论文全局，将其中最重要部分、最能准确反映研究目的和特点的内容归纳成一句话，仔细推敲，反复斟酌，句无虚发，字无浪费，惜墨如金，意多字少。论文标题要把握可索引性（indexibility）、特异性（specificity）、明确性（clarity）和简短性（brevity）。

论文标题应使读者阅读之后能知道该研究工作所属的学科领域及其基本特点，觉得有兴趣一读。标题文字中包括被研究的对象（物理、方法、现象及其他）和被观察的因素，但不包括细节，通常也不包括结论。此外，标题名字所选择的词语应考虑到有助于二次文献编制题录、索引、关键词，检索时可以提供特定的实用信息。要尽量避免用非公知公用的缩略字、首字母缩略字、字符代号和公式等作为题名和题名的组成部分。

例如，对一篇有关电子光学计算的学术论文拟出了以下 4 个标题：

（1）一种大物面成像系统的电子光学计算；

（2）X 射线影像增强器的电子光学变倍系统的计算；

（3）带有非球面碘化铯阴极的 X 射线影像增强器的电子光学系统计算；

（4）用超松弛迭代法和龙格库塔法对一种大物面 X 射线影像增强器的电子光学成像性质与传递函数的计算。

可以看出，第一个过于笼统；第四个过于细微，冗长而不简洁；第二个、第三个都是可以的。前者强调变倍；而后者强调有别于通常球面的非球面，使人感到有新意。通常论文标题不宜超过 20 个字，因此，可以把第三个标题改为：非球面 X 射线影像增强器的电子光学计算。如果论文题目的余意未尽，则可以分为主标题和副标题。主标题写得简短明确，将细节放在副标题里。副标题处于从属地位，一般可在题目下一行用破折号隔开。例如：

夜视技术述评

——纪念夜视诞生 60 周年

论文题目在整本论文报告中不同地方出现时，应完全相同，但在书眉上如因题目过长，可以用节删的缩略题名。例如，“图像无旋转的电磁聚焦移像系统”可被缩略为“电磁聚焦移像系统”。

2.1.2　*文稿署名*

在论文标题下方应署上作者姓名、工作单位，甚至 E-mail 地址（用圆括号括起）。

（1）文稿署名的目的：

1）记下科技工作者辛勤的科学劳动。这是作者科学劳动成果的体现和应获得的荣誉，借此求得社会的承认和尊重。

2）作为拥有版权或发明权的一个标志和声明。

3）反映文责自负的一种精神。它是一件严肃和庄重的事情，作者对文章要负法律、科学、道义上的责任。

4）有利于读者与作者进行联系。

（2）文稿署名的条件：

文稿署名者应是完成主要研究工作和解决关键问题的人，或是提出研究设想、指导研究工作、并最后完成工作的人。凡符合下列条件（或至少条件之一）的，都可考虑其作为作者之一在文稿上署名：

1）参与过本项研究的选题和开创工作。如在后期参加本项研究工作，则必须赞同研究的技术方案（假说）与主导思想。

2）参加过论文中某项观察、实验和获取数据的工作。

3）参与过取得的数据的解释，结果的讨论与分析，并从中导出论文的结论。

4）参加过论文的撰写。

还应注意的是，发表前署名人应阅读过论文的全文，并同意其发表。

（3）文稿署名的基本原则：

1）尊重历史，尊重事实，按贡献大小排序，不应以职位高低、资历长短排列。

2）实事求是，不弄虚作假，反对和抵制文稿署名中的不良之风。

3）不应混淆作者和致谢对象。对仅参加部分工作而又对全面工作缺乏了解者，不应署名，但可列在附注中或写入致谢中。

应该指出，科学研究论文的作者必须以严肃的态度对论文中的结果和论点承担责任。只有对一篇科学论文从选题、技术方案（假说）、设计、观察与实验、讨论与分析等全过程都有所了解，并确实对其中一个或几个具体环节做出贡献的，才能当之无愧地在论文上署上作者之名。以上两条缺一不可。若只在某一环节做了一些工作，则可以由作者在文末致谢，但通常不宜作为作者之一，因为他（她）无法对论文负责。

论文署名，首先是责任，其次才是荣誉。为了论文较易发表，或发表后较易引起同行注意，不经同意，任意署上某一著名科学家的名字，或不论是否做过贡献而强行列名，都是不符合科学道德的。

作为一个科学人，正直和诚实原则不仅应该体现于研究数据和结论，同样也应当体现在作者的署名原则上。

2.1.3 论文摘要

摘要或提要（abstract）可定义为："一份文献内容的缩短和精确的表述，而无须补充解释或评论。"

摘要或提要应该以浓缩的形式概括研究工作的主要内容或主要方法和观点，所取得的主要成果和最终结论，反映整个论文的精华。它主要包括以下 3 部分内容：

（1）研究工作的缘起：陈述研究的动机和宗旨，所要解决的问题与重要性。

（2）研究内容：介绍研究方法与途径，采用模型、实验方法、范围与手段，简要说明研究完成的事项，但不必叙述获得结果或结论的过程。

（3）研究结果与结论：主要评价论文的价值及其结果，强调本研究有何新的、重要的发现以及所作出的贡献，并以一至两句话总结结论。

撰写摘要要求：

（1）独立性：摘要作为一种文体，理应具有独立而完整的结构，是一篇语意连贯、结构严密的短文。作为二次型文献发表时，它能脱离原文成为独立的文章。

（2）自含性（self - contained），即不阅读整篇原文，仅阅读摘要，也能获得与整篇论文同等量的主要信息，并为编辑二次文献提供参考。

（3）摘要要求：扼要、精练、准确、完整、规范。以 200 ~ 300 字为宜。

（4）摘要中不要有图、表、化学结构式，以及非众所周知公用的符号和术语。

（5）采用第三人称。这是由定义决定的。

（6）结束语。

关于英语科技学术论文及其摘要

（1）写作技巧：

英语科技学术论文写作技巧一般体现在两个方面：一是文章的主体构思；二是遣词造句。现代英语呈现出由繁至简的变化趋势，特别是科技英语写作中，写短句是准则。使用简短而表意清楚的句子并不显得幼稚。

（2）写作注意事项：

1）中译英时应避免按中文字面意义逐字逐句生搬硬译的倾向，注意中、英文两种语言的行文差别，应该用英语各种类型的句型来表达汉语，而不是由汉语生造英语。

2）选词要从技术概念的角度出发，取其本质性的涵义。

3）注意介词及其他结构词的搭配关系。

4）遵循英文的习惯用法——冠词的使用，名词的单复数，人称的一致性，动词的时态和语态，以及修辞手段等。

5）文字要求结构紧凑，内容具体，关系明确，符合语法规范。

6）英文摘要的文句力求简洁、明快，尽可能用通俗词或短语，避免繁冗的词句和烦琐的表达。

（3）关于英语科技学术论文常用人称和时态：

1）常用人称和语态。

英语科技学术论文写作时，在人称代词的使用上，有两种主张。传统认为科技学术论文侧重叙事和推理，因此观察要准确，叙事要客观。读者重视的是论文的内容和观点，感兴趣的是作者的发现，而不是作者本人。因此要尽量避免使用第一、第二人称代词。另一种主张则强调文章要亲切、自然、直截了当，应该多用第一、第二人称，对读者负有更明确的责任。他们认为传统的表达方式冗长、含糊、浮夸、不自然。而避免使用人称代词往往会导致过多使用被动语态。这两种主张在国内外都有人采用。

一般来说，当读者不必知道动作的执行者是谁时，可用被动语态。但也有一种误解，以为英语科技学术论文的特点就是多用被动语态。这往往使论文生气不足，沉闷有余。因此，有时可使用主动语态，使论文更有生气。

2）常用时态。

a. 论文有关内容、论题的缘起，一般事实与一般真理的叙述，图表、研究方案、方法及过程的描述和讨论，作出结论和展望等，用一般现在时态和现在完成时态。

b. 某一具体项目的历史发展概况，实验过程中的动作与观察到的现象，已有观察、分析、操作等内容的材料和方法、结果部分等，一般用过去时态。

c. 叙述论文研究以前所进行的工作，一般用过去完成时态。

d. 计划要做的工作和预期的结果，一般用将来时态。

（4）摘要式英语科技学术论文的特点：

1）谓语短，主语或宾语（包括介词宾语）长。谓语动词往往不带任何修饰语，但是围绕着主导名词，却采用了一切手段，附加一系列修饰成分，以扩展成包含许多有关论题的名词短语。

2）一般采用被动语态。采用被动语态可以避免提及有关的执行者，使行文显得客观。被动语态在结构上有较大的调节余地，有利于采用恰当的修辞手段，扩展名词短语，扩大句子的信息量。此外，使作为主语的名词短语位于句首，有利于突出有关的概念、问题、结论等内容。

3）尽量避免用无人称代词“it”做引词。如“It is thought to...”“It is our conclusion that...”有时不如写作“We（or I）think...”“We conclude that...”。这样反而令人感觉明确而亲切。

2.1.4　关键词

关键词（keywords）是指从论文正文中抽出的，并在表达论文内容的主题上具有实际意义，起关键作用的词汇，是为了文献标引工作表示某一信息款目的单词或术语。

撰写关键词是为了编制两类索引，即传递索引和检索索引，使科技工作者尽快地了解和掌握新的科技情报。

撰写关键词的要求为：

（1）一般选取4~6个词作为关键词，位于中、英文摘要的左下方，且中、英文关键词一一对应，清晰醒目。

（2）尽量选取汉语主题词表等提供的规范词。

（3）可选取对论文检索有实际意义的新学科、新技术中的重要术语，但并未被汉语主题词表收录的词汇（称之为自由词）。

例如，论文

“图像无旋转的电磁聚焦成像”

“Electrostatic and Magnetic Imaging Without Image Rotation”

的关键词为：

关键词：电子光学，磁电子透镜，阴极透镜，成像系统，移像段，电子聚焦

Keywords：Electron Optics，Magnetic Electron Lenses，Cathode Lenses，Imaging Systems，Image Sections，Electron Focusing.

最近，为了规范学术论文，便于学术文献的研究和统计，多层面提高中文文献检索水平，使更多的学术论文进入科技工作者的引用范畴，达到促进我国科学技术研究的目的，中国科协对科协系统学术期刊学术论文中关键词的选择与排序做出规定，具体条款如下：

发表在中国科协系统学术期刊中所有学术论文，必须在摘要后列出不少于4个关键词。这些关键词按以下顺序选择：

第一个关键词列出该文主要工作或内容所属二级学科名称。学科体系采用国家技术监督局发布的学科分类与代码（国际 GB/T13745－92）。

第二个关键词列出该文研究得到的成果名称或文内若干个成果的总类别名称。

第三个关键词列出该文在得到上述成果或结论时采用的科学研究方法的具体名称。对于综述和评述性学术论文等，此位置分别写“综述”或“评论”等。对科学研究方法的研究论文，此处不写被研究的方法名称，而写所应用的方法名称。前者出现于第二个关键词的位置。

第四个关键词列出在前三个关键词中没有出现的，但被该文作为主要研究对象的事或物质的名称，或者在题目中出现的作者认为重要的名词。

如有需要，第五、第六个关键词等列出作者认为有利于检索和文献利用的其他关键词。

2.1.5 目录（目次表）

通常，在完成长篇科学技术报告、学位论文以及其他类似文件后，为了醒目，以供查阅方便，应该编写一个目录（目次表）。目录由论文报告的篇、章、节、条、款以及附录等的序号，题名和页码组成，通常放在论文的前面，有时亦可将其放在后面。学术论文一般不必要有目录或目次表。

2.1.6 符号表

符号表中的缩略词、符号、术语等注释和说明，必须符合国家标准或SI单位制的有关规定。对于作者自行拟定的符号、记号等，应在文中给予明确的定义。除非出版物特别规定，通常在学位论文和学术论文中，符号表并不一定是必要的。

2.2 论文的主体部分

2.2.1 引言、前言（或绪论）、综述

引言是论文主体部分的开端，是全篇论文的引子或帽子。它向读者解

释论文的主题、目的和总纲。引言的初步介绍使读者更便于阅读本文，引导读者明确与领会论文展开的计划，试验采用的方法，以及科学成果的意义。

引言、前言主要包括：

（1）研究的立题依据：出发点（动机、背景、缘起）与目的（要解决什么问题、作用、意义）。

（2）研究涉及的主要问题及范围，即研究主题简介。

（3）与本论文有关的重要文献简述，相关领域的前人研究成果、水平和知识空白，存在的主要问题以及急待解决和完善的问题，对已有成果的评价。

（4）本研究课题在学科或实用方面的意义与重要性。

撰写引言时要求：开门见山，突出重点，言简意赅，措词精练，少用套话，客观评价。不要与摘要雷同，不要诠释基本理论，不要推导基本公式，不要介绍方法细节。

对于比较简短的论文，可以用一小段文字起引言的功效。可以不编引言的序号，甚至“引言”二字也可以省略。

学位论文，特别是硕士或博士学位论文，为了说明作者对研究方案的论证充分，反映作者在相关的学科领域中达到的学识水平以及具有开阔的科学视野，通常将引言写成综述。综述用大量篇幅对本课题进行历史回顾，对前人工作以及成果进行综合评述，然后引出自己的课题研究内容。综述可以单独成章，用足够的文字叙述。综述相当于在本论文的专业领域内进行一次情报资料的专题研究。这实际是训练研究生的一项基本功，反映该研究生阅读有关著作、期刊和文献资料的情况，也反映他所具备的基础和专业知识以及独立的自学能力。综述要求研究生对阅读的资料进行消化、分析、判断和综合，决定取舍，确定自己所应开展科研工作的内容。只有在认真细致查阅文献的基础上，才能使自己的研究选题具有可靠的基础，尽量避免重复前人的工作，从而在前人的基础上解决前人没有解决或者有待完善的工作。

2.2.2 正文

正文是科技学术论文的主体。正文要求以明确的观点统帅材料，做到观点和材料的统一，具有准确性、鲜明性和生动性。准确性属于概念、判断和推理问题，都是逻辑问题。鲜明性和生动性，除了逻辑问题外，还有词章问题。因此，关键在于逻辑与词章。

正文是文章的核心，占绝大部分篇幅。由于研究工作所涉及的学科广泛，选题、研究方法、工作进程、结果表达方式等有很大的差异，不可能对正文内容做统一的规定；但一般来说，可以包括：研究工作的基本前提、假设和条件；数学物理模型的建立；基本原理或理论基础阐述；设计计算方法，必要的公式推导；实验方案的拟定及实验结果；结果讨论误差分析；以及实际应用与展望等方面的内容。

正文的上述内容约可分为 3 个部分：

（1）理论分析（包括基本原理、数学物理模型）

科技学术论文的写作要求必须具有高度的理论性，进行严密的理论分析的叙述。理论分析是不可缺少的。理论分析的要点有假说、前提条件、理论依据、基本原理、数理模型和分析方法。

理论分析中应包括论证的理论依据，对所做假设的合理性进行论证，对分析方法进行说明。这里应注意区别哪些是已知的，哪些是作者第一次提出的，哪些是经过自己改进的，与前人见解有何不同等。

（2）实验与计算及其结果分析。

实验（包括工程、工艺与制造）与计算（包括设计）是论文的重要部分。只有实际证实了理论分析的观点，才算完成了研究工作。

实验与计算的要点有：实验对象及所采用的方法，实验材料的性质和特征以及使用的器材设备，选取的实验原理、指标、判断标准，实验数据的处理，出现的问题和采取的处理方法等；计算对象，选取的计算方法与计算模型，数据的获得与处理过程等。

实验与计算的结果是论文的价值所在，是论文的关键，应高度归纳、精心分析、合乎逻辑地叙述。

实验与计算结果分析的要点有：

1）分析在实验与计算中所得到的各种现象，对结果进行定量或定性的分析，说明其因果性。

2）对于从结果中得出的推论和结论，应说明其适用范围，并与理论结果或前人结果相比较，验证理论分析的正确性。

3）对于得到的结果和数据，经过技术处理（如数据处理、误差分析）以后，应将其绘制成表格、插图，加以如实的说明。表和图的数据是用来加强或帮助文字的描述。

在进行实验与计算的结果分析时，注意：

1）要划清事实与推论的界限，作者个人、权威名流，或大多数人的想法，都只能说是一种意见而已，不能作为定论来叙述。

2）从相似的现象进行类推，或从反面的事例进行推论，都是很难立足的。

(3) 结果的讨论。

结果的讨论旨在阐述所得结果的意义，与前人所得的结果不同的原因，可以根据实验与计算结果继续阐发自己的见解。其要点有：

1）对所研究的成果进行解释。

2）表明有所发展、有所前进的地方。

3）指出自己的成果与前人或他人研究成果及其观点的异同。

4）讨论尚未定论之处或相反的结论。

5）提出进一步研究的方向与问题。

讨论结果时需注意：

1）在结果讨论中，需要对研究中所得到的材料，包括文献资料进行归纳、概括和探讨，进而阐发事物的内在联系并进行理论上的论证。

2）对于实验与计算中遇到的异常现象或相反结果，也可予以解释。

3）某些见解，虽然没有经过充分的证明，也可提出讨论。

4）课题的进一步研究设想或展望性看法。

5）最为重要的是突出新发现、新创造，解释因果关系，说明实验与计算的偶然性与必然性。

在结果的讨论中切记不要：综述文献，重复叙述结果，报喜不报忧，隐瞒缺点，循环推论，以“假设”来证明“假设”，以“未知”来证明“未知”，泛泛空谈，甚至伪造数据，弄虚作假。

一般在学位论文中，通常要附上必要的计算框图与源程序等，但在学术论文中一般没有这个必要性。在撰写论文时，应充分利用表格和曲线来形象地表达各有关参数间的相互关系。

下面简单谈一下正文中出现的图、表、公式、字符和计量单位所应注意的事项。

1）图（曲线图、示意图、流程图、框图、照片）是表达作者的科学思想、实验数据和观测结果的一种形象语言，使人一目了然。图应具有“自明性”，即只看图、图题和图例，不阅读正文，就可理解图意。图应有图序和图题。图题应简短准确，末尾不加标点；它连同图序位于图下。图应精心设计与绘制，线条清晰，粗细均匀，主、辅线分明，布局合理，比例适当，大小适中。曲线图的纵、横坐标选取要恰当，且必须标注“量、标准规定符号、单位”。此三者只有在不必要标明（如无量纲）的情况下才可以省略。照片要求图像清晰，层次分明，反差适中，无污迹或折痕。投稿论文一般不采用彩色照片。

2）表是罗列研究方案和实验数据的较好方式，应该精心设计。表的结构应简洁，具有自明性，一般采用三线表，必要时可加辅助线。表的一般格式是，数据依序竖排，内容和测试（计算）项目由左至右横排。表的各栏均应标明“量或测试项目，标准规定符号、单位”。只有在无必要标注的情况下方可省略。表亦应编排序号，如表1，表2，……连同简短确切的题名一并置于表的上面。表内数据空白代表未测或不详，“—”代表无此项或无发现，而“0”代表数据结果确为零。表中需说明事项，可用简练的文字注于底线下方。

3）公式应编排序号，列于稿纸的最右边，并加上圆括弧。较长的公式只能在“+”“-”“×”“÷”“<”“>”处转行，且上、下式尽可能在等号“=”处对齐。如

$$z_{i\alpha_0}=\sqrt{\frac{2m_0}{e}\frac{i\pi}{nB_c}\phi_{ac}}\times$$

$$\frac{\sqrt{1+\varepsilon_{z1}/\phi_{ac}}-\sqrt{\varepsilon_{z1}/\phi_{ac}}+2\sqrt{\varepsilon_z/\phi_{ac}}}{1-\frac{2(n-1)}{n}\left(\sqrt{1+\varepsilon_{z1}/\phi_{ac}}-\sqrt{\varepsilon_{z1}/\phi_{ac}}\right)\left(\sqrt{\varepsilon_{z1}/\phi_{ac}}\right)} \tag{1-5}$$

分式尽量写成与分母左右排列分子模式，如 $1/a$，或负幂，如 a^{-1}；以 e 为底的指数，较复杂者可写成 exp（…）的形式。

4）文稿中汉字应采用简化字总表规定的简化字，除特殊需要外，绝不使用自造字、繁体字、异体字以及其他错别字。字符（汉字和外文字母）应书写工整。要特别注意区分西文、拉丁文、希腊文、俄文以及罗马数字和阿拉伯数字，区分字符的正体、斜体、黑体及其大、小写，以免混同。如：英文字母与希腊字母 r，γ；n，η；v，υ；p，ρ；x，χ；a，α；w，ω 等。又如：大、小写字母 C，c；K，k；O，o；P，p；S，s；V，v；X，x；Y，y；Z，z；Φ，φ；Ψ，ψ 等。此外，还要特别注意上、下角标的书写，如：2^n，f_D，v_{z_1} 等。

5）计量单位要采用国家颁布的《中华人民共和国法定计量单位》和

《国际单位制（SI)》。单位名称和符号的书写方式一律采用国际通用符号。

关于国际单位制，量、单位和符号的一般原则及其书写，请参阅中华人民共和国国家标准中的《国际单位制及其应用》（GB3100－86）和《有关量、单位和符号的一般原则》（GB3101－86)，以及GB3102.1～13－86。

2.3 结论部分

2.3.1 结论或结束语

学位论文和学术论文的结论是最终的总体的结论。结论是在理论分析和实验与计算结果的基础上通过严密的逻辑推理而得出的富有创造性、指导性、经验性的结果与讨论。它以自身的条理性、科学性和客观性反映了论文研究内容的价值。

从内容上说，结论既不是“结果的讨论”部分的简单重复，也不全是研究成果的一一罗列。它是作者经过分析、推理、判断、归纳的过程后对全文形成更深入的认识和总观点。

可以作为结论的内容有：

（1）本课题的理论、设计、计算和试验研究结果的探讨、归纳和总结。

（2）明确回答本研究课题所提出的问题和任务的解决程度，取得的进展；特别要说明研究成果对本门学科理论与实验发展的贡献。

（3）展望和建议，下一步研究设想与改进，尚待解决的问题。

此外，不要排斥总结那些在研究中有意义和有价值的失败教训和发现的新问题。

重点应说明：

（1）研究结果说明了什么问题，得出了什么规律，解决了什么理论和实验问题，突出自己的创造性。

（2）对前人或他人的相关研究做了哪些检验。与自己的结果相比，哪些一致，哪些不一致。

（3）对前人的理论、实验与计算做了哪些修改、补充、发展、证实或否定。

（4）自己的研究有哪些不足之处，遗留了哪些未解决的问题，以及对解决这些问题有哪些设想。

还要注意的是，引言中提出了论文的主旨和目的，谈到了历史背景与前人的工作。结论或结束语部分必须与引言相呼应。

从文字上说，结论的措辞必须严谨，要有严密的逻辑性，文字必须鲜明具体。

撰写结论或结束语时应注意下列事项：

（1）结论应该明确、精练、完整、准确，措辞严密，不含糊其词。

（2）结论里的每一项内容都可以分条写出序号，且每条单成一段。

（3）结论要一分为二，既要尊重前人的成果，也要实事求是地评价自己的成果，切勿言过其实，在无充分把握时，应该留有余地。

（4）结论应反映自己从事的工作。属于前人或他人已有的结论，应不提或尽量少提。

2.3.2 致谢

论文的最后可写一段表示感谢的话。这是作者对在该论文的形成过程中做过贡献的组织或个人予以感谢的文字记载。例如：

（1）对资助研究工作的基金会、合同单位、企业和个人表示谢意；

（2）对指导教师、答疑教师以及协助完成研究工作的人员致谢；

（3）对论文撰写过程中提出建议和提供帮助的人员致谢；

（4）对给予转载和引用权的资料、图片、文献、研究思想和设想的所有者表示感谢。

致谢既是一种礼貌，也是对他人劳动的尊重。内容要实在，语言要诚恳、恰当、简练；但也没有必要对没有提供实质性帮助的人员致谢。

有时常把结论和致谢概括成结束语，结论在前，最后提一句致谢。

2.3.3 参考文献

在科学研究中，继承和引用前人的成果是完全允许和必要的，但引用时必须注明来源。故在论文的最后，作者应附上论文中引用的全部参考文献。

应该指出，所列的参考文献应确实是作者亲自阅读过的、最主要的且发表在正式出版物上的文献。私人通信和未正式发表的著作，一般不宜作为参考文献著录。

（1）正文中引用参考文献的标注方法。当前，正文中文献的标注有两大体系：

1）著者姓（出版年）体系，例如："Scherzer（1936）已证明……""西门纪业（1957）推导了……"。

2）顺序编码体系。按文献出现先后顺序编号的标注体系，文稿中被引用的参考文献序号用方括号括起，根据文献引用方式置于行文中或指引部分的右上角。例如："吴全德[9]）（或文献［9］）业已指出……"和"这一问题曾被详细研究过[10]）"。

（2）参考文献表示体例。参考文献的标注应与正文中标注的体系相对应。

1）著者姓（出版年）体系。对于参考文献的排列，西文以字母先后为序，而汉字以姓字笔画为序，且前面均不加编号，如：

Abell B. C（1956）. ……

Baker R. C（1963）. ……

Cox B. T（1973）. ……

丁守谦（1990）. ……

于美文（1980）. ……

2）顺序编码体系。文献排列次序不分文种，只按正文中引用参考文献的编号，依次列出。序号用阿拉伯数字，不加任何标点符号。如：

1　西门纪业. ……

2　Sturrock P A. ……

3　Hutter R G E. ……

（3）参考文献的著录方法

目前国内外期刊与著作，一般都是采用顺序编码体系著录参考文献，故这里重点介绍这一体系的著录方法。

1）书籍。如：

［1］西门纪业. 电子和离子光学原理及像差导论［M］. 北京：科学出版社，1983：126－134.

［2］Sturrock P A. Static and Dynamic Electron Optics［M］. Cambridge：Cambridge at the University Press，1955：Chapter 3.

［序号］著者. 书名［M］. 版本. 出版地：出版者，出版年：章节或起止页码（版本若为第一版可不注）.

2）期刊、会议录等文章。如：

［1］Zhou Liwei. Development and Current Status of Photoelectronic Image Devices in China. Proceedings of International Symposium on Photoelectronic Detection and Imaging：Technology and Applications. Ed. by Zhou Liwei，1993，SPIE 1982：10－16.

[2] Zhou Liwei. A Generalized Theory of Wide Electron Beam Focusing. In "Advances in Electronics and Electron Physics". 1985, 64B: 575 – 589.

[3] 周立伟，倪国强，方二伦. 图像无旋转的电磁聚焦移像系统的研究 [J]. 电子学报，1984，12 (2)：23 – 31.

即 [序号] 作者. 文章名 [J]. 刊物名，出版年，卷 (期)：起止页码.

3）学位论文。如：

[1] 张智诠. 静电像管电子光学系统优化设计的研究 [D]. 北京：北京理工大学光电工程系，1993.

即 [序号] 著者. 题名 [D]. 出版地：出版者，出版年.

若按著者姓（出版年）体系来标注文献，则可将上述的出版年移前，置于著者的姓名之后，并用圆括号括起。无论采取何种体系标注文献，每一篇文章的文献标注方法都要统一。此外，有时为了简化著录项目，略去参考文献表内的论文题名。这并不妨碍文献的检索。但对于学位论文，必须写上参考文献表中的论文题名。

关于参考文献的编写格式，请参阅中华人民共和国国家标准《文后参考文献规则》（GB7714—87）。

应该指出，除了在论文中注明引用参考文献的来源外，在国外，大段材料，如章节、表格和图等的摘引还必须得到版权所有者或作者的许可。最近，我国亦要求论文作者遵守这一约定，而且在论文末尾，须向该作者或版权所有者表示感谢。

这里，简单谈谈参考文献的引用问题。在科学研究中，继承和引用前人的成果是完全允许和必要的。列出参考文献的目的也是让读者了解研究课题的来龙去脉。这既是对前人劳动的尊重，也是对自己工作准确的定位。

学术规范的要点之一就是在科学研究的专论中，必须先说明前人有什么研究成果：他们的发现、观点和成就。在此基础上再谈自己的独到的发现，自己的想法，自己的研究成果和结论。因此，科学论文必须注明问题来源、推动力和前人的努力，故在引言中应列上对本课题最重要、最直接有关的文献；在方法中应列上所采用或借鉴的方法，在结果中有时要列上与文献对比的资料，在讨论中更应列上与本文有关的各种支持的或有矛盾的结果与观点等文献。粗心大意、不查文献、故意不引、贬低别人、抬高自己、避重就轻、故作姿态等做法都是错误的，更不用说抄袭、剽窃了。由于这涉及科学学风、道德和侵犯他人知识产权问题，是科技工作者的大忌，必须予以足够的重视。

2.4 附录

附录作为科技学术论文主体的补充项目，并不是必需的；可是，对有些内容不宜放在正文或编入正文又有损于编排的条理性和逻辑性，但确有重要参考价值的内容可编入科学技术报告或论文（如学位论文）的附录，如比正文更为详细的信息、研究方法和技术更深入的叙述、建议可以阅读的参考文献题录，公式的推演、计算框图、源程序、统计表等。一般将附录附在论文的后面，也可另编成册。其编辑要求与正文大致相同，序号用A，B，C，…等标注。

2.5 注释

若论文中某些内容、题名解释、作者情况等需加以说明，则均可使用注释，但能在文章内用括号注释的，尽量不单独列出。不随文列出的注释，标注符号应注在需要注释的词、词组或文句的右上角。标注符号可用加半个圆括号的阿拉伯数字，如1)，2)，或剑号“♀”、星号“＊”等。注释内容应位于该页地脚，并用10个字长正线与正文隔开。表的注释一般注于表的底线下，图的注释一般注于图题下；各条注释之间用“；”隔开。此外，属于国家自然科学基金等资助的项目，其论文应在篇首页的地脚注明资助基金的名称。

3. 怎样开始科技学术论文写作

在一项研究工作做出成绩，资料收集基本齐全后，面临的问题是如何用书面形式把它表达出来。一般来说，科技学术论文的写作大致经历4个过程：构思、计划、写作和修改。现列出4个过程中一些需要注意的要点，供青年学人参考。

3.1 构思

构思是将自己的研究成果与资料以及经过抽象形成的观点通过一定的方式和内在的逻辑联系，构成一个有机统一的总体框架，用以表现主题。

（1）论文的标题，可拟定几个题目；

（2）文章的宗旨与范围；

（3）哪些内容要强调，哪些内容可省略；

（4）怎样引出大标题与小标题；

（5）列出研究过程中所遇到的和所提出的各种问题和现象；

（6）如何运用有关资料说明观点；

（7）如何利用图表曲线解释观点；

（8）如何按照逻辑的顺序安排段落。

构思实际就是对观点和材料做合理安排的思维过程。它可从以下几方面思考：思路、层次、顺序、段落及其过渡，开头和结尾的呼应等。特别是对于剖析、推理或反驳等论证的问题，只有合理穿插、展开，才能全面、准确，具有说服力。这要求作者具备一定的逻辑、语法和修辞的能力，精选材料，组织论据。通过分清主次，逐步过渡，做到观点和材料的完美统一。

实际上，由于专业领域不同，构思时考虑的内容也不相同。

如果构思的课题在于提出一个理论，那么构思时要强调：这一课题所面临的技术问题和各种复杂现象，新的理论用于该课题的实际例证，新理论解释出现的现象及其意义。

如果课题是进行一项技术实验（包括工程、工艺、设计、制造），那么构思要强调：传统实验（包括工程、工艺、设计）的不尽人意之处，新实验（包括工程、工艺、设计）的方法与特点，新结果的分析。

如果课题是揭示已知原理的实际应用，那么构思时要强调：应用原理评述，研究成果介绍，使用价值及其应用前景描述。

3.2 计划

计划是将初步拟定的撰写提纲确定下来，以便论文写作时突出重点，前后呼应，避免内容重复，结构混乱。它如同描绘一座大厦的蓝图，构成了正文的轮廓。

计划是作者进一步完善论文构思的过程。实际上，构思与计划（拟定提纲）往往是同时进行的。

拟定提纲是帮助自己从全局着眼，树立全篇论文的基本骨架，明确层次和重点，简明具体，一目了然。通过提纲，把自己初步酝酿的思路、观点、想法用文字固定下来。这样写起来就会全局在握，目标明确，思路开阔，避免松散零乱。依据提纲行文，随着文思的畅游和思路的深化，会产生许多新的想法和新的发现，或者使原来的设想得到修改、补充，甚至扬弃。文章的构思就有可能更为完善，更为理想。

因此，拟定提纲是一个必要的步骤。它有助于分清主次，有层次、有步骤和有说服力地展开写作。

（1）拟定提纲。提纲是将主要观点用标题按逻辑顺序列出。一篇科学论文的内容，通常是提出问题，叙述事实，推理、讨论与结论。可以按这一思路拟定提纲。

题目的拟定；文章的中心，目的；论文主题所属的各个分论点。

前言：内容 1，2，3，…

正文：①大标题　1.1，1.2，1.3，…

　　　小标题　内容 1.1.1，1.1.2，…

　　②大标题　2.1，2.2，2.3，…

　　　小标题　内容 2.1.1，2.1.2，…

结论：论点 1，2，3，…

（2）简要记下重点阐述的论点与各个分论点所隶属的论据材料。

（3）记下每个层次采取哪种论证方法。

（4）以逻辑的顺序排列各个论题。

（5）选定一个好开头与好结尾。

3.3　写作

一篇论文的写作，即便已经具有丰富的材料和周密的计划，也只有通过具体的写作实践，才能形成高质量的论文。

写作是按拟定的撰写提纲，有条不紊地、层次清楚地展开思维，有效地论证和表达论题。

（1）以提纲作为写作的指导。

（2）使用醒目的标题，紧扣主题。

（3）搭好论文的架子，注意文章中的“起、承、转、合”。

（4）有层次地展开叙述，持续写作，直到完成第一稿，使用脑海中第一次出现的词汇。

（5）随时记下所引用的事实论据和理论论据的详细出处，列下参考文献，便于修改时查找，也方便核实。

写作是论文形成全过程中最艰苦的工作阶段。它既是对论文从内容到形式精雕细琢的过程，又是作者思想认识不断深化的过程。写作过程还可及时发现层次是否清楚，工作有否漏洞，材料是否适当，数据是否可靠。

写作理论分析部分时，公式推导、数学推导的过程并不是每一步演算都要写出来。推导过程以同行专家能看懂为原则。所以，证明步骤不需要写得那么详细，允许有较大的跳跃。特别是常见的推理步骤，明显的推理过程，显然的理论根据，可以一笔带过。在理论分析的过程中不应出现前后矛盾与牵强之处。理论分析部分特别要注意逻辑的严密性、语言的简洁性，以及符号的规范性。

写作实验与计算部分时，一般来说，要说明实验与计算的对象，意义和作用，原理和方法，设备和条件，以及结果分析等。在应用或比较前人的成果时要正确阐述二者之间的关系。实验与计算部分特别要注意数据的正确性、记录的客观性、表述的公正性，以及结果的确证性。

3.4 修改

论文是要反复修改、千锤百炼的。修改是对文稿中的缺点、错误和不足之处进行纠正或充实。作者要严格要求自己，多次修改文稿。不仅自己应该反复锤炼，还应征求有关专家、学者的意见，研究生要请学术导师审阅。只有经过反复锤炼之后，才能定稿。最后，还要通过编辑部请相关专家审阅。修改时凡是属于写作规格和篇幅方面的问题都应按刊物规定的要求修改。对审稿人所提出的意见，也需要认真推敲，决定是否予以采纳。

论文的修改要从两个方面考虑：一是内容；二是形式。内容是重点。它决定论文的水平和价值；但也不能忽视形式，因为它直接影响论文的内容和效果。

修改论文可从以下 7 个方面来考虑：

（1）推敲——认真思考所提出的问题，反复比较，确定最佳解决方案。如结构怎样安排才合理、图表怎样绘制才更明了。

（2）提炼——文章的题目、论点，每段的中心思想，如果觉得不精粹、不准确、不概括、不突出、就要重新思考、反复琢磨、反复比较，找出精华。

（3）增补——凡是结构残缺、数据不足、论据单薄的地方都要增补适当的内容，使其完整。

（4）删减——凡是与主题论点无关的内容，凡是过于累赘、臃肿，以致与其他部分无法平衡的地方，都要大刀阔斧地砍掉。

（5）校核——对于原始数据、运算过程和最后的结果，都要认真校核，看是否有错误；对于推理、论证的每一步骤，都要仔细检查，看是否逻辑严密，是否有科学依据。

（6）调整——对于材料用得不适当、布局不合理、层次混乱等情况，要进行调整。

（7）改正——凡标点、符号、物理量使用不当，用字不妥，语句不通的地方，一律要认真改正，不能疏忽。

修改时需注意之点有：

（1）写好的文章读起来是否朗朗上口，内容是否平衡。

（2）该叙述的内容有否遗漏，最重要的论点是否充分强调了。

（3）进一步审查原理、观点是否正确。

（4）有否逻辑错误和错别字，特别是语病和病句。

（5）论文的中心是否突出，论据是否真实可靠，论点和论据是否有机结合。

（6）在表达方式、用词、编写、符号、数学公式和插图上是否符合规范，适合读者的要求。

（7）检查引文、资料出处是否有误，防止遗漏，以免有剽窃之嫌。

（8）引用人家的观点有否断章取义，对他人或前人工作的评价是否实事求是，批评要以理服人。

（9）从文字上对全文进行润饰。

（10）把文章搁在一边，随后再修改。

4. 对科技学术论文写作的要求

科技学术论文的写作是一件非常严肃的事情。一篇科学论文既体现了作者严密的思维，也体现作者的学风。一般来说，对科技学术论文的写作有以下要求：思维清晰，表达准确，论证严密，内容客观，叙述完整，语言简练。

4.1 思维清晰

论文反映了作者的思维与思维方法。科学思维必然思路清晰，合乎逻辑。例如你研究一个课题时，要考虑：为什么要研究这个课题并提出这个问题？前人是怎样叙述和处理的？前人工作有什么不够的、遗漏的、错误的，以及要发展的？你有什么新观点、新理论和新见解？你发现了什么，补充了什么？你的研究有什么进展，而这个进展有什么意义和科学价值？总之，你的论文应使人感到你的思维是清晰的，论文层次分明，条理清楚，似乎感觉这篇文章只有这样写才好。

4.2 表达准确

所用文字要准确表达概念、准确阐明命题和论点，语言要朴实。凡是作者提出的新概念、新方法，一定要表达清楚恰当、观点明确，不要含混不清，也不要回避不同观点。不要强词夺理，不要自圆其说，力戒片面性、主观性和随意性。真实性，也就是科学性。凡是文稿中所运用的事实、经验材料和理论，一定是真实和可靠的。每一项实验应该是能够重演的，每一个结论是证据确凿的。要准确、精心选择文章所用的词语。

4.3 论证严密

无论是在科学研究中，还是在写作中，都要正确地运用逻辑思维方法，要坚持辩证唯物主义的观点，把整个研究置于客观事实基础之上。任何假定、设想和推论都必须有客观的、科学的根据。坚持科学的方法论，正确运用分析和综合、演绎和归纳等基本科学方法。追求因果关系，注意因果规律，注意逻辑上的连贯性和一致性。不要出现前后不一致，甚至不相容的情况。各章、节和各个段落之间，应环环相扣、层次分明、朴素真实、分层恰当，使全文浑然成为一个整体，富有感染力。每一个理论都要以证据为基础，而不能以未经证实的观点做根据，推测不能代替证据。

4.4 内容客观

在写作时，一定要实事求是，客观、朴素叙述事物的面貌。哗众取宠、故弄玄虚、以主观臆断代替严密的论证，都是不正确的态度和学风。要客观地评价一切事物，实事求是地评价前人的成果和自己的结果。要尊重权威，但不要迷信权威，实践是检验真理的唯一标准。要立论公允。应当分清哪些是前人的成果、别人的贡献，哪些是自己的结果。对于所进行的讨论，所构成基础的假设，所得结论的前提、条件、适用范围等，都应交代清楚。不要以为写清楚这些会使自己的论点有了“局限性”，不说明就更有“普遍性”。这种看法不正确。实际上，任何论点、公式和方法，都是在一定条件下成立的。这是客观存在。不把它们写出来，只会损害科学论文的严密性。引语要恰当，要讲事实、摆道理，切忌断章取义，切忌拉大旗做虎皮。

4.5 叙述完整

一篇科学论文表达的是一项具有相对独立性和完整性的研究，因而论文本身也应该具备相对的完整性，使读者读完后能对整个工作有完整的而不是残缺不全的了解。论文的叙述应是合乎逻辑的、有条理的，且易被他人所理解的。每一个论据都应有一个合乎逻辑的结论。尽管每一个人的知识有局限，但所写文章不应有遗漏性的错误。

4.6 语言简练

一个科技工作者应开门见山地写文章，避免使用隐语、赘词和模糊不清的繁复表述。写作时应尽力使语言简练。简练的原则是：用尽可能少的字句把意思表达清楚，使适当范围的读者能够读懂本文；但也不能过于简略，以致连同行也读不懂。这是不适宜的。文章要精练，重点、中心要突出，写作时要下决心删除一切与主题无关的叙述，尽量使用通常术语。不要杜撰一些毫无必要的新词，不要自造专业名词。要符合规范，特别是国家标准。不要以为文章写得越晦涩难懂，水平越高。

上面提到的6点是对科技学术论文写作的基本要求。罗伯特·巴拉斯在《科技写作指南》一书中还提到，构思严谨的作者在写作中还具备另外一些特点，可供我们写作时对照检查：

切题（合乎主题，适合读者，切合需要）

均衡（表示了解到问题的各个方面，内容协调）

简洁（不多用一个不必要的字，删去不需要的细节）

一致性（在使用数字、名称、缩写、符号、标点和术语时前后一致）

协调（内容编排前后协调）

趣味性（吸引读者的注意力）

说服力（证据有力、信服）

精确（定义严密，量测精确）

真诚（态度坦率、诚挚、谦逊）

和谐（全文浑然一体、紧凑）

4.7 关于学术论文撰写遵循准则的六性

关于科技学术论文的撰写必须遵循的原则，Ward G. Reeder 于1930年在《How to write a thesis》一文中曾提出5个字，即：

“accuracy”——精确性，即实验、计算数据精确可靠，内容论点正确无误。

“objectivity”——客观性，即客观真切，实事求是，不主观臆断，不想当然。

“impartiality”——公正性，即公正对待实验数据和研究成果，不偏不倚，不按自己的意向任意取舍。

“verifiability”——确证性，即论文中的数据经过反复证实，实验结果可以重复，有再现性，而且经得起别人的复验。

“readability”——可读性，即文字通顺，可以成诵，切忌生涩。

以上五“性”，再加上上面提到的“originality”——原创性，即论文有首创或创造性的内容，确可作为我们撰写学术论文遵循的准则。

结束语

在本文结束时，作者希望与大学生、研究生、青年教师和青年科技人员有以下共识：

（1）“研究，完成，发表”，这是一项科学研究工作的基本过程。因此，要把写作与发表看成科学研究工作的一个组成部分。

（2）科技学术论文必须是对科研成果进行科学的逻辑和文字的再创造。它是科研成果的科学记录，也是属于出成果本身的重要环节。

（3）要重视科技学术论文写作的训练。科技文章的写作并不难，只要了解科技学术论文写作的特点，学习科技论文写作的规范与技巧并努力实践之，就一定能够提高自己的写作能力和水平。

（4）科技学术论文写作的前提是你从事的课题有否取得成果；论文是靠写出来的，但更主要是靠干出来的。

怎样宣读科技学术论文*

宣读论文需要想象力和技巧，也需要面对众目睽睽的勇气。

引　言

完成科技学术论文的写作之后，需在刊物上发表或在国际、国内会议上宣读；博士、硕士学位论文须进行论文答辩；科学技术报告有时也要求在某一会议上宣讲。只有经过以上程序后，才算是完成了科学研究工作的全过程。因此，科学家不仅要撰写科学论文，还要通过作报告的形式，把自己的思想和结果告知同行。我国的青年学人，往往重视学术论文或学位论文的写作及发表，而对学术、学位论文的宣读不够重视，甚至马马虎虎，敷衍了事。由于宣读效果差，学术论文达不到学术交流的目的；学位论文难于获得答辩委员们肯定的评价，甚至可能使答辩失败。论文不但要写得好，还要讲得好。只有这样，才能使同行专家或答辩委员会成员们真正了解你所进行的研究工作，以及它的重要性和意义。

当前，在科技学术论文宣读上，大概有以下问题：

（1）没有制作计算机投影显示（PowerPoint—PPT）文件，也没有利用其他形式的助讲视听的手段，如幻灯片、投影膜片、壁报、挂图、录像等。照本宣科读一遍，没有注意学术报告与学术论文的区别。

（2）论文讲演没有经过充分的构思和精心的组织，缺乏系统性、完整性，重点不突出。

（3）PPT 的制作或版面设计的质量太差，效果很差。

（4）论文宣讲支离破碎，东拉西扯，使人不知所云。

为了帮助初次参加国内或国际学术会议的大学生、研究生、青年教师

---

* 本讲演稿作于 1988 年 5 月，1996 年 12 月与 1997 年 4 月由中国兵工学会、光学技术杂志社、北京理工大学研究生院刊印成册出版，这次收入本集时做了修改与补充。

以及青年科技人员宣读好自己的学术论文和学位论文，本文主要就学术、学位论文宣读的准备、宣讲方式、注意事项与要求做一简单介绍，最后尝试给出了口头宣讲准备的实例。至于科学技术报告（如鉴定会研制报告，论证会技术报告等）的宣读，其要求与学术论文宣读相仿，就不一一细述了。

一、宣读科技学术论文的目的

在国内、国际学术会议上宣读学术论文是当前学术交流中一种最主要的形式。参加学术会议，亲自感受学术交流的气氛，了解国内外这一领域的动态与发展趋势，无疑将有助于自己今后的学术活动，而在学术会议上宣读学术论文使国内外同行了解自己的工作进展，更能促进并激发自己投身于科学研究的激情。只有在公众面前宣读论文，你的论文才能被世人更好地了解。通过论文宣读，你能结识同行，而他（她）将会与你进一步交流；或许你会受到赞扬与祝贺，这将使你树立自信心，更好地推动你的研究；或许你会受到质疑和批评，得到建议，这将使你深入思考，或对自己的研究做新的诠释，或改进研究方案。因此，学术导师或学术带头人，应该鼓励青年学人多参加国内和国际学术会议。学位论文答辩是每位大学生、研究生都必须经过的学习步骤，也是这一学习阶段最后的一关。通过口头宣讲学位论文及答辩，展示你的研究成果，显示你的才华与能力，使答辩委员会成员了解你的研究和成就，特别是你的创新或创造性贡献，从而使委员们信服你的工作，通过你的论文答辩并给予较高的评价。

宣读科技学术论文或作学术报告需要周密的计划。这实际是一门“科学的艺术”，既需要想象力和技巧，也需要面对众目睽睽的勇气。但是，我劝青年学人不必害怕，因为这一专门课题你进行了较为长期的研究，既然今天能登台演讲或进行答辩，自己就是这一研究课题比较了解的“行家里手”。只要你进行认真准备，一丝不苟地做好宣读论文的各项准备工作，就一定能获得成功。

二、学术论文及摘要的投寄

通常，在完成学术论文的写作之后，决定发表时，首先考虑的是投寄刊物或学术会议的选择。作者应根据论文的创新程度，恰当选择有关的中英文期刊或国内外学术会议。若希望自己的论文被世界重要检索系统收录，如 *Science Citation Index*（*SCI*），*Engineering Index*（*EI*）；*Index to Scientific and Technical Proceedings*（*ISTP*），*Chemical Abstracts*（*CA*），*Current Abstracts of Chemistry*（*CAC*）；*Environmental Abstracts*（*EA*），*Physics Abstracts*（*PA*），*Electrical & Electronics Abstracts*（*EEA*）；*Computer & Control Abstracts*（*CCA*），*Conference Papers Index*（*CPI*），*Comprehensive Dissertation Index*（*CDI*）等，最方便的方法是查阅大图书馆中近期的 *Ulrich's International Periodicals Directory*（《乌尔里希国际期刊指南》）。凡列入该书者，均为世界重要检索系统收录。有的刊物在版权页显要处注有被二次文献检索系统及刊物收录的文字。作者在选定刊物之后，要认真阅读该刊的作者须知。特别是有些刊物的参考文献的标引有自己的规定和要求。

通常，在学术会议的征文通知（Call for Papers）上说明提交论文摘要的截止日期，篇幅、格式、打字要求等。论文须被会议接受后方能在会上宣读。投寄论文摘要，以便接受会议组委会的审查，由其决定录取与否。论文摘要须概括你所完成的完整且未曾发表的工作。关于学术论文摘要的撰写可参考拙文《漫谈科技学术论文的写作》。一般，所寄的论文摘要可占一页的篇幅，字数可略多些，以便含有更多的信息量。某些国际会议，有时还要求有一份论文的会议报告（Conference Report）附在摘要之后，以便评委们更审慎地录取论文。通常这样的 Conference Report 不需要如前言、原理、方法、结果与讨论等小标题，故它像一份更长的论文摘要；但它可包括对未来研究的推测，可供选择的方案及建议等。论文摘要和 Conference Report 以及其他材料须在规定日期前寄出或用 E-mail 发出。当论文被接受后，会议组织者将会通知提交论文全文的要求，如截止日期、篇幅、格式、版权以及出版论文集（proceedings）等具体事宜。此外，还将通知学术论文宣读的方式（口头宣讲或壁报展讲）以及报告的时间安排。

博士学位论文，在我国是在论文答辩前寄给这一领域数位同行专家（具体人数由单位按学位条例决定，但一般不少于 5 人），请他们按博士学位论文的要求进行全面评议，写出评语。

三、科技学术论文的宣读方式

学术论文的宣读方式有两种：一种是口头宣讲（oral presentation），或称即席宣讲（podium presentation）；另一种是壁报展讲（poster presentation）。学术论文口头宣讲的时间通常为 15 ~ 20 分钟（其中包括 3 ~ 5 分钟的讨论)，而特邀论文的报告时间一般为半小时。学位论文答辩的口头宣讲时间为20～30分钟（对硕士论文答辩）或30～45分钟（对博士论文答辩)。壁报展讲是将学术论文的内容制成壁报的形式展示。展出时间有时长达2小时。此时论文作者须在壁报近旁回答问题或向观众讲解自己的工作。

（一）口头宣讲

1. 讲稿准备

对初上学术会议讲坛的青年学人来说，口头宣讲学术论文往往使他们感到发怵，怕在专家和公众面前出洋相，怕犯错误。我可以告诉大家，即使是多次参加过学术会议很有经验的老先生，在早年，他们中的大多数都犯过这样或那样的错误，出过这样或那样的笑话。其主要原因是没有经验，缺乏行家的指点。其实只要精心准备、周密筹划、反复练习，就可将出错率降低到最低程度。

不少学术论文的报告人把学术论文的写作与宣读看成一回事，觉得自己论文写得好，只要照此读一遍，就可交差了。这实际是一个误会或错觉。事实上，论文宣读与论文写作不完全是一回事，一篇好的口头宣讲往往是将自己写作的学术论文或学位论文又重新写（rewriting）一遍，形成文字材料，即讲稿。一般来说，讲稿的准备需回答以下问题：

（1）为什么要进行这项工作？　（推动力，研究背景和目的）

（2）本工作是如何完成的？　（方法、途径和实验）

（3）发现了什么？　（创新与创造性）

（4）结果意味着什么？　（实际意义与贡献）

（5）如何概括总结所得到的结果？　（结论与结束语）

通常，问题（1）和（2）的演讲约占1/3的时间，而问题（3）、（4）和（5）约占2/3的时间。其中，问题（3）是重点。

写讲稿时，切忌陷入烦琐的细节；报告应该明确研究主旨，突出创新结果，简明扼要讲清论文的基本观点和主要结果。要突出自己工作的关键部分。属于自己的重大创新与发现的精彩内容可特别加以强调。此外，要在会议规定的时间内从容地讲完讲稿材料。

在国际会议上用外文宣读学术论文时，如外文不很流利，则建议将所要讲述的材料一字不差地写在讲稿上，而对关键的部分可较详尽地写在PPT上。在国内会议上，论文应当是宣讲，而不应是念稿子。可以把讲稿制成一张张卡片，以引导论文的宣读。每张卡片最好与所显示的投影膜片或 PPT 一一相对应。现在已经有更先进的手段，在 PPT 显示的同时，屏幕上还可提示你要讲的内容。

2. PowerPoint（PPT）的制作

目前的国内外学术会议，普遍采用各种视听助讲手段。在 20 世纪，大都是利用投影膜片（transparencies）、幻灯片（slides）进行讲演。进入 21 世纪，人们普遍采用 PPT 进行讲演，因为 PPT 能编写各式各样的文字，能插入艳丽的彩色图片和动画效果，使报告更能吸引观众的注意力，达到事半功倍的效果。PPT 已成为论文宣读过程中一个十分必要的组成部分。

利用 PPT 等作为口头宣讲的辅助手段，除了直观、形象、具体等优点外，尚有以下特点：

（1）引导你的讲演——报告人可按 PPT 显示的内容有条不紊地顺次展开讲演。

（2）支持你的讲演——借助 PPT，使与会人员较易理解内容抽象、复杂或偏专的表述。

（3）加强你的讲演——借助所展示的图表、曲线、统计数字以及能相互比较的内容，可加强口头表述。

（4）代替你的讲演——对于某些现象或情况（如实物模型图、实验装置图、数据趋势图），若用 PPT 来展示，不讲自明。

PPT 的内容可以包括论文的提纲，主要的原理、图形、表格、数据、方法、结果以及结论等。它的制作必须精心设计、信息准确、文字精练，画面设计应简洁醒目，莫花里胡哨。

PPT 的设计要说明问题，支持结论并符合逻辑顺序。要避免用大段文字，只用提纲和图表即可。字数横向 20 字以内，竖向 9 行以内。表示方程式时，应以各种适当定义为限，即只含方程的类型，并标识有效变量，而不必写上更具体的细节。最好是一张 PPT 表达一项内容，简洁清楚，使观众能迅速理解它。有时，PPT 可采取按问题的发展进程分步显示，使读者更清楚地了解内容。除非万不得已，不要在讲演中推导公式。字体的大小应能在墙壁上或屏幕上显示清晰，使最后一排的观众也能清楚看到，有很好的反差（对比度），具有可读性。书写的文字要求线条粗细分明，字母大小有别，图形简洁明了。

效果不好的 PPT 大概有以下问题：

（1）直接将论文稿复制在 PowerPoint 上，屏幕上密密麻麻，效果太差。

（2）展现的内容太多，不注意字号与行间距，使与会者难以辨认。

（3）版面设计差，内容组织得不好，使人难以理解。

（4）对比度太低，字又写得小，使人难以看清。

当然，利用录音、录像辅助口头宣讲也有很多好处，如比较逼真，有说服力，还可以清晰地解析部分或局部的音像（利用慢放操作）等；但是，由于制作复杂、成本高，故目前一般学术论文宣读很少采用。

3. 讲演与答辩

在完成讲稿撰写与 PPT 制作后，首先需要进行论文的讲演演习。一开始可先在心中将讲稿默念几遍。甚至可在等候会见时，休息时，以及在上班的公共汽车上等场合进行。在几乎完全记住讲稿后，可请自己的学术导师、同事和朋友一起来观看你作 2 ~ 3 遍模拟讲演。

在演习过程中，注意：

（1）讲演时面向观众，眼神可与观众交流。

（2）有效地利用讲稿，切不要念讲稿。

（3）声调平和，音量要略大一些，句末不要降低声调。

（4）讲演中最好不要有“嗯”“啊”“这个”“那个”等习惯的口头语。

（5）讲演的神态、语调与姿势显示你生气勃勃，有自信心。精心考虑自己的表达方式，可取得良好的效果。既不要手舞足蹈、搔头摸耳、踱来踱去，也不要太严肃、一动不动。

（6）对自己讲演的工作表现出极大的热情。

讲演演习结束后，应认真聆听导师、同事和朋友所提的各方面意见，以改进你的讲演。此外，特别要检查所制作的 PPT 的放映效果和质量。最好能预测一下在会议上可能提出的询问并考虑如何妥善地回答。

在正式讲演的那天，报告人须早一点到达会场，检查一下计算机与投影仪的运转状态，仔细检查你制作的 PPT 能否正常播放，要使坐在会场后面的观众也看得清楚。

讲演开始时，开门见山讲报告的题目，作者的姓名与单位。直接转入正式讲演，就像演习时那样。没有必要讲一大段与主题无关的开场白，也不要讲“我很紧张”或“对不起，我没有准备好”等语。讲演过程中既不要心情烦躁，也不要因为台下观众说话或闹哄哄而分心，一切按原定的计划进行。即便在讲演中突然讲不下去了，也不要惊慌，做一下深呼吸，把眼神从观众处移开，也可以趁机喝一口水。这时你的思路定会很快地转回来。或者你可以看一下所准备的讲稿，上面的重点已用红线标出，你便可以继续讲。你还有最后的手段，即拿起讲稿，照着稿子念一两句。要知道，此时在座的观众并不知道什么是应该说的，他们的思维实际是随着报告人的思路走的。如果你的准备工作做得确实很好，那么即便你在台上有点紧张，甚至讲得不大好，观众也是会谅解的。不少观众也是过来人。他们会想起自己从前也有过类似你今天的经历：在台上发窘，甚至出洋相。

讲演者要注意掌握发言时间。学术会议的发言程序是安排好的，而时间要求是严格的。有些学术会议，配备有计时钟或蜂鸣器。对于20分钟的发言，到15分钟时绿灯亮，提醒你还剩下5分钟。到18分钟时黄灯亮。此时报告人须考虑如何尽快结束自己的发言。到20分钟时红灯亮，表示你必须停止发言。在演讲结束时，不要如释重负，急于下台，而应感谢观众关注你的讲演，也可表示愿意回答问题。

对于通常的国际、国内学术会议，由于发言安排紧凑，讨论的时间不会太长，一般提2~3个问题就结束了；但有时碰到大家都感兴趣的课题，或是专题学术讨论会（seminar），讨论时间就会长一些，甚至争论会很激烈。至于硕士、博士学位论文宣读后的答辩，通常每位答辩委员会成员都要问几个问题，时间就更长一些。由于答辩委员会成员要比较深入了解答辩人对研究领域及其研究工作掌握的深度，考察答辩人的学术水平与能力，而他们中有些人事先详尽地阅读了学位论文，故围绕着论文工作的意义、假说、实验结果、公式推导及其出发点、创新点等，甚至一些细节都会提出质疑。有时还会抓住学位论文中的薄弱环节紧追不舍，故这对答辩人来说是一个十分重要的时刻。

学术论文报告人和学位论文答辩人在回答提问时要满怀信心，态度要真诚礼貌，回答要简明扼要。答辩应该实事求是，充满信心，不卑不亢，言简意赅。对于那些你确实回答不了的问题，或是所问的问题涉及你尚未研究的工作，应直截了当地如实回答。对于有些提问你不清楚其真正涵义时，不要含混不清地回答，否则很可能会落入陷阱或圈套。对于赞扬，不要喜形于色。对于批评，如果正确，应虚心接受；如果不同意，应态度平和地摆出自己的观点。切忌没有听清问题就文不对题地瞎答一气。切忌漫无目标地东拉西扯，也切忌曲意迎合或顶牛抬扛。对于学位论文答辩中的原则性问题，由于事关学位的授予，答辩人要摆事实、讲道理，以“捍卫”自己的研究成果。科学需要争鸣，而学术问题的讨论应该是理性的、自由的、坦诚的、相互尊重的，需要在自由、民主的气氛下进行。报告人或答辩人应抱着虚心学习的态度，即使提问尖刻讽刺，也不要反唇相讥。不管提问人举止如何粗鲁，如何出言不逊，甚至进行人身攻击，你也要沉得住气，不以牙还牙。一般来说，极少会遇到这种情况；即使发生，会议主持人也会出面妥善处理的。

应该说，在学术会议上大多数与会人员都是彬彬有礼的。一般来说，即使他（她）很不满意你的回答，也不会使你太难堪。至于学位论文答辩，特别是返回的评议意见，大多数会肯定答辩人的研究工作。答辩委员会的成员们并不想站在答辩人的对立面。他们希望看到的是答辩成功，而不是失败。除非答辩人极无教养，论文工作漏洞太多，答辩敷衍了事，而且一问三不知，这就很难说了。

提问结束后，会议主持人对报告人的发言表示感谢，报告人可回到自己的座位。对于学位论文的答辩人，可在答辩委员会宣读决议后向答辩委员会成员、学术导师以及对自己的学位论文研究提供实质帮助的人们表示感谢。

（二）壁报展讲

早在20世纪70年代在美国的学术会议上就开始采用壁报展讲形式。近年来，随着学术交流的普及，会议收到的学术论文的数量越来越多，无法都安排在会议上作口头宣讲。于是，壁报展讲的形式便普遍被采用。通常，两个小时的壁报展讲期间，可以安排25～30篇论文，而在同样的时间内，口头宣讲仅能安排6～8篇论文。

在壁报展讲期间，论文作者可与在相同领域工作或对论文工作感兴趣的观众进行面对面的讨论、交流。通过壁报展讲，可建立个人间的直接联系。与口头宣讲相比较，这也许是一个最大的优点。

在我国召开的学术会议，通常对壁报展讲的形式不很重视。一些学术会议组织者既不提供展板，又不留出专门时间，以供与会者参观与讨论；而作者往往是将自己的论文全文一贴了事，甚至一走了之，就算论文已经宣读了，根本达不到学术交流的目的。实际上，壁报展讲更需要重新组织论文并精心设计版面，使其图文并茂，突出醒目，吸引观众。在壁报展讲的大厅中往往能看到这样奇特的现象：高质量的壁报前，观众多，提问多，讨论热烈；低质量的壁报前无人问津，门可罗雀。

1. 壁报内容与展板设计

壁报展讲的成功与否自然主要取决于内容，但是精心设计的展出将极大地加深观众的理解，激发其兴趣。因之，壁报展出的版面需要精心组织与安排。壁报的内容通常可包括：

（1）论文标题、作者与单位。

（2）论文摘要。

（3）正文内容：推动力、假设、方法、结果。

（4）讨论与结论。

图 1 中示出了学术论文壁报展出的一种格式（示意图）。通常，学术会议并没有规定统一的标准格式，但一般会告诉你张贴壁报展板的尺寸（如 1.2 m×1.8 m）以及注意事项。由于壁报是为与会人员观看安排的，壁报展出应使参观者能迅速获得这一研究工作的总体印象。因此，应将论文的标题放在壁报的最上方，像一条横幅，使远在 4 ~5 米处的参观者看几秒钟就能领悟论文的主题。其他内容，如方法和结论等更详细的信息要被观众理解，通常需要几分钟。如果观众对壁报的内容特别感兴趣，他（她）将会仔细阅读并与你展开讨论。

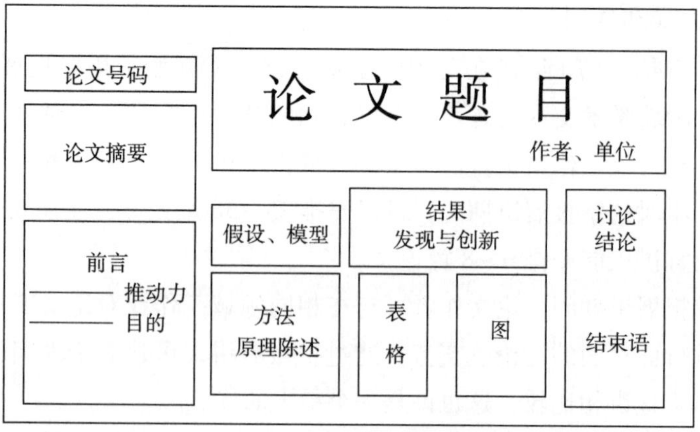

图 1　学术论文的壁报展出示意图

2. 壁报展出

壁报展示的论文内容，应该是清晰明白的，有些细节也应予以叙述清楚。这就是说它必须具有可读性，但应尽可能简明扼要。壁报中应尽量利用图形、曲线、图表和照片；图文并茂，更有说服力；文字清晰，图形美观，对比明显，视觉效果便好。所选择的字号与线条应使观众在 2 米附近能看清楚。

当把壁报展讲的材料准备完毕后，可以将其放在大桌子（如乒乓球台）上试着布置一下，请学术导师和同事们提出宝贵意见。有些论文作者将壁报布置在大纸上，全部贴好，然后直接拿到会议上张贴；但大多数作者是先将壁报版面设计好，并把位置一一画下来，然后到会议上按图一一地张贴到展板上。也有的作者将壁报照相放大，将照片拿到会上张贴。

正式进行壁报展讲的时候，论文作者最好要比规定张贴的时间早 30 分钟到达展厅。作者的论文号码早已由会议工作人员标在展板的左上方。这样，可以将壁报用随身带的两面胶或揿钉按预定的版面设计贴到展板上。通常，会议组织者要求作者在展讲期间（poster session）一直守候在展板旁。

在展板前，作者要向那些对论文工作感兴趣的参观者提供补充的信息，鼓励他们提出问题。在与参观者讨论时表现要热情大方，不要忸忸怩怩。要向观看你的展板的人们致意，但不要与人聊天聊个没完。讨论时声调也不要太大，以免妨碍他人。展讲时最好准备一些白纸或笔记本和笔，以备讨论时使用。还要准备一些论文复印件，以便赠送给感兴趣的参观者和同行。另外，要记下对本论文的反映和意见、展讲中遇到的困难，以及其他作者的展板的优点，以便在下次展讲中改进。

壁报展讲会期结束时，作者应该取下自己所有的展出材料，否则，这些材料将被会议秘书处收走而散失。

四、口头宣讲示例

下面我以自己的两篇论文为例来说明学术论文的口头宣讲。第一篇论文的题目是《微光夜视成像技术的进展》，属于综述性报告；第二篇论文的题目是《静电像管优化设计中数值模拟若干问题的研究》，属于研究性报告。口头报告的内容、方式和深度要根据具体情况而定，如会议的性质、报告的对象、报告允许的时间等。现分别叙述在学术论文的基础上进行 PowerPoint 以及讲稿的准备。

1. 综述性学术论文口头宣讲

论文题目：微光夜视成像技术的进展

报告人及单位：周立伟，北京理工大学

报告场合：全国光学技术学术讨论会

报告性质：大会特邀专题报告

允许报告时间：60 分钟

这种专题性、综述性报告的主要目的是通报信息，使与会人员对这一领域形成较为完整的概念，获得全面的了解。因之，要求报告人在规定的宣讲时限内提供尽可能多的信息，用大量数据、图表或曲线来说明这一领域的进展。这一综述性报告的主旨是：对微光成像技术从第一代到第四代的变化历程以及红外热成像等进行评述，对评价像增强器的品质因数进行讨论，并分析夜视的各种技术途径，优、缺点，发展水平与前景，以及未来的展望。由于对象是全国夜视界的同行，其中也有不少青年科技工作者，故除了要求全面、系统地讲述基本情况外，还要把重点放在国内外的技术水平、最新进展和发展动向上。自然地，对于这类综述性报告也可以讲自己的观点、看法与建议，以及自己的工作成就，但尽可能不要停留在细枝末节上。总之，要使听众在听报告后感到内容丰富，有收获。

口头演讲，要想达到好的演讲效果，就必须深思熟虑，在内容如何展开，表达如何一步步深入上下功夫。我觉得，报告人准备 PPT 和讲稿时与电影导演根据剧本写分镜头和演出本很相似，但前者主要依靠逻辑思维，而后者要靠形象思维，故难度要大得多。讲演人列出报告的目录，对目录各条进行详细分解，准备讲稿。这里给出“微光夜视成像技术的进展”的前几张 PPT，供读者参考（图 2）。我就不一一细列了。由于讲演时有 PPT 的引导，手上有讲稿辅助，按 PPT 所示内容依次讲述即可。这无论对自己，还是对听众，思路都很清楚。通常，对于这一类综述性论文的口头宣讲，准备的 PPT 可多一些，到时候可根据情况取舍。

2. 研究性学术论文口头宣讲

论文题目：静电像管优化设计中数值模拟若干问题的研究

报告人与单位：周立伟，北京理工大学

报告场合与日期：国际光学工程学会（SPIE）40 周年学术会议，美国圣地亚哥，1995 年 7 月

报告对象：国际电子光学学术界同行

报告性质：带电粒子光学（Charged-Particle Optics）主题会议特邀报告

报告时间：30 分钟

微光夜视成像技术的进展

北京理工大学
周立伟

微光夜视成像技术的进展

前言

一、一代微光：纤维光学解决级间耦合问题
二、二代微光：微通道板解决电子倍增问题
三、三代微光：负电子亲和势解决阴极灵敏度问题
四、超二代微光：以提高信噪比来改善成像质量
五、三代与四代微光：有膜与无膜之争
六、微光夜视：新的评价体系
七、微光夜视的未来——新的趋向
结束语

前言——夜视技术的推动力

推动夜视技术的进展首先是出于军事上的需要，其次是商业上的需要。这二者构成了夜视领域的战争或竞争。

它表现在两个方面：

一是在战场上争夺制夜权。现代战争已由白天转为夜间。空军：“午夜起航，5时返航”。陆军：夜战近战，谁能先发现对方，谁就取得主动。

二是在高技术上争夺领先权，谁在技术上高人一筹，谁便拥有黑夜控制权，更为重要的是谁将拥有市场控制权。

人眼的限制

人眼作为一种非常灵敏而紧凑的图像探测器有两大限制：
（1）受观察时间、地点和察觉图像细节能力的限制；（2）受入射光的波长和能量大小的限制。

探测手段	人眼的限制	补救办法
图像探测	地点（“此地”）	电视
	时间（“此刻”）	图像存储
	细节察觉能力	图像处理
辐射探测	灵敏度	图像增强
	波长	图像转换

发展夜视的两条途径

主动红外夜视具有隐蔽性不可靠、易暴露自己、红外辐射源及供电装置笨重不便等缺点。人们自然想到从两个方向发展夜视：

（1）微光成像

利用夜天自然微光的反射辐射，将夜间光增强，属被动式。

（2）红外热成像

利用场景中物体本身的热辐射（3～5 微米，8～14 微米大气窗口），属被动式。

近半个世纪来，发展了微光像增强技术、微光摄像技术、成像光子计数探测技术和红外热成像技术。

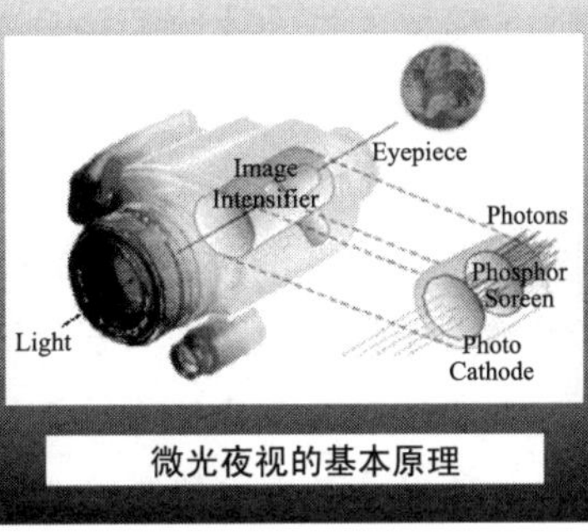

微光夜视的基本原理

图 2 “微光夜视成像技术的进展”的几张 PowerPoint 示例

通常，研究性学术论文口头宣讲的主要目的是向与会者通报作者在这一研究上的进展、发现与创新。报告人要在 15 分钟（一般论文）或 30 分钟（特邀论文）内讲清楚这一研究的来龙去脉、研究背景、技术路线、试验与计算结果、创新点等。例如，对这一篇研究性学术论文的口头宣讲，如果讲清楚以下一些问题，便会使人产生深刻的印象。

1. 推动力，研究背景

· 像管电子光学优化设计面临两大难题：

(1) 如何提高电场分布的计算速度和计算效率?

(2) 如何解决自动寻优?

·前人的工作，解决了什么? 没有解决什么?

·研究工作的意义

2. 本研究要解决什么问题?

·场的快速求解

·优化方法的选择

·目标函数数学模型的选择

·约束条件及其处理

·电子轨迹的计算方法选择

·算法的实现

·程序编制的技巧

3. 解决这一问题的技术路线

·多重网络法求解旋转对称静电场的研究

·约束变尺度法求解非线性约束最优化问题的研究

·像管优化设计的目标函数及约束条件的研究

·曲轴宽电子束聚焦理论应用于实际计算

4. 本工作的创新点

·首次提出采用多重网格法（Multigrid Method，MGM），而它较通常的超松弛迭代的有限差分法（FDM）计算效率高2~4倍

·采用约束变尺度法保证优化设计的高效率与快收敛

·采用作者提出的宽束曲轴轨迹方程提高计算精度与效率

·建立符合实际的目标函数数学模型

·采用先进的编程技术使软件包具有高效性、稳定性和友好、方便的使用界面

5. 计算实例比较

·对实际像管电场计算速度、计算精度的考核，MGM 与 FDM 计算结果的比较

·对两个实际像管——二代微光管 XX1380 与变倍管 XX1110 优化计算的考核

6. 结论

·首次应用多重网格法取得成功

· 全面解决像管优化设计的问题

· 取得成果——ODESI 软件包

· 应用推广情况，实际意义

由此出发，可按论文内容制作 PPT。其示例与讲稿准备已如上述。

结束语

（1）科技学术论文只有通过学术会议的宣读和学术刊物的发表才算问世。科技学术论文的宣读与学位论文的答辩也是科学研究工作的一个组成部分。学会口头宣讲和壁报展讲进行学术交流是科技工作者亟须具备的一种素质和能力。

（2）青年学人走上科学讲坛宣读学术论文是在向科学进军的行程中迈出的重要一步。要试着走出这一步，在学习、总结、实践的过程中，锻炼自己的思维，提高自己组织材料的能力和口头表达的能力。这些能力是可以通过学习不断总结、实践获得的，并将使自己一生受益。

（3）本文的一些原则对于宣读科学技术报告，包括论证报告、方案报告、专题报告和研制报告等都是适用的。归根结底的一点是：运用一切可能的视听助讲手段，使人明白你的工作，使人信服你的工作。

研究生开题报告谈

开题报告是学位论文的研究走上正确方向的一次把关。

引 言

研究生开题报告构成未来学位论文的框架，也是描述学位论文的构思，拟解决问题的方法或途径，以及具体的实施计划的报告。通过开题报告，指导教师了解研究生把握研究方向的水平和能力，研究内容的深度与广度，研究的前沿性及其特色。开题报告是学位论文的研究走上正确方向的一次把关。研究生要把开题报告作为锤炼自己思路、表达自己创见和表现自己能力的一次机会。

开题报告的过程既是研究生经受各种科学训练的过程，也是研究生迈向科学研究之路的第一步。通过开题报告，研究生可锻炼以下能力：

（1）文献检索与阅读能力。

（2）文献综述能力。

（3）分析问题与从事研究的初步能力——提出问题或创见的能力、选题能力以及初步的实验能力。

（4）科技学术论文的书面表述能力。

（5）学术报告的口头表达能力。

一、关于基础研究和应用研究

通过对自然的探索和认识，以满足人类对自然的好奇，这就是科学。怀着明确的目的，利用自然知识，对自然进行控制，这就是技术。科学的目的是认识自然的、社会的及思维的规律，而其成果是科学知识。技术的目的是设计和制造被用于生产、运输、通信、战争、科学研究、教育、管理、医学、文化和生活等方面的工具和手段。科学与技术之间既有联系，又有区别。现代科学依靠技术的进步。若没有加速器技术的发展，就没有基本粒子的发现。技术也依靠科学的指引。电子计算机就是量子力学、固体物理、电子学、数理逻辑、控制论、信息论等学科的共同成果。

科学与技术之间的区分不是绝对的。两者之间没有明显的、绝对的和不变的界限。它们是相互渗透、相互交织的。有时很难分清一项研究活动到底是科学活动，还是技术活动。特别是应用研究，它既使用理论原理，又包含技术原理。绝对不受科学原理指导的技术和绝对不以技术为基础的科学，在现代都是不存在的。因此，科学研究广义上可被视为纯科学研究和技术研究的整体。

科学研究通常可分为基础研究、应用研究和开发研究。基础科学，即“纯科学”，指各门学科中的纯粹理论部分，如理论物理学、基本粒子物理学等。它的主要目的是探索知识，和具体的实际运用关系不明显，但它的成果常常能够引起应用科学和技术科学的发展。研究各门学科的基本问题，被称为基础研究。基础研究目的是根据自然现象（或实验），以寻求新的科学知识，如新的理论、规律、技术、方法等。以光学而言，作为基础研究，主要研究光的产生、光的传播与传输、光的本性，以及光和物质的相互作用。我们把基础研究的成果称为发现。

进行基础研究时，一是要能提出新的问题，即文献中没有解的新问题，或另有新解的旧问题，即谁都不知其解的问题。这是因为只有新问题才能求得新结果。二是深入思考，考虑与问题有关的现象和理论，以及解的可能方向，从而设想出解决问题的关键。

应用研究是有关科学技术应用方面的研究，目的在于解决社会生产实践中所提出的实际科学技术问题。应用研究把科学知识转化为实物，如仪器、设备、产品、设计方法等，而其成果则被称为发明。应用研究是理论和生产的联系纽带。它一方面将理论运用于实际生产，另一方面将技术和生产信息反馈给科学，或为科学提供新的工业成果，使之成为新的科学实验手段。研究应用科学中的一些基础问题，我们称之为应用基础研究。应用研究的另一端，我们称之为开发研究，或称工程研究。它是关于生产活动内的技术运用和产品设计、生产的研究。科学成果要满足社会需要，就必须经过“开发研究”这一环节。

一般来说，博士研究生和硕士研究生所从事的研究课题属于基础研究、应用基础研究和应用研究。

二、选题的考虑与原则

选题是研究生学位论文工作中具有战略意义的首要环节。研究生的论文不仅要有深度、有创见、有成果，而且要证明作者掌握科学研究的方法。这都取决于选题的水平。作为一个硕士生，他（她）至多只有两年时间来做论文工作，故要硕士生本人恰当地选准题目，找准突破口，确实是困难的。我认为，一般来说，硕士生在学习期限内只能解决一两个有限的目标。对博士生，由于期限较长，起步较高，就应该考虑学科前沿的课题，努力攀登科学的高峰。研究工作的每一步进展都不能期望轻而易举取得。因之，研究生论文工作的目标和意图都必须十分明确。

随着近代科学技术的迅速发展，各门学科及其分支所包含的内容越来越广泛，向我们提出不少需要解决的新课题。看起来，研究生学位论文可选的课题似乎是很多的；但是，实际上，并不能随心所欲地选择学位论文的研究课题。它受到主、客观条件的限制。不加分析，随手抓一个题目来搞，研究生和指导教师难免会吃苦头。

选题是一门科学，也是一种艺术。选题是学位论文工作的出发点，也是科学研究人员的一项基本功。题目选得好，方向对头，将会事半功倍，多出成果，出好成果。这一点与电影导演选择剧本和挑选演员相似。剧本好，演员素质好，影片就成功了一半。在《关于研究生指导教师的作用》一文中，我提出在选题时考虑的几个方面，如：选题应跟上时代的步伐，瞄准当前世界科技发展的方向，尽可能选择前沿性的课题；应该考虑和衡量本课题的科学价值及其对国民经济的意义，联系实际，面向经济建设主战场；选题最好与教研室（研究室）和指导教师的研究方向结合起来搞。选题还应该考虑研究生的志趣；等等。

从选题上说，指导教师掌握国内外学科的发展动态和方向，针对国民经济建设和国防建设的需要，有责任帮助研究生确定研究方向，瞄准国际先进水平，把自己的学生引导到学科的前沿。指导教师要将自己考虑的一些有科学价值、有现实意义、解决时机基本成熟、可以动手研究的课题，或者是有初步方案、已经着手但尚未展开的课题，或者是有想法的前沿课题，提供给硕士生或博士生去做。这样的课题，目标和意图比较明确，突破口也找得比较准，起点比较高，工作量比较有底，只要研究生本人自己努力，就能做出好的结果来。对于有较大潜力的研究生，也可让他（她）

承担冒点风险的前沿课题。指导教师应根据研究生的特长（科学思维能力和实验动手能力），把研究生引入施展自身才能的天地，鼓励他们做高水平的研究工作。

三、文献检索与综合评述

在科学研究开始之前，了解前人的发现及前人的研究情况是十分重要的。科学文献提供了这一问题的进展过程、实际状况与研究水平。文献检索有助于了解前人做了什么、做到什么程度，决定着我们课题工作的起步。阅读文献，由于增长了知识，开阔了眼界，并且了解了前人研究中所遇到的困难和存在的问题，因而明确了方向，增强了自信心。因此，文献检索能给予研究者更多的启发，激发出新的想法和思想，防止重复前人业已完成的工作或已被证明是错误的工作。

20 世纪的科学研究人员一般采用卡片记笔记，积累资料。其优点是制作灵活，使用方便，便于分类查找阅读。卡片可分内容摘要卡和索引卡。一般每个卡片只记一个问题，一个事例。阅读文献中激发的心得随时记在卡片或笔记本上。现在的科学研究人员往往利用电脑做记录，或从网上直接下载所需信息，形成自己的数据库。卡片、笔记或札记是一个学者治学的基本手段。特别是思想火花或灵感勃发时，一定要立刻记下来，哪怕是一个荒唐的想法、荒诞的念头，也要记下来，以后可通过检验加以肯定或排除。

在文献检索的基础上，确定适合的具体课题。因此，在开题报告中，一开始就要写一段文献综述，简称综述，对所研究的课题进行历史回顾，对前人工作以及成果进行综合评述，然后引出自己的课题研究内容。综述反映了该研究生在相关的学科领域中达到的学术深度以及具有的科学视野，也可以看出该研究生阅读有关著作、期刊和其他文献资料的情况和他（她）的努力程度。

四、研究方案的拟订，预备性实验与原理性探索

通过大量资料或调研，研究生分析对比并参考前人的研究成果，按照选题要求拟订研究方案，即总体构思，包括技术途径（突破口和假说）、技术路线（总体设计、技术试验、理论推导、计算模拟、考核）和拟达到的目标。

为实现自己的总体构思，研究方案中要把在理论上、技术上所考虑的问题以及其他的问题（如微型化问题、耐高低温的措施）一一列出来，并提出解决这些问题的措施或设想。

在拟订研究方案的过程中，必须进行预备性实验和原理性探索。只有经过预备性实验和原理性探索，才能说明研究方案的可行性程度。

预备性实验，如模型实验、原理性实验等，即以较为简单的方案进行实验，以确定实验方案的科学程度。预备性实验有它自己的位置。它是确定性实验不可取代的。不重视预备性实验难免会吃苦头。

原理性探索包括对提出的方案进行理论上和方法上的探讨，包括数学模型的假设，推导，数学模拟，假设的初步演绎，考察实验的初步结果，理论上的改进和方法的适用性程度，以及对研究方案进行修改。

预备性实验和原理性探索的成功对于达到预期目标是最大的鼓舞，并有助于课题研究者树立自信心。

五、开题报告的格式和内容

开题报告的格式大同小异。其主要内容有：开题报告名称、内容摘要和开题报告正文。正文包括：

1. 选题依据

简述学位论文选题的目的和意义，其中包括：

（1）历史综述，背景与进展，国内外研究的概况和发展趋势。

（2）前人尚未解决的问题或存在的问题。

（3）科学依据和课题来源：推动力、重要性、前沿性与创新性。

（4）主要内容、特色及难点。

2. 研究内容与方案

简述学位论文选题的主要内容及重点与预期进展：

（1）突破口的选择。

（2）假说（假设）或技术方案、技术途径、技术措施，以及技术关键。

（3）实现研究计划、技术方案所采用的技术手段、实验手段与实验条件。

（4）预期目标和结果，以及创新点或创造性内容。

3. 研究工作进度安排

理论研究：应包括文献调研、理论推导、数值计算、理论分析、论文撰写等；

实验研究和工程技术研究：应包括文献调研、理论分析、实验设计，仪器设备的研制和调试，实验操作，实验数据的分析处理，以及论文撰写等。

4. 预期达到的研究成果及可能的创新点

说明研究内容，拟采用的研究方法、技术路线等有哪些创新之处。

5. 研究基础

（1）与本项目有关的研究工作积累和已取得的研究工作成绩。

（2）已具备的实验条件，尚缺少的实验条件和解决的途径（包括利用国家重点实验室和部门开放实验室的计划与落实情况）。

（3）研究经费预算计划和落实情况。

6. 主要参考文献

在开题报告中，要列上主要参考文献。列上参考文献时，需注意：

（1）列上对开题报告有重要价值的文献，不要遗漏。

（2）引用他人的学术观点或学术成果时须将其列入文献中。

（3）应按开题报告中出现的次序列出参考文献。

（4）应按规范标注参考文献。

7. 研究进度

在开题报告中，要给出理论研究、实验以及论文撰写，直到答辩的进度安排。开题报告的步骤如图 1 所示。

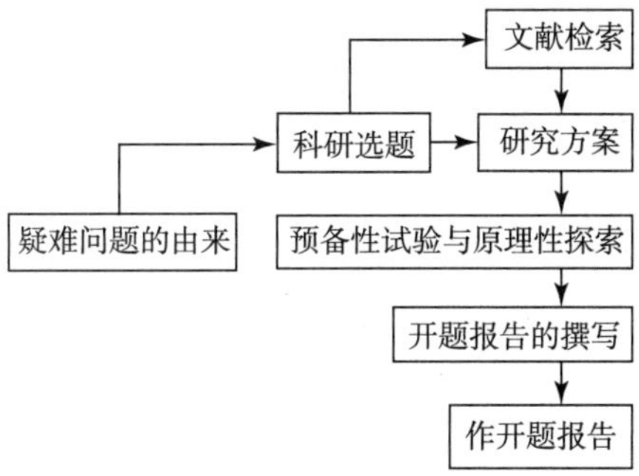

图 1　开题报告的步骤

六、开题报告的撰写与讲述

应按科技学术论文写作的正规要求撰写开题报告，并附上有关文献名称。应在专门组织的会议上宣读开题报告，认真听取专家们的意见。开题报告通过后，应制订学位论文工作计划，包括论文工作各阶段研究的主要内容及要求，以及进行方式、完成期限等。

撰写开题报告的注意事项：

（1）按科技学术论文的结构撰写开题报告，即包括引言（综述）、正文（研究方案）和结论（预期结果），要附上文献名称。

（2）写作要符合科技学术论文的规范。

（3）写作要求：思维清晰，表达准确，论证严密，内容客观，叙述完整，语言简练。

（4）将开题报告的撰写与讲述作为发表与宣读学术论文前的一次练兵。

讲述开题报告时须回答以下问题：

（1）为什么要进行这项研究？——选题目的、推动力、前沿性和研究背景。

（2）本研究准备如何去完成？——方案、假说、方法、途径、手段和实验。

（3）本研究预期成果是什么？——特色、创造性、贡献和实际意义。

（4）存在的问题与研究进度。

结束语

“一个好开头，就等于成功了一半”。“前期不认真，后期吃苦头”。因此，拿出方案的阶段，宁肯慢些，但要好些。要认真考虑老师们提出的宝贵意见，修改自己的研究方案。

开题报告是对研究生前期工作的检阅、评估或考核，甚至可以决定研究生的去留。希望研究生重视开题报告这一环节，不要把它看成走过场而已。

怎样申请科学基金

基金申请在今天已成为科学生活的一部分。

科学基金制是一种无偿资助基础研究和应用基础研究，促进科学发展的重要手段，也是国家配置科学研究资源的有效方式之一。科学基金制具有公开申请、公平竞争、公正合理以及相对灵活等优点。实行科学基金制，其实质是从制度上创造一种高效率的竞争机制，把竞争机制引入科研管理系统，以改变传统的拨款管理方法。科学基金的来源有私人、私人组织和企业，但多数来自政府。本文介绍科学基金制的由来，怎样撰写基金申请书并提出申请，以及应注意的事项。

一、概述

科学基金是被用来支持和资助科学研究和学术活动的。科学基金制是科技管理体制的一种形式，即通过建立基金，根据设定的资助范围和目标，择优资助科研项目并进行科研资源管理的方式。对于科学研究和学术活动，科学基金是极其重要的。不光是各行各业的从事科学和教育的工作者提出基金申请，研究生（或者与指导教师一起）往往也需要提出基金申请，以支持其论文工作。基金的申请和获得已经成为当代社会从事科技教育工作者学术生涯的一部分。不光是学术界，工业界的科技工作者也需要政府拨款并与政府有关部门签订合同以确保资金使用合规，并保证项目的质量和进度。此外，工业研究也需要撰写计划或类似于基金申请或合同的论证报告等。这一切，都需要向有关单位提出申请，撰写申请书等。

由于基金申请和获得的过程始终体现着学术上的公平竞争、择优支持、优胜劣汰的性质，故大大地促进了科学技术的发展。我国自改革开放以来，各项基金，特别是国家自然科学基金，以及“863”、“973”等高科技基金的设立，对于我国科学技术的发展起了重大的作用。无论是国外，还是国内，基金的建立和申请都已被证明是繁荣一个国家科学技术的重要措施和手段。现在，在我国，各种类型基金的渠道也越来越多，基金申请的人越来越多，基金申请者将会面对强有力的竞争。因此，很有必要了解不同的拨款（基金）渠道、拨款机构（基金会）和各种不同类型基金的性质。

现在，在我国通常所谓的基金，在国外一般被称为“grant support”。它的意思是拨款支持，是一种作为礼物的赠与，但这种礼物是含有一定的目的的。授予人通常通过这种授予服务于自身的利益（例如，鼓励改进某一方面的技术，以帮助公司的开发）或达到某种目的（例如保护生态环境等）。国家设立的基金一般是被用来支持基础科学和应用科学的基础研究（包括应用基础研究），以促进本国科学技术的发展和繁荣。政府各工业部门设立的基金主要是为发展这一部门的科学技术服务的。这是基金的一个主要性质。通常，由捐赠基金的单位或个人建立一个组织或基金会，以使这一活动得以持续下去。

基金有政府支持和个人创办两种。政府支持的，如：在美国，有国家科学基金会（National Science Foundation，NSF）和国际科学基金会（International Science Foundation，ISF）；在俄罗斯，有俄罗斯基础研究基金会（Russian Foundation for Basic Research，RFBR），等；在我国，有国家自然科学基金会（National Natural Sciences Foundation of China，NSFC）、全国博士后流动站管委会（主要资助博士后基金）、高校博士学科点专项科研基金会，以及各省市、部委、国家机关支持的基金会等。也有私人名义建立或支持的基金会，如：在美国，有斯密桑尼学会（Smithsonian Institution）、福特（Henry Ford）基金会、洛克菲勒（John D. Rockefeller）基金会等；在我国，有光华科技基金会、陈嘉庚基金会、何利何梁基金会等，主要奖励在科学研究上做出突出贡献的科学家。

19 世纪是基金会蓬勃发展的时期。总部设在美国华盛顿特区的斯密桑尼学会（Smithsonian Institution）是在 1835 年由 James B. Smithson 先生捐款建立的。它的第一笔记录在案的赠款 30 000 美元是在 1842 年给予莫尔斯（Samuel F. B. Morse）以试验电磁式的电报机系统的公众使用的可能性。1860 年德国建立洪堡基金会，接受来自各国的捐助，为世界各国的青年科学家到德国大学或研究机构进行基础研究提供援助。1864 年，英国成立了爱丁堡大学贝特基金会，资助英国的教育和科研事业。1895 年，按诺贝尔的遗嘱设立了诺贝尔基金会，为世界各国最优秀的科学家提供奖金。现在，诺贝尔科学奖已成为世界最有影响的奖励。19 世纪末到 20 世纪初，美国工业革命的成功帮助了一些私人财团和工业巨头，如洛克菲勒（John D. Rockefeller）、福特（Henry Ford）等人的事业得到了迅猛的发展。美国政府在税法中也对私人基金会及其捐款人给予免税优惠。于是，他们便把自己的财富积累的多余部分建立了以个人命名的基金会，以继续支持在美国的科学研究和奖励。在那时，基金会的支持，不管怎样，还是占美国大学的科学研究和发展的总预算的一小部分。实际上，在第二次世界大战之前，美国联邦政府对科学研究和开发的支持是很薄弱的。在第二次世界大战期间，通过大量基金的赞助，美国在核控裂变和青霉素的研究上取得了巨大的成功。但在战后，政府对物理学的支持有所下降，对生物医学却有所增强。到了 1957 年 10 月 4 日，苏联发射了第一颗人造卫星，每一天都在美国上空转若干圈，使美国人心烦意乱。他们担心有朝一日苏联会在科学技术上超过美国。美国国会通过了一项决议，对美国科学基金会和其他的基金团体改善拨款。肯尼迪总统决心要使美国的宇航员在 1970 年前登上月球。于是，美国在 20 世纪 60 年代中期开始了一个“伟大社会”（Great Society）的纲领计划，其中包括改善社会福利。这一计划导致了联邦政府对于学术和研究机构在财政分配上的极大增长。尽管这种增长在 70 年代期间并没有与通货膨胀同步，但每年几十亿美元对科学研究的支持使联邦政府在美国成为头号支持者。在 20 世纪 80 年代，联邦政府对研究的支持终止了，代之以国家在工业和政策上的优惠倾斜，激发并鼓励了工业对基础研究支持的积极性。看来，对于美国的科学家们来说，这样一种支持更为重要些。

20 世纪，世界各国相继建立了各种形式的国家管理的基金会。1932 年日本成立了日本学术振兴会，成为日本政府资助科学研究活动的重要组织。它的宗旨是激励学术研究，援助研究人员，促进国际学术合作的实施。英国的联邦基金会、瑞士的国家科学基金会、比利时的科学研究基金会等，都是国家科学基金会，都对各自国家的科学发展起着举足轻重的作用。美国联邦政府于 1950 年建立了国家科学基金会（NSF）。基金会通过发展科学研究，鼓励并支持科学教育的改进，赞助科学情报交流来履行其职责。基金会赞助数学、物理、医学、生物、社会以及工程科学等方面的科学研究和教育项目。中国于 1982 年试行科学基金制，1986 年成立国家自然科学基金委员会（NSFC）。国家自然科学基金赞助项目分为面上项目

(自由申请项目)、重点项目和重大项目3个层次及国家杰出青年科学基金等专项基金，分别给予不同程度的资助。国家科学基金制的好处是保护科学家的自由选题研究。基金项目的选择是由下而上的，即由科学家自行申请项目，通过同行专家评议并获得支持后就能得到资助。

现代社会是商品生产和商品经济社会。作为一个庞大的生产部门，科学机构所需要的大量实验设备、仪器、材料和试剂，都得靠花钱从市场上购买，而且花的这笔钱越来越大。因为实验设备越先进、越庞大，它就越昂贵。比如，在英国，20世纪70年代，一个博士的研究，一年花费在技术助理、秘书（雇人也得花钱）、实验设备、实验材料、实验室及图书馆装备各方面的费用要超过5 000英镑。在技术应用研究领域，博士级研究人员每年所需费用要超过5万美元。一个大型的粒子加速器实验室每年要花费3 000万美元以上，或者换个方式说，一篇高能物理学的论文要耗费价值约100万英镑的设备、人力和材料。科学真是个花钱的行业。这些钱总不能像历史上那样，靠研究人员自己掏腰包吧。以前的研究通常买几个烧杯什么的就行了，可现在的花费谁也担负不起，只有靠国家和整个社会来拨款和资助。现在，不但国家的国民经济预算中包含了科学经费，社会上的大型企业、财团、公司也常常为了技术的利益而给研究单位提供资助。而且，随着科学技术成果的商品化，研究单位可以从它卖出的科技成果里获得研究经费上的进一步支持。我国目前兴起的技术市场，就有为科研单位提供资金的作用。至于有的国际性研究项目，其费用一般由几个国家共同承担。如欧洲核研究理事会的实验室，便依靠整个欧洲大陆的财源来支撑。

可见，科学一天也离不开经费的保证。因而，几乎每个研究单位，每所大学都设有专门的筹措、管理经费的部门，每年向政府、工业界、各种基金会或国际机构申请拨款，以支撑本单位的科学研究工作。现在经费拨款方式已成为管理、调整科学研究规模、方向的重要手段。通过给那些重要的、有前途的项目侧重拨款，而停止给那些无意义的、无前途的项目拨款，把科研调整到和国民经济最相关的方向上来。由于科学经费是科学发展的命脉，所以增加经费便意味着推进科学发展。近几十年来世界各技术发达国家的科技经费数一直是迅速增长的。比如美国从1945年到1965年，科研经费增长了15倍。

一般来说，科学基金或科技基金（如预研基金）支持的是基础研究和应用基础研究的项目；基础研究是指以认识自然现象，探索自然规律为目的，不直接考虑应用目标的研究活动；应用基础研究是指有广泛应用前景，但以获取新原理、新技术、新方法为主要目的的研究。基础研究和应用基础研究是各种科技创新、技术创新的源泉，也是高技术战略的先导、创新人才的摇篮、可持续发展的保障，先进文化建设的基础，以及国家实力的根本源泉。

根据发现和解决科学问题的首创性，科技创新一般可以分为原始创新、集成创新和引进消化吸收再创新或跟踪创新。跟踪创新即跟踪国外的研究动态，并在此基础上“创新”以及在引进技术上的进一步发展与创新。集成创新是各种技术（新技术，也包括成熟的技术）集成的基础上的创新。原始创新即研究对自然科学的发展起着一定推动作用的理论、观念、方法、发现、发明和技术等。与原始创新这一涵义相关的另一常提到的术语是“源头创新”。“源头创新”的基本涵义是指在一个学科群、知识体系中能滋生出新的学科、新的交叉学科、新的概念，乃至形成新的知识体系的那一原始支点。它既不是跟踪性创新，也不是一般性问题的解决。搞源头创新，就是要抓住某一个领域、某一学科的超过国内外同行的突破点，将科学研究推向纵深发展。一般来说，国家自然科学基金最关心的是原始创新，而部门设立基金的目的往往更关心跟踪创新或引进消化吸收再创新和集成创新。

我国自“七五”计划以来，首先是于 1986 年创立了中国国家自然科学基金会（NFSC），以后又陆续建立了各种各样的科技基金会。科学基金制度的建立促进了我国科学技术的繁荣和健康发展，显示出强大的活力。许多科研项目改拨款制为基金制，引入了竞争的机制，促进了我国科技事业的繁荣。其中，国家自然科学基金为我国基础科学研究的发展做出了不可磨灭的贡献。例如，在国家自然科学奖的获奖项目中，得到科学基金支持的成果所占比例在 1999 年高达 86%。这些科学基金和科技基金为新兴学科研究领域的拓展和国家重要科技计划的实施发挥了先导和孕育作用。

国家自然科学基金委员会实施科学基金制以来，在营造创新环境、孕育创新思想、凝聚创新人才、培育创新团队、引导科学家探索科学前沿、服务国家发展目标等方面发挥了重要作用，为推动我国基础研究发展做出了重要贡献。国家自然科学基金委根据基础研究的特点，结合新时期我国科技发展的战略方针，确定了自然科学基金“支持基础研究、坚持自由探索、发挥导向作用”的自身定位，构建了有利于源头创新的自然科学基金资助体系，引入了激励创新、平等竞争和科学民主的机制。激励创新的机制，就是使有限的资金向创新的课题和项目倾斜，对具有创新思想火花的研究课题特别予以关注；平等竞争的机制，就是为具备一定条件并有志于从事基础性研究的科技工作者提供均等的机会；科学民主的机制，就是依靠通讯评议专家和学科评审组专家对申请项目进行评议，择优筛选，依靠基金委对科学基金的大政方针进行民主决策。国家自然科学基金委履行“尊重科学、发扬民主、提倡竞争、促进合作、激励创新”的工作方针，贯彻“依靠专家、发扬民主、择优支持、公正合理”的评审原则，建立了较为完善的咨询、决策、执行、监督相协调的管理体系，不断发展并完善科学基金项目和人才培养资助体系，为推动基础研究，特别是源头创新进行了积极的探索和实践。基金申请冲破了计划经济上级拨款制度的模式，采用了公开、公平、公正、透明的原则以及竞争性的运作方式，排除了许多弊病。

由于国家自然科学基金鼓励自由探索以及具有原创性、前瞻性的研究，而且代表了国家基础研究最高水平，故获得国家自然科学基金的支持也意味着申请者本人及其单位有良好的学术信誉和重要的学术影响。申请者通过申报和承担基金项目提高了学术研究的水平，扩大了工作视野，培养了良好的科学研究的素养以及组织管理课题的能力，为更好地承担国家项目提供了有力的支持，特别是对刚参加工作的青年人所起的作用更为明显。因此，尽管国家自然科学基金申请难度大、级别高、起点高，但广大科研人员申报的积极性一直很高。

二、基金的分类

在我国，学者们申请研究项目的支持通常被称为基金（fund）；在国外，学者们一般把这种类型的基金称为 grant（拨款）。实际上，grant 的内容涵义要更为广泛。通常它包括自由捐赠和上级拨款、基金（fund）、合作协议、合同、研究人员基金（薪金）和奖学金等。

1. 自由捐赠

通常，自由捐赠的基金来自校友和社会上的赠款，有些从事工业项目的研究者也常有机会获得捐赠。在国外，自由捐赠的基金制早已实行，国内可能不久也会实行。一般来说，自由捐赠的款项可以让研究者随意处理，并不需要研究者在这些基金的花费上提出报告。对于研究者来说，他们在基金的花费上是小心翼翼、十分谨慎的。他们尊重并珍惜所得到的基金。我们千万不要误解，似乎这些基金的使用不是很严格。基金是可以让获得者随意处理的，但必须清楚地知道它被用到什么地方。应该说明的是，差不多所有的自由捐赠的基金是给单位，而不是给个人。单位获得的赠款由单位的会计部门负责管理，在基金的花费上必须遵循单位的政策。通常，可以把这笔钱用在工资、薪金、研究设备、学术会议的旅行和办公费用等方面。可以这样说，在自由捐赠的基金的使用上有极大的灵活性，故这也是最难得到这一类型的基金的一个原因。

2. 基金（grant，fund）

基金一般是被用来支持研究和学术活动的一种灵活的手段。基金的创意和思想来自研究人员。他（她）确定了项目的范围。基金的赠与单位（基金会）通常允许对基金的目标做一些改变，但基金的花费和研究的实施需要负有责任的说明。近年来，无论是在国外或国内，基金会更为关心是否达到申请书中的目标，并要求有确切的证明，说明在基金获得期间，在达到这些目标上，基金申请人所做的努力。在我国，国家自然科学基金，与各部门或研究院设立的基金（如预研基金）相比较，相对要宽松一些，因为前者具有较强的探索性质。

在申请基金时，要注意每一项基金的性质。自然科学基金与一些部门的预研基金的性质是不同的。自然科学基金资助项目的创新层次主要定位在难题的提出和解决的层次上，特别是支持能培育出新的学科生长点、开拓新的研究领域、发展边缘学科，乃至形成新的知识体系的原始创新项目。

3. 合作协议

合作协议类似于基金，但协议提供资金的一方在研究的过程中通常会提出更多的要求。

4. 合同

研究合同是一份用以执行精心规定和具体研究项目的协议书。与基金相比较，合同约定下的研究具有较少的灵活性。合同的领域是很活跃的。它类似于基金，要定期更新，以保持竞争。一般的做法是，政府赞助的合同，会将申请合同研究的建议指导书公之于众，研究者可据此提出申请。这种建议指导书实际上是一个文件，里面概括说明了合同的目的、选择合同者的准则、构造预算的指南等；后者包括政府对完成此合同任务的人和年数的估计。通常，建议指导书中的项目实际是在这一领域已经有相当基础工作的人们写的。故高素质、有经验的研究人员的申请常常会获得成功，而新手获得合同的可能性是比较小的。

工业合同，与政府的合同相似，但它要求的目标更为明确，而研究人员的自由度更小。一般来说，工业合同针对的目标很具体，而且大半属于开发性质的研究。所以，工业企业有时比政府部门更为慷慨。合同签订的过程像在做一庄商业买卖。拨款中可以要求与“利润”相联系。此“利润”可以被用来支持研究生助学金和研究者的个人研究。

5. 研究人员基金（fellowship）和奖学金（scholarship）

在国外，研究人员基金通常是对硕士生、博士生和博士后提供学术上的支持。奖学金通常被用来支持大学生的研究和学习。大学和学术机构和私人的基金和奖学金的支持计划事先被公布，申请人化上几个小时去研究获得机会的可能性是值得的。一般来说，指导教师和系主任往往知道学科中有否可能获得支持的渠道。

三、怎样撰写基金申请书

尽管基金的类型不同，但基金申请书的格式、形式、内容和要求大同小异。这里主要介绍国家自然科学基金（NSFC）的申请过程，供读者参考。

撰写基金申请书和获得基金是一个过程，不仅要求有科学素质，而且包含人文素质的因素，同时也需要一些技巧。一般它包含以下几个环节：参阅基金申请指导书，确认所申请基金的来源与性质，撰写申请书，以及提出申请。了解并重视这些环节是很重要的。有时申请书的内容很好，由于与投递的基金会不对头或者是学科不对头而被拒绝；有时申请者有很好的创意，但许多细节上马马虎虎，被认为不严谨而落选了。有些学校和院系也会鼓励青年教师和青年学人先申请本校自设的研究基金。它同样也是通过评议和竞争获得的，然后在此研究基础上申请国家自然科学基金。这不失为一种明智的做法。

撰写基金申请书和提出基金申请需要申请者对本门学科领域的发展有全面深入的了解，并对课题有很强的洞察力，而信守承诺承担义务，办事认真绝不含糊，耐心坚韧百折不挠，也是一个基金申请者所需要具备的宝贵素质。因为申请人很多，竞争十分激烈（例如，国家自然科学基金入选率有时不到20%），大部分申请被拒绝了。因此，申请遇到失败是常有的事，没有必要为申请遭到落选而垂头丧气。坦然面对，接受失败的教训，分析落选的原因，摆正心态，倒是十分重要的。妥善处理这种挫折和失败对于学者个人的学术生涯是有帮助的。要知道，支持强者是现今众多科学基金会的一项政策。申请者要理智地面对现实，不要被挫折屈服。一般地，科技研究人员通过研究任务的完成会增强自信心，随着申请技巧的改进，经过坚韧不拔的努力，必将获得成功。

1. 参阅基金申请指南或指导书

在国外，一些书刊上列出了基金、合同和研究人员基金等的来源，以供申请者参考。这项工作在国内刚起步，相信不久也会有专门的书籍介绍我国的基金会和基金的性质，以帮助申请者申请。每个接受申请的机构或基金会都会有自己的章程和指导书。例如，国家自然科学基金会为了引导广大科技工作者及时了解自然科学基金委的资助政策，正确选择项目研究领域和资助类别，申请科学基金的资助，开展创新性的研究工作，在每一年度都编写了项目指南。指南按照项目类别分别对该年集中受理的各类项目进行介绍，同时在面上项目的叙述中也包含了各科学部的整体概况和申请项目时的注意事项，申请者需特别注意阅读。对于申请者来说，要了解基金会的目的和活动内容，资助的性质，学科和资助的主要范围，主要资助类型的项目申请，近几年所被授予基金的数目和类型，资助基金的通常金额（最高和最低）以及各类项目的申请条件、申请程序、申请时间、规则和限制等。此外，还要了解基金会的组成，特别是所申请基金归属的学部，以便有问题向他们请教。

国家自然科学基金会的资助原则是："控制规模，提高强度，拉开档次，鼓励创新。"

初次申请者就自己的想法与导师或这一学科领域的专家交谈，请他们把把关，是一个很好的做法。特别在申请课题的创意上，更应如此。由于专家比较了解这一学科领域的前沿，而且具有申请基金的经验，他们将能提出一些中肯的意见。一些新的创意以及有潜在发展前景的设想，将会得到鼓励和支持；一些虽非顶尖但值得从事研究的课题，也会受到鼓励；但对申请者无新的创意，或并不值得研究，或申请人太多，竞争太激烈的项目会提出劝告。因此，有些重视科学基金申请的院系，往往会组织一些评议会，让申请者作一个有关此课题的学术报告或谈谈自己的申请书的创意，使申请者有机会听取各方面的意见。

在填写申请书前，申请者要结合自己的实际和项目指南，确定自己的研究方向和内容。我认为，申请者自己对下列问题必须做出回答：

（1）这个课题将要做什么工作？（主要内容）

（2）为什么它是值得做的？（必要性）

（3）创意是什么？具体目标是什么？（先进性）

（4）方法和技术路线是什么？（研究方案）

（5）与谁合作从事这项研究工作？（队伍）

（6）需要什么设备？这些设备都有且能用吗？（仪器设备）

（7）这个课题需要多长时间？（时间）

（8）这个项目需要多少经费？（经费）

（9）项目的实际效益或潜在效益是什么？（效益）

（10）能否提出一项完整的建议书？（建议书）

如果能很清晰地回答这些问题，说明申请者对这个课题已有一些设想。若还有问题或对某些细节不明白，甚至专家也帮不了，可向学校或研究所管理基金的同志甚至找基金会进行询问。应该说，申请能否被批准，主要取决于申请书的质量以及能否真正按申请书的要求去做，而不是其他东西。访问基金会并不是必须做的。基金会学部的工作人员不管对你和你的项目印象如何，通常都会很客气地鼓励你申报，或婉转提一点意见。无论如何，最后取舍权并不在他（她）手里。访谈可能会对申请者有某些帮助（特别在心理上），但千万不要期望通过访问基金会能使自己的申请成功可能性增大了，更不要希望缺乏创意、目标含糊、质量不高的申请会获得成功。

由此可见，争取基金的支持或合同的拨款并不是一件容易的事，需要坚持不懈的努力。

2. 撰写基金申请书

撰写申请书与撰写各种类型的科技学术论文还是有很大的差异的。前者是论证自己想研究的事情，而后者是把自己研究了的事情总结出来。说服别人相信自己尚未干的事情自然要比自己已经干了的事情要困难得多。对于一个科技工作者来说，在学术生涯中，撰写各种类型的报告（包括科技学术论文与著作）的时间要占 1/4 ~ 1/3。这还不包括做学术笔记的时间。我希望青年学人不要认为撰写基金申请书是与科学研究无关的事、是浪费时间。在读研究生期间，若遇到这样的机会，最好主动进行这方面的锻炼。一个懒于写或不善于写申请报告的人很难说得上是一个好的科学工作者、教育工作者或工程技术专家。

一般说来，各个基金会关于基金申请都有一套格式。申请者可以按照格式和要求去填写。例如，国家自然科学基金的申请书格式大概如下：

基本信息（包括申请者、依托单位、合作者及项目的基本信息，以及摘要、关键词等）

（1）立论依据与研究内容：

1）项目的立论依据（研究意义、国内外研究现状分析、主要参考文献目录。基础研究需结合科学研究发展趋势来论述科学意义；应用研究需结合国民经济和社会发展中迫切需要解决的关键科技问题来论述其应用前景）。

2）项目的研究内容、研究目标，以及拟解决的关键问题（此部分为重点阐述内容）。

3）拟采取的研究方案及可行性分析（包括有关方法、技术路线、实验手段、关键技术等说明）。

4）项目的特色与创新之处。

5）年度研究计划和预期研究结果（包括拟组织的重要学术交流活动、国际合作与交流计划等）。

（2）研究基础与工作条件：

1）研究基础（与本项目有关的研究工作积累和已取得的工作成绩）。

2）工作条件。

3）申请者和项目组主要成员简历和主要论著目录。

此外，还要填写经费预算表和课题组主要成员表。

四、关于基金申请撰写中的一些问题

研究生期间，撰写一些报告，特别是综述报告（最好先在 seminar 上宣读）所积累的实践经验有助于研究论文的准备、基金申请和学位论文的撰写。指导教师应在起初时给予一些指导，对报告进行讲评，使研究生取得写作的经验。这是科技人员必须具备的一项基本功。

通常，写一份申请前应该考虑回答以下几个问题：首先是申请目的：

为什么要申请？这一工作的重要性是什么？立论依据是什么？研究目标是什么？研究方法、技术路线是什么？我将最后贡献什么？我认为，撰写申请有助于澄清、整理研究过程中的思路，强使自己的大脑思考，使问题的叙述更为深入。

重要的是，你的申请是给人家看的。因此，不仅要说服自己，更主要是说服别人，使他人明白并支持你的工作。总之，你的申请不但要使不是本行的人能看得下去，看得明白，而且要使本行的人能看出你的水平。

下面谈谈撰写基金申请书时可能遇到的一些问题。

1. 摘要

与学术论文的摘要相比，对基金申请书摘要的要求更严格，也更难写。它的字数包括标点符号在内共160个字，是8行×20列的格子规定死的。因此，摘要要以最浓缩的形式概括申请书研究的主要内容或主要方法和观点，所取得的主要成果和最终结论。摘要应反映申请内容的精华。它要求：扼要、精练、准确、完整。写好一份摘要是很不容易的，希望申请者高度重视，反复推敲。有些申请者以为自己的申请研究内容好，立意新颖，故写摘要时很随意，没有仔细斟酌，结果一开始就给评委留下了一个不好的印象。

2. 立论依据

主要叙述课题的背景和意义。申请者应对本课题有简单明了的综述，说明前人干了什么、干到什么程度，这一工作的重要性、先进性，它的科学价值或对国计民生的意义，如丰富科学宝库、学科发展意义重大或经济效益显著等。申请者要瞄准科学发展前沿，尤其是具有优势的基础研究，论述项目的科学意义；或结合学科前沿，对具有重要应用前景，围绕我国国民经济和社会发展中的重点、难点和紧迫的科学技术问题开展的应用基础研究。最后应附上有关的主要文献。

3. 研究目标

目的或目标要明确，思路要清晰，针对性要强，并能在基金申请的期限内完成。这里，还要针对前人的问题，提出自己的好的、新的创意和新的设想、假设或假说。总之，要求学术思想新颖，创新性强，立论根据充分，研究目标明确。

4. 前期试验和研究

在申请基金前，对课题进行一些预备性的先期试验和研究（规模可大可小）对自己的创意和假设做初步的证明是很有必要的。前期试验和研究这一段是研究方案和计划的最重要的部分，虽然申请书内并没有专门一节，但可以把它插在研究方法的论述中谈。前期试验和研究所得到的初步结果将支持申请者的论述和观点，说明申请者的论据是有实验或理论基础的，同时也表明，所提出的研究方案和申请内容是不会落空的。而且，这也展示你分析和整理数据、提出假设的能力等。如果前期试验和研究的结果确实很好，论据很充分，那么获得基金的可能性将会大大增加。

5. 研究方法、技术路线

由于有了前期试验和研究，便可有充分根据撰写研究方法这一节。它包括理论、假设、试验和研究程序。研究内容要真实具体，简明扼要。没有必要详列细节，只要给出采取的研究路线和途径，准备做什么实验或进行什么样的理论分析来证明自己的假设或假说即可。研究方法这一节是申请书的重点。研究方法和技术路线要合理、可行，可获得新的科学发现或取得重要进展。一定要写得使人信服，感到你这样做，确实有道理、有水平，并且有能力完成所提出的任务，故有理有据是最重要的。

6. 仪器设备

要在申请书中概述课题中应用的仪器设备的情况等，但不必列出其他一些用不到的实验仪器和设备。若有一些装备并不属于课题组，而要借用，那么最好要有说明。有些重要实验要请外单位做，或者设备是由外单位合作支持的，最好有一封证明信证实此事。

7. 申请人和合作申请人简历

基金申请书中必须附有申请人和合作申请人的简历。简历中除学历和经历外，须给出该申请人已发表的，与基金研究相关联的主要论文、著作、发明专利等。此外，还必须清晰地指出每一位成员与课题项目的关系。

8. 合作分工

有的申请书要求详细叙述这一项目的分工情况。一是与合作单位的分工；二是课题组内部成员的分工，如研究中总体考虑、理论分析、实验研究等由谁负责，负责整个课题的主申请人是谁等。大的课题还有总设计师、主任设计师等，必须一一列出。

9. 经费预算

在国内，基金申请的预算一般不包括工资和奖金，但可以从基金中给科研组一定比例的提成。通常这一笔费用在管理费项下列支。

预算中应预先提出科研中各种费用的支出。如国家自然科学基金，计有以下6项：科研业务费、实验材料费、仪器设备费、实验室改装费、协作费和项目组织实施费。

硕士生、博士生和博士后以及青年教师和技术员等青年科技人员申请的青年科学基金或杰出青年科学基金，申请书的内容与上面所述无多大差异，但必须说明一下所学过的课程和所具有的研究经验。此外，还需要有1~2封推荐信。

申请书的各点必须认真填写，写作的要求还是我曾经提出的24个字："思维清晰，表达准确，论证严密，内容客观，叙述完整，语言简练。"

申请书撰写中最大的瑕疵是没有好的创意，叙述不清晰，缺乏深入的思考，未有效地组织内容，不能使人信服。因此，认真进行准备，对申请的课题深思熟虑并克服这些缺点和不足是至关重要的。此外，请专家、老师和同事评头品足，提出宝贵意见，对其进行修改，也是一个好办法。认真思考老师和同事们所提出的意见并认真对照自己填写的内容进行自我评议，对自己的基金申请也是有帮助的。

下面列出了申请书中通常出现的问题（见表1），尽管不全面，但只要申请者对这些问题进行了思考，肯定是会有所帮助的。

表1　撰写申请书常出现的问题

申请书内容	问　题
申请书总体	创新的层次低，学术水平不够，给人印象不深刻 组织得不好，论证不严密、不精练 摘要写得很随意，没有概括好 文字别扭、不流畅，文笔太差，没有说到点子上 准备得草率，工作不严肃，前后有矛盾 缺乏先期的研究工作 读来有虚假感，夸夸其谈而内容空泛 不属于所申请的基金的范围
立论依据（背景和意义）	非科学前沿或过时的问题 意义（科学价值、国计民生或社会发展）不大 题目太大，太笼统 选题不合适，太一般，基本是重复前人的工作 不了解这一问题的当前进展 前提不成立，推理难以成立，立论没有充分的依据 对课题的背景了解不深入，没有引出必要的文献或引的不合适 文献标注缺年份、卷、期等，不符合规范

续表

申请书内容	问　题
研究目的或目标	内容空泛，没有新意 目标太大，使人看来不是雄心壮志而是野心勃勃，有点吹牛的感觉 假设有问题，概念不清 目的含糊，目标不明确 提出的项目目前在科学上不成熟，需要更多的先期试验 科学根据不足，或伪科学、伪实验
研究方法（路线、手段）	方法（技术路线）构想得不好或叙述得不适当，看不出作者具体的研究方法和路线，写的都是泛泛的议论，如这样写： （1）进行理论分析，建立一定的理论模型； （2）建立一定的数学模型，确定数值计算方法； （3）进行 CAD 设计，建立设计平台。 描述的方法不适用，达不到规定的目标 所提出的方法危险性太大，或不符合科学道德 拟解决的关键问题没有认识或论述不严格，叙述的大都是空话或泛泛的议论，思维不清晰 预期进展意义不大，或预期结果无甚价值
创新点	看不出有实质性的原始创新的思想或思路 看不出有新的理论上的尝试或新的实验上的新颖性 看不出自主创新（理论上、方法上、工艺上、技术上）的具体内容 看不出有推动技术进步或科学前进的工作 看不出比前人的工作更有进展的内容
前期试验	没有进行前期的研究，未进行必要的试验性实验或预先研究 预先试验构想得不好，没有取得说服力的结果 预先研究和前期试验缺乏想象力
研究人员背景	撰写不够实事求是，不能把项目参加人故意混淆为项目负责人 申请者扩大自己的业绩，写得天花乱坠，不实事求是 项目组成员大都缺乏研究工作经历，水平低，素质不够高 学历或学术经历有虚假、拔高、不实事求是的地方 研究队伍不足以完成课题任务 缺乏稳定的研究队伍 申请者或所在单位的研究条件不够
经费预算	要钱太多，狮子大开口 经费预算的开支不合理 所要的资金有限，远远完成不了提出的任务
合作	合作协议不合适，含混不清或分工不明确

续表

申请书内容	问　题
仪器及实验设备	缺乏必要的仪器及实验设备 设备陈旧，不足以支持这项科学研究
结果	预期结果不明确 结果写得天花乱坠，不实事求是 结果（论文、硬件和软件）与申请的基金数额不相称

五、如何提出基金申请

每一个基金会都有一套申请基金的基本规则（包括申请书的格式）或规定。对于这些规定，申请者是必须遵循的。初看起来，事情很小，规定很死板，但很重要，绝不能轻视。不管你的申请书的内容有多好，提出的项目有多伟大，若你不按基金会的规定办事，人家就不理你，形式审查就不让过，或者不批准你的申请。一个最简单的例子是，若申请书的提交日期超过了基金会规定的受理申请的最后期限，它便是无效的。还有的申请书上应签字的人没有签字，或一个人把签字都包办了，身份证号码乱填，单位和合作单位盖章并不是法人单位的章，这些都是无效的。基金会在评审前有一个形式审查。所有这些不符合规定的（有的仅仅是很小的瑕疵）都将被排除在外，也不退回让你重填。就这样，“出师未战”便被淘汰了。据说，每年有5%的项目因形式审查不通过而被淘汰，都被贡献当分母了。因此，申请者在撰写申请书时一定要严格按照要求填写相关内容，避免因为不了解国家自然科学基金委的有关规定在形式审查期间即被初筛去掉。

《2006年度国家自然科学基金项目指南》中提出要注意如下几种规范性要求：

（1）撰写申请书时，一定要认真、准确填写“申请代码”“资助类别”“亚类说明”“附注说明”等项内容。不按要求填写或者填写错误的申请书都不能通过初审。

（2）申请书中的项目组成员中如有依托单位以外的人员参加，即被视为有合作单位，在申请书的签字盖章页上一定要加盖合作单位公章。

（3）申请者如为在职博士生，要附导师签字的同意申请证明材料。

（4）申请者和项目组成员一定要本人在申请书上签字。

（5）承担过青年科学基金项目的申请者（包括执行期为一年的小额探

索项目），请不要再次申请青年科学基金。

申请书中如有上述问题之一，都将被初筛掉，不能进入下一轮评议。有时，有些基金会要求在提交申请书前先在单位内部进行评选，或限制单位申请书的数量，或要求按照基金会的程序进行初选等。对于这些要求，都必须按其规定去做。下面提出一些通常应注意的事项：

（1）你所申请基金的性质，它是一般项目，还是面上项目、重点项目或重大项目，它能资助金额的上限和平均值。除特殊情况外，你的申请绝不能超过上限。一般申请是取平均值。

（2）所申请的基金有什么限制，如年龄限制、预算限制，购买设备有什么限制，基金会对这一类项目的支持程度等。

（3）接受申请书的最后期限。

此外，一定不要遗漏申请书中该填写的内容，也不要无视申请书提出的填写要求。填写时一定要实事求是，一定不能有虚假的东西。要遵守科学道德，以严谨的科学作风和实事求是的科学精神撰写申请书。避免在申请书中出现夸大、不真实和不准确的内容，更要反对弄虚作假。如果评委感觉申请者有地方是弄虚作假的，在学术道德上产生疑问，那么，这份申请就很危险了；如果确实是有学术道德上的问题，那么以后的申请也非常困难了。

与向刊物提交学术论文不同，同一内容的基金申请可以向不同的基金会提出，而学术论文是决不容许一稿两投的，这一点必须在申请书中诚实坦率地说明。有的基金会不在乎你从不同渠道取得基金，而有的基金会则不希望你再从别的来源取得基金，那就必须声明；若此申请书被批准，则将撤销另一申请。

六、基金的评定和批准

尽管基金的评定和批准并不是申请者的事，但了解基金的评定过程是有助于申请基金的。国家自然科学基金会的评审原则是："依靠专家，发扬民主，择优支持，公正合理。"一般来说，基金的评审有一套完整的程序。

第一，对收到的基金申请书加以分类，分发到各有关科学部门。

第二，进行形式审查。其中，有一部分未能通过形式审查，便被淘汰了。主要原因是没有按规定填写申请书。基金的评议还未开始，这一部分的申请书就做了分母了。

第三，请专家进行通讯评议。基金会评定的原则是任何申请人的申请书都要经过专家的评审。评议人主要就申请项目的创新性和研究价值（科学意义、前沿性、探索性和应用前景）进行评述。特别关心项目的特色和创新之处。其次，对整体研究方案，包括研究内容、研究方法和技术路线等方面进行综合评议；同时对研究队伍状况、前期工作基础和项目的经费预算进行评价。因此，申请人首要关心的是，该申请有无原创性，研究的基本价值，能否开创新的知识；能否在规定的期限内完成这些工作并达到申请书的目标。而这些都与申请人过去的研究表现、现在的研究环境，如有无研究所需的实验室、队伍和仪器设备等密切相关。同时，还要看这个研究有无教育的价值。这是一个很重要的方面。大学生或硕士生参与，与博士生或博士后的参与，教育的价值就不一样。还有就是项目的社会价值，国家自然科学基金会鼓励少数民族和女性的参与。

第四，召开专门的评审委员会进行评议，提出入选名单。最后，基金委员会审定通过。

一般来说，从申请书提交到获得批准一般需要6～9个月。各个基金会和工业企业审议的时间有长有短，并不一致。

当然，有时会遇到这样的情况：某个申请者有一个非常好的创意（idea）的研究项目被评委们否决了。这也许是专家中谁也不了解它的科学价值和意义，项目难以得到支持的原因造成的。这种情况是有可能的，因为人们不予支持，有很多原因，如认为不符合申请条件，水平低、概念不清楚、目标不明确等。也有的是不懂得你的创意，或者是理解不了，并不是想扼杀新生事物，而是习惯于传统的概念，认为这一设想或创意是“超前”了，或是“异想天开”、“不切实际”，更差一些的评价是“胡说八道”、“违反科学”。在这种情况下，希望申请者认真考虑其提出的意见，严肃认真地审核自己的建议。一定不要吵闹，指责评委们不公平，瞎了眼。如果真是认为自己的创意能实现的话，建议申请者在明年再次提出申请，或者是再写一份建议书对项目实现的必要性、可能性和现实性进行充分的论证，交上去，而不要一受挫折就放弃了。例如，对一个应用基础研究、科技开发项目，如果你有很好的创意，可以在下面几点做进一步论证：

（1）所要做的研究工作的简要叙述。这当然包括现在存在的一些问题，解决这些问题的新设想和新建议，本项目的主要优点或特点，如提出一个新的工艺流程，它将会带来什么样的美好前景等。（研究工作创意的主要特点、特色和原创性）

（2）谁将参与这一工作，成员们的水平和工作经验，特别是在本学科上或本项目上已取得的成就（列出他们的简历），或者在人员配备上提出建议。（队伍的能力和水平）

（3）对项目的时间和花费做一恰当的估计。（项目的代价）

（4）完成这一研究项目所需的设备和仪器。（仪器装备情况）

（5）对研究项目将会带来的实际效益和潜在效益的估价。（将取得的效益）

（6）如果上述设想被通过，将保证提出一个完整的建议书或申请书。

如果认为自己的建议确实很好，则可以直接送基金会、工业部门或公司的主管领导。当然，最后的取舍取决于项目将会带来的效益（经济效益和社会效益）和他们对这个项目的兴趣程度。若是感兴趣，则会要求你写一份完整的建议书。若是不感兴趣或对建议书做出负面的评价，则任何后续的行动都是徒劳的。

七、结束语

基金申请也很可能改变人的一生。有的教师或科技工作者申请并获得了一个基金项目，认认真真去做，做出了很好的结果，自信心增强了，信誉提高了，激励着自己从一个高度跃到新的高度，研究水平和学术造诣不断提高，最后成为这一领域的著名专家。

20 世纪 80—90 年代，我在大学里任校学术委员会主任时，曾经有一段时间负责过基金申请的审批。我见到，有的申请人很有水平但写得很差；有的马虎，不认真；有的不按照基金会的格式和规则去做，还说人家形式主义；还有的把自己写得高得不得了，既“大”又“空”；等等。我找他们谈，劝他们修改。我说：“你是想当分母，还是想当分子呢？如果想当分子，回去好好改，还有可能性。”大多数人理解我的好意，但也有的人很不虚心，甚至认为我只要在他们的申请书上签字就行，不要管这么多。他们不知道：连我都挑出毛病了，评委能放过你吗？有的申请者失败了怨天尤人，怪评委不长眼睛，有偏心，等等，就是不检查自己。也有的一次失败就灰心了。实际上，基金申请被拒绝，原因很多，其中有一个最大的原因是申请人多，录取率低。这是因为是择优支持，别人的项目比你好，比你强，基金会从好中挑更好，强中选更强。成功了固然高兴，但失败了也没有必要垂头丧气，不妨再看看自己的申请书，有哪些缺陷和不足需要改进。不少申请人汲取失败的教训，认真听取意见进行改进，不但修改所写的内容，而且做进一步的预备性试验，甚至积蓄力量，时机更为成熟时再申请。他们中有不少人取得了成功，做出了很好的结果。

在评审中，评委们自然支持那些创新性强、具有重要科学意义或应用前景、研究内容恰当、总体研究方案合理的项目。国家自然科学基金会的资助原则之一是择优支持，实际是支持强者的政策，支持有信誉和研究水平高、贡献大的申请者。这是很自然的。这绝不是说，基金会只支持成熟的申请者。实际上，支持创新是科学基金资助工作的主要宗旨。基金会要求评委特别注意发现和保护创新性强的项目，积极支持跨学科和学科交叉的研究，注意扶植新的学科生长点。此外，基金会还特别要求评委们发现新生事物，支持有新思想或新创意的研究，支持青年科技工作者的成长。有些青年学人思想敏锐，初生之犊不怕虎，往往会有一些很好的或怪异的想法，尽管很不成熟。基金会聘请了不少的专家，他们中的绝大多数是公正的，其中还有不少是伯乐，当发现千里马时，他们就会满腔热情给予支持。一般来说，基金申请这样的制度是不会扼杀新生事物的。因此，在基金申请被批准后的研究中，重要的是拿出高水平的成果，建立信誉，使人们了解你是有水平、有能力、有责任心的。这样，在下一次的申请中，评委们觉得，应该支持这样一个可靠的申请者。

但是，应该指出，在科学基金项目的评审中，无论在国内或是国外，有时也会存在扼杀创新性强的项目的现象。这里面包括评审中的科学本身的因素和非科学因素。比如，在同行评议中，一部分评委或评审人知识老化，或者根本不了解该领域的研究现状；有的知识面不够宽；有的带着一种主观的成见来评审别人的申请书。思想观念的守旧和保守，传统的科学方法，已为人们提供了“定势”的思维观念，而当新方法与之相冲突时，便不能为人们，哪怕是该专业领域的专家所接受，更不用说有的评审人或评委有“私心”和“偏袒”之心了。这就使得一部分真正有创新性的项目甚至在还未进入复审阶段时就被扼杀了，但这绝对是个别现象。

我觉得，作为基金申请者，有一个平和的心态很重要。要坦然面对所申请的项目不被批准的现实。没有申请到基金，并不一定是自己的项目不好，而是别人的项目比自己的要更好些。因此，看上去，基金申请似乎是科学水平、智慧和能力的较量，而实际上则是人生道路上经历的一场竞争或斗争。与其说是人的智慧能力的较量，不如说是意志品格上的较量。就像科学研究的过程实际是试验中不断与失败作斗争的过程，只有锲而不舍，坚持下去，才能最后胜利。

只问耕耘，不问收获。

后　　记

1978 年，全国科学大会的召开，标志着中国开始进入了一个科学的春天。那时，百废待兴，教育战线上有许多事情尚未拨乱反正，但恢复高考使一大批有为的青年人进入了高等学府。国家的兴旺发达有望了，祖国的教育事业振兴有望了。抑制不住内心的兴奋，我们每个人都觉得有劲可以使了。这大概是我们这一代新中国培养成长起来的知识分子在那时的共同的心态。

在我年轻时，曾有写日记、周记的习惯；当然所记的都是生活琐事和有关学习、思想、感想之类的东西，但在 1957 年的政治运动后，我就什么也不记了，连以前记的也都销毁了。不过，我在 20 世纪 50 年代大学期间的学习笔记本、实习日记本大都留下了，被校内外一些博物馆、档案馆视为珍品而收藏。改革开放后，政治环境的宽松、学术思想的活跃，使我觉得自己应该恢复记些什么了，但再也不记带有感情色彩的东西了。我当时想，在自己做科学笔记的同时，做一点学术札记，记下一些自己在科学研究、指导研究生学习过程的一些心得体会等，还可以吧；即使有些观点错了，最多也是学术错误吧。那时，确实还是心有余悸，怕再来一次什么运动或“革命”，被作为“革命”的对象批判。现在的年轻人可能会觉得很可笑，但这的确是我那时的思想。

自 1978 年起，有两个问题我一直在思考着、探索着，也一直试图给予回答。

首先，对一个初进研究生院的青年研究生来说，如何开始自己的研究生阶段的学习呢？它与大学阶段的学习有什么不同呢？如何选择课题进行科学研究呢？从什么地方着手自己的课题研究呢？什么是科学研究的途径？科学研究要遵循的规范是什么？如何进行科技学术论文的写作？如何宣读科学论文和进行学位论文答辩？怎样申请科学基金？等等，这一切，像一个个待解的“谜”萦绕着青年研究生的脑海中。

其次，对一个初为研究生的指导教师来说，如何指导研究生的学习和科学研究呢？指导教师的指导作用是什么？职责是什么？什么是衡量研究生学位论文创造性的尺度呢？指导教师与研究生之间是什么关系呢？等等，这些问题也常使一些指导教师感到困惑。

因为我自己曾是一名留学苏联的研究生，后又成为一名指导教师，自己在当研究生时经历的“苦难的历程”，和后来在教学过程和科学研究的道路上摸索前进时所走过的弯路，是旁人难以想象的。“师傅领进门，修行在自身”，虽说这是中华民族历数千年治学经验所形成的表述师生关系家喻户晓的谚语，平凡的语言包含着深刻的道理。但“师傅领进门”有一个如何领进门（指导思想和指导方法）的问题；徒弟“修行在自身”也有一个如何修行（科学方法和学习态度）的问题。我常想，我们有许多老教授在治学上有许多丰富的经验和体会，它们实际是很大的财富。如果大家能总结一下自己在研究生培养中的“教”与“学”中所看到的、所想到的、所认识到的问题，以及自己的治学经验，对青年学人定会有很大的帮助。

当把这本文集《藏绿斋札记·情系科研》付印时，我自己是很惶恐的，因为我对于科学方法论的问题并没有深入研究，总觉得这不是我的专业，我也没有博览群书，看的是手头上仅有的一些书刊和文献，所奉献给诸位确是一得之见，虽然觉得自己是尽了力了。我是非常愿意把自己在治学上的一些想法、做法以及所谓的经验都告诉青年学人们，希望青年学人在治学和为人上少走弯路。但我觉得自己的笔很笨拙，文字干巴巴的。更使自己觉得惭愧的是，我写的文章说教的气氛太重，似乎总是在教诲人家这样做、那样做，尽管自己的本意并不是如此。因为当了几十年的教书匠，许多事情已经形成职业习惯了，希望得到读者的原谅。

“路漫漫其修远兮，吾将上下而求索。”

2015 年 3 月

参考书目和文献

第一篇　科学研究：途径与方法

［1］王国维．人间词话，人间词［M］．北京：群言出版社，1995.

［2］胡云翼．宋词选［M］．上海：中华书局，1962.

［3］周立伟．学问三境界与科学创造四阶段［J］．中国工程院通讯，2000，8：23－24.

［4］周立伟．中国的科技，从科学创造四阶段说起［J］．自然辩证法研究，2002，18（8）：12－15.

［5］周立伟．再论科学创造四阶段［J］．科技和产业，2002，5：12－18.

［6］金观涛，华国凡．控制论与科学方法论［M］．北京：新星出版社，2005.

［7］［澳］W·贝弗里奇．科学研究的艺术［M］．陈捷，译．北京：科学出版社，1979.

［8］［英］K·波普尔．通过知识获得解放［M］．范景中，李本正，译．杭州：中国美术学院出版社，1996.

［9］周立伟．关于动态电子光学时间像差理论的研究［J］．北京理工大学学报，2006，26（5）：377－382.

［10］中庸．见四书今译［M］．夏延章，译注．南昌：江西人民出版社，1988.

［11］胡适．杜威论思想．见胡适选集［M］．84－92. 中国现代社会科学家选集丛书．天津：天津人民出版社，1991.

［12］［美］A·爱因斯坦．狭义与广义相对论浅说［M］．杨润殷，译．上海：上海科学技术出版社，1964.

［13］［美］A·爱因斯坦．爱因斯坦文集［M］．1－3 卷．许良英，范岱年，编译．北京：商务印书馆，1976.

［14］秦关根．爱因斯坦［M］．北京：中国青年出版社，1979.

［15］周培源．周培源科学论文集［M］．北京：中国科学技术出版社，1992：76－84.

［16］［美］A·弗尔辛．爱因斯坦传［M］．薛春志，遥遥，译．长春：时代文艺出版社，1998.

［17］［法］Françoise Baibar. 爱因斯坦——思考的乐趣［M］．陈开基，译．北京：汉语大词典出版社，2001.

［18］［美］Amir D. Aczel. God's Equation：Einstein，Relativity，and the Expanding Universe［M］. New York：Four Walls Eight Windows，1999.

［19］李醒民．论狭义相对论的创立［M］．成都：四川教育出版社，1994.

［20］［美］P·戴维斯，等．超弦——一种包罗万象的理论［M］．廖力，章人杰，译．北京：中国对外翻译公司，1994.

［21］［美］A·赫尔曼．物理学世界大国的统治者——从伽利略到海森堡［M］．朱章才，译．北京：科学普及出版社，1992.

［22］魏风文，申先甲 20 世纪物理学史［M］．南昌：江西教育出版社，1994.

［23］叶书宗．通向未来世界的十大科学家［M］．上海：上海古籍出版社，1996.

［24］罗波，周晓林．二十世纪重大科技战略［M］．成都：四川人民出版社，1996.

［25］胥留德，等．科技创造与方法［M］．昆明：云南科技出版社，1991.

［26］祖静，张文栋．电子测压蛋［J］．兵工学报，1991，1：68－71.

［27］Zu Jing，Zhang Wendong，Yuan Chunhuai. The Electronic Crusher Gauge［C］. IMTC/Pervasive I&M Technology. IEEE Instrumentation and Measurement Technology Conference. 1989，563－566.

［28］祖静，申湘南，张文栋．存储测试技术［J］．兵工学报，1994，4：30－34.

［29］殷正坤．探幽入微之路——量子历程［M］．北京：人民出版社，1987.

［30］曹天元（Capo）．上帝掷骰子吗？——量子物理史话［M］．北

京：北京联合出版公司，2013.

［31］杨建邺，李继宏．走向微观世界——从汤姆逊到盖尔曼［M］．武汉：武汉出版社，2000.

［32］曾谨言·量子力学导论［M］．第二版．北京：北京大学出版社，1998.

［33］吴忠汉，周雨青．物理学史与物理学思想方法论［M］．北京：清华大学出版社，2007.

［34］秦克诚．邮票上的物理学史［M］．北京：清华大学出版社，2005.

［35］［美］Lewis J. Pinson. Electro-Optics. New York：John Wiley & Sons Inc.，1986.

［36］梁美灵，王则柯．童心与发现——混沌与均衡纵横谈［M］．北京：生活·读书·新知三联书店，1996.

［37］郝柏林．从抛物线谈起——混沌动力学引论［C］//非线性科学丛书：上海：上海科技教育出版社，1993.

［38］刘华杰．浑沌之旅［M］．济南：山东教育出版社，1997.

［39］［美］N·洛伦茨．混沌的本质［M］．北京：气象出版社，1997.

［40］［美］卫·吕埃勒．机遇与混沌［M］．刘式达，梁爽，李滇林，译．上海：上海科技出版社，2005.

［41］［美］N·维纳．控制论［M］．北京：科学出版社，1962.

［42］魏宏森．系统科学方法论导论［M］．北京：人民出版社，1983.

［43］李晓明．模糊性：人类认识之谜［M］．北京：人民出版社，1985.

［44］［英］K·波普尔．猜想与反驳［M］．上海：上海译文出版社，1986.

［45］肖君和．形象思维逻辑学引论［M］．长春：时代文艺出版社，1994.

［46］［英］M·怀特，J·格里宾．S·霍金的科学生涯［M］．洪伟，译．上海：上海译文出版社，1997.

［47］钱学森．关于思维科学［M］．上海：上海人民出版社，1986：342－374.

［48］［英］S·霍金．时间简史——从大爆炸到黑洞［M］．许明贤，吴忠超，译．长沙：湖南科学技术出版社，1995.

［49］周义澄．科学创造与直觉［M］．北京：人民出版社，1986.

［50］王梓坤．科学发现纵横谈［M］．上海：上海人民出版社，1978.

［51］王宝琛，吴光文，张念椿．漫话科学的科学［M］．南宁：广西人民出版社，1986.

［52］中国自然辩证法研究会筹委会．科学方法论研究［M］．北京：科学普及出版社，1983.

［53］［美］E·B·威尔逊．科学研究方法论［M］．上海：上海科学技术文献出版社，1988.

［54］［美］P·霍夫曼．阿基米德的报复［M］．刘青，李京建，尘土，文小凡，译．北京：中国对外翻译出版公司，1994.

［55］［美］W·邓纳姆．天才引导的历程［M］．苗锋，译．北京：中国对外翻译出版公司，1994.

［56］张巨青．科学研究的艺术——科学方法导论［M］．武汉：湖北人民出版社，1988.

［57］陈衡．科学研究的方法论［M］．北京：科学出版社，1987.

［58］［俄］巴利切夫斯基．科学研究——对象、方向、方法［M］．王魁业，沈工，王春林，译．北京：轻工业出版社，1984.

［59］潘宇鹏．辩证逻辑与科学方法论［M］．西安：西安交通大学出版社，1987.

［60］邱仁宗．科学方法和科学动力学——现代科学哲学概述［M］．上海：知识出版社，1984.

［61］张相轮，凌继尧．科学技术之光［M］．北京：人民出版社，1986.

［62］周立伟．宽束电子光学［M］．北京：北京理工大学出版社，1993.

［63］周立伟．宽电子束聚焦与成像——周立伟电子光学学术论文选［M］．北京：北京理工大学出版社，1994.

第二篇　学习方法

［1］［美］R. V. Smith. Graduate Research—A Guide for Students in the

Sciences [M]. Philadelphia: ISI Press, 1984.

[2] 饶忠华. 思考的艺术 [M]. 上海: 知识出版社, 1986.

[3] 金岳霖. 形式逻辑 [M]. 北京: 人民出版社, 1984.

[4] 周立伟. 博学笃志, 追求卓越——献给研究生的 12 条忠告与建议 [J]. 学位与研究生教育, 2006, 3: 9-16.

第三篇 治学与为人

[1] 杨德荣. 科学家与科学道德 [M]. 成都: 四川人民出版社, 1983.

[2] 郭传杰, 李士. 维护科学尊严 [M]. 长沙: 湖南教育出版社, 1996.

[3] 周立伟. 谈谈研究生指导教师的作用 [J]. 北京高教研究, 1986, 1: 34-37.

[4] 周立伟. 大学时代要加强科学道德教育 [C] //全国信息与电子学科研究生教育学术委员会. 21 世纪信息与电子学科研究生教育研究. 电子工业出版社, 2002: 94-97.

[5] 周立伟. 笃学诚行 惟恒创新——谈研究生指导教师的作用 [J]. 学位与研究生教育, 2004, 8: 6-10.

第四篇 科技学术论文写作与基金申请

[1] [美]R·巴拉斯. 科技写作指南 [M]. 李令遐, 译. 北京: 原子能出版社, 1984.

[2] [美]J. A. W. Heffernan, J. E. Lincoln. Writing—A College Handbook [M]. New York, London: W. W. Norton & Company, 1982.

[3] 周启源. 科技论文写作须知 [M]. 上海: 上海科学技术出版社, 1984.

[4] 谭炳煜. 怎样撰写科学论文 [M]. 上海: 上海科学技术出版社, 1983.

[5] 姚远, 郑世保, 张惠民, 汪季贤. 科技学术期刊撰稿指南 [M]. 北京: 光明日报出版社, 1989.

[6] 吴美潮. 科技论文的写作与编辑 [M]. 西安: 陕西科学技术出版社, 1985.

[7] 孙娴媃. 谈谈写作英语科技论文 [M]. 北京: 科学出版社, 1979.

［8］著译者须知［M］. 北京：北京理工大学出版社，1990.

［9］科学技术报告、学位论文和学术论文的编写格式（Presentation of scientific and technical reports，dissertations and scientific papers）. GB7713－87. 中华人民共和国常用标准. UDC001. 81. 编辑作者常用国家标准［S］. 北京：中国标准出版社，1990：148－158.

［10］文后参考文献著作规（Description rules for bibliographic references）. GB7714－87. 中华人民共和国常用标准 UDC025. 32. 编辑作者常用国家标准［S］. 北京：中国标准出版社，1990：159－168.

［11］国际单位制及其应用（The international system of units and its application）. GB3100－86. 中华人民共和国常用标准 UDC53. 081. 编辑作者常用国家标准［S］. 北京：中国标准出版社，1990：41－47.

［12］有关量、单位和符号的一般原则（General principles concerning quantities，units and symbols）. GB3101－82. 中华人民共和国常用标准 UDC53. 081. 量和单位［S］. 北京：中国标准出版社，1983：25－34.

［13］胡庚申. 怎样进行国际交流［M］. 北京：北京工业大学出版社，1992.

［14］［美］R. V. Smith. Graduate Research—A Guide for Students in the Sciences［M］. Philadelphia：ISI Press，1984.

［15］Zhou Liwei，Zhang Zhiquan，Jin weiqi，Fang Erlun，Ni Guoqiang，Zhang Liangzhong. Some Problems of Mathematical Simulation in Optimization Design of Electrostatic Image Tubes［J］. Electron-Beam Sources and Charged-Particle Optics. Proceedings of SPIE，1995，2522：103－115.

［16］2006 年度国家自然科学基金项目指南［M］. 北京：国家自然科学基金委员会，2006.